Belas Letras

MÚSICA   CULTURA POP   ESTILO DE VIDA   COMIDA
CRIATIVIDADE & IMPACTO SOCIAL

© 2022 Luiz Felipe Carneiro

Nenhuma parte desta publicação pode ser reproduzida, armazenada ou transmitida para fins comerciais sem a permissão do editor. Você não precisa pedir nenhuma autorização, no entanto, para compartilhar pequenos trechos ou reproduções das páginas nas suas redes sociais, para divulgar a capa, nem para contar para seus amigos como este livro é incrível (e como somos modestos).

Este livro é o resultado de um trabalho feito com muito amor, diversão e gente finice pelas seguintes pessoas:
Gustavo Guertler (*publisher*), Germano Weirich (coordenação editorial), Celso Orlandin Jr. (projeto gráfico e diagramação), Gabriela Peres Gomes (preparação), Maristela Deves (revisão) e Jonas Santos (capa e ilustrações). Obrigado, amigos.

2022
Todos os direitos desta edição reservados à
Editora Belas Letras Ltda.
Rua Antônio Corsetti, 221 – Bairro Cinquentenário
CEP 95012-080 – Caxias do Sul – RS
www.belasletras.com.br

Dados Internacionais de Catalogação na Fonte (CIP)
Biblioteca Pública Municipal Dr. Demetrio Niederauer
Caxias do Sul, RS

C289c	Carneiro, Luiz Felipe
	Os 50 maiores shows da história da música / Luiz Felipe Carneiro. - Caxias do Sul, RS: Belas Letras, 2022.
	304 p.
	ISBN: 978-65-5537-194-9
	Ebook: 978-65-5537-195-6
	1. Música popular. 2. Música - História e crítica. I. Título.
22/9	CDU 784.4

Catalogação elaborada por Vanessa Pinent, CRB-10/1297

OS 50 MAIORES SHOWS DA HISTÓRIA DA MÚSICA

BACKSTAGE 9

LINE-UP

ROBERT JOHNSON 13
FRANK SINATRA 18
THE MOONDOG CORONATION BALL 23
BUDDY HOLLY 27
BOB DYLAN 32
VELVET UNDERGROUND & NICO 37
MONTEREY INTERNATIONAL POP FESTIVAL 43
JOHNNY CASH 49
JAMES BROWN 55
CREAM 61
THE BEATLES 66
THE DOORS 71
FESTIVAL DE WOODSTOCK 77
FESTIVAL DE ALTAMONT 83
THE WHO 91
FESTIVAL ISLE OF WIGHT 1970 96
THE CONCERT FOR BANGLADESH 102
PINK FLOYD 109
ARETHA FRANKLIN 115
ELVIS PRESLEY 120
DAVID BOWIE 125
LED ZEPPELIN 132
ELTON JOHN 138

THE BAND	143
SEX PISTOLS	150
BOB MARLEY	155
SIMON & GARFUNKEL	159
MOTOWN 25 BIRTHDAY	166
U2	174
ROCK IN RIO	179
LIVE AID	186
THE SMITHS	193
GUNS N' ROSES	198
DEPECHE MODE	204
BRUCE SPRINGSTEEN	209
PAUL MCCARTNEY	214
MADONNA	220
R.E.M.	225
FESTIVAL MONSTERS OF ROCK	230
THE FREDDIE MERCURY TRIBUTE CONCERT	235
NIRVANA	242
RAMONES	247
OASIS	253
RADIOHEAD	259
RUSH	264
LIVE 8	270
THE ROLLING STONES	277
THE POLICE	283
12-12-12: THE CONCERT FOR SANDY RELIEF	289
DAVID BYRNE	294

BACKSTAGE

Durante todo o ano de 2014, eu e meu amigo Francisco Rezende nos víamos religiosamente todos os sábados. Eu imaginava que esses encontros serviam apenas para a gente botar o papo em dia, beber cerveja e comer o estrogonofe da Nice. Mas descobri que os seus planos eram diabólicos. Ele já fazia sucesso com o seu canal *Chico Rezende* no YouTube. Aliás, o canal humorístico mais inteligente de todos. E os nossos papos sempre terminavam com a mesma pergunta: "Quando você vai criar o seu canal para falar sobre música?". Eu inventava uma desculpa qualquer e seguia a minha vida.

Não sei exatamente por qual motivo um dia eu respondi: "Eu topo!". Pegamos uma folha de papel e desenhamos tudo. Os quadros, os primeiros temas, os gastos (nenhum, porque o Francisco me emprestou a câmera, filmou e editou tudo), as primeiras entrevistas, a "Semana Cazuza"…

Era uma segunda-feira, dia 20 de abril de 2015, quando, ao meio-dia, o vídeo de estreia do canal *Alta Fidelidade* entrou no ar: um Top 5 dos grandes shows que já aconteceram no Maracanã. A data era simbólica: 25 anos da apresentação de Paul McCartney no estádio que já foi o mais charmoso do mundo. Desde então, mais de mil e quinhentos vídeos foram postados sobre os mais variados temas. Shows históricos, discos clássicos, trilhas sonoras, livros sobre música, seriado sobre a década de 1980, entrevistas, muitas entrevistas (com direito a esporro do Fagner, a carona da Fernanda Abreu e a canja do Moraes Moreira), o quadro "A Caravana do Delírio" (com o Tito Guedes) e, claro, a melhor "Conversa de Botequim" deste planeta, com o Biofá.

Em 2018, eu gravei diversos vídeos para uma série intitulada "35 shows históricos". A ideia era comentar os principais shows da história da música pop, com um texto leve e informativo. A série ficou engavetada. Durante a pandemia, decidi que era hora de postar os vídeos. Agendei o primeiro episódio para o dia 1º de agosto de 2020. Quatro dias antes, quando os cinco primeiros vídeos já estavam programados para ir ao ar, o meu amigo Rodrigo Rodrigues faleceu, vítima da covid. O Francisco teve que reprogramar tudo, acrescentando um texto em homenagem ao RR, grande incentivador e fã do canal. (O nosso papo que foi ao ar no dia 13 de outubro de 2019 é delicioso — não por minha causa, naturalmente. Procurem lá no YouTube e assistam, por favor.)

Quando a série teve o seu último episódio postado, em 18 de outubro de 2021, eu pensei: "Tomara que as pessoas não se esqueçam dela". Não queria, de forma alguma, que ela ficasse "perdida" no mundo cibernético. Afinal, de todos os vídeos que postei no canal, aqueles eram os que mais me orgulhavam. Assim, comecei a imaginar que aquilo tudo poderia se transformar em um livro. Melhor ainda: um livro com mais 15 shows para completar o número mágico. Cinquenta. As listas não são assim? Os 100 maiores, os 50 melhores? Então…

Imaginei qual editora poderia embarcar naquele sonho. E apenas uma passou pela minha cabeça. Vou além: eu só tentaria com essa única editora. A Belas Letras. Se ela não topasse, tudo bem, o público ainda teria os 35 vídeos disponíveis na internet. Mas o Gustavo Guertler e a Fernanda Fedrizzi foram loucos o suficiente para acreditar na ideia. E agora você tem em mãos este livro, *Os 50 maiores shows da história da música*. Ah, e eu ainda tive a honra de ter o Germano Weirich editando tudo isso. E claro que o show do Paul McCartney no Maracanã não ficou de fora. Assim como outros 49, tudo em ordem cronológica.

Qualquer equívoco que você encontrar neste livro é culpa exclusivamente minha. Mas eu não posso deixar de citar algumas pessoas que tanto me ajudaram durante o processo de elaboração deste trabalho. Em primeiro lugar, por motivos óbvios, Francisco Rezende. Sou a pessoa mais feliz do mundo por ter esse cara como amigo. Até hoje não sei o que fiz para merecer tanto carinho e lealdade. Te amo, meu irmão.

O canal me deu alguns bons amigos, e o Jonas Santos é um deles. Em novembro de 2018, eu e o Biofá postamos um vídeo chamado "Rock in Rio dos sonhos". Semanas depois, recebi um e-mail do Jonas com o desenho de um pôster lindíssimo baseado no vídeo. Quando o Gustavo me disse que pensava em um livro com pôsteres reimaginados para cada um dos 50 shows, não tive dúvidas em chamar o cara. Muito obrigado pelas ilustrações, Jonas. Você é um gênio!

Outra pessoa muito importante nessa história toda é o Tito Guedes, que eu também conheci através do canal, quando o entrevistei sobre o seu brilhante livro *Querem acabar comigo: da Jovem Guarda ao trono, a trajetória de Roberto Carlos na visão da crítica musical.*

No dia seguinte ao papo eu perguntei se ele não queria vir trabalhar comigo. Como ele é maluco, aceitou. E no mesmo segundo já virou minha alma gêmea e um dos meus melhores amigos. Valeu, Tito, por ter me ajudado na pesquisa de vários dos shows aqui incluídos, bem como na revisão de todos os textos.

Eu sei que vou acabar me esquecendo de muita gente, mas não posso deixar de mencionar as pessoas que foram importantes em algum momento durante o processo de escrita deste livro. Aqui vai o meu muito obrigado a Arthur Dapieve, Arthur Terra, Bruno Brandão Magalhães, Carlos Augusto Junqueira, David Byrne, Fabio Vianna (sim, o Biofá!), Felipe de Queiroz Batista, Fernando Neumayer, Flávio Tabak, Gabriel Leone, Gabriela Brandão Siciliano, Gerônimo Araujo, Guilherme Brechbüller, Guilherme Bryan, Izabel Carolina Alvares, João Barone (obrigado pelo lindo texto, ídolo!), João Fernando, João Vitor Campos Machado, Joaquim Couto Rosa, Joselia Aguiar, Ju Passos, Leonardo Albuquerque (o Pato Rouco!), Leonardo Brandão Magalhães, Lu Brandão, Lucinha Araujo, Luiz Guilherme Abreu, Marcelo Cotta (*in memoriam*), Marcelo Froes, Maria Vitoria Campelo, Mário Magalhães, Mauro Refosco, Ruy Castro, Salwa Benloubane, Sérgio Terra e, nos heavy metais, Zé Luis! Se eu esqueci de alguém, perdão. Não foi por querer.

Obrigado também a toda a turma da Belas Letras. Que a gente vá longe na nossa parceria! Ao meu pai, minha mãe e meu irmão, sempre. E, claro, a todos os fãs do *Alta Fidelidade*. Se não fosse por vocês que curtem o canal, minha vida não teria tanta graça.

ROBERT JOHNSON
THREE FORKS/MISSISSIPPI
(13/08/1938)

01

DIA 13 DE AGOSTO DE 1938. THREE FORKS, ESTADO DO MISSISSIPPI, ESTADOS UNIDOS. A LENDA DO BLUES ROBERT JOHNSON APRESENTA O ÚLTIMO SHOW DE SUA CARREIRA, E ELE NEM IMAGINAVA QUE SERIA O ÚLTIMO. ESTE PODERIA TER SIDO UM SHOW NORMAL, COMO TANTOS OUTROS. MAS HAVIA UMA MULHER NO MEIO DA HISTÓRIA, E UM MARIDO CIUMENTO.

Foram apenas 41 gravações — contando todos os *takes* alternativos — de 29 músicas, em 11 discos de 78 rotações por minuto (incluindo os póstumos), entre os dias 23 de novembro de 1936 e 22 de junho de 1937. A princípio, pouquíssima coisa. A longo prazo, porém, são as 41 gravações que definiram e estabeleceram a identidade do blues. Tudo graças à voz primitiva e ao modo de tocar violão de Robert Johnson.

Johnson nasceu em 8 de maio de 1911, em Hazlehurst, no estado do Mississippi, nos Estados Unidos. Ele não ficou muito tempo por lá. Logo se mudou para Memphis e, em seguida, para Robinsonville, mais especificamente para uma comunidade de plantação de algodão, onde passou a se interessar por música. De início, ele tocava cravo, depois, passou a tocar gaita. Nesse período, Johnson acreditava que seu pai era o sujeito que vivia com sua mãe desde que ele nasceu. Mas não era bem assim. O pai dele tivera uma rápida relação com a mãe de Johnson, e só na adolescência o futuro *bluesman* soube da história real e adotou o sobrenome do pai verdadeiro.

Por conta de um problema na visão, Johnson deixou a escola e começou a estudar violão. Ficou obcecado com a descoberta. Queria aprender tudo, de qualquer jeito, e passou a prestar atenção em alguns violonistas que se apresentavam na sua região. Não demoraria muito e ele seria capaz de tocar qualquer canção após ouvi-la uma única vez no rádio. Entre a adolescência e o início da vida adulta, a rotina de Johnson se resumia a música e mulheres — sim, ele era um mulherengo nato. Em 1929, num momento mais "comportado", casou-se com Virginia Travis, que engravidou, mas acabou morrendo juntamente com o filho durante o trabalho de parto. Ela tinha 16 anos, e Johnson, 18.

Deprimido, se afundou mais e mais na música. Poucos meses depois, Son House, o grande *bluesman*, mudou-se para Robinsonville e acabou sendo uma grande influência para Johnson. Ver aquele cara tocando violão com tanta paixão mudou a vida dele. Curioso que, nessa época, Son House sugeriu que o pupilo ficasse longe do violão, porque, segundo ele, Johnson tocava tão mal que levava as pessoas à loucura.

Só que isso nem passava pela cabeça de Robert Johnson. Decidido a ser músico, retornou a Hazlehurst. Apesar da Grande Depressão de 1929 que afligia a economia dos Estados Unidos, a pequena vila não foi tão atingida. Lá, Johnson se afeiçoou a uma mulher, Caletta Craft, dez anos mais velha. Como ela era relativamente rica, poderia dar algum conforto ao músico. Os dois se casaram em maio de 1931. Era o melhor dos mundos para Johnson: ela o tratava como um rei e ainda lhe dava passe livre para ir toda noite à casa de seu novo mentor, o músico Ike Zimmerman, que dizia ter aprendido a tocar violão sozinho sentado nas tumbas de um cemitério do Alabama. Aplicado, o aluno executava a mesma melodia noite e dia até alcançar a perfeição. Aos sábados, tocava nos degraus do Tribunal de Justiça da cidade. À noite, se apresentava em casas de jogos por quase 24 horas seguidas.

No entanto, nem tudo eram flores para o músico, que passou a ser invejado por parte dos habitantes de Hazlehurst, que o observavam com certo desdém. Enquanto a maioria da população trabalhava de sol a sol nas plantações de algodão durante a pior crise econômica da história do país, Johnson estava sempre todo prosa, tocando violão e enlouquecendo as mulheres. De quebra, se vestia sempre com elegância, com os sapatos brilhando. De toda forma, e isso era inegável, ele se mostrava muito talentoso, e já tinha até uma quantidade razoável de fãs.

Contudo, isso ainda parecia ser pouco para Johnson. E o que ele fez? Mudou-se para a região do Arkansas, onde se apresentava em qualquer lugar que lhe desse uma oportunidade, em especial, as casas de jogos. Por lá, encontrou músicos como Sonny Boy Wiliamson II, Elmore James, Howlin' Wolf, Memphis Slim, entre outros, e uma espécie de comunidade foi formada. Johnson já tinha ciência de que o seu modo de tocar era diferente, e ele se protegia como podia para que ninguém roubasse o seu estilo. Se Robert estivesse em algum lugar e percebesse que havia alguém observando muito atentamente a sua maneira de tocar violão, ele se levantava e ia embora. E nunca mais voltava.

Inclusive, uma das maiores lendas do rock diz respeito a Robert Johnson. Teria ele vendido a sua alma ao diabo? Bom, resposta certa nunca haverá. Mas a história não deixa de ser saborosa. Dizem que, para obter o seu modo único de tocar violão, o músico teria vendido a alma ao demônio. Ele teria ficado a sua espera na encruzilhada das rodovias 61 e 49, em Clarksdale, em uma noite de lua nova, com seu violão na mão. À meia-noite em ponto, o diabo, em forma de um homem, surgiu para afinar o instrumento e selar o pacto. A partir desse momento, todos que ouvissem suas canções ficariam enfeitiçados. Canções como "Me and the Devil Blues" ("Eu e o demônio estávamos andando lado a lado", ele canta) e "Crossroad Blues" (que pode ser uma referência à tal encruzilhada) ajudam a alimentar a lenda. Ao que parece, Johnson ainda tinha costume de se apresentar de costas para o público. De acordo com o mito, tal postura seria para esconder o olhar do diabo, que surgia para ajudá-lo. Ou então, simplesmente para que a plateia não descobrisse os seus truques.

Sentindo que já tinha um público bem fiel, o músico passou a viajar para todos os lugares. A cada dia, uma cidade diferente. Ele tocava tudo o que era pedido, e o seu *set* ficou imenso — um repertório não só de blues, mas de outras músicas populares que faziam sucesso à época. E foi dessa forma que Johnson desenvolveu o seu modo de tocar, tal qual os Beatles em Hamburgo, antes da fama. Ou seja, tocando tudo o que pedissem, por horas e horas, sete dias por semana, todos os dias do mês. Além de mulherengo, o fato de ser músico despertava ainda mais admiração, inveja e ciúmes (especialmente por parte de maridos), tudo ao mesmo tempo. Johnson não estava nem aí. Dava em cima de todas as mulheres que cruzassem o seu caminho, fossem elas casadas ou não — o que também representava uma economia no aluguel ou no hotel na cidade em que estivesse se apresentando. Ao mesmo tempo que era o careta estudioso do violão, ele conseguia ser o cara mais sociável do mundo.

Além de fazer shows, Johnson também queria registrar para a posteridade as suas composições. A oportunidade veio através de um sujeito chamado H. S. Speir, que trabalhava em uma loja de discos em Jackson, no Mississippi. Na cidade de San Antonio, no Texas, realizou a sua primeira gravação — a música "Terraplane Blues" — no dia 23 de novembro de 1936, no quarto 414 do Gunter Hotel, um estúdio temporário da Brunswick Records. A partir desse momento, a carreira dele deu outra guinada. O público aumentou e, sempre que chegava para tocar em algum lugar, havia fãs à sua espera. Não demorou muito para que ele começasse a rodar os Estados Unidos. Chicago, Detroit, Nova York, St. Louis, até mesmo o Canadá. Pela primeira vez, ele se apresentou com uma banda — piano e bateria.

Em agosto de 1938, o músico retornou ao Mississippi, mais especificamente para Greenwood, para tocar em uma casa de jogos num local chamado Three Forks, onde se apresentou durante duas semanas, revezando o palco com o colega David

Honeyboy Edwards. Na noite do dia 13 de agosto de 1938, um sábado, Johnson tinha uma apresentação agendada nessa mesma casa, juntamente com o amigo (e lenda do blues) Sonny Boy Williamson II. Parecia ser mais um dia normal de trabalho. O músico, que usava um cinto com várias gaitas (moda na época), cumpriu a sua rotina: chegou na casa, bebeu dois drinques e iniciou a apresentação, que poderia durar várias horas. No setlist, apenas blues, canções de seu repertório que já faziam sucesso, além de outras do mesmo gênero. O público dançava no salão, como era costume nas apresentações naquele local.

Esse momento representou o início do fim de Robert Johnson. Reconstituir uma história envolta em tantas lendas não é das tarefas mais simples. De acordo com as principais biografias escritas sobre o artista, a história é mais ou menos a seguinte: uma moça da plateia começou a dançar perto do músico de uma forma mais ousada, algo que, diga-se de passagem, não era muito incomum nas apresentações de Robert. Entretanto, ao que tudo indica, os dois já se conheciam e até mesmo namoravam escondidos. Ou Johnson não sabia, ou não se importava com o fato de a moça ser a esposa do dono da casa de jogos onde acontecia o show. E um detalhe: todas as noites depois das apresentações, o marido da tal moça ainda dava carona para ele e Honeyboy Edwards. Honeyboy percebeu que seu parceiro de shows tinha despertado a desconfiança do tal marido, chamado Ralph, que achava que Johnson dava em cima de sua mulher.

Sonny Boy Williamson, muito atento, também se deu conta do que estava acontecendo durante aquela apresentação do dia 13 de agosto: o flerte, as risadas e a troca de olhares maliciosos. Durante um intervalo do show, uma pessoa, não se sabe se foi exatamente o dono do estabelecimento, entregou uma garrafa aberta de uísque para Johnson. Williamson derrubou a garrafa no chão, o que provocou a ira do amigo. Ele alertou: "Cara, você não pode beber nada de uma garrafa aberta. Nunca se sabe o que pode ter dentro dela", ao que Johnson retrucou: "E você nunca mais derrube uma garrafa das minhas mãos". Quando o sujeito ofereceu mais uma garrafa aberta ao cantor, Williamson achou melhor não se meter outra vez.

Quando retornou ao palco, Johnson não conseguia mais cantar. Williamson, sentindo que havia algo errado, se pôs a quebrar o galho, tentando compensar o mal-estar do amigo. Johnson teria dito ao público: "Bem, estou doente, vocês todos podem ver, eu estou tocando, mas ainda estou doente... Eu não tenho condições de tocar". Ao que parecia, o bluesman estava confuso, tocou mais um tempo e, logo depois, abandonou o palco, deixando o local. Na mesma noite, contraiu pneumonia (à época, não havia cura para a doença) e morreu três dias depois, em 16 de agosto.

Segundo Williamson, Johnson passou os seus últimos dias rastejando de dor no chão e uivando como um cachorro antes de morrer em seus braços. Até hoje, a causa da morte gera discussões. Rumores ainda dão conta de que o *bluesman* teria levado um tiro ou uma facada. No atestado de óbito, por sua vez, consta que Johnson contraiu sífilis, simplesmente pelo fato de ele ser músico e viver na noite, rodeado por mulheres. Todavia, a causa mais propagada por estudiosos é a de que ele teria sido vítima de envenenamento por estricnina, certamente presente no uísque oferecido por Ralph.

O historiador musical Mack McCormick afirmou que conseguiu conversar com Ralph, e ele teria confessado que cometeu o crime. De toda forma, as informações são desencontradas. Especialistas afirmam que a estricnina possui um odor e um gosto muito fortes, e, mesmo misturada ao uísque, a pessoa notaria facilmente que havia algo diferente. Além do mais, a estricnina, dependendo da quantidade, é forte o suficiente para levar a vítima a óbito em poucas horas, e não em três dias, como foi o caso de Johnson.

O curioso é que, poucos meses depois, sem saber da morte, o produtor John Hammond mandou uma carta para Johnson, convocando-o para uma apresentação no Carnegie Hall, em Nova York. Certamente teria sido mais uma guinada em sua história, mas nunca saberemos o que teria sido de sua carreira se não fosse por aquele tão emblemático quanto fatídico show em Three Forks, na noite do dia 13 de agosto de 1938. Robert Johnson tinha 27 anos de idade. O rock nem tinha nascido, mas o "Clube dos 27" já estava inaugurado.

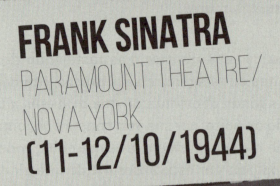

FRANK SINATRA
PARAMOUNT THEATRE/ NOVA YORK
(11-12/10/1944)

02

A SEGUNDA GUERRA MUNDIAL AINDA COMIA SOLTA QUANDO FRANK SINATRA SE TRANSFORMOU NO PRIMEIRO ÍDOLO ADOLESCENTE DA MÚSICA. A SUA TEMPORADA NO PARAMOUNT, EM 1944, DUROU APENAS DOIS DIAS. E NÃO PRECISAVA DE MAIS NADA. FRANCIS ALBERT, ENFIM, VIRAVA FRANK SINATRA. A PRIMEIRA ESTRELA POP MODERNA.

A vida de Francis Albert não foi nada convencional. A começar pelo modo como veio ao mundo. Pesando mais de seis quilos, teve que ser expelido do ventre da mãe a fórceps, o que lhe causou cicatrizes no lado esquerdo do rosto e do pescoço, além de um tímpano perfurado. Metade italiano, metade norte-americano, passou a infância em Hoboken, pequena cidade de Nova Jersey, onde brincava de cantar na escola e no bar do pai. Não demorou para descobrir Bing Crosby. Talvez por conta disso, aos 16 anos, decidiu que não ia mais para a escola. Ele só queria cantar. Os pais ficaram desapontados, mas não tinha jeito. Francis Albert arriscou-se em programas de rádio até descobrir que tinha que cruzar a ponte do Rio Hudson se quisesse ser Frank Sinatra. Nova York era o centro da música popular dos Estados Unidos, a cidade da Tin Pan Alley, das grandes estações de rádio. Lá começou a ter aulas de canto e arrumou um emprego de garçom-cantor. As coisas começaram a acontecer quando foi contratado pela orquestra de Harry James e gravou "All or Nothing at All". Tommy Dorsey roubou Sinatra de Harry James. E Sinatra roubou o show de Tommy Dorsey. Houve ciúme. Dorsey exigiu um terço do que Sinatra ganharia pelos dez anos seguintes. Em muito menos tempo — quinze meses para ser exato —, o cantor se transformou numa sensação entre os jovens.

Os Estados Unidos viviam a Grande Depressão, que acabou por moldar o profissionalismo de Sinatra. A vida era difícil, ele sabia disso. E se quisesse sobreviver, ele tinha que ser o melhor. O melhor de todos. A Segunda Guerra comia solta e, nesse período, em especial no pós-guerra, foi criado um forte mercado para os adolescentes. Antes disso, não existiam músicas, livros ou filmes para os mais jovens. Aliás, não existia nada. As músicas, os livros e os filmes que eles consumiam eram os mesmos que os seus pais escutavam, liam ou assistiam. E, ao contrário da Europa, que juntava os seus cacos, os Estados Unidos foram muito favorecidos no fim da guerra. Em um período de prosperidade econômica, os adolescentes norte-americanos, de um modo geral, não precisavam trabalhar para ajudar os pais a pagar as contas de casa. Eles tinham tempo de sobra, e as empresas de entretenimento perceberam isso. Era o ovo de Colombo. Os Estados Unidos rejuvenesceram e a cultura jovem foi disseminada. Frank Sinatra era o cara certo na hora certa.

Na verdade, ele sacou tudo o que estava acontecendo. Quando era *crooner* das orquestras de Harry James e de Tommy Dorsey, Sinatra cantava para os pais dos adolescentes. Quando decidiu apostar na carreira solo, é verdade, ele ainda interpretava as mesmas músicas. Mas quanta diferença no seu modo de cantar... Sinatra entendeu as possibilidades de amplificação dos modernos microfones que surgiam e passou a modular de um modo mais romântico, tornando-se o primeiro ídolo adolescente. A sua vida não seria mais a mesma. Nem a nossa.

Em 12 de dezembro de 1942, dia em que completava 27 anos de idade, um agente de Nova York chamado Harry Romm entrou em contato com Robert Weitman, diretor do Paramount Theatre, o lugar mais importante do cinema e da música da Broadway. O teatro promovia famosas noites de réveillon, e já tinha mais uma agendada para a virada de 1942 para 1943. A comédia musical "Star Spangled Rhythm" contaria com Bing Crosby e a orquestra de Benny Goodman. O esperto Romm insistiu sobre a sua descoberta: "É a coisa mais infernal que você já viu". Weitman, que de bobo não tinha nada, foi conferir e teve que dar o braço a torcer. "Parecia que ele ainda tinha leite no queixo. A garotada ficou louca assim que o viu. Quando ele começou a cantar, todos ficaram de pé, gritaram e gemeram até eu achar que suas calças tinham caído." Lógico, Weitman convidou Sinatra para a noite de Ano-Novo no Paramount. O cantor nem acreditava que a sorte tinha lhe sorrido tão rapidamente: "Eu caí de bunda no chão", disse. "Este é o momento que vai me fazer ou me quebrar", completou.

A Broadway já chamava atenção no início dos anos 1940, mas o Paramount chamava ainda mais. A sua marquise era o símbolo do glamour na Times Square. Era tudo grandioso, e o globo de vidro iluminado em seu topo podia ser visto até de Nova Jersey. Era esse lugar que Sinatra ia encarar. A bem da verdade, ele ainda nem era tão conhecido entre os mais velhos. Benny Goodman, por exemplo, mal sabia de quem se tratava. O clarinetista mandou "Sing Sing Sing", deixou todo mundo louco e achou que o jogo estivesse ganho. Até chamar Sinatra. Foi uma convulsão, com mais de três mil pessoas à beira da histeria, a ponto de Goodman achar que o prédio fosse desmoronar. "Foi ensurdecedor, um tremendo urro", surpreendeu-se. Era só o início. Em poucos dias, Sinatra apresentava uma média de nove shows diários no Paramount, interpretando quase cem canções no total. Às vezes, a sua diária começava às oito da manhã e só terminava por volta das três ou quatro da madrugada. A maior parte da plateia era de meninas adolescentes, que formavam filas a partir das quatro da manhã trajando um uniforme clássico: saias na altura do joelho e meias brancas. Eram as *bobby soxers*, e o Paramount se tornou seu quintal. Matavam aula, levavam a merendeira e ficavam o dia todo se derretendo e escutando o canto afrodisíaco de Sinatra. Algumas chegavam a ponto de urinar nas poltronas, tamanha a excitação. Calcinhas e sutiãs eram arremessados no palco. Nunca ninguém havia presenciado algo assim. Encerrava-se a era das grandes orquestras e iniciava-se a dos grandes cantores. Orquestra virou coisa de velho.

Ao mesmo tempo, a Segunda Guerra fazia estragos e a imprensa começou a indagar: por que diabos aquele cantor não está no *front*? Como assim? Garotos estão sendo mortos na Europa, e esse cara cantando canções para as esposas e namoradas deles? Resultado: Sinatra foi convocado, mas logo dispensado por conta da perfuração no seu tímpano esquerdo, herança do parto. Os anos 1943 e 1944 foram auspiciosos para ele. A Columbia Records o contratou, ele ganhou destaque em filmes — sim, Sinatra era um ótimo ator também, porque o canto não lhe bastava —, fez temporadas vitoriosas de shows (inclusive no Paramount) e começou a ganhar rios de dinheiro.

Em 1944, teria início mais uma temporada no Paramount, a sua primeira no teatro em mais de um ano. O frenesi na manhã do dia 11 de outubro não teve precedentes na história da música. Aliás, não só na história da música. Algo parecido só acontecera em 1926, no funeral do ator Rudolph Valentino na Times Square, ou na estreia do filme *O Mágico de Oz*, em 1939. Dezenas de milhares de fãs, 99% *bobby soxers*, lotaram a Broadway e causaram um pandemônio. Nunca se viu tanta polícia por ali. As fãs esperaram a noite toda para comprar ingressos. Earl Wilson, do *New York Post*, descreveu a cena: "Eu me aventurei descendo a Times Square e fiquei literalmente apavorado. As garotas gritavam, desmaiavam ou caíam de êxtase no chão, eram pisoteadas e puxadas para cima por seus acompanhantes e voltavam a gritar. Elas avançavam na cabine de ingressos e a destruíam. Janelas eram quebradas". Havia cerca de trinta mil fãs perto do teatro, e quase quinhentos policiais para controlar a confusão.

Frank Sinatra chegou ao teatro às seis da manhã. Ao mesmo tempo, o seu empresário, George Evans, dava dinheiro para meninas jogarem calcinhas no palco ou desmaiarem na plateia. Ele também mantinha enfermeiras e ambulâncias estacionadas na porta do teatro. Evans, um dos primeiros gênios do *show business*, aconselhou Sinatra a usar ternos "quebráveis", ou seja, feitos para despedaçar caso fossem puxados, e ainda distribuía frascos de amônia aos lanterninhas, para o caso de alguém desmaiar. Ele descobriu que, se quisesse ser grande, um artista precisaria contar com uma poderosa estratégia de marketing por trás. Não à toa, ele batizou Sinatra de "The Voice". E assim ele seria conhecido para todo o sempre.

O primeiro show foi às dez da manhã. Como era impossível controlar a turba, Robert Weitman deixou cinco mil pessoas entrarem em uma casa onde mal cabiam três mil. Milhares ficaram do lado de fora. O filme em cartaz, além do show, era *Our Hearts Were Young and Gay*, um longa que se perdeu no tempo (e quem não se perderia no tempo ao lado de Frank Sinatra?). Mas isso pouco importava, todo mundo ali queria ver e ouvir "A Voz". A abertura do show ficou por conta da cantora Eileen Barton, dos dançarinos Pops e Louie e do imitador Ollie O'Toole. E quem se importava com eles também? A empolgação começou mesmo quando a plataforma hidráulica com os quarenta músicos da Stage Door Canteen Radio Orchestra subiu e as cortinas se abriram. Quando Sinatra, vestindo terno escuro e a clássica gravata-borboleta surgiu, dez mil pés bateram no chão em um barulho ensurdecedor. George Evans teve que segurar o queixo. E Sinatra não conseguiu cantar. Até ameaçou sair de cena por causa do berreiro. "Por favor... Vocês querem que eu saia do palco?". A plateia implorou para que ele não fizesse isso. "Vejamos então se a gente consegue ficar quieto o suficiente para ouvir um arranjo completo", desafiou o cantor.

A batalha durou 45 minutos. Sinatra queria cantar. As *bobby soxers* queriam berrar. Quando interpretou a última música, "Put Your Dreams Away", Sinatra respirou aliviado, e a plataforma dos músicos desceu lentamente. Em seguida, haveria mais um show. Mas, claro, as fãs não deixaram o local, o que causou mais tumulto do lado de fora. Por pouco o teatro não foi arrastado, tamanha a pressão que faziam contra a porta. Elas gritavam, choravam, desmaiavam e se urinavam. Ainda haveria mais cinco apresentações naquele dia, mas se dez mil pessoas conseguiram ver, foi muito.

Se as *bobby soxers* eram a maioria esmagadora da plateia, em um dos shows havia um rapaz que não estava lá muito satisfeito com aquele cara que fazia todas as meninas do país suspirarem. Enquanto Sinatra cantava "I Don't Know Why (I Just Do)", Alexander Dorogokupetz, com uma mira digna de Simo Häyhä, acertou três ovos no rosto do cantor. Nos dois primeiros, Sinatra não se fez de rogado. Enxugou a gema e a clara que escorriam pelo rosto e continuou cantando. No terceiro, a música parou. Enquanto Dorogokupetz executava seu plano, as *bobby soxers* o encheram de tapas, e binóculos voaram em sua direção. O rapaz, colecionador de gravatas-borboleta, disse que tinha raiva de Sinatra porque ele também usava essas gravatas. "Prometi pôr fim nesta monotonia de dois anos consecutivos de sedução. Eu mirei e atirei, acertei nele, sua boca estava aberta. Me senti bem", disse. Jornais publicaram o seu endereço, e ele recebeu algumas centenas de cartas ameaçadoras. No dia seguinte, marinheiros inspirados pelo ocorrido jogaram tomates na gigantesca imagem do cantor em pé sobre a marquise do teatro.

A temporada de Sinatra no Paramount durou apenas dois dias. Os acontecimentos ficaram conhecidos como a "Revolta do Dia de Colombo" — pois, em 12 de outubro, é celebrada a chegada de Cristóvão Colombo à América. A revista *The New Republic* descreveu o ocorrido como "um fenômeno de histeria em massa que é visto apenas duas ou três vezes em um século". Em 2011, o jornalista Jon Savage, do *The Guardian*, elegeu a tal revolta como o principal evento da história da música pop. Segundo ele, foi o momento em que Frank Sinatra se tornou "a primeira estrela pop moderna".

Bom, depois disso, a vida de Sinatra seguiu bem distante do convencional. Foi acusado de colaborar com a máfia em Cuba. Casou-se com Ava Gardner. Consideraram-no acabado. Cancelaram seus programas de rádio e de TV. Ficou deprimido, com medo de perder a voz. Hollywood o desprezou, assim como a MCA, a maior agência de artistas do mundo. Passou a cantar para mesas vazias em boates. Assinou com a Capitol Records, por onde lançou álbuns mais bonitos do que amor de mãe. Ganhou Oscar por conta de sua atuação no filme *A um passo da eternidade*. Reconquistou o seu público. Viu o topo. Inventou a ideia de álbum conceitual. Ava Gardner o trocou por um toureiro. Cortou o pulso. Namorou Lauren Bacall. Inventou as temporadas de shows em Las Vegas. Sorriu amarelo para Elvis Presley quando o rock passou a dar as cartas. Fundou sua própria gravadora, a Reprise. Saiu no braço com John Wayne por causa de política. Apoiou John F. Kennedy. Foi chamado de "comunista" pela imprensa. Foi traído por John F. Kennedy. Viu o filho ser sequestrado. Casou-se com Mia Farrow. Separou-se de Mia Farrow. Gravou com Tom Jobim. Teve as mulheres mais desejadas do século. Aproximou-se do Partido Republicano. Foi chamado de "reacionário" pela imprensa. Aposentou-se em 1971. Desaposentou-se três anos depois. Cantou no Maracanã para 175 mil pessoas. Gravou duetos com Bono e Chrissie Hynde.

A lista do que Sinatra fez ocuparia um livro inteiro. Sua vida sempre foi assim: uma montanha-russa. Quando sentiu o fim se aproximar, depois de seis décadas de carreira e 82 anos de vida, encarou a *cortina final* e se recolheu. "All or Nothing at All?" Para Sinatra, foi sempre *tudo*. Do seu jeito, Frank Sinatra foi maior do que o mundo.

THE MOONDOG CORONATION BALL
CLEVELAND ARENA/OHIO
(21/03/1952)

03

PRIMEIRO SHOW DA HISTÓRIA DO ROCK, O MOONDOG CORONATION BALL ACONTECEU EM CLEVELAND, NO DIA 21 DE MARÇO DE 1952. OS ORGANIZADORES NÃO ESPERAVAM QUE O DOBRO DE PESSOAS COMPARECERIA, E O SHOW SÓ TEVE UMA MÚSICA ANTES DE OS BOMBEIROS INVADIREM A ARENA PARA ACABAR COM A FESTA. MAS, NO DIA SEGUINTE, O ROCK ERA MANCHETE NOS JORNAIS PELA PRIMEIRA VEZ.

Era 21 de março de 1952. Sexta-feira. Cleveland Arena. Nesse dia e nesse local aconteceu o Moondog Coronation Ball, o primeiro show da história do rock. Antes mesmo de Elvis Presley pisar em um estúdio pela primeira vez, Alan Freed organizava o primeiro grande evento do rock and roll.

A história de Freed é tão curiosa quanto trágica. Natural de Cleveland, o trombonista amador, no início dos anos 1950, foi um dos primeiros DJs de pele branca a tocar o rhythm & blues (os chamados *race records*), então ignorado pelas grandes gravadoras, na estação de rádio WJW. Quem lhe soprou a dica foi o empresário Leo Mintz, dono de uma grande loja de discos, a Record Rendezvous, localizada em um bairro da comunidade negra de Cleveland. Ele notou que havia muitos adolescentes de pele branca procurando os discos de R&B gravados por artistas negros nos Estados Unidos. Assim, o empresário convenceu Alan Freed de que esses artistas mereciam ser tocados no rádio. Até mesmo porque muitos dos adolescentes brancos iam para as lojas apenas para escutar os discos nos corredores, já que não tinham dinheiro para gastar. Mintz estava tão obcecado que chegou até mesmo a tentar patrocinar um programa para divulgar esses discos, comprando um horário na emissora de rádio onde Freed trabalhava.

Isso tudo aconteceu no verão de 1951. A aposta era muito alta e arriscada. Até socialmente arriscada, tendo em vista a segregação entre negros e brancos nos Estados Unidos, em especial nos estados do sul do país. Anos depois, o DJ Cousin Brucie

Morrow, o mais importante da noite de Nova York, disse: "Alan Freed foi um dos homens mais corajosos da indústria do rádio. Não restam dúvidas de que uma espécie de integridade o levou a tocar a música R&B quando ninguém mais ousaria tocar". Para descrever esse tipo de música que era tocada em seus programas de rádio, Freed usou a expressão "rock and roll" — um termo popular nos anos 1920 e que significava "sexo". Na verdade, ele não mudou o nome do gênero — de rhythm and blues para rock and roll — apenas por capricho, e sim porque, ao fazer isso, ele estava convencido de que conseguiria atrair ainda mais o público de pele branca para escutar aquele tipo de música, que era praticamente uma exclusividade dos negros dos Estados Unidos. E Freed conseguiu. De início, o rock and roll virou uma febre entre as crianças, e não demorou muito para se alastrar entre os adolescentes também.

O seu programa (que se chamava "Moondog's Rock n' Roll Party", porque Freed sempre "uivava" como um cachorro antes de apresentar as músicas) atraiu uma legião de fãs e, em 1952, o DJ decidiu organizar, juntamente com o empresário Lew Platt (um promotor de shows da cidade) e o patrocinador Leo Mintz, o Moondog's Rock n' Roll Party and Coronation Ball, esse que é considerado o primeiro show de rock da história.

A aposta foi grande. Eles alugaram a Cleveland Arena, um ginásio com capacidade para dez mil pessoas, muito utilizado para jogos de hóquei no gelo. A dúvida era se haveria público para tudo isso. Bom, teve público em dobro. Enquanto dez mil jovens se espremiam dentro da arena, outros dez mil ficaram do lado de fora tentando entrar a todo custo. O *line-up* do evento misturava artistas já relativamente conhecidos, como a banda The Dominoes, Paul Williams and His Hucklebuckers e outros não tão populares, como Tiny Grimes and the Rockin' Highlanders (um grupo instrumental afro-americano, cujos instrumentistas se apresentavam trajando saias escocesas), além da cantora Varetta Dillard e do cantor Danny Cobb.

O show nem tinha começado e a confusão já acontecia do lado de fora. A polícia foi chamada, e, quando o capitão Bill Zimmerman viu o que estava acontecendo, percebeu que a situação era mais preocupante do que poderia imaginar. Do lado de dentro, o público era composto por homens vestidos com terno de flanela e chapéus, e mulheres trajando vestidos longos. Quando Alan Freed subiu ao palco, o espanto foi geral. Poucos acreditavam que aquele sujeito de pele branca era mesmo Alan Freed. Na imaginação dos ouvintes, o DJ que apresentava todas aquelas canções no rádio só poderia ser um homem negro. Ao mesmo tempo, do lado de fora, a confusão comia solta. Afinal de contas, os organizadores imaginavam que algumas dezenas de crianças comprariam ingressos, e não vinte mil pessoas. Mas se a Cleveland Arena só tinha capacidade para comportar dez mil pessoas, como é que havia vinte mil pessoas com ingresso na mão? Simples, a confusão foi causada por um erro na impressão dos bilhetes. Vinte mil ingressos saíram das impressoras em vez de dez mil.

Mas as pessoas que estavam do lado de fora — e que tinham pagado 1,50 dólar pelo ingresso — não tinham nada a ver com isso. Começaram então a destruir janelas e portas da arena. Lá dentro, no show em si, só deu tempo de rolar uma única música, executada pela banda do saxofonista Paul Hucklebuck Williams. Logo depois, a confusão chegou ao ápice, a ponto de o corpo de bombeiros adentrar a arena e dispersar a multidão usando mangueiras de incêndio.

Todavia, o objetivo principal fora alcançado. No dia seguinte, o rock and roll, pela primeira vez, estava nas manchetes dos jornais. John Soeder, crítico musical do jornal *Cleveland Plain Dealer*, escreveu, na primeira página, que o Moondog Coronation Ball foi "o *big bang* do rock and roll". Também no dia seguinte, em seu programa de rádio, Freed pediu desculpas pelo ocorrido: "Se alguém tivesse nos contado que cerca de vinte ou 25 mil pessoas tentariam entrar num show, acho que você teria tido a mesma reação que eu. Você ia rir e dizer que somos todos loucos". De toda forma, um dos pôsteres promocionais do evento foi premonitório. Nele se lia: "O baile mais terrível de todos".

No frigir dos ovos, Freed escapou dos processos judiciais, e o rock and roll virou moda. Deu tudo tão certo, ainda que às avessas, que, nos anos seguintes, o DJ organizaria turnês itinerantes que propagavam o rock and roll, e que misturavam brancos a negros, para desespero das autoridades locais. O sucesso e a influência de Freed aumentaram de tal forma que, em 1954, ele teve que se mudar para Nova York, onde o seu programa "Rock and Roll Party", transmitido pela rede WINS, tornou-se o mais importante do nascente gênero musical. Ele controlava toda a programação da rádio, entre sete e onze horas da noite. Não à toa, o seu apelido, à época, era "o rei do rock and roll". E o seu programa era transmitido não só para todos os Estados Unidos, mas também para a Europa. O sucesso era tão grande que, em 1956, ele participou, ao lado de Bill Haley, The Platters e Tony Martinez, de *Ao balanço das horas*, um dos primeiros longas dedicados ao rock. O filme conta a história de um empresário frustrado e de um músico que passam a noite em uma cidadezinha perto de Nova York e descobrem um grupo de rapazes dançando um novo ritmo, que eles chamam de rock. A missão dos dois é levar o novo gênero ao resto do mundo. Mais autobiográfico impossível.

Alan Freed continuou levando a sua vida, organizando shows emblemáticos em Nova York e nos estados vizinhos. Em tais eventos, dificilmente as casas de espetáculos não eram literalmente destruídas por fãs ensandecidos. Já muito rico e famoso, na década de 1950, o DJ apostou na televisão, sendo um dos responsáveis pelo sucesso inicial de artistas como Chuck Berry e Little Richard. A coisa funcionava mais ou menos assim: se Alan Freed botava para tocar, era sinônimo de sucesso. Os shows que ele organizava também impulsionavam a carreira de muita gente. O "Alan Freed's Big Beat Show", que aconteceu no Brooklin Paramount Theatre, em Nova York, no dia 28 de março de 1958, contou com o *crème de la crème* do rock: Buddy Holly, Jerry Lee Lewis, Chuck Berry, Frankie Lymon, entre outros. Já o "Alan Freed's Big Beat Spring", na Boston Arena, também em 1958, teve que ser interrompido pela polícia por causa de uma bagunça generalizada. No meio da confusão, o DJ gritou para a plateia: "A polícia não quer que vocês se divirtam". Ele acabou preso, e o show, cancelado.

A prisão foi só o início de uma série de problemas pelos quais o DJ passaria dali em diante. Em um momento em que parecia que nada seria capaz de derrubar uma das pessoas mais influentes da música, uma avalanche tomou conta de sua vida. Em 1958, a rede ABC cancelou o programa do DJ, após receber reclamações de telespectadores (em especial do sul dos Estados Unidos) que se chocaram com o fato de Frankie Lymon, um artista negro, ter sido visto dançando com uma moça branca da plateia de um dos shows organizados por Freed. O que é considerado normal hoje não o era no início dos anos 1950 nos segregados Estados Unidos. A carreira do DJ estava manchada.

Mas o pior ainda estava por vir. Dois anos depois, aconteceu o escândalo da *payola* (aglutinação das palavras *payment*, pagamento, e *victrola*, vitrola), e Freed foi condenado por ter recebido pagamentos ilegais em troca de divulgação de alguns artistas. Ou seja, o típico jabaculê, que, de certa forma, já era um costume nas emissoras de rádio e TV dos Estados Unidos. Na ânsia de achar um bode expiatório, a mira foi direto em cima do DJ mais importante e mais influente de todos: Alan Freed, que ainda foi condenado por evasão de impostos entre 1957 e 1959. Assim, as portas começaram a se fechar para a pessoa que, pouco antes, tinha aberto portas para tanta gente.

Alan Freed morreu pobre, esquecido e alcoólatra, aos 43 anos de idade, em janeiro de 1965. Um fim melancólico para aquele que pode ser considerado o "pai do rock and roll". De qualquer forma, temos muito a agradecer a ele. Até mesmo porque, se não fosse por ele, talvez os próximos 47 shows sobre os quais você vai ler neste livro nem teriam acontecido.

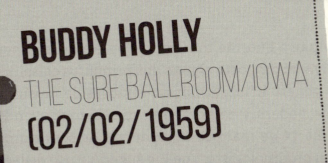

BUDDY HOLLY
THE SURF BALLROOM/IOWA
(02/02/1959)
04

NO DIA 2 DE FEVEREIRO DE 1959, BUDDY HOLLY, RITCHIE VALENS E BIG BOPPER SUBIRAM EM UM PALCO PELA ÚLTIMA VEZ. LOGO EM SEGUIDA, TRÊS DOS PRIMEIROS ÍDOLOS DO ROCK ESTARIAM MORTOS, VÍTIMAS DE UM ACIDENTE DE AVIÃO. CONFORME CANTOU DON MCLEAN EM SUA MÚSICA "AMERICAN PIE", FOI "O DIA EM QUE A MÚSICA MORREU".

Uma queda de avião mata artistas adorados pelo público. Certamente você já viu esse filme. Mas muito antes de Otis Redding, Lynyrd Skynyrd, Stevie Ray Vaughan e os Mamonas Assassinas perderem a vida em uma aeronave, um acidente de avião em Iowa, nos Estados Unidos, silenciou três grandes músicos e calou uma geração praticamente inteira. "O dia em que a música morreu", como muitos batizaram o dia 3 de fevereiro de 1959. O dia em que Big Bopper, Ritchie Valens e Buddy Holly morreram pouco depois de um show em Clear Lake, nos Estados Unidos.

Os três artistas foram muito importantes nos primórdios do rock and roll. A Big Bopper, por exemplo, cabe a honraria de ter sido o responsável pelo primeiro videoclipe da história, em 1958, com a canção "Chantilly Lace", um clássico, assim como "White Lightning" e "Running Bear", outras canções de sua autoria. Ritchie Valens, por sua vez, misturou ao rock a sonoridade mexicana, criando o rock chicano. O seu principal hit atende pelo nome de "La Bamba". Valens gravou apenas dois álbuns ao longo da carreira, e a música "Come On Let's Go" foi seu primeiro sucesso. "Donna", balada que compôs para um antigo amor dos tempos de colégio, também é uma canção inesquecível para os fãs. Em 1987, o filme *La Bamba*, que retrata a vida de Valens, bem como o acidente fatal, fez imenso sucesso.

Mas, com todo respeito a Big Bopper e a Valens, Buddy Holly é o nosso personagem principal aqui. Ele morreu aos 22 anos de idade, e a sua carreira durou menos de dois anos. Em qualquer enciclopédia de música, porém, o verbete com seu nome é dos mais longos. Basta ver, por exemplo, a enorme influência que ele causou nos Beatles. Isso se explica pelo fato de Holly ter composto alguns dos primeiros clássicos do rock, sendo um dos precursores do gênero e influenciando gerações de músicos. Além disso, antes de Buddy Holly, quem poderia imaginar um astro do rock usando óculos? (A quem interessar possa: no dia 14 de maio de 1956, depois de sentir uma leve dificuldade de enxergar, ele foi a um oftalmologista, que lhe sugeriu o uso de lentes de contato. Holly, contudo, preferiu os óculos, naquele estilo meio nerd, e nunca mais os tirou. Isso virou uma de suas marcas registradas.)

Das primeiras gravações, em Nashville, nasceu o seu primeiro clássico, "That'll Be the Day", ainda em versão country. No entanto, Holly não estava satisfeito com a sua gravadora, que queria fazer dele uma estrela da música country. No início de 1957, ele voltou à sua cidade natal, Lubbock, no estado do Texas, onde conheceu o produtor Norman Petty, que lhe ajudou a formatar uma sonoridade calcada em duas guitarras, um baixo e uma bateria, ou seja, a formação quase que padrão das bandas de rock que surgiriam depois — e que persiste até hoje. Dessa forma, os Crickets estavam formados, e, em setembro de 1957, a nova versão de "That'll Be the Day" (no estilo duas guitarras-baixo-bateria) chegava ao topo das paradas de singles dos Estados Unidos, e ainda alcançaria o mesmo posto das paradas britânicas poucos meses depois.

O sucesso de Buddy Holly continuou intacto durante o ano de 1957, graças a grandes canções que pipocavam nas paradas de singles dos dois lados do Atlântico, como "Rave On", "Not Fade Away", "It's Too Late" e "Peggy Sue". Em meados de 1958, ele se separou dos Crickets. Holly era o gênio por trás da sonoridade da banda, mas muita gente não sabia disso, de forma que as vendas de seus singles despencaram. O músico estava passando por uma certa dificuldade financeira, e isso o levou a topar participar de uma turnê chamada "Winter Dance Party", ao lado de Ritchie Valens e de Big Bopper, além de artistas menos expressivos, como Dion DiMucci e Frankie Sardo.

O plano original previa 24 apresentações em cidades distintas do centro-oeste dos Estados Unidos, em um intervalo de apenas três semanas, entre os dias 23 de janeiro e 15 de fevereiro de 1959. O mais irônico é que a apresentação do dia 2 de fevereiro, na cidade de Clear Lake, não estava originalmente marcada. Os organizadores da turnê, no afã de faturar mais, agendaram o show no mesmo dia da apresentação, quando o ônibus parou na cidade para abastecer. Só por esse acontecimento já dá para notar como a turnê foi mal organizada. Na verdade, era tudo muito precário, feito nas coxas. Os ônibus que serviam de transporte para os músicos (ônibus escolares, diga-se de passagem), por exemplo, nem tinham sistema de calefação, de forma que quase todos os participantes da turnê ficaram doentes em algum momento. O baterista Carl

Bunch chegou a ser internado por conta de uma séria lesão nos pés, fruto de congelamento. Por conta das péssimas condições estruturais na turnê, Buddy Holly ficou deprimido. "É repugnante", ele teria dito à sua esposa, grávida de duas semanas, em um telefonema horas antes do último show. María Elena se culpa até hoje pela morte do marido, já que ela foi uma das maiores entusiastas dessa turnê.

Separado dos Crickets, Holly montou uma banda com Tommy Allsup, Carl Bunch e Waylon Jennings (ele mesmo que, quase trinta anos depois, formaria o supergrupo country The Highwaymen, juntamente com Johnny Cash, Willie Nelson e Kris Kristofferson). Dez shows da turnê já haviam acontecido antes do que estava marcado para o dia 2 de fevereiro de 1959, no Surf Ballroom, em Clear Lake. Registre-se que a chegada já não foi das mais tranquilas. O ônibus havia quebrado durante a noite anterior, o que significou uma madrugada de intenso frio — naquele ano, os Estados Unidos atravessavam o seu inverno mais rigoroso em muito tempo.

Durante a turnê, noite a noite, os artistas se revezavam no palco. Não havia uma ordem ou um *setlist* fixo. As informações sobre a turnê (inclusive do show do dia 2 de fevereiro) divulgadas em livros e sites na internet são escassas e desencontradas. Mas, naquela noite, Holly faria o show de encerramento, após ter tocado bateria em todas as outras apresentações, revezando com Ritchie Valens, tendo em vista que o baterista original da turnê, Carl Bunch, que acompanhava todos os outros músicos, estava internado. Ritchie Valens e Big Bopper, que estava com muita febre, se apresentaram antes. Durante um intervalo entre os shows, foi montada uma mesa do lado do palco, onde todos os músicos davam autógrafos ao público. Valens, nesse momento, chegou a ligar para o seu meio-irmão, Bob, para combinar de se encontrarem em Nova York logo após a turnê, quando o músico ganharia o disco de ouro pelo single "Donna". Holly ligou para a esposa, e Dion DiMucci entrou no palco em seguida. Buddy Holly era o baterista de sua banda, e tocou com os pratos escondendo-lhe o rosto. Ao fim da apresentação, quando ele foi apresentado, a plateia, surpresa, aplaudiu efusivamente.

Em seguida, somente Holly permaneceu no palco, agora munido de sua guitarra elétrica, óculos de armação preta, gravata-borboleta e um terno amarrotado. Ele iniciou o show com uma versão solo de "Gotta Travel On", uma música country que à época fazia um sucesso estrondoso na voz de Billy Grammer, um cantor que tinha estourado da noite para o dia exatamente por causa dessa canção. Dando continuidade à festa, Waylon Jennings subiu ao palco e acompanhou Holly em "Salty Dog Rag". A banda completa se juntou aos dois para executar uma chuva de sucessos, como "Peggy Sue", "Heartbeat", "Rave On", "Everyday" e, claro, "That'll Be the Day".

A última da noite, "Brown-Eyed Handsome Man", se transformou em uma imensa *jam session*, com a participação de Big Bopper. As 1.200 pessoas que testemunharam o show mal poderiam imaginar que ele se tornaria histórico poucos minutos depois.

Após a apresentação, os artistas, cansados, optaram por viajar de avião para ganhar um pouco de tempo, já que os ônibus disponíveis viviam enguiçando por conta da neve acumulada nas estradas. Buddy Holly, então, negociou um voo com o piloto Roger Peterson, de 21 anos de idade, que prestava serviços para a companhia de táxi-aéreo Dwyer Flying Service. O destino seria a cidade de Fargo, próxima a Morehead, no estado do Minnesota, onde aconteceria a próxima parada da Winter Dance Party. Cada um dos passageiros desembolsaria 36 dólares pela viagem (não era barato: à época, 36 dólares correspondia ao aluguel de um apartamento razoável em Nova York). Assim, logo após o show, Holly e mais dois músicos de sua banda de apoio embarcariam em um Beechcraft Bonanza, modelo 1947, número de série N3794N.

Mas o destino quis que os planos mudassem. Ritchie Valens desafiou um dos músicos de Holly no cara ou coroa. Quem ganhasse, embarcaria no avião. Valens ganhou. Já Big Bopper implorou o lugar do outro músico, Waylon Jennings, pois estava gripado. Acabou ganhando a poltrona, não sem antes ouvir uma premonição. Quando soube da troca, Holly, em tom de brincadeira, disse ao músico: "Tomara que aquele ônibus velho congele". Jennings, por sua vez, retrucou, também brincando: "E eu espero que esse avião caia".

De fato, havia uma preocupação por conta das condições climáticas. Caía uma neve fina e o tempo estava frio: sete graus negativos. A visibilidade era de menos de dez milhas, e ainda não sabiam se o avião poderia mesmo decolar, o que teria que ser feito com o auxílio de equipamentos, uma novidade na época. Antes do embarque, os músicos e o piloto conversaram por alguns minutos, quando Holly disse que tinha planos de frequentar aulas de pilotagem e de comprar um avião Cessna no futuro. Ele se sentou no banco da frente, ao lado do piloto; Valens e Big Bopper logo atrás. Quando o avião decolou, o relógio marcava cinco para uma da madrugada do dia 3 de fevereiro.

O Beechcraft Bonanza levantou voo e só retornou à terra, estraçalhado, em uma plantação de milho coberta de neve, situada treze quilômetros a noroeste do aeroporto. O monomotor teria atingido o chão a uma velocidade de 270 km/h, e os corpos dos três músicos foram arremessados para fora, enquanto o do piloto, também morto, ficou preso às ferragens. Segundo as investigações oficiais, o acidente resultou de uma combinação de erro humano e de mau tempo, e os legistas afirmaram que os quatro morreram vítimas de "traumas graves no cérebro" e "fraturas maciças da cabeça aos pés". Para dar mais assunto na mesa de bar, foi encontrada uma arma (de propriedade de Holly) perto dos corpos, o que despertou a desconfiança — mas logo rechaçada pela autópsia — de que alguém poderia ter matado o piloto por acidente.

Por incrível que pareça, a turnê continuou. No próprio dia do acidente, Bobby Vee & The Shadows, Jimmy Clanton, Fabian & Frankie Avalon substituíram os três músicos mortos no acidente aéreo. Por obrigação contratual, Frankie Sardo, Dion DiMucci e os músicos da banda de Holly também continuaram a turnê.

Doze anos depois do trágico acidente, o compositor Don McLean lançou a música "American Pie", que batizou o dia 3 de fevereiro de 1959 como "o dia em que a música morreu". Madonna também gravou a canção em seu álbum *Music*, lançado em setembro de 2000. Como prova de que o acidente continua marcando a vida dos norte-americanos, o single chegou ao topo da parada da Billboard. Uma das estrofes de "American Pie" diz o seguinte: "E nas ruas as crianças gritavam/ Os amantes choravam e os poetas sonhavam/ Mas nenhuma palavra foi dita/ Os sinos da igreja estavam todos quebrados/ E os três homens que eu mais admirava/ O pai, o filho e o espírito santo/ Pegaram o último trem para o litoral/ No dia em que a música morreu". No local onde o avião caiu, existe hoje o Buddy Holly, Ritchie Valens & Big Bopper Memorial. Uma cópia gigante dos óculos estilizados de Holly se encontra no local exato do acidente.

Buddy Holly tinha 22 anos de idade, Ritchie Valens, 17, e Big Bopper, 28. Até hoje, são considerados três dos principais nomes da história da música, e continuam influenciando gerações de artistas. E se não tivessem morrido tão cedo, a música pop hoje poderia ser até mesmo diferente. Já em 1959, o acaso provava que não daria refresco para o rock and roll.

BOB DYLAN
NEWPORT / RHODE ISLAND
(25/07/1965)

05

MENOS DE UMA SEMANA ANTES DE CHEGAR A NEWPORT, BOB DYLAN TINHA GRAVADO "LIKE A ROLLING STONE", UM SINGLE DIFERENTE DE TODOS. MAS FOI NO DIA 25 DE JULHO DE 1965 QUE ELE DEIXOU DE SER UM TROVADOR SOLITÁRIO PARA ENCHARCAR A SUA MÚSICA DE ELETRICIDADE, ALTERANDO, ASSIM, O RUMO DA MÚSICA POP.

No capítulo anterior, testemunhamos o trágico acidente que vitimou Buddy Holly, Ritchie Valens e Big Bopper, logo após um show em Clear Lake, em 3 de fevereiro de 1959. Três dias antes, sem imaginar o porvir, os três tocaram em uma cidade do meio-oeste dos Estados Unidos chamada Duluth, no estado do Minnesota, a 95 quilômetros de distância de uma cidade chamada Hibbing. Tal cidade poderia ter passado despercebida pela história se nela não vivesse um sujeito chamado Robert Allen Zimmerman. Prestes a completar dezoito anos de idade, Robert passava seus últimos dias na casa dos pais antes de partir para uma curta estada na Universidade de Minnesota. Mas, antes de ganhar a eternidade, Robert viajou para Duluth (sua cidade natal, aliás) com alguns amigos para assistir, da primeira fila, aos shows que Holly, Valens e Big Bopper fariam na Winter Dance Party no dia 31 de janeiro de 1959. Como não poderia deixar de ser, a notícia da morte de Holly, pouquíssimos dias após aquele show, teve um impacto traumático sobre Robert Zimmerman, que, em pouco tempo, se tornaria Bob Dylan.

O primeiro show profissional de Dylan aconteceria dois anos depois, em abril de 1961, quando abriu uma apresentação de John Lee Hooker, em Nova York. A futura lenda se apresentava sozinho no palco, violão em punho, gaita pendurada no pescoço e uma voz anasalada e inspirada no estilo de cantar de Buddy Holly que, aliás, nunca saiu do pensamento de Dylan. Quando ganhou o Grammy Awards, em 1998, pelo álbum do ano (*Time Out of Mind*), ele disse: "Quando eu tinha dezesseis ou dezessete anos, vi Buddy Holly tocar no Duluth National Guard Armory. Eu estava a menos de um metro dele, e ele olhou para mim. Eu não sei como ou por que, mas, de alguma forma, ele estava conosco durante todo o tempo em que gravamos esse álbum".

No início da carreira, os álbuns de Dylan seguiam um estilo semelhante ao do seu primeiro show, contando com, basicamente, canções de protesto envoltas em uma melodia simples de violão. "Masters of War", "A Hard Rain's a-Gonna Fall", "Blowin' In the Wind" e "The Times They Are a-Changin'" são alguns exemplos. Ele ainda lançou discos importantes, como *The Freewheelin' Bob Dylan* (1963) e *Another Side of Bob Dylan* (1964). Nesse período, participou duas vezes do festival de Newport, em 1963 e em 1964. Chega a ser engraçado ver as imagens dele se apresentando nessas duas edições. Em 1963, por exemplo, Dylan mais parece um estudante de engenharia, trajando camisa de botão e calça social, munido apenas de um violão e muita timidez.

Dois anos depois, na edição de 1965 do mesmo festival, tudo mudaria em sua carreira. Aliás, o ano de 1965 não foi dos mais tranquilos para os Estados Unidos, que tinham Lyndon Johnson como novo presidente. Em fevereiro, o ativista social Malcom X foi assassinado com dezesseis tiros. Poucos meses depois, mais de três mil fuzileiros navais foram enviados para a Guerra do Vietnã. Martin Luther King organizou uma marcha pelos direitos civis, cruelmente repelida pela polícia do Alabama. Se o ano já era movimentado no país, Dylan não ia ficar de fora. E ele movimentou não só os Estados Unidos, mas o mundo todo, ao mudar completamente o direcionamento de sua música no dia 20 de julho de 1965, quando chegou às lojas o single "Like a Rolling Stone", o hino da contracultura que escancarou a frágil estrutura da sociedade norte-americana.

Quando entrou no estúdio para iniciar as gravações do álbum *Highway 61 Revisited*, em 15 de junho de 1965, Dylan tinha novas ideias na cabeça. E uma música, ainda sem título, daria uma guinada inimaginável em sua carreira. Ele já havia escrito um pequeno texto de 24 páginas sobre uma garota da sociedade que se transformara em uma menina de rua. Em seguida, burilou tal prosa em poesia. "Um vômito de fluxo de consciência", como ele descreveria. Passadas mais duas semanas, em três dias no início de junho, já em sua casa em Woodstock, finalizou a música, escrevendo o refrão, a chave de leitura da canção: "Como se sente?/ Por estar sem um lar?/ Como um completo estranho?/ Como uma pedra rolando?". Quatro versos que refletiam toda a confusão da louca década de 1960.

Bob Dylan tinha 24 anos de idade e estava insatisfeito com o rumo de sua carreira, e, sobretudo, irritado com os fãs, que o tratavam como um deus na Terra. Ele pensou no que faria e chegou à conclusão de que deixar o violão de lado seria uma boa ideia. Trocar o folk pelo rock. Com guitarra elétrica. Barulho! Mas, lógico, sem deixar a sua veia lírica de protesto de lado. Inclusive, em seu livro *Crônicas: volume um*, ele escreveu o seguinte: "A cena da música folk era como um paraíso que eu tive que deixar, assim como Adão deixou o jardim. Era tudo muito perfeito". E o compositor, que tanto tinha cantado contra as guerras, estava prestes a iniciar uma, só que, dessa vez, contra os seus fãs, que gritariam com ardor para reprovar o som estridente de sua guitarra.

Para trabalhar na nova sonoridade, Dylan convocou o guitarrista de blues Mike Bloomfield, da Paul Butterfield Blues Band, à época com 21 anos, e que nunca tinha participado de uma gravação profissional. Foram muitos *takes* antes de chegar ao definitivo. Mas havia um problema. Dylan teria que entrar em uma queda de braço com sua gravadora, a Columbia. Como assim, lançar um single com mais de seis minutos de duração em uma época em que eles jamais ultrapassavam os três minutos? A gravadora hesitou. Não bastasse a longa duração, "Like a Rolling Stone" ainda apresentava um som barulhento para o "padrão Bob Dylan". Demorou, mas a gravadora só se convenceu de que o single poderia ser um sucesso após a música ter vazado para DJs que a tocaram exaustivamente, e com êxito, em clubes dos Estados Unidos. Quando foi finalmente lançada, "Like a Rolling Stone" entrou na parada da Billboard, onde permaneceu por doze semanas. Não demorou muito para alcançar a segunda colocação, logo atrás de "Help!", dos Beatles. As rádios não paravam de executar o single que, com a sua longa duração, destruía a fórmula convencional da música pop.

Cinco dias após o lançamento da canção, o público não sabia o que esperar do show de Bob Dylan em Newport. Diferentemente dos dois anos anteriores, Dylan era agora a grande estrela do festival, apesar de nem todo mundo conhecer "Like a Rolling Stone", e muito menos o primeiro álbum completamente elétrico de Dylan, *Highway 61 Revisited*, que só chegaria às lojas no mês seguinte. Dessa forma, ainda mais pelo fato de Newport ser um festival tradicional de música folk, o público, de um modo geral, esperava que Dylan fizesse algo parecido com o que já havia feito nas edições anteriores, ou seja, o tipo de show que Dylan sempre fizera até então.

No dia 24 de julho, às onze da manhã, ele apresentou um workshop (um show mais intimista), uma tradição do festival, cantando apenas músicas acústicas. Todavia, no dia seguinte, um domingo, quando fechou a noite, ele optou por um *set* elétrico. Dessa vez, a postura de Bob Dylan era outra. Aquele que, dois anos antes, mais parecia um estudante nerd, tinha um olhar muito mais confiante — até desafiador — que também poderia ser interpretado como soberba. Ele vestia uma jaqueta de couro preta, calça da mesma cor, camisa de malha amarela e óculos escuros. Além de uma Fender Stratocaster pendurada no ombro.

A ideia veio logo após o workshop, quando Dylan decidiu convocar a Paul Butterfield Blues Band para acompanhá-lo. Os ensaios duraram a noite toda, e até mesmo os músicos do grupo, acostumados a tocar um som elétrico e mais barulhento, consideravam a abordagem de Dylan uma heresia. Na passagem de som, momentos antes do show, ele ainda disse aos músicos: "Ora, vão se foder se acham que podem botar a eletricidade para fora daqui. Eu mesmo vou plugar tudo". E plugou mesmo. Pete Seeger, um dos produtores do festival, apresentou Dylan ao público mencionando a Guerra do Vietnã e a luta pelos direitos civis nos Estados Unidos. Ao que tudo indicava, Seeger, assim como o público, esperava uma performance acústica/tradicional de Dylan. Mas não foi bem o que aconteceu.

Bob Dylan iniciou o *set* cantando uma versão pesada de "Maggie's Farm". Quando cantou que não trabalharia mais na fazenda de Maggie, o significado era claro como o sol: ele não trabalharia mais na fazenda de Maggie nem faria o som que todos esperavam que ele fizesse. A guitarra de Mike Bloomfield exalava notas desconexas, e o som estava horrível. Na verdade, ninguém estava acostumado a mixar aquele tipo de som em Newport. Para completar, a banda também não conseguia se ouvir. Não havia mais ritmo, era tudo uma maçaroca sonora, uma barulheira inacreditável. As vaias começaram. Pete Seeger ficou louco e se dirigiu até a mesa de som para pedir que ajustassem o volume, mas os técnicos de Dylan não permitiram e, segundo dizem, fizeram um gesto obsceno para o produtor que, sempre tão calmo, explodiu. Reza a lenda que Seeger tentou cortar os cabos da mesa com um machado que estava dando sopa no *backstage*.

O público de dezessete mil pessoas reagiu ainda mais. Ao fim da primeira música, as vaias eram maiores do que os aplausos. Os fãs do cantor se sentiam ofendidos por Dylan ter feito aquilo em um festival folk. Para eles, a guitarra elétrica representava o capitalismo e o artista estaria se vendendo, prostituindo a sua arte. Mas Dylan deu de ombros e mandou ver em "Like a Rolling Stone", a tal música que, cinco dias antes, já tinha entrado para a história, embora o público do festival ainda não tivesse noção disso. A banda se perdeu no meio da música, que se arrastava meio sem nexo, acompanhada por uma bateria marcial, com Dylan desistindo de cantar a letra e optando por declamá-la, como se fosse um discurso. Mais vaias se seguiram. O público berrava: "Toque música folk! Livre-se dessa guitarra! Vendido! Isso é um festival de folk. Suma com essa banda!". Dylan deu de ombros mais uma vez e finalizou o *set* com a então inédita "It Takes a Lot to Laugh, It Takes a Train to Cry". Foram apenas três músicas. Provavelmente o que deu tempo de ensaiar com a banda.

Naquela noite, Bob Dylan ouviu algumas das vaias mais injustas da história da música. Testemunhas dizem que o cantor saiu aos prantos do palco. Dylan foi vencido pela hostilidade dos próprios fãs. A maioria dos jornais estampava em suas páginas que Dylan não havia compreendido a plateia, mas talvez tenha acontecido o contrário. Ao fim da canção, ele limitou-se a dizer um "That's it", virou as costas e foi embora. Peter Yarrow (do trio Peter, Paul and Mary) implorava, em cima do palco, para que o compositor voltasse: "Ele canta mais uma se vocês o chamarem de volta. Vocês gostariam que ele cantasse outra? Ele está providenciando um violão". A plateia gritou em coro: "Nós queremos Dylan!". Alguns eram mais claros: "Nós queremos o *velho* Dylan".

Nos bastidores, o músico estava aturdido, sentado em uma escada, olhando fixamente para as próprias botas. Seeger berrava que queria estraçalhar a guitarra de Dylan. A essa altura, Johnny Cash ofereceu um violão ao amigo e o mandou voltar a tocar, sem banda. Dylan, que amava e respeitava Cash, se recompôs, pendurou o violão nos ombros e subiu os degraus que o levavam ao palco. Quando viram Dylan com o violão, os espectadores aplaudiram. Ele perguntou se alguém tinha uma gaita e foi prontamente atendido. Mais descontraído, ele riu e disse: "Muito obrigado". Nesse momento, vendo as imagens, é possível até ler a mente de Dylan. Ele parecia bem-humorado mas, certamente, devia estar se lembrando dos versos daquela sua velha canção: "*And don't criticize what you can't understand*" ("E não critiquem o que não podem entender").

No bis, Bob Dylan fez a concessão que o público tanto esperava: cantou "Mr. Tambourine Man" e, dessa vez, foi aplaudido. O mais curioso é que, no ano anterior, a plateia de Newport chegou a ensaiar uma vaia quando Dylan finalizou essa mesma música, por causa de suas imagens surreais. Um ano depois, o público a aplaudia, por conta da versão do The Byrds, que estava no topo das paradas. O artista terminou a sua curta apresentação com "It's All Over Now, Baby Blue" e foi embora. O recado estava dado: "*it's all over now*", ou seja, "está tudo acabado agora". Um final simbólico, como se ele estivesse se despedindo de Newport e dando um adeus aos puristas do folk.

Após a edição de 1965, Bob Dylan não tocou no festival de Newport pelos próximos 37 anos. Não importava. Durante esses 37 anos — e até hoje —, a música nunca mais foi a mesma. Graças a "Like a Rolling Stone". Graças a Bob Dylan.

Bob Dylan compôs cerca de quinhentas músicas — esse número é sempre impreciso. Difícil imaginar algum tema que não tenha sido abordado por ele. Canções de protesto, de amor, religiosas, sobre o cotidiano... Não há dúvida de que Dylan é o maior compositor pop norte-americano da história. Mais do que isso: o porta-voz de toda uma geração. Ou melhor, o porta-voz de todas as gerações.

VELVET UNDERGROUND & NICO
THE DOM/NOVA YORK
(04/1966)

06

NÃO APENAS UM SHOW, MAS UM ACONTECIMENTO QUE UNIA CINEMA, LUZES, DANÇA, PERFORMANCES DE ATORES E, CLARO, MÚSICA. NO CASO, A MÚSICA DO VELVET UNDERGROUND, QUE INICIAVA A SUA CAMINHADA NO THE EXPLODING PLASTIC INEVITABLE SHOW, IDEALIZADO POR ANDY WARHOL, E QUE SE TORNOU O MAIOR ACONTECIMENTO ARTÍSTICO DE NOVA YORK NO ANO DE 1966.

Mesmo que você nunca tenha escutado uma música sequer do Velvet Underground, já viu a capa do álbum *Velvet Underground & Nico* (1967), com a clássica banana estilizada. E mesmo que você nunca tenha escutado uma música sequer do Velvet Underground, talvez saiba que o responsável por aquela capa foi Andy Warhol. Mais do que uma capa, a prova física da parceria entre a banda e o seu guru-mecenas-mentor intelectual.

Só que a parceria ia muito além daquela simples capa. Certamente, a contribuição mais importante do artista plástico ao Velvet Underground diz respeito à própria imagem da banda, que era exatamente a Nova York dos anos 1960, sem tirar nem pôr. Além de pagar o estúdio para a gravação do LP, Warhol contribuiu na sonoridade psicodélica-punk-krautrock do grupo. Ou seja, ele fez do Velvet Underground mais do que uma banda: ele fez do Velvet Underground uma verdadeira experiência multimídia.

Essa experiência teve início em uma temporada de shows que aconteceu durante todo o mês de abril em uma pequena casa chamada The Dom, em St. Mark's Place, no East Village, em (onde mais?) Nova York. A ideia do espetáculo surgiu de um convite que fizeram a Andy Warhol para montar um evento multimídia, uma espécie de *happening*, durante o qual aconteceria de tudo um pouco: projeções de filmes nas paredes, show de luzes, esquetes de teatro e, sim, música, que ficaria a cargo do Velvet Underground. O braço direito de Warhol na empreitada foi o poeta, fotógrafo, cineasta, ator, dançarino (e outras coisas mais) Gerard Malanga, que trabalhava na Factory, o famoso estúdio de Warhol. Era um sujeito gay, de origem eslovaca, dono de uma voz irritante, praticamente cego e responsável por ditar, entre os anos 1960 e 1970, os rumos da arte no *underground*. Primeiro nos Estados Unidos, depois na Europa.

Andy Warhol foi responsável por muitas novidades no mundo do rock. Ele influenciou artistas como David Bowie e bandas como Devo, além de ter elaborado a capa de *Sticky Fingers*, disco lançado pelos Rolling Stones em 1971. Mas, se tivéssemos que escolher a grande sacada de Warhol no rock and roll, seria a descoberta do Velvet Underground. Ponto.

A relação de Warhol com o Velvet começou alguns meses antes dessa temporada de shows, quando o artista plástico, acompanhado por Gerard Malanga e pelos cineastas do *underground* nova-iorquino Barbara Rubin e Paul Morrissey, bebia no Café Bizarre, um bar no coração do Greenwich Village, onde a banda se apresentava. Warhol estava atrás de um grupo de músicos para trabalhar em conjunto havia mais de um ano, e os quatro ficaram muito bem-impressionados com a performance provocadora da banda, que unia rock ao *avant-garde* com uma pitada teatral. Depois do show, um aperto de mãos selou uma das parcerias artísticas mais frutíferas dos anos 1960. O Velvet passou a frequentar constantemente a Factory, e disso nasceu uma grande amizade entre Warhol e, especialmente, Lou Reed e John Cale. Não era para menos: o som que os dois faziam era praticamente a trilha sonora de todo o trabalho do artista plástico. Um trabalho muito distante da alcunha de "popular", e que corria pelos subterrâneos de Nova York.

Andy Warhol e Paul Morrissey tornaram-se empresários da banda e, mais tarde, eles formariam uma empresa chamada Warvel, aglutinação dos nomes de Warhol e do Velvet. Projetos em parceria surgiram. Warhol foi convidado para discursar em um congresso de psiquiatria em Nova York, e acabou levando a banda, que tocou algumas músicas (não se sabe o que os psiquiatras acharam da performance). Não demorou muito e eles bolaram o protótipo para a temporada que começaria no dia 1º de abril de 1966, na casa The Dom. O título do show: The Exploding Plastic Inevitable Show — "o explosivo e inevitável show plástico".

A começar pelo título, tudo era absolutamente diferente nesse show, incluindo o local das apresentações. The Dom era uma espécie de salão de dança frequentado pela comunidade polonesa que vivia em Nova York. O ambiente contava com um palco, uma pequena varanda e um piso de madeira batida com cerca de 750 poltronas espalhadas, além de um espaço livre para as pessoas dançarem. Não havia bar, e a decoração, com exceção de um espelho bola de discoteca, era toda preta, dando um ar lúgubre ao local — perfeito para qualquer experimento de Warhol com o Velvet. Os ingressos custavam dois dólares, menos às sextas e aos sábados, quando custavam dois dólares e cinquenta centavos. As apresentações tinham início às nove da noite e terminavam às duas da manhã. Warhol esteve presente todas as noites, durante as cinco horas de show, geralmente operando algum holofote. A sua simples presença era o suficiente para atrair curiosos de todos os tipos — à época, Andy Warhol era uma figura muito popular em Nova York. O público era formado por celebridades como Salvador Dalí e Jackie Kennedy e intelectuais como Marshall McLuhan, além de jovens turbinados por anfetamina (naquela época, a droga do momento em Nova York era a anfetamina, ao contrário da costa oeste, onde reinavam as drogas psicodélicas, como o LSD).

Esse tipo de *happening* que Warhol idealizou com o Velvet Underground, aliás, já estava começando a virar moda na Califórnia. Mas, em Nova York, tudo seria diferente. O Velvet Underground não era uma banda psicodélica, não era uma banda colorida. Pelo contrário: eles eram mais fechados, e se vestiam de preto. Em Nova York, o papo era diferente do da Califórnia. As pessoas não estavam interessadas em amor livre; elas queriam sexo e masoquismo. Se na Califórnia se falava em "flower power", amor e otimismo, em Nova York, tudo se resumia a excesso, solidão, morte e sexo. Ou seja, se a inspiração inicial de Warhol veio dos *happenings* da costa oeste, a ideia central das performances que ele idealizava seria algo completamente oposto, embalado em uma experiência multimídia complexa, muito mais direta e imediata do que os chamados "acid tests" protagonizados pela Grateful Dead que rolavam na Califórnia.

A equipe que participava do Exploding Plastic Inevitable Show contava com Danny Williams (responsável pelos efeitos de luz) e Jonas Mekas (que projetava os filmes, e que já havia trabalhado com a banda anteriormente). Gerard Malanga era um dos artistas principais da apresentação, com suas danças/performances surreais, juntamente com Mary Woronov, atriz que já havia estrelado alguns filmes de Warhol. Em alguns momentos da performance, os dois desciam do palco para se juntar à plateia. O ponto central do espetáculo era mais ligado à performance do que à dança propriamente dita, tanto que, a cada apresentação, a performance era diferente, a depender do clima e da quantidade de anfetamina que os dançarinos-atores haviam ingerido antes.

As apresentações tinham início com música mecânica, uma espécie de "esquenta". Luzes estroboscópicas iluminavam o salão, e o público já começava a se soltar. Às onze da noite, a música parava, e o Velvet Underground subia ao palco, acompanhado pela cantora Nico. Não que Lou Reed, John Cale, Sterling Morrison e Maureen Tucker quisessem estar acompanhados pela cantora alemã, mas foi uma exigência de Warhol. A verdade é que ele e Paul Morrissey achavam que a banda não tinha um cantor de personalidade. Morrissey chegou a dizer: "Tem um cara que canta, mas ele não tem personalidade e ninguém presta atenção". Lou Reed, óbvio, não gostou, mas assim foi. Tinha que ser assim. Afinal de contas, ele sabia que Warhol era quem mandava na banda. (Um parêntese: em 1963, o artista plástico tentou formar uma banda de rock que não deu certo. Ver o Velvet à sua imagem e semelhança certamente era como realizar o seu sonho de se tornar um astro do rock.) Para aumentar a raiva de Lou Reed, Nico vivia se atrasando ao vestir seu terninho branco no camarim, e, como se não bastasse, aos olhos do público, acabou se tornando a principal estrela do show, talvez por causa do estilo *blasé* do Velvet. Afinal de contas, todos os músicos da banda se vestiam de preto e, na maior parte da apresentação, tocavam virados de costas para o público, como se estivessem fazendo questão de não encarar os espectadores.

A ideia de Warhol era fazer do espetáculo uma experiência artística ao vivo, em que os envolvidos seriam espectadores do show e, ao mesmo tempo, protagonistas. Fosse a banda no palco, a cantora Nico, os dançarinos, os operadores de luz e de projetores, e até mesmo ele próprio. Pouquíssimas coisas no show eram, de fato, programadas. A maior parte acontecia na base do improviso, com o rolar dos acontecimentos, e ninguém sabia até que ponto aquilo tudo se estenderia. Por conta disso, o *setlist* era improvisado, de forma que apenas uma canção fizesse parte do roteiro todas as noites: "I'll Be Your Mirror", cantada por Nico, e seguida por uma *jam session* executada por Reed, Cale, Morrison e Tucker. Dessa maneira, os artistas tinham a obrigação de criar algo novo toda noite, e não simplesmente repetir um mesmo roteiro no piloto automático. Essa obrigação gerava momentos tão antológicos quanto surreais no decorrer das apresentações. Após a *jam session*, por exemplo, o Velvet costumava tocar "Venus In Furs". Nesse momento, Malanga e Woronov apresentavam um show de dança com direito a chicotadas mútuas. No fim da performance, Woronov chutava Malanga, que rolava pelo palco. Enquanto Lou Reed cantava *"kiss her shiny boots of leather"*, Malanga, vestido com calça de couro e uma camiseta com o rosto de Marlon Brando estampado, interpretava a letra literalmente, beijando as botas de couro de sua parceira.

Em outro momento, enquanto o Velvet executava "I'm Waiting For the Man", Malanga levantava halteres de musculação, enquanto Sterling Morrison brincava de feedback com sua guitarra em frente ao amplificador durante vinte minutos, tempo suficiente para o ator descer do palco e balançar a cabeça no meio da plateia. Depois de tudo isso, ele se virava para Woronov e dizia, de forma sarcástica: "É impossível gostar dessa música". Ao mesmo tempo, dois filmes de Warhol eram projetados lado a lado atrás da banda, em um paredão branco que ia do chão ao teto, enquanto a bola espelhada no teto da casa disparava fagulhas de luz em direções diferentes. Conforme escreveu Victor Bockris na biografia de Lou Reed, *Transformer*, "isso criava um efeito tremulante que, combinado com o rock and roll mais alto já ouvido até então, desorientava a plateia com mensagens contraditórias de amor, paz, ódio e vingança. Nico cantava como se estivesse em transe, fixada, lunática, sua beleza tão distante dos conceitos convencionais de calor quanto o Alasca; o show de Warhol preenchia o espaço com imagens tão perturbadoras e abrasivas quanto as canções de Reed".

Em algumas apresentações, a última música era "Heroin", cuja letra (inspirada nos escritores prediletos de Reed, como Raymond Chandler, William Burroughs e Allen Ginsberg) descreve em detalhes a experiência dos efeitos causados pela droga. Durante essa canção, Mary Woronov arrancava o cinto de couro da calça e o envolvia no braço de Malanga, que fazia uma pose de *junkie* torturado, enquanto espetava imensas agulhas de plástico em suas veias. O respeitado escritor Stephen Koch, que testemunhou alguns desses shows, relatou o seguinte: "O esforço para criar um ambiente explosivo (mais precisamente, implosivo) capaz de estilhaçar qualquer foco imaginável dos sentidos foi muito bem-sucedido. Tornou-se virtualmente impossível dançar ou fazer qualquer outra coisa que não se sentar e ser bombardeado — apedrejado, alguns diriam".

O músico John Cale relembrou a temporada de shows: "Nunca tinha visto um show como aquele. Você apenas o ignorava e tocava. Lou e eu tínhamos um fervor quase religioso sobre o que estávamos fazendo. Era empolgante, porque o que o Lou fazia e o que eu fazia funcionava. O que ele transformou em palavras e o que eu transformei em música e o que a banda criou, a combinação de tudo e a mentalidade envolvida nisso, eram estonteantes". O teórico da comunicação Marshall McLuhan, que também presenciou algumas apresentações, incluiu uma fotografia de duas páginas do show em seu emblemático livro *O meio é a mensagem*. Embaixo da imagem, ele escreveu: "O tempo cessou, o espaço desapareceu. Vivemos agora em uma aldeia global, um acontecimento simultâneo". Lou Reed respondeu com um poema enigmático: "Sou um filho elétrico/ De McLuhan (Mentira)/ Ele não tem ideia/ Do que está acontecendo".

No entanto, muita gente criticou o conceito do show. O jornal *Columbia Daily Spectator* cravou: "Nico canta terrivelmente — ela tem uma voz chata e maçante —, mas a sinceridade de sua tentativa evoca uma simpatia verdadeira da plateia, que a aplaude. Ela sorri e canta mais músicas, cujos conteúdos desafiam a interpretação". O *New York Times*, por sua vez, limitou-se a publicar uma curta matéria no caderno feminino do jornal, mencionando apenas a cantora Nico. Muitos jornalistas diziam que aquilo tudo não passava de uma noite carente de talento composta por ruídos e insultos. Afirmavam ainda que Warhol era um farsante que enganava o seu público. Fato é que, em pouco tempo, toda a imprensa, para o bem e para o mal, estaria falando sobre o Velvet Underground.

Depois do burburinho da temporada em Nova York, o Velvet levou o seu *happening* à Califórnia. O contrato original previa um mês de shows em Los Angeles, mas o clube, sabe-se lá por qual motivo, fechou suas portas três dias após o início da temporada. Tudo bem, a temporada no The Dom arrecadou dezoito mil dólares, o suficiente para bancar a gravação do álbum de estreia do Velvet Underground. Sim, aquele mesmo da banana na capa. E o resto é história.

Não que a banda tenha se tornado um sucesso de público. Pelo contrário. A revista *Rolling Stone* nem se deu ao trabalho de publicar uma resenha do álbum, que estreou em uma melancólica posição de número 199 do Top 200 da Billboard. Além disso, várias emissoras de rádio baniram as músicas de sua programação por conta das letras não muito convencionais. Pouco importa. Como bem resumiu o produtor Brian Eno, poucos compraram o álbum, mas quem o fez, formou uma banda.

MONTEREY INTERNATIONAL POP FESTIVAL
MONTEREY/CALIFÓRNIA
(16-17-18/06/1967)

07

O MONTEREY INTERNATIONAL POP FESTIVAL, O PRIMEIRO FESTIVAL DE MÚSICA POP DA HISTÓRIA, CELEBROU O VERÃO DO AMOR DE 1967 NA CALIFÓRNIA, E AINDA SERVIU DE VITRINE PARA JIMI HENDRIX, THE WHO E JANIS JOPLIN SE CONSAGRAREM. MAIS DO QUE UM FESTIVAL DE MÚSICA, A PRÓPRIA DEFINIÇÃO DA CONTRACULTURA HIPPIE DOS ANOS 1960.

Primeiro grande festival de pop rock da história, protótipo para todos os outros — inclusive os que frequentamos aqui no Brasil até hoje —, esse foi o Monterey International Pop Festival, que aconteceu nos dias 16, 17 e 18 de junho de 1967. Woodstock pode até ser o festival de rock mais conhecido; contudo, dois anos antes de sua realização, no Monterey County Fairgrounds, na Califórnia, a história dos grandes festivais de música pop começava a ser escrita.

Essa história teve início no outono de 1966, quando Alan Pariser, um agitador cultural e eventual promotor de eventos, teve uma ideia que mudaria a forma como o rock se apresentaria às massas. Já havia grandes festivais de jazz, como o de Monterey e o de Newport, mas um festival de rock ainda era algo inédito. Pariser estava na plateia do Monterey Jazz Festival de 1966, e pensou que aquilo poderia funcionar muito bem com música pop. Imaginou jovens descolados naquele gramado, em vez de pessoas de meia-idade usando ternos e vestidos longos — como as do festival de jazz. Então, ele arrecadou cinquenta mil dólares com a ajuda do lendário empresário Bill Graham (que fundaria as casas de espetáculo Fillmore, o East e o West) e convocou Derek Taylor, publicitário que trabalhou com os Beatles por muitos anos, para ser seu parceiro na empreitada. Taylor explicou: "A ideia para o festival de Monterey veio a reboque da crença de meados dos anos 1960 de que a música pop era uma forma de arte muito mais séria e poderia muito bem estar ao lado do jazz". O passo seguinte foi contratar a primeira atração, The Mamas & the Papas, uma das maiores bandas em atividade à época.

John Phillips, líder do grupo, se empolgou, mas viu que o festival não daria certo, já que os cinquenta mil dólares da produção seriam suficientes para cobrir apenas o cachê da sua banda. Assim, ele pediu ajuda a Lou Adler, produtor musical e executivo da indústria do disco, e dele veio a ideia de um festival beneficente, que funcionaria assim: as bandas se apresentariam de graça, o público pagaria um valor não muito alto, cerca de um dólar pelo ingresso no gramado, e o dinheiro arrecadado seria doado para instituições de caridade, após o desconto de despesas dos músicos. Art Garfunkel foi um dos primeiros entusiastas da ideia: "Para mim, o primeiro aspecto de Monterey é o fato de os artistas não serem pagos. Essa foi a chave. Nós estávamos fazendo rock pelo espírito da coisa, pelo amor de sermos músicos". Na base do amor e da caridade, foi formada uma espécie de conselho artístico, que agrupava gente como Mick Jagger, Paul Simon, Brian Wilson, Smokey Robinson, Roger McGuinn, Paul McCartney, além de John Phillips. A Paul Simon, por exemplo, coube convencer os *acid rockers* de que nenhum empresário ganharia dinheiro à custa deles. Já Phillips teve reuniões com a comunidade hippie de Monterey, garantindo que a paz do local não seria perturbada. Brian Wilson cedeu um gravador de oito canais para registrar as apresentações e, em um primeiro momento, garantiu a presença dos Beach Boys para encerrar a segunda noite do evento. E Paul McCartney sugeriu convidar duas atrações praticamente desconhecidos nos Estados Unidos. Quem? The Who e Jimi Hendrix.

O local do evento já era conhecido — exatamente o mesmo do Monterey Jazz Festival. E o nome também: Monterey International Pop Festival, "uma celebração de música, amor e flores", como dizia o cartaz. Seria um festival contra a guerra, contra o *establishment*, a favor das drogas e do amor livre, e que trouxesse o melhor do pop e do rock, tanto o *mainstream* quanto o *underground*. A época em que ocorreu não poderia ter sido mais apropriada: o famoso "verão do amor" de 1967. O local foi todo decorado com um buda gigante, banners com referências astrológicas, balões coloridos, flores e tudo que despertasse o velho espírito de "paz e amor". O público assistiu a tudo na maior educação: não houve um caso de violência sequer. Para se ter uma ideia, no segundo dia, o chefe da polícia optou por cortar metade do efetivo porque seus subordinados não tinham o que fazer no festival, talvez apenas comer milho e sanduíche de pastrami no Monterey Kiwanis, o bar-restaurante que matava a larica da plateia.

Porém, os dias que precederam o início do evento foram tensos. Mama Michelle Phillips e Papa John Phillips, integrantes do Mamas & the Papas, trabalhavam freneticamente no escritório, atendendo a ligações e resolvendo problemas de última hora, como o cancelamento do show dos Beach Boys devido a problemas legais de Dennis Wilson. Por outro lado, convenceram Otis Redding a substituir a banda californiana.

Ao mesmo tempo, parte da imprensa metia o pau no evento. Primeiro, criticou a cobrança de ingresso, já que o festival era beneficente — os jornalistas não se tocaram que, por isso mesmo, os ingressos deveriam ser cobrados. Depois, passaram a falar mal do *line-up*: longas matérias criticavam o fato de haver poucos artistas negros. Outros perguntavam por que os Rolling Stones e Bob Dylan não estavam escalados. Talvez, se tivessem pesquisado um pouco, descobrissem que dois integrantes dos Stones não podiam sair da Inglaterra, já que estavam cumprindo pena por posse de drogas, e que Bob Dylan estava recluso em sua fazenda em Woodstock. Quanto ao pequeno número de artistas negros, John Phillips convidou Chuck Berry, mas quando soube que o evento era beneficente, o artista respondeu: "Chuck Berry só faz um tipo de caridade. E é para ele mesmo". Seu pedido de dois mil dólares de cachê foi prontamente recusado.

Fato é que nunca havia acontecido um festival daquela magnitude. E, apesar de algumas ausências notáveis, ninguém poderia imaginar uma mistura tão rica de artistas, do folk rock de Simon & Garfunkel ao rock enérgico do The Who, passando pelo blues da Electric Flag e da Paul Butterfield Blues Band, pela música indiana de Ravi Shankar, pelo soul de Otis Redding, pela guitarra inclassificável de Jimi Hendrix, pela voz única de Janis Joplin, pelo pop ensolarado do The Mamas & the Papas... Isso para ficar apenas em alguns exemplos. Em suma, todas as cores e sons da juventude subiriam ao palco de Monterey, no esplendor da cultura jovem dos anos 1960. Monterey simbolizava a ruptura com o mundo dos adultos, com o *establishment*.

No dia 16 de junho, com tudo pronto, o público começou a chegar. O filme dirigido por D. A. Pennebaker, que traz os melhores momentos do festival, deixa clara a transição dos festivais de jazz e de folk para o de música pop. Ao mesmo tempo que havia muitos jovens despojados, trajando roupas modernas, ainda era possível notar algumas senhoras de vestido longo e chapéu. Os trabalhos foram iniciados naquela sexta-feira pela The Association, uma banda de rock com letras engraçadinhas, que, se não fosse pelo single "Windy", relativo sucesso à época, teria passado em brancas nuvens. Já o cantor de blues Lou Rawls empolgou, muito por conta da música "Dead End Street", que estava na parada de singles da Billboard. Johnny Rivers cantou "Help!", dos Beatles, e Eric Burdon & the Animals, com a sua sonoridade *acid-soul*, atacou de "Paint It Black", dos Stones. Brian Jones, sentado próximo ao palco, aplaudiu. A dupla Simon & Garfunkel fechou a primeira noite com um show singelo, só os dois no palco. Eles cantaram "Homeward Bound" lindamente sob uma econômica iluminação. A plateia gostou tanto que pediu bis, prontamente atendido pela dupla, que executou a rara "I Wish I Was a Kellog's Cornflake". À uma e meia da manhã, a primeira noite foi encerrada, e a maior parte do público ficou acampada no local para descansar.

O sábado, dia 17, amanheceu com sol e calor. O Canned Heat abriu os trabalhos despejando sucessos como "Rollin' and Tumblin'" e "Dust my Broom", mas não chegou a empolgar uma plateia ainda amanhecendo de ressaca. Mas o que vinha em seguida era capaz de levantar até defunto: Janis Joplin e sua banda Big Brother & the Holding Company. Nas palavras de Michael Lydon, que cobriu o festival para a revista *Newsweek*, Janis cantava como um "anjo demoníaco". Depois de encerrar a apresentação com "Ball and Chain", ela saiu do palco chorando, tamanha a emoção. Não era para menos. A apresentação ajudou a estabilizar o nome da cantora como um dos mais importantes de sua geração. A banda Country Joe & the Fish veio em seguida. O som deles desceu bem, em especial quando investiram em seu repertório politizado, com músicas como "Please Don't Drop That H-Bomb On Me, You Can Drop It On Yourself". Em seguida, o blues encontrou o seu espaço no festival por meio da Steve Miller Band, da Paul Butterfield Blues Band e da Electric Flag. Aliás, Monterey marcou a estreia dessa grande banda composta pelo guitarrista Mike Bloomfield (que tinha deixado a Paul Butterfield Blues Band meses antes) e pelo excelente Buddy Miles (que viria a tocar com Jimi Hendrix na Band of Gypsys). David Crosby ficou boquiaberto com a Electric Flag, e disse: "Se você não escutou, você está por fora, muito por fora".

Moby Grape veio em seguida, e acabou deixado de lado por conta de um boato que começou a pipocar na plateia: diziam que os Beatles fariam um show surpresa no festival. Podemos imaginar como teria sido histórico um show dos Beatles, no auge criativo da banda, se o boato tivesse se confirmado. A apresentação não aconteceu, mas, pelo menos, John, Paul, George e Ringo desenharam o programa do festival. O sul-africano Hugh Masekela deu continuidade aos trabalhos, e o The Byrds veio em seguida, com um show cheio de sucessos, mas que a crítica considerou decepcionante. Jefferson Airplane, por sua vez, apresentou o seu costumeiro show psicodélico, cheio de luzes e canções viajantes. Grace Slick cantava como se estivesse possuída, e a banda deixou o palco debaixo de uma chuva de orquídeas. A cantora adorou o festival, tendo afirmado, anos depois: "Muitas pessoas gostam de Woodstock, mas, para mim, foi algo grotesco. Em Monterey, eu senti muito mais prazer com a proximidade com a plateia". A banda de estúdio da gravadora Stax, a Booker T & the M.G.'s, esquentou o público para Otis Redding fechar a noite de sábado com uma apresentação arrebatadora, considerada por muitos como a melhor do festival. Redding iniciou os trabalhos cantando "Shake" (cover de Sam Cooke), se revirando feito um louco em seu terno verde. Nem a chuva desanimou o público, que delirou com a sua versão para "Satisfaction", dos Stones. A última música, "Try a Little Tenderness", é uma das coisas mais emocionantes que você pode escutar na vida.

Enquanto não estavam no palco, o ponto de encontro dos artistas era o Hunt Club, um pequeno restaurante no *backstage*. Por lá, Brian Jones, guitarrista dos Stones, passou três dias chapado com um violão no colo. Tiny Tim arranhava o seu uquelele para Janis Joplin cantar. O LSD lilás fabricado pelo químico Owsley Stanley estava em tudo quanto era lugar: no palco, no Hunt Club ou na plateia. Country Joe, outro que permaneceu chapado durante os três dias, disse que Monterey parecia uma "gigantesca pintura de Monet". Já Jimi Hendrix ingeriu um ácido minutos antes de subir ao palco, e a garrafa que Janis Joplin entornava durante a apresentação da Big Brother & the Holding Company estava cheia de xarope. David Crosby, do The Byrds, explicou didaticamente para a plateia os benefícios do ácido, ao mesmo tempo em que pílulas de LSD eram distribuídas para o público em enormes baldes. Além do Hunt Club, os artistas confraternizavam nos hotéis em que estavam hospedados na região. Reza a lenda que, em uma madrugada, Jimi Hendrix, Grateful Dead e Jefferson Airplane realizaram uma *jam* de quatro horas em um quarto de hotel.

O terceiro dia de festival, cinzento e bem mais frio que os anteriores, teve início com Ravi Shankar, que, rodeado por orquídeas trazidas do Havaí, tocou sua cítara por três horas, durante as quais o público não fumou atendendo aos pedidos do músico. Em determinado momento, o guitarrista Mike Bloomfield invadiu o palco, se ajoelhou e curvou-se diante de Shankar, em sinal de respeito. A The Blues Project, uma banda de Nova York, deu continuidade antes do repeteco de Janis Joplin. A cantora não estava programada para cantar no domingo, mas seu show de sábado não havia sido filmado, e os organizadores a convidaram para cantar de novo, para registrarem a incendiária performance. Buffalo Springfield, segundo as resenhas, fez um show burocrático e frio. Mas a banda tinha lá as suas razões. Neil Young deixara o grupo não havia muito tempo, e Stephen Stills convidara David Crosby para substituí-lo.

O show que se seguiu, do The Who, merece destaque. Muito popular na Inglaterra, a banda nunca tinha se apresentado nos Estados Unidos. A princípio, o The Who tocaria depois de Jimi Hendrix, mas o guitarrista Pete Townshend não gostou da ideia e pediu para Hendrix trocar com eles, o que não foi atendido. John Phillips, sacando que o clima não era dos mais amistosos, jogou uma moeda no cara ou coroa. Townshend ganhou e tocou antes de Hendrix. O músico do The Who tinha razão para se preocupar. Ele sabia o colosso que Jimi Hendrix era no palco, e caso o The Who tocasse logo depois, corria o risco de ninguém prestar atenção. Mais relaxada, a banda britânica iniciou os trabalhos com um de seus grandes hits, "Substitute". Só nessa música, Keith Moon quebrou três baquetas e arrebentou a caixa da bateria. Durante "My Generation", o apoteótico final, a banda destruiu todos os seus instrumentos, com muita fumaça e bombas estourando no palco. O show foi tão barulhento que a câmera do diretor D. A. Pennebaker se estraçalhou no chão por conta da tremedeira do palco.

Coube ao Grateful Dead suceder o furacão The Who, e eles não fizeram feio. A crítica considerou a apresentação uma das melhores do festival. Pena que nada tenha ficado registrado, já que a banda não autorizou que o seu *set* fosse gravado. Em seguida, enfim foi a vez de Jimi Hendrix, talvez o único artista que poderia fazer frente aos shows do The Who e do Grateful Dead. E, sim, ele fez de tudo em um *set* de cerca de 45 minutos de duração. Anunciado por Brian Jones (que voou de Londres para apresentá-lo ao público dos Estados Unidos) como "o guitarrista mais emocionante que já escutei", Jimi Hendrix mostrou do que era capaz: tocou guitarra como se estivesse se masturbando, usou os dentes para tirar som do seu instrumento e ainda ateou fogo na guitarra antes de destruí-la. Curioso que, quando ela começou a pegar fogo, o chefe do corpo de bombeiros ameaçou entrar no palco para encerrar a apresentação. John Phillips, extasiado com a cena, apenas virou para ele e disse: "Olhe para a plateia, ela não é maravilhosa?". O bombeiro desistiu e preferiu apreciar o final da apresentação de Hendrix, o show que marcava a estreia da Jimi Hendrix Experience nos Estados Unidos. Finalmente, o conjunto The Mamas & the Papas subiu ao palco para encerrar os trabalhos. Antes de cantar "California Dreamin'", Mama Cass brincou: "Vamos tocar essa música porque nós gostamos, e porque ela é responsável pela nossa riqueza". Mas, segundo John Phillips, o show não foi bom. A banda não ensaiava havia meses e estava muito concentrada na produção do festival. Scott McKenzie participou do show cantando "San Francisco (Be Sure to Wear Flowers in Your Hair)", composta por John Phillips, e que serviu para promover o festival.

Apesar de um contador do festival ter fugido para o México com cinquenta mil dólares, o Monterey foi um sucesso financeiro, muito por conta da venda dos direitos de filmagem para a rede ABC. A arrecadação final ficou na casa dos 450 mil dólares, doados para instituições de caridade. Foi lançado o filme de D. A. Pennebaker, *Monterey Pop*, além de um box de discos com gravações ao vivo. Porém, mais importante que isso, o Monterey International Pop Festival causou um impacto profundo na indústria da música. Janis Joplin, Jimi Hendrix, Otis Redding e The Who tiveram o festival como primeira grande vitrine nos Estados Unidos. A convivência entre os próprios artistas, pela primeira vez em grande escala, representou algo muito importante para a carreira de cada um. As rádios e as gravadoras passaram a ver o rock com mais "$impatia". Executivos de gravadoras voaram para contratar os artistas novatos que participaram.

E o festival foi o agente catalisador de toda essa mudança. Mais ainda: o Monterey International Pop Festival foi a própria definição da contracultura hippie dos anos 1960.

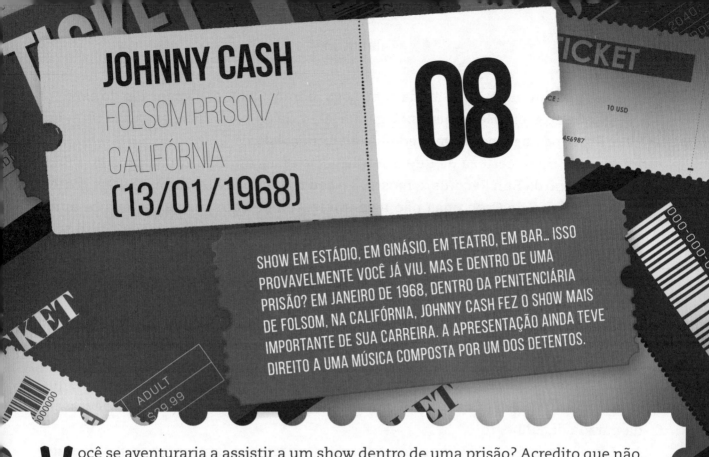

JOHNNY CASH
FOLSOM PRISON/ CALIFÓRNIA
(13/01/1968)

08

SHOW EM ESTÁDIO, EM GINÁSIO, EM TEATRO, EM BAR... ISSO PROVAVELMENTE VOCÊ JÁ VIU. MAS E DENTRO DE UMA PRISÃO? EM JANEIRO DE 1968, DENTRO DA PENITENCIÁRIA DE FOLSOM, NA CALIFÓRNIA, JOHNNY CASH FEZ O SHOW MAIS IMPORTANTE DE SUA CARREIRA. A APRESENTAÇÃO AINDA TEVE DIREITO A UMA MÚSICA COMPOSTA POR UM DOS DETENTOS.

Você se aventuraria a assistir a um show dentro de uma prisão? Acredito que não. Mas talvez eu consiga convencer você a mudar de ideia. Para tanto, vamos viajar até o dia 13 de janeiro de 1968, mais precisamente para dentro da penitenciária de Folsom, localizada na Califórnia, onde Johnny Cash apresentou o que, certamente, foi o show mais importante de sua carreira. E, sim, um dos mais importantes da história da música pop.

A vida de Johnny Cash, gigante da música norte-americana, é daquelas típicas de roteiro de cinema — não à toa *Johnny & June* (2005) é uma das melhores cinebiografias musicais que existem por aí. Nascido no Arkansas, Johnny Cash, aos cinco anos de idade, já cantava nos campos de algodão à beira do rio Mississippi, onde trabalhava — então, não acredite na letra de sua música "I Never Picked Cotton" ("eu nunca colhi algodão"). Ele colheu, sim. E muito. A infância de Cash foi marcada por tragédias. Além de ter que abandonar a casa junto com a família por causa de uma cheia do rio Mississippi (a experiência foi contada na canção "Five Feet High and Rising"), ele presenciou a morte do irmão mais velho, Jack, que se cortou com uma serra elétrica. De quebra, era vítima de costumeiras surras aplicadas pelo seu pai alcoólatra. A Força Aérea dos Estados Unidos foi a salvação. Na Alemanha, entre uma e outra interceptação de mensagens de rádio, Cash aprendeu a tocar violão por conta própria. Não custou muito para formar a sua primeira banda. A Landsberg Barbarians (Landsberg é um distrito na Baviéria, onde Cash serviu) se apresentava esporadicamente em bares, mas o grupo durou pouco — ainda bem. Logo Johnny Cash foi dispensado do exército e se estabeleceu em Memphis, onde ganhava a vida (já para sustentar a sua primeira filha, Rosanne Cash) como vendedor de eletrodomésticos.

Mas ele tinha certeza de que o seu negócio era a música. Então, procurou Sam Phillips, dono da Sun Records, e mostrou o seu trabalho ao produtor. Phillips gostou da voz lacônica de Cash, mas não teve interesse no estilo gospel da música apresentada. O cantor começou, então, a ensaiar arduamente, e criou o seu típico som *boom chicka boom*. As duas primeiras gravações dessa nova fase ("Hey Porter" e "Cry! Cry! Cry!"), em 1955, dessa vez, sensibilizaram o dono da Sun, que logo firmou um contrato com o seu novo pupilo. Em seguida vieram outras canções, como "Folsom Prison Blues", e Cash se viu credenciado a se apresentar ao vivo ao lado de outro contratado da gravadora, Carl Perkins. A turnê rendeu uma bela amizade e saborosos frutos musicais. Reza a lenda que, enquanto Cash encorajava Perkins a finalizar "Blue Suede Shoes", o colega dava ideias para Cash escrever "I Walk the Line", que se transformaria em seu primeiro grande sucesso, alcançando o número dezessete da parada da Billboard.

Em novembro de 1957 (mesmo ano em que estreou no famoso programa de rádio "Grand Ole Opry"), a Sun Records finalmente lançou o primeiro álbum de Cash, *With His Hot and Blue Guitar*, que apresentava singles que já haviam sido lançados, entre eles, "I Walk the Line" e "Folsom Prison Blues". As outras treze faixas representam um tratado da música folk norte-americana nos anos 1950, expresso em canções como "Rock Island Line" e "The Wreck of the Old '97". Contudo, Phillips mostrou-se relutante a investir mais no cantor. As suas forças estavam concentradas demais em Elvis Presley e em Jerry Lee Lewis. Johnny Cash acabou esquecido na gravadora.

Dessa maneira, ele não sentiu o mínimo peso na consciência quando, no ano seguinte, migrou para a Columbia Records, gravadora através da qual lançou o single "Don't Take your Guns to Town", que vendeu meio milhão de cópias. A fim de capitalizar ainda mais a sua figura no estilo "fora da lei", em janeiro de 1958, ele se apresentou pela primeira vez em uma prisão, a de San Quentin — anos depois, ele gravaria um álbum no mesmo local. Com uma agenda que beirava trezentas apresentações por ano, Cash viciou-se em anfetamina, e acabou preso na fronteira do México por porte da droga. Outros problemas com a lei se seguiram, como o incêndio de uma floresta, destruição de quartos de hotel e porte de arma. Mas a sua carreira continuava bem, obrigado. Em 1964, a sua versão para "It Ain't me Baby", de Bob Dylan, obteve enorme sucesso no Reino Unido. Ele então pegou mais leve com a anfetamina, apaixonou-se por June Carter e, na primeira semana de 1968, divorciou-se de sua primeira esposa.

Três dias após o divórcio, ele faria o show mais emblemático de toda a sua carreira. Não seria a primeira vez que Johnny Cash estaria em uma cadeia. Ele já havia sido preso algumas vezes por pequenos delitos, como distúrbio da ordem pública ou posse de drogas. E também já havia se apresentado na prisão de San Quentin em 1958. E, não, antes que você pergunte, Cash nunca atirou em um cara só para vê-lo morrer, como escreveu na música "Folsom Prison Blues" — e que muitos pensam ser verdade.

O então governador da Califórnia (e futuro presidente dos Estados Unidos) Ronald Reagan deu o sinal verde para a apresentação em Folsom. A gravação de um disco em uma penitenciária era um desejo antigo. Cash acreditava que nenhum aplauso se igualava ao de uma plateia encarcerada com pouca ou nenhuma possibilidade de entretenimento. Ele dizia: "Eles não têm vergonha de mostrar que gostam de alguma coisa. Quando toquei na prisão pela primeira vez, vi que era o único lugar a se gravar um disco ao vivo, porque eu nunca tinha visto uma reação às minhas músicas como a daqueles prisioneiros". E no dia 13 de janeiro de 1968, após três dias de ensaio em um hotelzinho em Sacramento, Johnny Cash estava na penitenciária de Folsom. Todo de preto, claro. A mesma Folsom em que ele havia cantado pela primeira vez treze anos antes, e na qual sonhava gravar um disco.

Cash estava nervoso, cantando mal, e o seu violão estava completamente desafinado. Enfim, os fatos, nesse caso, pouco importam. No refeitório nada acolhedor da prisão californiana, havia um palco montado de forma precária com a seguinte inscrição na parte inferior: "Welcome, Johnny Cash", em letras azuis e vermelhas. Logo acima, uma espécie de gaiola com um policial portando uma metralhadora de frente para os presidiários que assistiam ao show. Naquele dia, Cash chegou à prisão com a sua banda e Carl Perkins (que se apresentou na abertura) a tiracolo por volta das nove horas da manhã. Quarenta minutos depois teve início o primeiro show. A segunda apresentação começou ao meio-dia e quarenta.

Depois de seis anos de insistentes pedidos de Johnny Cash para registrar um álbum ao vivo dentro de uma penitenciária, a gravadora finalmente concordou. Meses antes, Cash, viciado em anfetamina, brigado com a esposa e com os filhos, com poucos shows agendados e vendas de disco em declínio, tinha se tornado um astro em decadência, se apresentando em teatros pequenos. No início de 1968, porém, ele era outra pessoa. Estava apaixonado e limpo, embora estivesse passando por crises de abstinência, e, naquele momento, na frente de cerca de mil detentos (alguns deles condenados à morte), ele sabia o que deveria fazer: dar àqueles sujeitos excluídos da sociedade um pouco de alegria e, principalmente, uma mensagem de esperança. Seriam duas horas em que aqueles miseráveis esqueceriam os seus problemas.

Após a rápida apresentação de Carl Perkins (que cantou os sucessos "Matchbox" e "Blue Suede Shoes"), Cash iniciou os trabalhos com a sua tradicional apresentação "Hello, I'm Johnny Cash", antes de emendar com, claro, "Folsom Prison Blues". Segunda prisão mais velha da Califórnia, com a fama de ter alguns dos bandidos mais perigosos do estado, Folsom abrigava cerca de 3.500 presos. O refeitório onde aconteceu a apresentação era cavernoso, com a plateia acomodada em pequenas mesas brancas. A apresentação aconteceu com as luzes acesas, por motivos óbvios. O refeitório ainda tinha um enorme telhado inclinado e paredes de pedra, o que deve ter feito o produtor Bob Johnston suar muito para promover o milagre de gravar aquela apresentação com um som decente.

No show, Cash não construiu um mundo cor-de-rosa aos detentos. Queria mesmo era mostrar que, apesar de eles estarem sendo punidos, também tinham direito à dignidade. Acompanhado pela sua banda Tennessee Three (formada pelo baixista Marshall Grant, o baterista W. S. "Fluke" Holland e o guitarrista Luther Perkins), e em alguns momentos acompanhado também pela sua quase futura esposa June Carter, Cash apresentou músicas que retratavam experiências que os presidiários de uniforme azul conheciam muito bem, como "Busted". Também apresentou canções cujas letras descreviam com precisão a falência do sistema prisional norte-americano, como "Send a Picture of Mother" e "Dark as a Dungeon". A tradução literal do título dessa última: "escuro como uma masmorra".

Antes de serem executadas, as músicas não precisavam de nenhum tipo de explicação ou coisa assim. Os primeiros acordes já contavam a história daquela plateia. Sempre quando era cantado algum verso relacionado à vida daqueles caras, os aplausos eram estrondosos. Eles realmente levavam aquelas palavras a sério. Muitas vezes, os aplausos vinham no meio da canção, e não ao seu término, como acontece em um show convencional. Aquele público não estava lá para apreciar, mas para participar. Tanto que, em determinado momento da apresentação, Johnny Cash perguntou: "Querem participar da gravação? Vão em frente e digam algo legal". A resposta foi imediata: todos berraram alguns palavrões. Durante "Cocaine Blues", enquanto Cash cantava os versos *Early one morning while making the rounds/ I took a shot of cocaine and I shot my woman down* ("Bem cedo numa manhã enquanto dava voltas/ Eu tomei uma dose de cocaína e matei a minha mulher"), pipocaram alguns aplausos, provavelmente vindos de alguém que fez o mesmo que estava descrito na letra.

Escutando a gravação, parecia que Cash estava dando a própria alma no palco. Ele acreditava que a prisão realmente era um instrumento de reabilitação do ser humano. Johnny Cash parecia amar demais aqueles prisioneiros. No meio do show, chegou a arremessar duas gaitas de presente para a plateia. Um dos momentos mais sublimes do espetáculo aconteceu durante a execução de "Greystone Chapel", de autoria de Glen Sherley, prisioneiro de Folsom, condenado por ter participado de assaltos a bancos. A letra diz: "Há uma cinzenta capela de pedra aqui em Folsom/ Uma casa de adoração nesse antro de pecado/ Você não acharia que Deus tem um lugar aqui em Folsom/ Mas ele salvou a alma de muitos homens perdidos/ Agora essa cinzenta capela de pedra aqui em Folsom/ Aguenta cem anos feitos de pedra de granito/ Precisa-se de um molho de chaves para sair daqui de Folsom/ Mas a porta da casa de Deus nunca está fechada/ Dentro dos muros da prisão meu corpo pode estar/ Mas meu Senhor libertou minha alma". Cash havia sido apresentado a essa música, que fala sobre a capela da prisão, na noite anterior, no hotel em que estava ensaiando, por um dos diretores da penitenciária. No show, ele apresentou a canção da seguinte maneira: "Esta música foi escrita por uma pessoa que está aqui em Folsom... Ouvi esta música pela primeira vez na noite passada. É a primeira vez que tento cantá-la... Espero que esteja melhor agora nesse primeiro show. Não sei, antes de tentar... Esta música foi escrita pelo nosso amigo Glen Sherley. Espero que eu faça jus à sua música, Glen..." Muito emocionado, Cash teve que cantá-la três vezes nos dois shows para que a gravadora juntasse os trechos a fim de apresentar uma versão decente no álbum que sairia dentro de quatro meses. E Johnny Cash acabou se tornando um admirador de Glen Sherley, a ponto de ter providenciado todo o aparato para que ele gravasse um álbum atrás das grades.

Pouco mais de um mês após a apresentação na cadeia, no dia 22 de fevereiro, durante um show com a Carter Family no Canadá, Johnny Cash pediu a mão de June Carter em casamento em cima do palco. Depois do casamento, as carreiras de Johnny e June se tornariam praticamente uma só. Eles se apresentavam juntos, e duetos como "Jackson" e "If I Were a Carpenter" logo se transformaram em algumas das músicas mais pedidas nos shows. Além de dar um filho a Johnny, June fez com que o marido passasse um tempo longe da anfetamina e renovasse a sua fé cristã. Em 1969, foi lançado *At San Quentin*, outro álbum de Cash gravado em uma cadeia, e que gerou "A Boy Named Sue", primeiro e único Top 10 da carreira do compositor na parada da Billboard. No fim dos anos 1960, a sua popularidade era tão grande que até programa de televisão (*The Johnny Cash Show*) ele apresentava. Filmes em Hollywood e shows para o então presidente Richard Nixon na Casa Branca também faziam parte da agenda de um Johnny Cash cada dia mais espiritualizado. E, é bom registrar: todo esse renascimento aconteceu por causa do show na penitenciária de Folsom, cujo disco foi responsável por ressuscitar sua carreira, vendendo cerca de seis milhões de cópias e alcançando a décima terceira posição da parada da Billboard, um feito inimaginável para um astro então em decadência.

Quando Glen Sherley foi solto, em 1971, tornou-se praticamente um afilhado de Cash. "Um homem com o talento de Glen nunca vai precisar ficar preso novamente", disse o cantor a um repórter na época. Ambos saíram em turnê e Sherley constituiu uma nova família. Mas as coisas começaram a desandar. Na prisão, Sherley era um dos sujeitos mais respeitados. Fora dela, carecia de atenção. Começou a beber demais e a se envolver em brigas. Em uma quarta-feira de maio de 1978, quando estava na varanda da casa do irmão, ele meteu uma bala na própria cabeça. Para ele, a penitenciária de Folsom talvez ainda fosse uma realidade. A mesma realidade presente em cada respiração que pode ser escutada no álbum *At Folsom Prison*, um dos mais emocionantes e verdadeiros da música pop.

Continuando a história de Johnny Cash — e quem resistiria? —, nos anos 1980, ele, mais uma vez, atravessou um período de decadência, a ponto de ser dispensado pela Columbia. A gravadora Mercury o contratou, e soube aproveitá-lo ao máximo, lançando o excelente álbum *Johnny Cash is Coming to Town* (1987), além do caça-níquel *Water from the Wells of Home* (1988), com participações de Paul McCartney e The Everly Brothers. Todavia, uma severa pneumonia e uma recaída com as drogas impediram Cash de dar continuidade à carreira. Um novo renascimento estava agendado para 1993, dessa vez graças à banda irlandesa U2, que o convidou para gravar a faixa "The Wanderer", no álbum *Zooropa*. No ano seguinte, Rick Rubin contratou Cash para o elenco do seu selo American. O projeto *American Recordings* revitalizou, mais uma vez, a carreira do músico, tornando-o uma atração *cult* idolatrada pelos jovens.

Sofrendo de Mal de Parkinson (o anúncio público aconteceu durante um show em 1997), Cash foi levando a vida entre uma pneumonia e outra e, em 2002, gravou o álbum *The Man Comes Around*, composto somente por covers, dentre os quais se destaca "Hurt", do Nine Inch Nails. Cash resistiu às drogas, às mudanças de gravadora, às doenças, às prisões, mas não conseguiu superar a perda de June Carter Cash em maio de 2003. Doente de diabetes, ele viveu mais quatro meses antes de virar eterno.

Johnny Cash: um sujeito que, ainda que a seu modo, sempre andou na linha.

JAMES BROWN
BOSTON GARDEN/ MASSACHUSETTS (05/04/1968)
09

MARTIN LUTHER KING JR., LÍDER DO MOVIMENTO DOS DIREITOS CIVIS, É ASSASSINADO NO DIA 4 DE ABRIL DE 1968. EM PROTESTO, CIDADES SÃO INCENDIADAS. QUEM PODERIA ACALMAR OS ÂNIMOS? JAMES BROWN SUBIU AO PALCO DO BOSTON GARDEN NA NOITE SEGUINTE. A CIDADE PAROU PARA VER O ASTRO PELA TELEVISÃO E OS NÍVEIS DE VIOLÊNCIA BAIXARAM.

Martin Luther King Jr. morreu no dia 4 de abril de 1968. Talvez você esteja se perguntando o que o Dr. King tem a ver com os cinquenta maiores shows de todos os tempos. Bom, se não fosse por ele, não teríamos este capítulo no livro. Isso porque, no dia seguinte ao assassinato do ativista do movimento dos direitos civis nos Estados Unidos, James Brown subiu ao palco do Boston Garden, na capital do estado de Massachusetts, para apresentar uma performance que se transformou em algo muito mais importante do que um simples show. Acabou se tornando um ato político.

James Brown era — é — conhecido como o "Godfather of Soul". O apelido ainda é pouco. James Brown fez a transição do gospel para o soul e, mais importante, do R&B para o funk. Sim, ele foi o responsável pelo nascimento do funk. Nenhum, absolutamente nenhum desses estilos, seria a mesma coisa se não fosse por James Brown. Aliás, que fique registrado: praticamente todos os gêneros musicais que surgiram depois dele levam uma pitada do gênio. Da batida do krautrock ao hip-hop (quantos rappers não samplearam canções dele?), passando pelo pós-punk ao R&B de hoje, tudo tem o dedo de Brown. Isso sem contar os milhares de artistas que ele influenciou diretamente, como Michael Jackson, Prince, Mick Jagger, David Bowie e o grupo Public Enemy, apenas para ficar em alguns dos nomes mais importantes.

Além de músico, Brown era empresário e ativista dos direitos civis — ele passou a infância em meio a violentas tensões raciais, época em que morava com uma tia em um bordel. E também era meio doido; as suas loucuras preencheriam um livro. E, mesmo passando algumas temporadas atrás das grades, Brown ainda assim se intitulava "o homem que mais trabalhava no *show business*". Ele tinha toda razão. Depois que saiu de uma instituição para menores infratores, aos dezesseis anos de idade, Brown já ingressou na sua primeira banda, a The Gospel Starlighters. Em seguida, fez parte do The Famous Flames, cuja gravação "Please, Please, Please" chamou a atenção do empresário Ralph Bass, que concedeu ao grupo um contrato de gravação. Durante a sua vitoriosa carreira, Brown gravou mais de setenta álbuns e conseguiu colocar 91 singles no top 100 da parada da Billboard — o destino quis que nenhum deles alcançasse o topo, azar da Billboard. Ele também chegou a se apresentar 350 vezes em um único ano. Poucos meses antes de morrer, no Natal de 2006, James Brown ainda fazia shows.

A sua música partia de um conceito que ele classificava como *the one*, originário do som que remetia à sua adolescência, através das batidas de tambor de velhas canções de escravos e da música gospel. Essa sonoridade já estava presente em seu segundo álbum, *Try Me!* (1959), que mostrava que entre baladas macias e seu *groove* característico nascia uma estrela. Mas o que ele queria mesmo era gravar um álbum ao vivo. Só que a sua gravadora era contra, sob o argumento de que a energia de uma apresentação dele jamais poderia ser capturada em disco. O artista bateu o pé e ainda ajudou a bancar a gravação do álbum do próprio bolso. Como os seus shows eram praticamente restritos ao público negro, ele queria mostrar em disco, para todos, o que era capaz de fazer em cima do palco. Brown sabia como conquistar uma plateia, e poucos faziam um show igual ao dele. O cantor tinha a certeza de que a sua mistura de R&B, soul e gospel poderia alcançar o mundo todo, em especial os jovens, independentemente da cor da pele. Para tanto, ele queria gravar o tal disco ao vivo. Assim, no dia 24 de outubro, ele subiu ao palco do Apollo Theater, no Harlem, em Nova York, na frente de 1.500 pessoas, para, definitivamente, mudar o rumo de sua carreira com uma performance que superou todas as outras. A dinâmica entre artista e público é inacreditável. O grupo The Famous Flames tocou à perfeição. Não era para menos: qualquer erro em cima do palco custava uma multa ao músico. Tolerância zero.

Live at the Apollo, lançado em maio de 1963, é um dos discos mais importantes da história. Vendeu mais de um milhão de cópias, alcançou o segundo posto da parada de discos, e Brown deixou de ser visto como um artista exclusivo do mercado de música negra. A partir de então, todos tinham certeza de que James Brown era o rei do soul e do R&B. A sua carreira continuou em ascendência. Em 1965, "Papa's Got a Brand New Bag" e "I Got You (I Feel Good)" estouraram nos Estados Unidos. Uma febre. Mas, apesar de tantos sucessos, certamente nada foi maior em sua carreira do que o show realizado em Boston na noite do dia 5 de abril de 1968, também conhecida como "a noite em que o soul uniu a América".

Um dia antes, no fatídico 4 de abril de 1968, os Estados Unidos da América testemunharam um de seus momentos mais tensos, por conta do assassinato de Martin Luther King Jr., em Memphis. Em menos de 24 horas, motins e protestos explodiram em todas as cidades do país, como um rastilho de pólvora. Afro-americanos tomaram as ruas e, em algumas cidades, incendiaram diversos estabelecimentos. No momento do crime, James Brown estava em Nova York, e foi à TV pedir que as pessoas "esfriassem a cabeça" e "não fossem às ruas queimar tudo o que aparecesse pela frente". Por coincidência, ele tinha um show agendado para o dia seguinte no Boston Garden, uma arena para cerca de quatorze mil pessoas. Ele então viajou para cumprir sua agenda. Mal sabia que a produção do Boston Garden estava pensando em cancelar o show. Segundo os produtores, naquele momento não seria bom reunir uma grande quantidade de afro-americanos em um mesmo local. Mas eles também pensaram no oposto: talvez não houvesse tempo hábil para comunicar o cancelamento, e jovens ficariam desapontados se o show não acontecesse. E jovens desapontados, ainda mais naquela situação, poderia significar mais quebradeira e incêndios.

O prefeito de Boston, o liberal Kevin White, foi convocado para resolver o impasse. Ele sabia que o show poderia ser um foco de confusão, já que a cidade estava dividida em duas: de um lado, o bairro branco, de um modo geral insatisfeito com a política de inclusão racial do prefeito; do outro lado, bairros negros, como o de Roxbury e de South End, revoltados com a morte de Luther King. A pressão era grande dos dois lados. Brancos desejavam que o show fosse cancelado, já os negros queriam que a apresentação acontecesse de qualquer jeito. Kevin White, então, pediu conselhos a Tom Atkins, o primeiro homem negro eleito para a Câmara Municipal da cidade, que sugeriu ao prefeito que deixasse o show acontecer, mas que convencesse uma emissora de TV local a transmitir a apresentação de graça. Dessa forma, o público seria reduzido, pois muita gente desistiria de pagar pelo ingresso, já que poderia assistir ao show no conforto de casa em uma noite tensa como aquela. Ao mesmo tempo, a população da cidade, mesmo quem não tivesse interesse em ir ao show, teria alguma diversão naquela noite sombria. Essa parecia ser a melhor solução e, assim, o prefeito contatou os diretores da rede WGBH, de Boston, que concordaram e organizaram a transmissão.

Agora, eles só tinham que combinar com James Brown. Será que ele toparia cantar para uma casa pela metade, já que o show seria transmitido pela TV? Certamente que não. Mas o artista e o prefeito chegaram a um acordo: uma compensação financeira de sessenta mil dólares por conta dos ingressos que ficariam encalhados na bilheteria. Só um comentário: no fim das contas, o prefeito pagou apenas dez mil dólares, o que deixou Brown furioso. De qualquer forma, para compensar o suposto calote, Tom Atkins deu uma declaração bastante elogiosa ao artista para o jornal *The Boston Globe*: "James Brown merece um tremendo voto de agradecimento. Ele mostrou como conversar com os jovens em uma linguagem que todos compreendiam e aceitavam. Sua forma de mensagem vai além das fronteiras de negro ou branco. É universal". O passo seguinte foi organizar uma conferência de imprensa, durante a qual um prudente Kevin White convidou os cidadãos de Boston a assistir ao show em suas próprias casas.

A caminho da arena, Fred Wesley, membro da banda de Brown, disse que estava com medo de ser baleado. Àquela altura, os outros músicos nem queriam subir ao palco, mas James Brown convenceu todos eles. Antes de o show começar, às nove da noite, ele disse: "Temos que prestar nossa homenagem ao falecido, grande, incomparável... Alguém que nós amamos muito, e por quem eu tenho toda a admiração do mundo... Tive a chance de conhecê-lo pessoalmente... O falecido, o grande Dr. Martin Luther King". Em seguida, apesar da tensão, fez questão de trazer o prefeito ao palco e o elogiou: "Vejam, esse cara tem suingue. Certo, é isso mesmo, vamos aplaudi-lo, senhoras e senhores. Esse cara tem suingue. O cara está com a gente!". Kevin White discursou brevemente para as cerca de quatro mil pessoas que se encontravam no Boston Garden, e para outras centenas de milhares em casa na frente da televisão: "Agora, estou aqui, como todos vocês, para escutar James Brown. Mas também estou aqui para pedir a ajuda de vocês. Estou aqui para pedir que fiquem comigo e façam dos sonhos de Dr. King uma realidade em Boston. Esta é a nossa cidade, e o futuro está em nossas mãos... Hoje à noite, amanhã e nos dias que se seguirem. Martin Luther King amava esta cidade e depende de nossa geração provar a sua fé em nós. Então, tudo o que eu peço a vocês nesta noite é que olhemos para os outros aqui no Garden e na volta para casa, e prometamos que, não importa o que os outros façam, nós, aqui em Boston, vamos honrar Dr. King em paz".

Essa foi a deixa para Brown começar o show. A tarefa poderia ser ingrata para qualquer outro artista, mas nem tanto para James Brown, que tinha a missão de unir uma cidade inteira com a sua música. Um dos maiores artistas da história tinha a missão de extinguir as chamas da raiva com a sua música. Ele sabia que ia ser difícil, mas estava disposto a dar tudo de si para atingir o objetivo. Não à toa, iniciou os trabalhos com "Get It Together" (tradução literal: "Junte-se"). Cantou "There Was a Time", "I Got The Feeling", "It's a Man's Man's Man's World"... À medida que o show caminhava, as ruas da cidade foram se esvaziando. As pessoas que faziam baderna nas ruas voltaram para casa para assistir ao show. O objetivo estava sendo alcançado.

Já no fim da performance, durante a execução de "Please Please Please", Brown estava exausto, tendo, inclusive, deslocado o ombro em um movimento abrupto durante uma coreografia. Quando caiu de joelhos, momento em que um *roadie* entrou no palco e cobriu o cantor com uma capa cintilante, parecia que a apresentação estava encerrada. Mas não naquela noite. Brown se desvencilhou da capa e o show continuou. A plateia estava ensandecida, tão ensandecida a ponto de vários espectadores invadirem o palco. O clima chegou a esquentar. A polícia empurrou os invasores com violência de volta à plateia, a banda parou de tocar, Brown parou de dançar e de cantar, e as luzes se acenderam. As ruas de Boston não registravam sinais de violência, mas será que logo lá dentro, no Boston Garden, com a cidade inteira vendo pela televisão, a violência imploderia?

A polícia ocupou o palco, e James Brown pediu que ela saísse depois de apertar a mão de um dos policiais — um policial branco, diga-se. Poderia ser mais simbólico o ato? O cantor implorou à plateia: "Vocês não estão sendo honestos com vocês nem comigo. Somos todos da mesma raça. Eu pedi que a polícia saísse porque imaginei que eu teria o respeito de vocês. Isso não faz sentido... Nós estamos juntos ou não estamos?". A plateia respondeu em uníssono: "Estamos!". Brown, então, apontou para o baterista e deu a ordem: "Toca essa coisa, cara!". O show continuou, mas não por muito tempo. Enquanto cantava "I Can't Stand Myself (When You Touch Me)", um adolescente subiu ao palco e disse para Brown: "Você é o cara". Percebendo que não seria capaz de controlar aquela gente toda, ele simplesmente perguntou ao rapaz: "Você quer dançar, meu filho?". E, de repente, não mais que de repente, dezenas de fãs subiram ao palco. Brown não jogou a toalha: "Esperem um pouco. Deixem eu encerrar o show para todo mundo... Todo mundo desce agora, pessoal. Para baixo. Somos negros. Somos negros! Não nos façam parecer maus! Sejam cavalheiros. Estamos juntos agora ou não?". Naquele momento, Brown não estava falando com os fãs no Boston Garden. Estava falando com a cidade de Boston inteira. Estava falando para o país inteiro. E, após duas horas e quatorze minutos, o show foi encerrado.

Apesar da aparente tranquilidade que então reinava na cidade, Eric Clapton presenciou atos de vandalismo em Boston naquela noite. Ele escreveu em sua autobiografia: "O mais perto que chegamos [aqui, no caso, ele está falando do Cream, a sua banda no fim dos anos 1960] de problemas foi em Boston, na noite em que Martin Luther King foi assassinado. James Brown estava tocando no teatro em frente ao nosso, e tivemos que sair escondidos da casa de espetáculos pela porta dos fundos porque as pessoas que saíam do show de James Brown estavam destruindo tudo em que conseguiam pôr as mãos". No dia seguinte, apesar dos pesares, James Brown era assunto nos principais jornais — afinal de contas, seria impossível controlar toda a população da cidade. O *Harvard Crimson* apontou, em editorial, como a arte poderia se misturar com a política: "Foi uma inacreditável demonstração de como um homem do quilate de James Brown pode ser cooptado pela mídia e usado para propósitos políticos". Já o jornal *Bay State Banner* cravou em manchete: "James Brown colaborou", e publicou a carta de uma leitora que dizia o seguinte: "Se o show de James Brown não tivesse sido televisionado, Roxbury provavelmente estaria em ruínas na manhã de sábado".

Naquela noite de 5 de abril de 1968, houve incidentes em centenas de cidades nos Estados Unidos. Boston, entretanto, permaneceu relativamente calma. A cidade ficou literalmente em casa para ver e ouvir James Brown. Até mesmo os níveis de criminalidade tiveram uma queda significativa naquela noite. Ao que tudo indica, Brown salvou vidas. Nos dias seguintes ao assassinato, mais ou menos 125 cidades registraram levantes, com um total de 46 mortos e mais de 2.500 feridos. Boston foi uma das cidades que menos registrou ocorrências. O escritor R. J. Smith, biógrafo do artista, escreveu sobre o episódio no livro *The One*: "Mais tarde, James Brown diria que fez isso porque amava seu país e não queria ver coisas tristes acontecendo. Ele fez isso porque amava o seu povo e achava que a morte de King marcava um momento de avançar com sua missão, e não de arruiná-la com uma violência que teria sido esmagada. Embora não acreditasse muito na não violência, Brown fez o show de Boston com as palavras de King em mente. Ele achava King um homem sincero, alguém que acreditava no que estava dizendo, e Brown tinha um respeito de sulista por alguém que havia percorrido todo aquele caminho em função do que acreditava. Brown fez isso por uma questão de honra, porque teria sido errado não honrar a memória de um homem honesto".

James Brown cumpriu tão bem a sua missão que, no dia seguinte ao show, voou para Washington, D. C., a cidade mais prejudicada por conta dos motins, para conversar com jovens e também aconselhá-los a ficar em casa. O *Washington Post* replicou a sua fala. Ele ainda foi citado nas atas do Congresso, o prefeito lhe entregou a chave da cidade e o presidente Lyndon Johnson o convidou para jantar na Casa Branca. "Nossos sinceros agradecimentos por tudo o que você tem feito pelo nosso país", dizia o cartão de boas-vindas colocado na mesa de jantar. Como não poderia deixar de ser, Brown também estava presente no funeral de Luther King, que aconteceu em Memphis.

Meses depois, Brown discorreu sobre o episódio: "Eu fui capaz de falar ao país durante a crise posterior ao assassinato de Martin Luther King. Eles seguiram meu conselho e isso foi uma das coisas mais significativas para mim". Significativo para ele, significativo para o mundo. A música, assim como o esporte, assim como as nossas vidas, está diretamente ligada à política. E, em alguns momentos, ela pode até mesmo salvar vidas. James Brown que o diga.

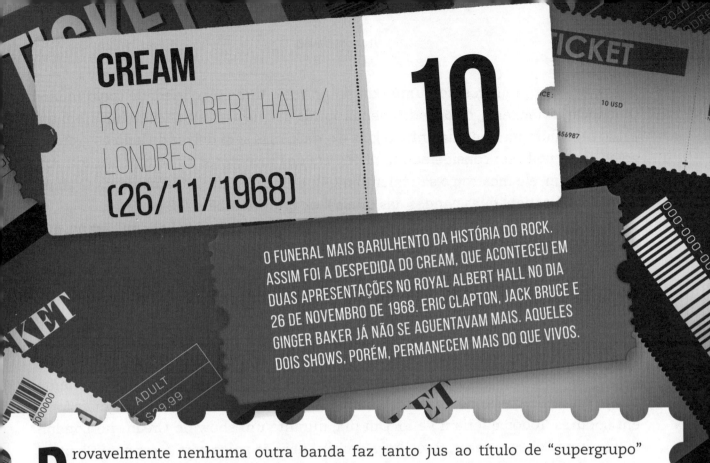

CREAM
ROYAL ALBERT HALL/ LONDRES
(26/11/1968)

10

O FUNERAL MAIS BARULHENTO DA HISTÓRIA DO ROCK. ASSIM FOI A DESPEDIDA DO CREAM, QUE ACONTECEU EM DUAS APRESENTAÇÕES NO ROYAL ALBERT HALL NO DIA 26 DE NOVEMBRO DE 1968. ERIC CLAPTON, JACK BRUCE E GINGER BAKER JÁ NÃO SE AGUENTAVAM MAIS. AQUELES DOIS SHOWS, PORÉM, PERMANECEM MAIS DO QUE VIVOS.

Provavelmente nenhuma outra banda faz tanto jus ao título de "supergrupo" quanto o Cream. Foram menos de três anos de atividade. Mas quem disse que precisava de mais? E para encerrar essa gloriosa história, um grande show. Um dos maiores shows de despedida de todos os tempos.

O Cream era um "supergrupo" em todos os sentidos. Seja no talento de seus músicos, seja no sentido estrito do termo. Uma banda é considerada um "supergrupo" quando os seus integrantes já faziam parte de outros conjuntos importantes. Jack Bruce disse que achava que ninguém estava feliz em suas antigas bandas e, assim, formaram o Cream. Ainda bem.

O mais famoso de seus integrantes era, é claro, Eric Clapton. Um dos maiores guitarristas de todos os tempos, ele sempre primou por um toque mais clássico de guitarra, puxado para o blues, diferentemente de alguns de seus colegas, como Jimi Hendrix, com um pé na psicodelia, e Eddie Van Halen, com o seu estilo pirotécnico. Antes do Cream, Eric Clapton havia tocado na John Mayall & the Bluesbreakers e na The Yardbirds. Jack Bruce, por sua vez, possuía um toque do baixo que definiu a combinação explosiva do blues com a psicodelia no fim dos anos 1960. Ele iniciou a carreira no jazz, mas logo alterou o seu rumo, devido ao sucesso de diversas bandas de R&B em Londres no início da década de 1960. Antes de ingressar no Cream, tocou na Blues Incorporated, além da The Graham Bond Organisation, Manfred Mann e, assim como Clapton, na John Mayall & the Bluesbreakers. Por último, o baterista Ginger

Baker, um dos pioneiros do bumbo duplo no rock, tinha a sobriedade (pelo menos para tocar) como lema, colocando apenas aquilo de que a música necessitava, em um estilo incomum na fronteira entre o jazz e o rock, mas sem deixar de lado os grandes solos — ele pode ser considerado também um dos inventores do solo de bateria. Antes do Cream, ele mostrou o seu talento na Blues Incorporated e também na Graham Bond Organisation, duas bandas das quais Jack Bruce também fez parte.

O Cream foi formado em 1966, quando a chamada "Swinging London" estava ávida por novidades musicais após o esfriamento do boom do *merseybeat*. A estreia ao vivo do trio aconteceu em Manchester, em 29 de julho de 1966, e, dois dias depois, quando tocou no Windsor Jazz & Blues Festival, começou a causar um burburinho. Resultado: o empresário Robert Stigwood convidou o trio para gravar no seu selo Reaction. O primeiro single foi "Wrapping Paper", que passou batido. Uma música pop bobinha, algo impensável e paradoxal para uma banda que juntava três instrumentistas de altíssimo gabarito. Segundo Ginger Baker, o tal single era "a pior merda que já escutei". Apesar do fracasso, o nome de Eric Clapton ficava cada dia mais forte em Londres. Todos queriam vê-lo. Um dia, durante um show do Cream no London Polytechnic College em outubro, Jimi Hendrix subiu ao palco para tocar com Clapton.

O primeiro disco, *Fresh Cream*, lançado em dezembro de 1966, já dava sinais do que o trio pretendia. A capa podia até dar a impressão de que se tratava de mais uma banda pop como tantas outras que surgiam a mancheias naquela época. Mas o buraco era mais embaixo, com o trio apresentando uma mistura de composições próprias e clássicos do blues. Merecidamente, o álbum alcançou o sexto posto da parada britânica. O single "I Feel Free", primeiro sucesso do trio, foi lançado na mesma época, quando Clapton disse: "A gente quer mudar o mundo, desconcertar e chocar as pessoas. O nosso objetivo é ir tão longe do original que queremos tocar algo que nunca foi escutado antes". No ano seguinte, foi a vez do LP *Disraeli Gears*, um tratado da psicodelia misturada ao blues. O disco chegou ao número cinco na parada britânica e firmou o nome da banda nos Estados Unidos. Após uma turnê por lá, o álbum alcançou a inimaginável quarta posição da parada da Billboard. Mais importante: *Disraeli Gears* apresentou uma grande evolução da banda com relação ao primeiro disco. Faixas como "Sunshine of Your Love" e "Strange Brew" estouraram, e até mesmo o maestro Leonard Bernstein declarou-se fã.

Contudo, em sua autobiografia, Clapton tem uma visão um pouco diferente acerca do álbum. Ele escreveu: "Infelizmente, para nós, Jimi havia acabado de lançar *Are You Experienced?*, e as pessoas só queriam ouvir isso. Ele fez todo mundo cair na real, e foi a sensação não apenas do mês, mas do ano. Para onde quer que se fosse, só dava

Jimi, e eu fiquei realmente desanimado. Achei que tivéssemos feito nosso álbum definitivo, apenas para chegar em casa e descobrir que ninguém estava interessado". O desânimo do guitarrista é compreensível. Nessa época, o Cream já dava sinais de desgaste. Jack Bruce e Ginger Baker brigavam feito gato e rato, apesar de os shows, repletos de *jams*, dizerem o contrário. Todos os músicos brilhavam, fosse Clapton solando sua guitarra na versão de "Crossroads" (de Robert Johnson), fosse Ginger Baker espancando sua bateria em "Toad", ou ainda Jack Bruce com suas lancinantes linhas de baixo ou com o seu solo de gaita em "Traintime".

Em 1968, foi lançado *Wheels of Fire*, um disco duplo, sendo um de estúdio e outro ao vivo gravado no Fillmore West, em São Francisco. Só que, um mês após o lançamento, com o álbum no topo da parada da Billboard, o grupo decidiu que, no fim do ano, daria o adeus definitivo. Inclusive, quando do lançamento do LP, Jack Bruce disse: "A banda provavelmente já está morta, mas ainda não sabe disso. As coisas estão indo mal. Eric não está compondo muito, e eu também não estou fazendo muito mais do que isso". Era verdade. Clapton não aguentava mais a sonoridade do Cream. Ele afirmou em sua autobiografia: "Comecei a ficar muito envergonhado de estar no Cream, porque achava uma fraude. Não estava evoluindo. Enquanto fazíamos a viagem pela América, éramos expostos a influências extremamente fortes e poderosas, como o jazz e o rock and roll, que cresciam ao redor, e parecia que não estávamos aprendendo com aquilo. O que acabou comigo mais do que qualquer outra coisa foi ser apresentado à música da The Band. Alan Pariser [um dos idealizadores do Monterey Pop International Festival] tinha fitas do primeiro álbum deles, chamado *Music from Big Pink*, e era fantástico. Aquilo me fez cair duro, e também realçou todos os problemas que achávamos que tínhamos. Ali estava uma banda que realmente fazia a coisa certa, incorporando influências de música country, blues, jazz e rock, e escrevendo canções ótimas. Ouvir o álbum, maravilhoso como era, me fez sentir que estávamos empacados e querer sair".

Em setembro, o Cream ainda fez uma turnê pelos Estados Unidos, onde o single "White Room" alcançou a sexta posição na Billboard. No total, foram dezoito shows, com cachê de sessenta mil dólares cada um. O adeus de verdade, porém, seria em casa. Assim, foram agendadas duas apresentações no Royal Albert Hall, em Londres, para um total de dez mil pessoas — cinco mil no show da tarde e mais cinco mil no show da noite. Mas, até os shows acontecerem, o caminho não foi dos mais simples. Seguindo o conselho de Jimmy Page, o empresário Robert Stigwood convocou o diretor Tony Palmer para filmar a apresentação, que seria transmitida pela rede BBC. O empresário, então, ligou para Palmer e perguntou se ele estaria disponível para filmar a "despedida". Palmer estranhou e perguntou: "Mas que despedida?", ao que Stigwood respondeu: "Ninguém pode saber, mas a hora da despedida está chegando". Sobre a escolha da casa de espetáculos, Jack Bruce disse: "Provavelmente porque estamos nos tornando um fetiche no nosso próprio país".

Quando Tony Palmer foi conversar com o diretor do Royal Albert Hall, o homem nem tinha sido comunicado daquele show. E também não queria nem saber. Ele ainda tinha em mente uma apresentação que Bill Haley havia feito por lá, em que fãs rasgaram as poltronas da já então centenária casa de espetáculos. Tony Palmer, que além de diretor de filmes também era um respeitado crítico musical do jornal *The Observer*, acabou convencendo-o. A primeira batalha estava ganha, mas ainda havia um segundo *round*. Palmer também queria filmar o show. Aliás, era por esse motivo que tinha ido conversar com o diretor da casa de shows. Contudo, a solicitação não foi aceita. Motivo: as recém-lançadas câmeras que filmavam em cores pesavam muito e eram de difícil mobilidade. Sua entrada era proibida no Royal Albert Hall. Conversa vai, conversa vem, os dois chegaram a um acordo: somente quatro câmeras seriam usadas, e elas ficariam estacionadas durante as apresentações. Por conta disso, nenhum momento do show da tarde pôde ser aproveitado na edição final do filme, pois Eric Clapton se esqueceu da marcação do diretor e passou o show inteiro virado de costas para a câmera que o filmava.

Na véspera do show, com tudo de pé para a grande despedida acontecer, uma fila imensa de fãs em busca de ingressos se formou na bilheteria. Teve gente que ficou sete horas em pé para garantir um dos assentos do Royal Albert Hall. Os ingressos se esgotaram no mesmo dia. Após as apresentações de abertura do Taste (banda de Rory Gallagher) e do Yes, o Cream foi apresentado pelo DJ John Peel. Clapton estava com um corte de cabelo diferente e portando a sua Gibson Firebird 1963 — no segundo show, ele usaria uma Gibson ES-335TDC. O público se levantou para aplaudir a banda. O *setlist* contou com as seguintes canções, na ordem: "White Room", "Politician", "I'm So Glad", "Sitting On Top of The World", "Crossroads", "Toad", "Spoonful", "Sunshine of Your Love" e, no bis, "Steppin' Out". Apenas nove músicas, mas que duraram quase que uma eternidade, envoltas em imensas *jams* e solos dos três músicos, que encheram o Royal Albert Hall com um som poderoso e alto jamais escutado naquela casa. "Toad", por exemplo, durou quinze minutos, com Ginger Baker suando o lenço amarrado na cabeça enquanto surrava a sua bateria. "Spoonful" também se transformou em uma imensa *jam session*, e em "Steppin' Out", no bis, Clapton fez um belo solo de guitarra.

Talvez nem tenham sido os melhores shows da banda. Longe disso. Mas a carga emocional daquela despedida fez com que essas duas apresentações do dia 26 de novembro de 1968 se tornassem um marco na história do rock. Mas, ao que tudo indica, para a banda foi um momento de "Ufa, até que enfim acabou". O próprio Jack Bruce disse, em entrevista para a sua biografia *Composing Himself*, escrita por Harry Shapiro: "Até pouco tempo atrás, eu não me lembrava de que tínhamos feito um segundo show". Ginger Baker, em sua autobiografia *Hellraiser*, também fez pouco caso desses concertos de despedida: "Eu odiei os shows no Albert Hall. Embora não importe tanto se a gente tocou bem ou mal, há sempre uma adulação, no sentido de que o público ficou alucinado com aquilo tudo. Mas, pelo que me lembro, os shows foram horrorosos. Não gostei deles. Eu não suportava mais o volume, e o último ano de shows danificou permanentemente a minha audição".

Quando o show terminou, e o público ainda berrava "God save the Cream", o diretor Tony Palmer entrou no camarim e viu que Baker já tinha ido embora, Bruce estava quase de saída com a esposa para uma festa que ela tinha organizado, e Clapton estava sentado sozinho. Nem parecia que um momento tão importante acabara de acontecer. Mais tarde, o trio admitiu que estava extasiado com a emoção advinda do público. Clapton, surpreso, disse: "Não tocávamos na Inglaterra havia mais de um ano e não tínhamos ideia de que ainda éramos tão populares. Eu pensava que ninguém se lembrava da gente". Por alguns segundos, ainda pensou em levar o Cream adiante depois dos shows. Mas não havia volta.

Após a despedida, a banda lançou o LP *Goodbye*, número um no Reino Unido. Sim, o trio ainda tinha lenha para queimar, como provava a excelente faixa "Badge", parceria de Clapton com George Harrison. Em seguida, o guitarrista e o baterista Ginger Baker formaram a banda Blind Faith, ao lado de Steve Winwood e de Ric Grech. Jack Bruce seguiu carreira solo. Somente 25 anos depois, em 1993, os três voltaram a tocar juntos, quando o Cream foi admitido no Rock and Roll Hall of Fame. E, finalmente, em 2005, se reuniram mais uma vez para quatro shows no mesmo Royal Albert Hall. Depois, o trio apresentou-se três vezes no Madison Square Garden, em Nova York, para enfim dizer adeus mais uma vez. Depois do último show, Jack Bruce disse: "Nós costumávamos correr uma série de riscos, e era isso que tornava as coisas interessantes. Apesar de termos nossos problemas, quando a gente tocava, a mágica aparecia".

E aparecia mesmo. Até hoje, quando a gente escuta o Cream, a mágica está sempre presente. *God save the Cream!*

THE BEATLES
TELHADO DA APPLE / LONDRES
(30/01/1969)

11

DIA 30 DE JANEIRO DE 1969. UM PALCO DE MADEIRA. O TERRAÇO DE UM PRÉDIO. JOHN LENNON. PAUL MCCARTNEY. GEORGE HARRISON. RINGO STARR. A ÚLTIMA VEZ QUE OS BEATLES SE APRESENTARAM PARA UMA PLATEIA. SE É QUE SE PODE CHAMAR AQUELAS PESSOAS QUE SE AMONTOARAM NAS RUAS DE LONDRES E NAS SACADAS DOS PRÉDIOS DE PLATEIA...

Sabe aquela expressão popular "o gato subiu no telhado"? Pois bem, os Beatles fizeram o mesmo para a sua despedida. O local pode não ter sido dos mais apropriados, mas em se tratando de Beatles, o que seria mais emblemático do que um show de despedida em cima de um telhado?

Já fazia um tempo que a relação entre os integrantes dos Beatles não era das melhores. Desde a morte do empresário Brian Epstein, em agosto de 1967, vítima de uma overdose acidental de remédios para insônia, as coisas começaram a desandar para John Lennon, Paul McCartney, George Harrison e Ringo Starr. Epstein era o cara que comandava toda a parte de negócios dos Beatles. "Não tinha ilusões quanto ao fato de que só sabíamos fazer música e nada mais", disse Lennon a Jann Wenner, autor do livro *Lennon Remembers*. "Ele era um de nós", ele também afirmou à *New Musical Express* logo após a morte do empresário. A vaidade pessoal e o dinheiro também representaram motivos bem fortes para o estremecimento da relação dos músicos. Após a perda do empresário, os Beatles ainda fundaram a Apple, mistura de gravadora, produtora de filmes e butique de roupas. Durou pouco. Sete meses depois, a Apple fechou as portas, doando todo o estoque aos fãs da banda. Naquele momento, John, George e Ringo queriam contratar Allen Klein, empresário não muito confiável, e que cuidava da carreira dos Rolling Stones. Já Paul, preocupado com as finanças, indicou o nome do sogro, o advogado Lee Eastman. No futuro, esse embate terminaria nas barras dos tribunais.

A relação já não era das melhores quando, entre maio e outubro de 1968, o grupo gravou o seu Álbum Branco, um LP duplo, elogiado por muitos e criticado por alguns pelo fato de ser um álbum gorduroso. A verdade é que ali já estava claro que cada membro da banda precisava seguir um caminho artístico individual. No disco, os quatro já começavam a deixar de ser uma unidade. Talvez, a partir desse momento, os quatro rapazes de Liverpool precisassem de mais liberdade para criar. Por sua vez, Yoko Ono também era um problema. Os Beatles nunca deixaram claro até que ponto a sua influência foi determinante para a separação da banda. Bob Spitz, autor de *The Beatles: a biografia*, detalhou a presença de Yoko no seio da banda. "Entre a gravação de uma música e outra, John ficava cochichando com Yoko e perdia o momento em que devia entrar em uma música", ele escreveu. Os músicos chegariam até mesmo às vias de fato dentro do estúdio.

Para tentar salvar a banda, os Beatles queriam fazer algo novo, algo que oxigenasse a relação entre eles. A ideia de Paul era compor um álbum, ensaiá-lo e tocar as suas músicas na frente de uma plateia, com tudo devidamente filmado para o lançamento de um filme. Paul acreditava que uma volta aos palcos, com os Beatles tocando juntos como nos velhos tempos, poderia reacender a chama apagada. Mas a ideia não durou muito. George logo perdeu a paciência, e Ringo dizia que aqueles dias eram longos e chatos. A atmosfera do estúdio era péssima, tanto que George classificou aquele período como o "inverno do descontentamento". Nada era saudável. A sensação de ser filmado logo de manhã fazendo música era medonha, segundo George. "Não se pode fazer música às oito da manhã em um lugar estranho, com gente filmando você", declarou.

Se a ideia era filmar músicas brotando como mágica, aconteceu exatamente o contrário. Paul se desentendia com todos, querendo impor um controle quase que absoluto. Até mesmo uma briga entre ele e George foi filmada, em um momento constrangedor. George disse: "Toco só os acordes que você quiser", ao que Paul respondeu: "Eu estou tentando ajudar, sabe, mas parece que eu sempre o irrito". Nesse momento, a câmera filma Ringo com um semblante visivelmente incomodado com a situação. Paul continuou: "Tudo bem, olha aqui, não estou querendo dizer isso, não estou pegando no seu pé", e George respondeu: "Não me importo, toco o que você quiser, ou não toco se você não quiser, faço qualquer coisa que você quiser". Tudo mais parecia uma briga entre crianças de doze anos durante o recreio na escola. Jonathan Gould, um dos vários biógrafos da banda, escreveu o seguinte no livro *Can't Buy Me Love*: "Quase todas as brigas foram iniciadas por McCartney, que continuava a agir como se estivesse tentando roteirizar o filme, ao levantar questões como a mudança da visão de mundo dos Beatles desde a morte de Epstein".

Enfim, George já sabia que não era capaz de ser feliz naquela situação. Ele parecia ser o mais irritado de todos, e acabou pedindo o boné. Sim, George Harrison estava deixando os Beatles, e até o nome de Eric Clapton chegou a ser cogitado para substituí-lo. Mas Paul pediu desculpas e, durante uma reunião na casa de Ringo, ficou decidido que os Beatles se reuniriam para terminar o disco em um estúdio de gravação, como nos velhos tempos, sem a presença de câmeras. Para ajudar a melhorar o ambiente, George, com a anuência da banda, levou o seu amigo Billy Preston para tocar nas gravações. O tecladista ajudou a lubrificar a fricção que havia na banda. Todos gostaram e ficaram mais felizes no estúdio. As gravações, assim, foram retomadas, e a ideia de apresentar um grande show quando tudo acabasse ainda estava nos planos. E não seria um show comum: John insistia em se apresentar em algum lugar como um manicômio, um navio, um anfiteatro grego ou até mesmo algum lugar na África. Paul, por sua vez, desejava que a banda se apresentasse onde tudo começou, ou seja, no Cavern Club. Já Ringo imaginava os Beatles como atração principal de um grande festival de música. Se dependesse de George, não haveria show nenhum. O que ele queria mesmo é que aquela história terminasse o mais rápido possível.

Os Beatles, o engenheiro de som Glyn Johns e Michael Lindsay-Hogg, o diretor do filme *Let It Be*, se sentaram na sede da Apple, na Picadilly Circus, Savile Row, número 3, para decidir a questão, e perceberam como aquele escritório era charmoso. Ringo, então, se lembrou da cobertura do prédio, que ficava ao ar livre, e John achou a ideia fantástica: "Vamos subir e dar uma olhada nessa laje". A opinião foi unânime. Quando todos subiram, estava decidido: os Beatles fariam o tal show no conforto de sua casa, bem longe dos promotores de espetáculos, da imprensa e dos fãs obcecados que não viam a banda ao vivo na Inglaterra havia mais de três anos. Seria tudo muito simples: bastava improvisar um pequeno palco de madeira, ligar os instrumentos e tocar. Anos depois, para o projeto *Anthology*, George relembrou: "Nós decidimos fazer o show no telhado, porque queríamos resolver logo essa questão. Era muito mais simples do que tocar em qualquer outro lugar, e ninguém tinha feito isso antes. Seria interessante ver o que aconteceria quando começássemos a tocar lá em cima. Foi um estudo social agradável".

Por volta do meio-dia daquela quinta-feira fria e nublada, em 30 de janeiro de 1969, estava tudo pronto. Palco montado e uma infinidade de cabos ligando toda a estrutura do show a uma mesa de som no porão do prédio. Até o último momento, George relutou em subir ao palco. Segundo Glyn Johns, com tudo já pronto, o guitarrista se recusava a tocar. Paul tentava convencer o colega de banda: "Por favor... Por que não? O que há de errado nisso? Só vamos subir lá. Se não funcionar, a gente joga tudo no mar". A ideia era tocar na hora do almoço para chamar a atenção da multidão que estaria circulando pelas ruas de Londres. Não houve sequer um único anúncio da apresentação, e nem mesmo os funcionários da Apple foram avisados. Contudo, mesmo em tempos pré-internet, de algum modo, boatos de que os Beatles fariam aquele show começaram a pipocar, e as ruas foram se enchendo.

O show estava prestes a começar. George vestia um casaco preto de pele e uma calça verde-limão; John, um casaco de pele marrom; Ringo usava uma capa de chuva vermelha emprestada pela sua esposa; e Paul, por sua vez, ignorava o frio, com um estiloso terno preto. Billy Preston completava o time. Uma curiosidade: no contrabaixo Hofner de Paul, ainda estava colado o *setlist* da última apresentação da banda, no Candlestick Park, em São Francisco, realizada dois anos e meio antes. À esquerda do palco, Yoko Ono, Maureen Starkey (esposa de Ringo) e alguns funcionários da Apple observavam tudo. De resto, o público era composto, basicamente, por telhas, chaminés e, claro, o céu. Nesse momento, sem que os Beatles tivessem ao menos afinado seus instrumentos, o diretor Michael Lindsay-Hogg gritou: "*Cameras, take one*". Os Beatles atacaram de "Get Back" e, em seguida, tiveram que repetir a canção.

Mesmo com a impressão de que não estavam sendo assistidos por ninguém, quando os primeiros acordes ressoaram, as ruas já estavam tomadas, e as sacadas dos prédios vizinhos ficaram apinhadas de gente, igual a camarote de cervejaria em desfile de escola de samba. O centro nervoso de Londres estava parado para ver — ou melhor, escutar — os Beatles. A banda seguiu com "Don't Let Me Down" e emendou "I've Got a Feeling". Depois, foi a vez de uma versão de "One After 909", que terminou com John recitando um verso de "Danny Boy", uma velha canção inglesa dos anos 1910. Nesse momento, após receber algumas dezenas de reclamações de vizinhos, policiais da delegacia de Savile Row (localizada a menos de trezentos metros do prédio da Apple) entraram no prédio. Os Beatles, que não eram bobos nem nada e imaginavam que isso poderia acontecer, tinham posicionado uma câmera na recepção do prédio.

Educadamente, os policiais intercederam junto aos funcionários da recepção: "Honestamente, é preciso baixar a música, ou teremos de proceder a algumas prisões". Enquanto isso, os Beatles executavam "Dig a Pony". John reclamou que as suas mãos estavam muito frias para continuar tocando, então, o engenheiro de som Alan Parsons aproveitou para trocar as fitas de gravação, momento em que os Beatles e Billy Preston arriscaram uma versão de "God Save the Queen", o hino da Inglaterra. Com as fitas trocadas, eles tocaram "I've Got a Feeling" e "Don't Let Me Down" novamente, além de uma terceira versão de "Get Back". E foi nesse momento que a polícia chegou ao terraço. John e George pararam de tocar; Ringo e Paul, por sua vez, continuaram por mais algum tempo. Só que o show estava terminado. Antes, contudo, John mandou uma de suas espirituosas piadas: "Eu gostaria de agradecer em nome do grupo e de nós mesmos, e espero que tenhamos passado no teste".

Foram 42 minutos que simbolizaram a despedida dos Beatles em cima de um palco. Paul, no entanto, ficou decepcionado com a educação da polícia. Segundo o músico, a banda acabar indo presa teria sido um bom encerramento para o filme. Ele disse, no projeto *Anthology*: "A polícia que nos prendesse. Seria um bom encerramento: 'Beatles presos em um concerto no telhado'". Ringo pensou da mesma forma: "Ótimo! Eu queria que os tiras me arrastassem... Largue essa bateria, esses tambores... Estávamos sendo filmados e teria sido ótimo. Mas não fomos presos, eles só chegaram e disseram: 'Vocês têm que diminuir o volume'. Poderia ter sido fabuloso". No dia seguinte, no estúdio da Apple, os Beatles finalizaram o projeto, gravando mais três músicas mais lentas que não funcionariam ao ar livre: "The Long and Winding Road", "Let It Be" e "Two of Us".

Acontece que o projeto, até então intitulado *Get Back*, acabou suspenso. O produtor George Martin, que, pela primeira vez, não era o responsável por um disco dos seus pupilos, não gostou do que ouviu, e achava triste a banda encerrar suas atividades daquela forma. Paul, então, perguntou se ele poderia produzir mais um disco para a banda. Martin topou, desde que fosse como nos velhos tempos, como eles estavam acostumados a trabalhar. Todos de acordo, e John, George, Ringo e Paul ficaram felizes, porque talvez imaginassem que aquele, sim, seria o álbum de despedida, da forma que a banda merecia. Todos queriam fazer algo melhor do que o projeto *Get Back*, e era isso que fariam. *Abbey Road* chegou às lojas em setembro de 1969. *Let It Be*, com as gravações do projeto *Get Back*, seria lançado em maio de 1970, um mês após o anúncio oficial do fim dos Beatles. John nem apareceu no estúdio para a última sessão de gravação do conjunto, a faixa "I Me Mine".

Mas se a gente pensar na verdadeira despedida dos Beatles, será difícil imaginar outra que não seja aquela da quinta-feira nublada de 30 de janeiro de 1969. Os Beatles. Uma banda que, mesmo em seu momento mais difícil, era capaz de fazer não menos que história. Ou melhor, História.

THE DOORS
DINNER KEY AUDITORIUM/MIAMI (01/03/1969)

12

DIA 1º DE MARÇO DE 1969. DINNER KEY AUDITORIUM, MIAMI, ESTADOS UNIDOS. FOI LÁ QUE ACONTECEU O SHOW QUE SELOU O DESTINO DO THE DOORS. APÓS A APRESENTAÇÃO, A POLÍCIA ACUSOU JIM MORRISON DE PRÁTICA DE ATOS LIBIDINOSOS. NINGUÉM VIU NADA DE MAIS. MAS UMA VERDADEIRA CAÇA ÀS BRUXAS TEVE INÍCIO.

A dualidade trágico/romântico, tão inerente ao rock and roll, teve a sua melhor personificação na figura de Jim Morrison. O líder do The Doors foi o grande poeta do rock do fim dos anos 1960, uma mistura de Elvis Presley e Mick Jagger da era psicodélica. No palco, ninguém o segurava. Com seus companheiros de banda — o tecladista Ray Manzarek, o baterista John Densmore e o guitarrista Robby Krieger —, ele tinha o poder de colocar toda uma plateia em transe. Um orgasmo coletivo que, algumas vezes, não terminava bem. Assim como, infelizmente, a sua própria vida.

"Se as portas da percepção estivessem limpas, tudo apareceria para o homem tal como é: infinito." A citação do poeta William Blake deu nome ao livro *As portas da percepção*, no qual Aldous Huxley conta em detalhes suas experiências alucinatórias sob o efeito da mescalina. E também inspirou o estudante de Artes da Universidade da Califórnia Jim Morrison a batizar sua banda, em 1965. Os primeiros shows do The Doors foram no London Fog, na Sunset Strip, antes de uma temporada no Whisky a Go Go. Após certa relutância com a atitude e as letras de Morrison, o executivo da Elektra, Jac Holzman, assinou com o grupo em julho de 1966. Era o início de uma das trajetórias mais trágicas e vibrantes da história do rock — e que durou apenas cinco anos.

A banda estreou com um disco homônimo, um dos melhores álbuns de estreia da história. Contando com a poesia única de Jim Morrison e a sonoridade original calcada no teclado de Ray Manzarek, nem de baixo o grupo precisava. Além do mais, o The Doors se dava ao luxo de finalizar o disco com "The End", uma faixa sobre

Complexo de Édipo, com quase doze minutos de duração. Trocando em miúdos: um álbum que nasceu para ser histórico. No mesmo ano de 1967, a banda colocou nas lojas o LP *Strange Days*, com destaque para a faixa "Love Me Two Times". Na mesma época, Morrison causou um rebu durante um show em New Haven por ter sido agredido por um policial pelo simples fato de estar com uma garota no camarim. O álbum ainda conta com outro grande clássico: "When the Music's Over", mais do que um épico de onze minutos de duração, uma ode jazzística à música em sua forma mais pura e simples. Em 1968, foi a vez de *Waiting for the Sun*, com destaque para a versão definitiva de "Hello, I Love You", uma das primeiras demos gravadas pela banda (ainda em 1965). Além de lançar grandes discos, a banda fazia shows cada vez mais falados. No palco, o vocalista se transformava no "rei lagarto", um verdadeiro descarrego emocional, que levava as apresentações do The Doors a um culto do caos. Morrison incorporava cada verso das canções como se fosse a última vez que cantaria — no fundo, devia saber que teria poucas oportunidades de cantá-las.

Só que, na época do lançamento de *Waiting for the Sun*, Jim Morrison estava cansado de tudo. Ele se queixava de que a plateia só se importava com o "Jim louco", quando ele só queria ser visto como um poeta que cantava. Jim estava gordo, cansado e frustrado, e se sentia uma marionete em forma de símbolo sexual. Para provocar ainda mais, ele testava as plateias e seus limites convencionais. Nessa época, Morrison foi apresentado pelo poeta, dramaturgo e compositor Michael McClure ao Living Theatre, uma companhia teatral formada por 32 pessoas que excursionava pelos Estados Unidos com peças não muito convencionais. A encenação da época era *Paradise Now*, a que Morrison assistiu várias vezes na Califórnia. Durante a performance, os atores dialogavam com a plateia e vociferavam contra as normas da sociedade, as mesmas que, segundo eles, os mantinham fora do "paraíso". Um dos atores berrava: "Não me deixam tirar minhas roupas". Outro ator, por sua vez, dizia que "a cultura reprimia o amor". Então, todos começavam a se despir, mantendo apenas as roupas de baixo. Os atores também incitavam o público a participar e, em algumas apresentações, Morrison atendeu ao pedido. O líder do The Doors jamais se esqueceria dessa experiência.

No dia do show em Miami, Jim Morrison havia brigado com a sua companheira Pamela Courson, no aeroporto de Los Angeles. Inclusive, após o show, eles seguiriam para breves férias na Jamaica, mas Pamela foi embora, e Morrison começou a beber. A beber muito, aliás, a ponto de perder o voo. Quando conseguiu um outro voo, durante a escala em Nova Orleans, perdeu novamente a conexão para Miami. Resultado: Morrison chegou na cidade completamente de porre e em cima da hora da apresentação. Ao mesmo tempo, o empresário e os músicos da banda, já em Miami, tinham outra preocupação além da ausência do vocalista. À época, a banda cobrava um cachê de 60% do valor arrecadado pela bilheteria. No caso do Dinner Key Auditorium, que tinha capacidade para sete mil pessoas sentadas, o ganho máximo da bilheteria seria de 42 mil dólares, de modo que a banda aceitou um cachê fixo de 25 mil dólares. Acontece que o dono da casa de shows retirou os assentos e aumentou a capacidade da casa para quatorze mil pessoas. A banda, sentindo-se enganada, ficou furiosa. O Dinner Key Auditorium, um antigo hangar de hidroaviões, estava mais cheio do que lata de sardinha e sem ar refrigerado — em uma das noites mais quentes do ano em Miami — para abrigar o primeiro show do The Doors na Flórida, estado natal de Morrison. Em sua autobiografia *Riders on the Storm*, o baterista John Densmore descreveu o ambiente como algo pior do que uma sauna: "o inferno de Dante", em suas palavras.

A apresentação do The Doors já estava com mais de uma hora de atraso. Cogitou-se, inclusive, que o show fosse realizado sem Jim Morrison. Quando o vocalista entrou no auditório, mal conseguia parar de pé. Lógico que não deu tempo de passar o som. Manzarek achava que Morrison não tinha condições de cantar, e Densmore, por sua vez, queria socar o rosto do colega. O vocalista, com cabelos bastante longos, barba desgrenhada e olhos praticamente fechados, pedia tantas cervejas no *backstage* que os *roadies* tiveram que esconder as bebidas alcoólicas. Pouco depois das onze da noite, quando Morrison ainda estava bebendo uma cerveja, a banda entrou no palco.

Quando se deu conta, Jim saiu correndo para o palco, arrotou no microfone e perguntou se alguém do público tinha bebida, e não demorou para um fã descolar uma garrafa de vinho. A banda tocou a introdução de "Break On Through" durante dez minutos, e nada de Morrison cantar. Ele não estava nem aí. Aliás, ele estava logo ali na beira do palco, sentado e conversando com um grupo de jovens da plateia, tomando vinho em copinhos de papel. De repente, ele se levantou e berrou: "Eu não estou falando de uma revolução! Estou falando de se divertir. Estou falando de nos divertirmos neste verão. Vocês todos irão para Los Angeles, vocês todos chegarão lá. Vamos ficar deitados lá na areia e esfregar os dedos no oceano e nos divertir. Vocês estão prontos? Vocês estão prontos?". A banda desistiu de "Break On Through" e atacou com "Back Door Man", outra do primeiro disco. Também não deu certo. Morrison gritou: "Mais alto! Vamos lá, banda! Toquem mais alto!". No fim, cantou apenas quatro versos.

A terceira tentativa veio com a música "Five to One". Morrison só conseguiu cantar o primeiro verso, logo seguido por mais um falatório: "Vocês são uns idiotas, porra. Deixam as pessoas dizerem o que vocês devem fazer... Deixam que mandem em vocês... Quanto tempo vão deixar que eles empurrem tudo goela abaixo de vocês? Quanto tempo vão deixar que eles mandem em vocês? Quanto tempo? Talvez vocês gostem disso, talvez gostem de ter seus rostos afundados na merda. Bando de escravos. Vocês são todos um bando de escravos". O baterista escreveu em sua autobiografia: "Eu nunca vi tanta raiva dirigida a uma plateia".

Em seguida, Ray Manzarek iniciou "Touch Me". Jim cantou dois versos e, mais uma vez, parou. "Espere um minuto, espere um minuto. Está tudo errado. Vocês estragaram tudo. Vocês estragaram tudo. Eu não vou aceitar essa merda. Fodam-se." Ele ainda provocou o guitarrista Robby Krieger, afirmando que aquela música era horrorosa — sim, "Touch Me" foi escrita por Krieger. Os insultos não tinham limites. Morrison não perdoou nem os conterrâneos: "Frequentei uma escola na Flórida, mas aí fiquei esperto e fui para um lindo estado chamado Califórnia". Não era à toa que Manzarek dizia que cada noite de show era imprevisível. "E era isso que tornava os shows tão empolgantes. Você não sabia se ele estaria desanimado que nem na Ilha de Wight [em 1970], mas, em outras noites, ele era tão maluco que cheguei a achar que ele morreria no palco", disse o tecladista anos depois.

Quando o The Doors começou a tocar "When the Music's Over", Morrison emendou um novo discurso: "Antes, eu achava que essa coisa toda era uma piada. Achava que era algo digno de risada. Então, algumas noites atrás, conheci pessoas que estão fazendo algo. Elas estão tentando mudar o mundo, e eu também quero embarcar nessa. Quero ver vocês se divertindo. Sem limites, sem regras". Ele parecia estar querendo fazer daquele show em Miami a sua versão particular do que vira no Living Theatre. Tudo já estava planejado. Só faltou combinar com a banda.

A temperatura aumentou ainda mais durante "Light My Fire". Enquanto Krieger atacava com a introdução, Morrison ajoelhou-se diante dele, simulou sexo oral com o colega e começou a se despir, levando a mão em direção ao seu pênis. Enquanto um fã lhe dava um banho de champanhe, o vocalista gritava: "Vamos mostrar um pouco de pele! Vamos ficar nus!", comando obedecido por parte do público. Robby Krieger descreveu a situação: "Foi puro caos. Ele estava mais pra lá do que pra cá. Completamente bêbado. [...] Estávamos tentando tocar, os três tentando manter a ordem das coisas, tocando as canções e dando as devidas deixas para que ele finalmente entrasse. Mas nem isso estava funcionando naquela noite, já que o público gritava e berrava, e Jim respondia da mesma forma". O vocalista incitava ainda mais a plateia, assim como os atores do Living Theatre faziam: "Estou falando de se divertir. Estou falando de dançar. Estou falando de amar o próximo. Estou falando de abraçar o seu amigo. Estou falando de amor. Estou falando de um pouco de amor. Abrace a porra do seu amigo e o ame". E foi aí que Morrison enfiou os polegares no cós da calça e desafivelou o cinto.

Agora, sim, Morrison estava chegando ao limite. Manzarek berrou para o *roadie*, que correu e segurou a calça do vocalista pela parte de trás. Um policial entrou no palco para tentar controlar o caos. Jim pegou o quepe do policial e arremessou para a plateia. O policial, rindo, fez o mesmo com o chapéu do cantor, que continuava gritando que não havia regras naquele show. "Vocês não estão aqui para ver uma boa banda de rock tocando alguns sucessos? Querem ver algo mais? Querem ver algo maior do que já viram? Não é isso que querem? Querem ver meu pau? É isso que querem?".

A balbúrdia só aumentava, e Morrison prosseguia: "Escutem, estou me sentindo só. Preciso de um pouco de amor, gente. Ninguém está a fim de me dar amor? Vamos lá, estou precisando. Tem tanta gente aí embaixo, ninguém quer me amar? Ei, gatinha, vem cá. Tem um monte de gente ali atrás que eu nem tinha visto. Que tal se uns cinquenta ou sessenta de vocês subissem até aqui e me dessem um pouco de amor? É isso. Eu amo vocês. Venham!". E continuava a provocação: "Vocês não vieram aqui pela música. Vieram por outro motivo. Algo mais grandioso do que qualquer coisa que já tenham visto na vida". Então, simulou abrir as calças, segurando uma camisa em frente ao corpo, feito uma capa de toureiro, e disse: "OK, vejam agora, lá vem ele!", fazendo um gesto rápido para o lado com a camisa. "Vocês viram só? Vocês viram o meu pau?", ele perguntava. (Bom, ninguém viu, tanto que o órgão sexual de Jim Morrison não aparece em nenhuma das centenas de fotos tiradas nesse show.)

Não demorou para que mais de cem fãs invadissem o palco. Um dos produtores ameaçou interromper o show. Morrison gritava: "Nós não vamos sair até que tenhamos nos divertido ao máximo". O baterista John Densmore disse que pensou que o palco ia desabar de tanto que tremia. A polícia também invadiu o tablado, enquanto a banda, com exceção de Morrison, corria para os camarins. Um policial, provavelmente confundindo Jim com um fã, desferiu-lhe um golpe de caratê, e o vocalista foi arremessado para o meio da plateia. E como o show não podia parar, o cantor emendou uma dança no meio dos fãs, que o seguiam como um ritual de fanáticos.

Dez minutos depois, Jim Morrison já estava no camarim acompanhado por cerca de dez fãs. De fato, o show havia terminado, sem pancadaria e sem prisão. Afinal de contas, àquela época, atores ficavam pelados todas as noites no musical *Hair*, e ninguém era preso. Os integrantes da banda, alguns fãs e policiais chegaram a confraternizar, bebendo cerveja nos bastidores. No palco, havia calcinhas e sutiãs suficientes para abrir uma loja de lingeries. E parecia que Morrison havia atingido o seu objetivo, conforme ele mesmo disse em uma entrevista semanas depois: "Acho que, de certo modo, aquele foi o fim de nossas apresentações para as massas. De forma subconsciente, estava tentando passar uma mensagem naquele show... Estava tentando reduzi-lo a algo absurdo, o que funcionou muito bem. Estava de saco cheio daquela imagem que havia sido criada sobre mim. Tinha se tornado algo de embrulhar o estômago, então resolvi dar cabo daquilo em uma única e gloriosa noite".

Seria bom se a história tivesse terminado por aí. Dias depois, os jornais publicavam versões diferentes sobre o ocorrido. Matérias diziam, por exemplo, que o cantor tinha empurrado três policiais do palco. No jornal *Miami Herald*, o sargento da polícia declarava: "É preciso dar crédito aos jovens presentes neste caso. É preciso elogiá-los. Aquele indivíduo fez todo o possível para iniciar um motim, mas os jovens não se moveram". O mesmo jornal publicou outra reportagem perguntando a vários policiais por qual motivo o líder do The Doors não havia sido preso. Quatro dias depois, com a polícia sob pressão, foi decretada uma ordem de prisão em nome de Morrison. As acusações incluíam crime de comportamento libidinoso, com autoexposição, simulação de sexo oral e de masturbação, além de contravenções de embriaguez pública, profanação e exposição indecente. O vocalista pagou fiança no valor de quatro mil dólares para não ser preso. O presidente da Comissão do Crime de Miami quis ter os seus minutos de fama e requereu a abertura de mais um inquérito.

O circo estava armado. Um deputado pediu o cancelamento de um show da banda que aconteceria na semana seguinte em Jacksonville, também na Flórida. Houve comícios antiobscenidade no estado, e até a revista *Rolling Stone* publicou um cartaz com o nome de Morrison e a palavra "Procurado". Em 5 de março, o líder do The Doors foi acusado de quatro crimes que poderiam resultar em três anos e meio de cadeia em Raiford, a penitenciária da Flórida. Alegou-se que "Jim expôs o pênis obscena e lascivamente, colocou as mãos sobre ele e o sacudiu, e posteriormente, o dito acusado simulou atos de masturbação em si e cópula oral em outro". Consequentemente, uma turnê que passaria por vinte cidades americanas foi cancelada. A banda também não quis tocar no festival de Woodstock. Lojas baniram os discos do grupo, e estações de rádio proibiram a veiculação de suas músicas. O concerto em Miami praticamente selou o destino do The Doors. A banda quase se separou em seguida, mas ainda lançou dois excelentes álbuns, *Morrison Hotel* (1970) e *L. A. Woman* (1971). Mas tudo seria diferente a partir de então, em especial a relação com os fãs.

O cantor partiu rumo a Paris, onde tentou encontrar a paz e, assim, escapar dos efeitos do julgamento, que começou nos Estados Unidos em 17 de agosto de 1970. Morreu no dia 3 de julho de 1971, dentro de uma banheira, enquanto recorria da sentença imposta pela justiça da Flórida, que o condenara a oito meses de trabalhos forçados. Mais de quarenta anos depois, foi perdoado de todas as acusações pelo Conselho de Clemência da Flórida. Como se Jim Morrison precisasse de algum perdão.

FESTIVAL DE WOODSTOCK
BETHEL/NOVA YORK
(15-16-17-18/08/1969)

13

AGOSTO DE 1969. JIMI HENDRIX. SANTANA. JOE COCKER. CREEDENCE CLEARWATER REVIVAL. JANIS JOPLIN. THE WHO. JOAN BAEZ. THE BAND. GREATEFUL DEAD. JEFFERSON AIRPLANE... TAMBÉM TEVE TEMPESTADE, LAMA, DROGAS... E MAIS DE MEIO MILHÃO DE PESSOAS... ISSO FOI WOODSTOCK, O FESTIVAL MAIS FAMOSO DA HISTÓRIA DA MÚSICA.

Se fizessem uma pesquisa do tipo "Qual é a primeira palavra que lhe vem à cabeça quando o assunto é rock?", caso a palavra "Beatles" não fosse a primeira, certamente seria "Woodstock". Isso porque Woodstock foi muito mais do que um simples festival de música: ele foi o canto do cisne da década de 1960, com todos os seus prós e contras. A contracultura ditava as regras, e os extremos marcaram os anos 1960. E todos esses extremos foram personificados em Woodstock, uma resposta à América agonizante por conta de questões dos direitos humanos, dos direitos das mulheres e da Guerra do Vietnã. As queixas eram muitas. Jovens bebiam, se drogavam, morriam na guerra aos dezoito anos, mas não podiam votar enquanto não atingissem os 21.

Para "sanar" tudo isso, três dias de festival com o melhor da música pop, regados a ácido e amor, poderiam ser o suficiente. "A tocha foi passada para uma nova geração", disse John Kennedy, oito anos antes. Uma geração que cresceu presenciando assassinatos, como o do próprio Kennedy, em 1963, e o de Martin Luther King Jr., em 1968, uma geração que também testemunhou os experimentos com drogas de Timothy Leary ("o homem mais perigoso da América", segundo Richard Nixon), e também a violência policial contra estudantes, na Convenção Democrática de Chicago em 1968. Tudo isso e mais um pouco devidamente equacionado no éthos "paz e amor" da contracultura.

Tendo Michael Lang como um de seus idealizadores, o festival foi tão repleto de casos que talvez nem uma enciclopédia consiga dar conta. Ninguém sabe dizer com muita precisão o que realmente aconteceu naqueles três (que se transformaram em quatro) dias. A começar pelo público presente. Foram vendidos pouco mais de 180 mil ingressos, ao preço de seis dólares para cada dia. Em dado momento, entretanto, por falta de estrutura, não havia mais controle de entrada, e o evento tornou-se gratuito. Hoje, as estatísticas dão conta de que cerca de quatrocentas mil pessoas estiveram no anfiteatro natural formado pelo pasto em Bethel. Como não havia condições de a fazenda comportar a grande quantidade de público, o caos tomou conta do lugar. Não havia nem banheiros (apenas seiscentos banheiros químicos) nem comida suficientes. Ainda por cima, após a apresentação de Joe Cocker no último dia de festival, um temporal desabou, o que poderia ter acarretado a maior eletrocussão em massa da história da humanidade. Felizmente, ninguém morreu eletrocutado, e a lama foi o suficiente para fazer a festa da rapaziada. A lama e a boa música, é claro.

Apesar de o festival ser conhecido como Woodstock Music & Art Fair, o evento sequer aconteceu em Woodstock. Michael Lang, que vivia naquela região, tinha uma ideia de montar um evento cultural por lá, uma vez que a vila de Woodstock já era conhecida no meio da comunidade do rock pela sua proximidade com o Big Pink, a casa/estúdio onde a The Band gravava com Bob Dylan. Mas ficou claro que o festival não poderia acontecer na região, que carecia de um espaço grande ao ar livre para abrigar tanta gente. Os habitantes também não queriam o evento por lá de jeito nenhum, com medo de a comunidade hippie bagunçar a pacata vila. O festival acabou sendo transferido para Bethel, mas continuaria carregando o nome original, ou seja, Woodstock. O fazendeiro Max Yasgur gentilmente cedeu sua imensa fazenda, resolvendo o problema da produção.

Ao meio-dia de 15 de agosto, data do início do festival, já era impossível chegar à fazenda de Yasgur. O anúncio de que a entrada seria gratuita fez com que todo mundo se aventurasse em Bethel. O festival nem tinha começado e o jornalista Walter Cronkite, o então "homem de maior credibilidade da América", disse na TV que a região de Bethel havia sido declarada área de calamidade pública pelas autoridades. O festival, previsto para começar às quatro da tarde, teve início com uma hora de atraso, e a primeira atração foi Richie Havens. Não que estivesse programado dessa forma, mas ele era o único artista disponível no *backstage*. A apresentação de Havens estava prevista para durar vinte minutos, mas acabou excedendo três horas. O motivo? Não existia nenhuma banda nos bastidores para suceder o cantor.

Para passar o tempo, o guru Swami Satchidananda, uma figura espiritual da Índia que morava em Nova York desde 1966, subiu ao palco para fazer um discurso: "Meus amados irmãos e irmãs, estou tomado de alegria ao ver toda a juventude da

América reunida aqui em nome da grande arte da música. De fato, através da música, podemos realizar maravilhas. A música é um som celestial, o som que controla todo o universo... E o futuro do mundo inteiro está em suas mãos. Vocês podem construir ou destruir. Mas vocês estão aqui para criar o mundo, não para acabar com ele. Existe uma força humana dinâmica aqui. Os corações estão se encontrando". Aplausos educados. Depois disso, o onipresente Ravi Shankar deu continuidade aos trabalhos, momento em que o clima começou a esfriar em Bethel. A chuva apagou as centenas de incensos no palco e fez de Ravi a sua primeira vítima em Woodstock. A apresentação foi interrompida aos 35 minutos.

A primeira noite de Woodstock foi essencialmente acústica. Para fechá-la com chave de ouro, Joan Baez, grávida de seis meses, entrou no palco logo após a meia-noite. Àquela altura, muita gente já dormia na lama. A chuva fina que caía, misturada com uma iluminação econômica, criou um belo efeito. A voz de Baez se sobressaía no meio daquela multidão — como definiu a cantora, uma "canção de ninar para que todos atravessassem a noite". Ela cantou Bob Dylan, Phil Ochs e terminou o seu *set* com "We Shall Overcome", o hino do movimento pelos direitos civis na América. Em cima do palco, ainda teve tempo de denunciar a prisão abusiva de seu marido (por ter se recusado a entrar para as Forças Armadas) e detonar a Guerra do Vietnã.

A apresentação de Joan Baez terminou em paz; contudo, o sábado amanheceu com más notícias: um espectador que dormia em um saco de dormir tinha sido esmagado por um trator. Country Joe McDonald foi a primeira atração do segundo dia, e o seu show transcorria normalmente até ele iniciar o seu "grito de guerra": "Me deem um F! Me deem um U! Me deem um C! Me deem um K!". Nesse momento, teve início o maior berro de "FUCK" de que se tem notícia. (E não pense que em 1969 essa palavra era gritada com tanta naturalidade. Provavelmente apenas Jack Kerouac tinha coragem de escrevê-la em seus livros. Anos depois, foi realizado um simpósio, no qual diversos artistas que tinham tocado no evento comentavam suas experiências. Quando McDonald pediu a palavra, ele disse apenas uma frase: "Me deem um F!". Foi o suficiente.)

Outra atração importante do sábado em Woodstock foi Santana, banda indicada pelo produtor/empresário da música Bill Graham. Apesar de ainda não ter nem lançado o seu LP de estreia, Carlos Santana realizou um dos shows mais alucinantes do festival, e que catapultou a sua carreira ao estrelato. Nenhuma surpresa, o guitarrista já tinha aprendido tudo nos bares e bordéis de Tijuana, antes de se mudar para São Francisco em 1966. A sua potente mistura de rock, música latina e africana deu liga e mais do que compensou o seu cachê de apenas mil dólares, o menor do festival. Durante a apresentação, o guitarrista parecia estar em transe.

Estava mesmo. A produção avisou a ele que seu show começaria por volta das duas da manhã. Então, Santana ingeriu um pouco de mescalina para aguardar o dia inteiro numa boa. Ele só não esperava que, às duas da tarde, o mandariam entrar no palco. Resultado: ele fez o show completamente chapado. Show esse que até hoje é considerado um dos melhores do evento. Ele tocava e tremia os lábios como se estivesse possuído pelo demônio. Talvez estivesse mesmo.

A banda Canned Heat, com suas músicas sobre amizade e camaradagem, foi outra atração de peso do segundo dia do evento. No decorrer do show, um fã subiu ao palco para dar um cigarro e um abraço no vocalista Bob "Bear" Hite. Logo depois do Mountain, o Grateful Dead subiu ao palco para um show sonolento. A chuva provocou curtos-circuitos no palco, os músicos levaram vários choques (o guitarrista Bob Weir chegou a ser arremessado por alguns metros por conta de uma descarga elétrica), e o público já dava os primeiros sinais de cansaço. Até um boato de que o palco ia desabar rolou durante o show, devido ao peso do equipamento da banda. Talvez tenha sido por isso que Jerry Garcia disse que "Woodstock foi uma onda errada para nós, foi terrível tocar lá". O Creedence Clearwater Revival, a primeira banda a assinar com a produção do festival, iniciou o seu show por volta de uma da manhã. Antes, o líder John Fogerty chegou a dizer que "não ia tocar naquele pasto". Mas, apesar do som ruim, a banda despejou um sucesso atrás do outro, como "Born On the Bayou", "Green River", "Proud Mary" e "Susie Q". Verdadeira máquina de hits, o Creedence era a banda de maior sucesso comercial do evento.

A noite teve continuidade com Janis Joplin, que, ao contrário do festival de Monterey, não estava nos seus melhores dias. A sua voz falhou e a banda que então a acompanhava, a Kozmic Blues Band, não estava muito bem entrosada. Mesmo assim, a sua participação rendeu grandes momentos, em especial, a interpretação visceral de "Work Me, Lord". E quando todos achavam que ninguém teria mais forças para se levantar, eis que surgiu no palco, às quatro da manhã, Sly & the Family Stone. Sly estava afogado nas drogas, e a produção achava que ele nem ia mais se apresentar. Após um atraso de quase uma hora, um produtor se dirigiu até o trailer do músico e disse: "Você vai para a porra do palco agora mesmo ou vou te jogar na multidão para que eles te comam feito um cardume de piranhas". A ameaça fez efeito, e talvez o seu show tenha causado a maior comoção da plateia em todo o festival. Quando Sly cantou "I Wanna Take You Higher", a plateia respondeu como se estivesse em um culto religioso.

Às cinco e meia da manhã, o The Who pisou no palco, para mais outro grande show do festival. No meio da apresentação, o ativista político Abbie Hoffman, cheio de LSD na cabeça, invadiu o palco e agarrou o microfone para protestar pelo fato de John Sinclair (empresário do MC5 e líder do Partido dos Panteras Brancas) ter sido condenado a dez anos de cadeia por porte de drogas. Pete Townshend, que estava irritado pelo fato de a limusine da banda ter atolado no lamaçal de Woodstock, deu uma guitarrada na cabeça de Hoffman, que saiu correndo do palco. "O próximo cara que atravessar esse palco vai morrer!", esbravejou. De resto (e que resto!), foram quase duas horas e meia de barulho. A banda tocou a recém-lançada ópera-rock *Tommy* quase na íntegra, além de mais uma meia dúzia de clássicos, incluindo "My Generation". A última atração da "noite" subiu ao palco às oito e meia da manhã de domingo — o show estava originalmente previsto para as nove da noite. Antes do Jefferson Airplane tocar qualquer nota, a vocalista Grace Slick, para tentar ganhar o público, falou: "Vocês ouviram os grupos pesados. Agora, sejam bem-vindos a uma manhã de música maníaca matinal". A banda era responsável por pelo menos dois hinos daquele verão: "Somebody To Love" e "White Rabbit", suficientes para manter o público acordado.

Um temporal estava previsto para o domingo, mas, antes, um verdadeiro trovão explodiu. E não foi no céu. Ele estava bem lá no palco, materializado na voz rouca de Joe Cocker, à frente da sua Grease Band. Cabelos desgrenhados, camisa psicodélica *tie-dye* e sapatos vermelhos e azuis com estrelas brilhantes de cinco pontas, os calçados mais famosos de Woodstock... Com o seu "balé de dedos", o cantor fez uma interpretação visceral de "With a Little Help From My Friends", dos Beatles. Como disse Dale Bell, um dos produtores do documentário *Woodstock*, "Joe Cocker deve ter tido uns quatro infartos quando cantou 'With a Little Help From My Friends'". Deve ter tido mesmo. Mais de quatro, talvez.

Porém, logo que Cocker terminou de cantar a música dos Beatles, nuvens negras surgiram anunciando um temporal. Seriam os deuses querendo dizer "Depois disso, não é necessário mais nada"? Trovões estouravam no céu como fogos de artifício, e os ventos chegavam a 60 km/h. Nesse intervalo, Max Yasgur fez o discurso mais emocionado do evento: "Eu sou um fazendeiro. Eu não sei falar nem para vinte pessoas ao mesmo tempo, ainda mais para uma multidão desse tamanho. Meio milhão de jovens podem ficar juntos e ter três dias de diversão e música e não haver nada além de diversão e música. E Deus os abençoe por isso". O fazendeiro fez tanto sucesso que, depois do festival, era comum ver um adesivo com os dizeres "Max Yasgur para presidente" colado nos vidros dos automóveis. Quando a chuva deu uma trégua, aviões despejaram flores e roupas secas do céu. Pessoas mergulhavam na lama aos berros de *"Fuck the rain! Fuck the rain!"*.

Três horas após o encerramento abrupto da apresentação de Joe Cocker, Country Joe and The Fish e a banda Ten Years After deram continuidade ao festival e abriram para a The Band. Muita gente esperava uma aparição surpresa de Bob Dylan durante o show do grupo, afinal de contas, eles estavam gravando juntos. Não aconteceu, mas a The Band tocou muitas músicas do ótimo álbum *Music from Big Pink* (1968). Johnny Winter entrou no palco por volta da meia-noite e depois foi a vez do quarteto Crosby, Stills, Nash & Young. Era apenas a segunda apresentação de Neil Young com o conjunto, e o show teve início às três da manhã. No palco, David Crosby confessou que estava "se cagando de medo". Não parecia. A harmonização das vozes foi fantástica e o repertório apresentado, idem. Stephen Stills começou o show elogiando a plateia: "Só queria dizer que vocês são os caras mais fortes que já vi na vida… Três dias, cara! Três dias! A gente ama vocês, a gente ama vocês!". O quarteto ainda executou "Long Time Gone", que acabou se transformando na música de abertura do filme *Woodstock*, dirigido por Michael Wadleigh. No fim das contas, uma hora de show que valeu por uma eternidade. Pena que Neil Young tenha odiado a apresentação.

Devido ao atraso na programação, Jimi Hendrix só conseguiu começar seu show às nove horas da manhã de segunda-feira. Apenas 35 mil pessoas puderam testemunhar a arrasadora apresentação que teve quase duas horas de duração, um dos maiores *sets* de toda a carreira do guitarrista. Hendrix, que vestia jeans, jaqueta branca de couro com franjas e um cachecol vermelho, tinha desfeito a sua banda Experience semanas antes, e esse seria o primeiro show em que ele estaria acompanhado pela banda Gypsy Sons & Rainbows. Hendrix tocou "Message To Love", "Spanish Castle Magic", "Foxey Lady", mas o ponto alto da apresentação foi a arrasadora interpretação para o hino dos Estados Unidos, "The Star-Spangled Banner", com a sua guitarra berrando pelos mortos da Guerra do Vietnã e a percussão emulando o barulho das bombas explodindo no campo de batalha. O hino de Hendrix era um verdadeiro "não" para a guerra, e um "sim" para a liberdade. O pequeno público que restou aguentou firme e forte. Afinal, era Jimi Hendrix, que, como disse Pete Townshend, era maior que o LSD, pois era a única coisa capaz de deixar uma pessoa sóbria de uma viagem de ácido lisérgico.

E, assim, às onze horas e dez minutos da manhã do dia 18 de agosto de 1969, Woodstock chegava ao fim. Sessenta e cinco horas de música e 23 toneladas de maconha consumidas (pelo menos é o que reza a lenda). Um festival em que cada artista representou não apenas a si mesmo, mas uma ideia, um sonho. Um festival que, sem exagero, mudou a história. E, mais uma vez, sem exagero, não só a história da música.

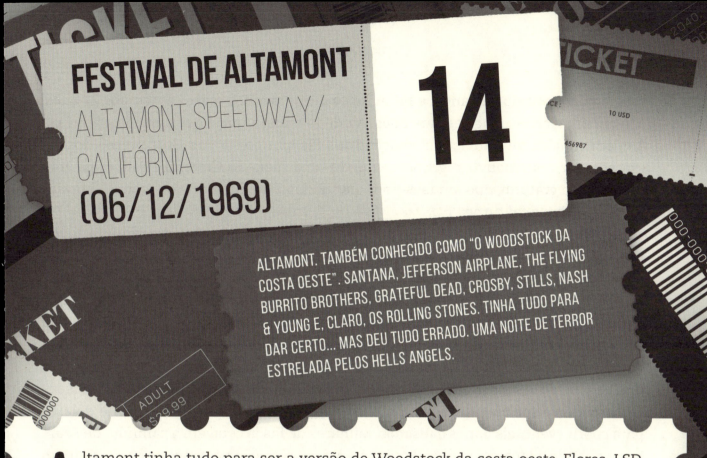

FESTIVAL DE ALTAMONT
ALTAMONT SPEEDWAY/ CALIFÓRNIA
(06/12/1969)

14

ALTAMONT. TAMBÉM CONHECIDO COMO "O WOODSTOCK DA COSTA OESTE". SANTANA, JEFFERSON AIRPLANE, THE FLYING BURRITO BROTHERS, GRATEFUL DEAD, CROSBY, STILLS, NASH & YOUNG E, CLARO, OS ROLLING STONES. TINHA TUDO PARA DAR CERTO... MAS DEU TUDO ERRADO. UMA NOITE DE TERROR ESTRELADA PELOS HELLS ANGELS.

Altamont tinha tudo para ser a versão de Woodstock da costa oeste. Flores, LSD, "paz e amor", música... Infelizmente, passou bem longe disso. Altamont entrou para a história como um evento trágico, ao contrário de Woodstock. Aliás, apesar de ter sido um festival, Altamont é comumente lembrado como uma apresentação fatídica dos Rolling Stones. O Altamont Free Concert ainda contou com Santana, Jefferson Airplane, The Flying Burrito Brothers e o quarteto Crosby, Stills, Nash & Young.

Os Rolling Stones foram (ou deveriam ter sido) a atração principal de Altamont, mas protagonizaram certamente o episódio mais triste e infeliz da história do rock and roll. E a história do evento começou cinco meses após um concerto dos Stones no Hyde Park, em Londres, para cerca de 250 mil pessoas. A banda desejava repetir o mesmo feito do outro lado do Atlântico. Trezentas mil pessoas eram esperadas para o evento, que também serviria para encerrar a turnê norte-americana da banda. Tinha tudo para ser uma grande festa, mas o que se viu foi um dos shows mais violentos de que se tem notícia, com direito a um assassinato. E não só o assassinato de Meredith Hunter, um jovem negro morto a facadas pelos membros dos Hells Angels — a gangue de motoqueiros convocada para fazer a segurança do show —, mas o assassinato do sonho da geração hippie, do "paz e amor".

À época, os Rolling Stones conservavam uma reputação de *bad boys* — alguns de seus músicos já tinham sido presos sob acusação de porte de drogas, havia boatos de magia negra no seio da banda, e Brian Jones morrera cinco meses antes, aos 27 anos, sob circunstâncias pouco esclarecidas. Além do mais, a turnê que a banda encerrava à época foi alvo de muitas reclamações dos fãs, por conta dos altos preços dos ingressos. Por esse motivo, o grupo, seguindo uma ideia do Grateful Dead, organizou esse evento gratuito, que ainda seria o grande final do filme que os Stones estavam rodando sobre a tal turnê.

No entanto, parecia que os astros não estavam mesmo conspirando a favor. As negociações para a escolha do local não foram nada fáceis. De início, o evento aconteceria no Golden Gate Park, no coração de São Francisco, um imenso parque que já tinha o costume de abrigar grandes shows de música pop. O problema era que a prefeitura da cidade estava receosa por conta do uso abusivo de drogas que havia acontecido em outros shows no local. A apresentação, então, foi transferida para o autódromo de Sears Point. Acontece que o tal autódromo era uma propriedade particular, e os donos exigiram uma taxa de um milhão de dólares para que a apresentação pudesse ser filmada, bem como uma garantia de mais um milhão de dólares para cobrir eventuais danos causados. Milhares de fãs já estavam a caminho de Sears Point quando o local foi vetado. Rapidamente, a produção do concerto conseguiu um outro autódromo para a apresentação, o de Altamont, uma pista de Stock Car perto de Livermore, cidade localizada a oitenta quilômetros de São Francisco.

O proprietário de Altamont, Dick Carter, ofereceu o local sem custos, desde que o show fosse gratuito, com um pagamento de cinco mil dólares para limpeza, bem como uma apólice de um milhão de dólares de seguro contra danos. Assim, os organizadores transferiram o palco, que já estava montado em Sears Point, para Altamont, enquanto a imprensa anunciava a mudança do local da apresentação. Até Michael Lang, um dos produtores do festival de Woodstock, foi chamado para ajudar na complicada logística. Faltando dois dias para o evento, já havia filas até no aeroporto de Nova York. Uma verdadeira migração em massa era esperada para presenciar o festival.

Só que Altamont era completamente diferente do local previamente escolhido. Sears Point era íngreme, rodeado por colinas, praticamente um anfiteatro natural. Já Altamont era plano, mal frequentado e decadente. Para Sears Point, um palco de um metro de altura era suficiente, por conta da encosta íngreme que o circundava. Para Altamont, porém, um metro de altura não seria suficiente, e, com a premência do tempo, não havia condições de construir um novo palco. Além disso, Mick Jagger também estava preocupado em relação à segurança do evento. Ele sabia que não poderia contar com o poder público, já que o rock era malvisto pelas autoridades. Os Stones, mais ainda. Jerry Garcia, do Grateful Dead, usava membros dos Hells Angels, uma gangue de motociclistas, para patrulhar os shows de sua banda. Como nem a polícia era capaz de lidar com os Hells Angels, Jagger achou prudente chamá-los para fazer a segurança do evento. Além da gangue ser um meio de intimidação à violência, não haveria gastos. Reza a lenda que os "anjos do inferno" cobraram apenas quinhentos dólares em cerveja. Mais tarde, Jagger se arrependeria amargamente dessa decisão.

Na véspera do show, dia 5 de dezembro, já havia cerca de cem mil pessoas perto do palco. Não parava de chegar gente, a maioria munida de barracas de acampamento e caixas de cerveja e de vinho. Philip Norman, na biografia *Mick Jagger*, escreveu: "Os campos enlameados de Woodstock teriam parecido agradáveis em contraste com aqueles terrenos planos e sombrios, sem árvores, mal aquecidos pelo pálido sol do norte da Califórnia no inverno". Além de tudo, não havia serviços de alimentação no local, nem banheiros e tampouco postos médicos suficientes. Ian Stewart, pianista de apoio dos Stones, disse: "Parecia mais um acampamento de férias para drogados do que um evento de rock organizado".

Emissoras de rádio anunciavam que era impossível chegar ao local, mas os fãs pouco se importavam, largando seus carros no meio da estrada e fazendo uma travessia de cerca de dez quilômetros a pé. Habitantes da região tomavam conta de suas terras portando espingardas. Até o último momento, a associação de moradores tinha esperanças de que o show fosse suspenso por meio de uma medida cautelar ajuizada no tribunal. Em vão. Os próprios integrantes dos Rolling Stones foram, pessoalmente, vistoriar o autódromo na madrugada anterior ao show. Tudo estava tão escuro que a missão foi infrutífera. Jagger limitou-se a andar pelo público, como um general passando revista pelas tropas antes da batalha. Pelo menos naquele momento, parecia estar tudo na mais completa ordem.

No dia seguinte, tudo mudou quando os Hells Angels chegaram. Eram cerca de cinquenta homens barbudos com cara de mau, muitos deles acompanhados por mulheres igualmente intimidadoras. Todos dirigiam suas motocicletas com o figurino clássico da gangue: jaqueta de couro preta com uma insígnia em forma de ferradura. A entrada deles foi surreal. Para demonstrar poder, aceleraram suas possantes motocicletas no meio da plateia, machucando diversos fãs, até estacionarem os veículos na frente do palco, como se dissessem que eram eles que mandavam naquilo tudo. Se alguém impedisse a passagem da moto, os Hells Angels desciam e balançavam seus tacos de madeira com ponta de chumbo para abrir caminho. Atrás das motos, seguia um ônibus escolar carregado de bebidas, drogas e, segundo dizem, até mesmo armas e munição. Dias antes do evento, astrólogos avisaram que, na noite do show, Mercúrio, Vênus e o Sol estariam todos em Sagitário, e que a Lua estaria em Escorpião — todos sinais inconfundíveis do caos iminente. Certamente os astrólogos tinham razão.

Os membros dos Rolling Stones chegaram pouco depois, quando o clima de animosidade já estava estabelecido. No trajeto entre o helicóptero e o trailer que serviria de camarim para a banda, um sujeito berrou para o vocalista: "Eu te odeio, desgraçado". Jagger ainda levou um tapa no rosto. Talvez fosse mais prudente cancelar o festival, mas a reação da plateia poderia ser ainda pior. A solução seria começar aquilo tudo, de forma que terminasse o mais rápido possível. Sam Cuttler, que organizava a turnê dos Stones, deu início aos trabalhos: "Os organizadores, que são uns vinte sujeitos, gostariam de agradecer às centenas de pessoas que vieram ontem e trabalharam a noite toda. Obrigado a quem ajudou. Gostaria de dizer a todos que pode ser que essa seja a melhor festa de 1969... Que ela comece... Vamos nos divertir". Em seguida, anunciou para as cerca de 350 mil pessoas presentes: "Santana, a primeira banda na maior festa de 1969".

E aí a violência explodiu. Hippies cheios de LSD na mente e jovens caipiras bêbados da região começaram a brigar. Quando Carlos Santana iniciou "Soul Sacrifice", os Hells Angels formaram uma barreira na frente do palco, de forma que a visão do público ficasse bloqueada. A multidão começou a empurrar os motoqueiros, que partiram para a violência. O show teve que ser interrompido. A impressão que dava era a de que os Hells Angels eram os verdadeiros donos da festa, descendo e subindo do palco a seu bel-prazer, tirando até mesmo o microfone dos apresentadores para dar recados ou gritar palavrões, e arremessando latas de cerveja no palco. Após a confusão, o guitarrista retornou para encerrar o show.

Sam Cuttler subiu ao palco para apresentar o Jefferson Airplane e dar um recado: "Há várias pessoas no palco e em volta dele que não deveriam estar aqui. Por isso, os músicos estão tocando com aproximadamente duzentas pessoas na cola deles. Peço que saiam do palco para que possamos voltar a tocar". E o Jefferson Airplane começou o seu show tentando esfriar os ânimos com a música "We Can Be Together". Mas parecia que ninguém queria mesmo estar junto. Enquanto a banda executava "Somebody To Love" ("alguém para amar"), ironicamente, o vocalista Marty Balin teve que pular na plateia para separar uma briga entre um membro dos Hells Angels e um jovem negro ensanguentado. O músico levou um golpe tão violento no rosto que desmaiou. Quando o guitarrista Paul Kantner disse "Gostaria de mencionar que os Hells Angels quebraram a cara do Marty Balin e o tiraram do ar, muito obrigado", um integrante da gangue pegou o microfone e ameaçou surrá-lo caso ele não calasse a boca. A vocalista Grace Slick tentou acalmar os ânimos: "As pessoas ficam valentes, então é preciso ter gente como os Angels para tomar conta. Mas não se bate na cabeça das pessoas por nada. Ambos os lados estão metendo os pés pelas mãos". Um outro membro da gangue a mandou para aquele lugar.

O negócio já estava cheirando mal. A vocalista, escondida atrás da bateria, pediu calma dezenas de vezes. Brigas tomavam conta da plateia. No palco, mais de vinte Hells Angels dividiam o espaço com os músicos do Jefferson Airplane. Conforme escreveu Keith Richards em sua autobiografia, *Vida*, "não havia segurança nenhuma, a não ser pelos Hells Angels, se é que se pode chamar aquilo de segurança. Mas era em 1969 e havia uma anarquia desenfreada. Havia poucos policiais. Acho que vi três policiais para meio milhão de pessoas".

A banda The Flying Burrito Brothers, liderada pelo genial Gram Parsons, deu continuidade aos trabalhos, ou melhor, ao caos, antes de o quarteto Crosby, Stills, Nash & Young entrar. Nem eles, com o seu delicado folk rock, conseguiram acalmar Altamont. David Crosby, Stephen Stills, Graham Nash e Neil Young executaram o *setlist* engatados na quinta marcha para sair de lá o mais rápido possível. O Grateful Dead, idealizador do evento, viria em seguida. Mas, sentindo que o mar não estava para peixe, os seus músicos desceram do helicóptero só para ter certeza de que não ficariam nem três minutos naquele lugar infernal. Foram embora antes de tocar uma nota sequer. Como recordação, compuseram a música "New Speedway Boogie", presente no álbum *Workingman's Dead*, lançado seis meses depois, e que relembra o episódio.

Ao mesmo tempo que o Grateful Dead desistia da apresentação, Mick Jagger e companhia estavam no camarim fumando maconha e bebendo champanhe. Os Hells Angels pressionavam para que a banda entrasse logo no palco, mas os Stones acharam melhor esperar cerca de uma hora e meia. Àquela altura, os seguranças que o grupo tinha trazido de Nova York já haviam se mandado, e o baixista Bill Wyman ainda nem tinha chegado. Na hora que a banda julgou apropriada, Sam Cutler anunciou que os Rolling Stones iniciariam o show quando o palco estivesse vazio. A apresentação teve início com "Jumpin' Jack Flash" e, já nos primeiros acordes, o palco estava novamente tomado de Hells Angels. Jagger estava vestido com um figurino desenhado pelo modista londrino Ossie Clark — uma capa cor-de-rosa, blusa de arlequim preta e rosa, calça de veludo amarelo e botas vermelhas de camurça. A luz vermelha misturada com a fumaça de fogueiras acesas pelo público deixava o autódromo de Stock Car parecendo o inferno. E talvez fosse o inferno mesmo. Ainda durante a execução de "Jumpin' Jack Flash", um sujeito tentou invadir o palco e levou um chute na mandíbula de um dos Hells Angels.

Os Rolling Stones emendaram com "Carol", canção de Chuck Berry, momento em que Jagger percebeu que, de fato, o clima estava ruim. "Calma aí na frente. Fiquem quietos, fiquem juntos. Não empurrem", ele implorava, antes de emendar "Sympathy for the Devil", momento em que uma mulher pelada foi espancada por seis motoqueiros na plateia. As intervenções dos Hells Angels para controlar pequenos tumultos eram sempre muito violentas e raivosas, como se quisessem usar uma metralhadora para matar uma formiga. Sentindo que ninguém o escutava, o cantor pediu que Richards parasse de tocar, e emendou um discurso no melhor estilo hippie: "Ei, pessoal, irmãos e irmãs, vamos lá… Fiquem calmos… Fiquem calmos… Como está tudo aí? Tudo bem? Eles podem voltar para a frente? Alguém se machucou? Acho que está tudo bem… Podemos tocar…" Ingenuamente, Jagger ainda disse que sempre acontecia algo muito engraçado quando a banda tocava "Sympathy for the Devil". A banda retomou a música até o final. Até mesmo um cão atravessou o palco, acredite. Mas os ânimos não esfriavam. Keith Richards apontou para alguém na plateia e disse: "Ou aquele cara se acalma ou não tocamos". Jagger voltou a implorar: "São Francisco, esta poderia ser a noite mais linda de todas. Não fodam com tudo… Tudo o que posso fazer é pedir para vocês, implorar para vocês, vamos ficar numa boa juntos… Vocês podem fazer isso…"

A próxima música do *setlist* foi "Under My Thumb". Durante a performance, um clarão se abriu no meio da multidão. Uma testemunha disse que um integrante dos Hells Angels, chamado Alan Passaro, estava provocando-o. Como ele não deu bola, Passaro foi provocar um jovem negro de dezoito anos de idade, vestindo um terno verde, que estava acompanhando a namorada, uma mulher loura. O motoqueiro implicou com o rapaz, que puxou uma arma. A testemunha descreveu a cena: "O rapaz puxou uma arma, e quando ele fez isso, a próxima coisa que vi foi ele voando no ar em direção ao chão. Ele mexia os pés, recuando e tentando fugir dos Angels. A namorada dele estava gritando para que ele não atirasse. Depois, um Angel pulou da direita, do meio da multidão, saltou e enfiou uma faca nas costas dele". Na verdade, foram duas facadas, uma no tórax e outra nas costas. O jovem, que se chamava Meredith Hunter, ainda teve a cabeça esmagada por um latão de lixo arremessado por outros membros da gangue. Segundo a mesma testemunha, enquanto agonizava, Hunter teria dito que não ia atirar em ninguém.

No palco, os Stones não tinham noção da gravidade da situação. Em sua autobiografia, Richards explicou o que estava acontecendo: "Quando escureceu e entramos no palco, a atmosfera ficou lúgubre e sombria. A multidão era muito grande e só conseguíamos enxergar o que ficava próximo do nosso círculo imediato, pois as luzes estavam batendo nos nossos olhos. Estávamos praticamente meio cegos e não era possível ver e discernir tudo o que se passava. Só podíamos cruzar os dedos". Após "Under My Thumb", Mick Jagger, sem saber da tragédia ocorrida, deu um recado para os Hells Angels: "Se vocês não conseguem, vamos embora... Vamos embora se vocês continuarem batendo em todo mundo. Eu os quero fora daqui". Quando ficou sabendo do acontecido com Hunter, o vocalista chamou um médico para atender o rapaz.

O show continuou. Pela primeira vez, a banda tocou "Brown Sugar" na frente de uma plateia. Seguiram-se "Midnight Rambler", "Live With Me" e "Gimme Shelter". A letra dessa última não poderia descrever melhor aquele momento: "Uma tempestade está ameaçando/ Minha própria vida hoje/ Se eu não arrumar algum abrigo/ Eu vou me desfazer". Nesse momento, uma mulher nua tentou subir no palco e levou um chute no rosto. O show seguiu com "Little Queenie", "Satisfaction" e "Honky Tonk Women". Nessa última, a situação parecia mais calma, tanto que Jagger bebeu algumas doses de uísque Jack Daniels em cima do palco e ainda disse: "Bem, tivemos algumas interrupções, mas, de forma geral, quero dizer que vocês foram incríveis". Enquanto o show era encerrado com "Street Fighting Man", Meredith Hunter recebia atendimento médico. Ele ainda foi carregado até o heliponto localizado atrás do palco para ser levado ao pronto-socorro mais próximo. Só que ele já estava morto. Ao mesmo tempo, os integrantes dos Rolling Stones se amontoavam dentro de outro helicóptero. Parecia mais uma cena de fugitivos de guerra. "Nós nos enfiamos todos em um helicóptero superlotado. Graças a Deus, saímos de lá, porque foi apavorante. Mesmo estando acostumados a fugas que davam medo", comentou Keith Richards.

O episódio da morte de Meredith Hunter é controverso até hoje. Segundo os Hells Angels, eles fizeram o melhor em uma situação difícil. Além do mais, eles se justificam dizendo que não tinham poder de polícia; estavam apenas fazendo uma segurança informal. Segundo Sonny Barger, integrante da gangue, Jagger teria falado apenas para eles se sentarem na beira do palco, beber cerveja e não deixar ninguém subir. Por sua vez, testemunhas dizem que Hunter fora esfaqueado covardemente, pelo fato de ser negro e namorar uma mulher loura. Na segunda-feira após o show, o jornal *San Francisco Chronicle* dizia que Altamont era um "sucesso brilhante", apenas prejudicado pela morte de Hunter e de mais três pessoas (dois atropelados por um carro enquanto dormiam dentro de um saco de dormir e um outro afogado em uma vala de irrigação). Foi somente na semana seguinte que a história foi verdadeiramente contada.

Quem estava no festival foi a programas de rádio para contar o que viu, principalmente com relação à estupidez dos Hells Angels. Os Rolling Stones começaram a levar toda a culpa pelo ocorrido. Ralph J. Gleason, do *Chronicle*, escreveu: "Altamont simbolizou o fim da inocência do rock, um aviso de que a grande quantidade de energia contida na música e seu público imenso em todo o mundo continham elementos de perigo". Já Pauline Kael, da *New Yorker*, reportou: "O estilo de se apresentar de Jagger é uma forma de agressão. Não só contra o mundo 'careta', mas contra seu próprio público jovem, e isso os atrai, porque prova que ele não se vendeu nem se amansou. Mas quando toda essa agressão é liberada, quem pode lidar com ela?". Até mesmo David Crosby, do Crosby, Stills, Nash & Young, criticou a postura dos Stones: "O grande erro foi pegar o que era essencialmente uma festa e transformá-la em um jogo de ego. Eu acho que os Stones têm uma visão exagerada de sua própria importância, especialmente os dois líderes". A revista *Rolling Stone*, por sua vez, descreveu Altamont como "o produto do egoísmo diabólico, propaganda enganosa, inépcia, dinheiro, manipulação e, na base de tudo, uma fundamental falta de preocupação com a humanidade". A revista ainda criticou o fato de a banda não ter mandado nenhum tipo de condolência à família de Meredith Hunter. A *Rolling Stone* publicou: "Um homem morreu diante dos olhos deles. Será que eles dão a mínima? Sim ou não?". O promotor de shows Bill Graham também entrou na polêmica: "Eu lhe pergunto que direito o senhor tinha, senhor Jagger, (...) de ir até o fim com esse festival gratuito. O senhor não pode me dizer que não sabia no que aquilo iria dar. Mas sabe qual é a maior tragédia a meu ver? Aquele puto é um grande artista". Em sua autobiografia, Keith Richards escreveu: "Em Altamont, surgiu o lado sombrio da natureza humana, o que pode acontecer no centro da escuridão, uma descida durante algumas horas ao patamar do homem das cavernas, culpa de Sonny Barger e sua turma, os Angels. E vinho tinto ruim. Para mim, foi o fim do sonho".

Um dia antes de Altamont, chegou às lojas o novo álbum dos Rolling Stones: *Let It Bleed*. "Deixe sangrar". Naquele momento, o título não poderia fazer mais sentido.

THE WHO
UNIVERSITY OF LEEDS/ LEEDS
(14/02/1970)

15

EM 1969, O THE WHO LANÇOU TOMMY. MUITOS CRÍTICOS FALARAM QUE A ÓPERA-ROCK ERA "CEREBRAL" DEMAIS. PARA MOSTRAR QUE ELES ESTAVAM ERRADOS, A BANDA GRAVOU UM SHOW COMPROVANDO QUE O SEU SOM CONTINUAVA CRU E PODEROSO. HOJE EM DIA, PODEMOS DIVIDIR OS ÁLBUNS AO VIVO EM "ANTES DE LIVE AT LEEDS" E "DEPOIS DE LIVE AT LEEDS".

O The Who jamais teve um single no posto máximo das paradas britânicas ou norte-americanas. Por outro lado, provando que tal fato pouco significa, foi — e ainda é — a banda britânica de rock mais importante ao lado dos Rolling Stones (não consideremos os Beatles nessa disputa). Contando com a melhor cozinha da história do rock (o baixista John Entwistle e o baterista Keith Moon), um dos melhores compositores de todos os tempos (o guitarrista Pete Townshend) e um senhor cantor (Roger Daltrey), o The Who se destaca das outras bandas de sua geração por levar uma sonoridade calcada na guitarra, abrindo espaço para improvisações na bateria e no baixo. O The Who também levou a essência do álbum conceitual a outra dimensão, com as óperas-rock *Tommy* (1969) e *Quadrophenia* (1973). Além do mais, no palco, não tinha para ninguém: Entwistle tocava as suas furiosas linhas de baixo quase como uma estátua, Keith Moon destruía o seu kit de bateria, Townshend rodava o braço direito feito uma hélice para tirar o som único de sua guitarra e Daltrey destilava dramaticidade nos vocais.

O início dessa história remonta a 1964, quando o The Who ainda se chamava The High Numbers. Como não poderia deixar de ser, na época, o High Numbers era uma banda *mod*, com os integrantes embalados em terninhos bem cortados. Não deu muita liga. O grupo já era musicalmente raivoso demais para se adaptar exclusivamente ao gênero. Aliás, o estilo da banda já era único. Os novos empresários Kit Lambert e Chris Stamp enxergaram esse detalhe e liberaram os músicos para se vestirem do jeito que bem entendessem e tocarem as músicas que lhes dessem na telha. Não demorou muito tempo, e o The Who já era uma das atrações fixas do Marquee Club, em Londres, ao mesmo tempo que as grandes gravadoras disputavam ferozmente o seu passe.

Em janeiro de 1965 chegou às lojas o primeiro single, "I Can't Explain", influenciado pelo som do The Kinks. Ele foi parar no top 10 da parada britânica, e a banda foi convidada a se apresentar nos programas de televisão *Top of the Pops* e *Ready Steady Go!*. No mesmo ano, vieram os singles "Anyway, Anyhow, Anywhere" e "My Generation", esse último sobre as frustrações da juventude, e que alcançou o número dois da parada do Reino Unido. Ao mesmo tempo, o conjunto já era considerado um fenômeno nos palcos com suas apresentações incendiárias. Estava mais do que na hora de o The Who lançar o seu primeiro álbum.

Em *The Who Sings My Generation* (1965), a banda, diferentemente dos Beatles e dos Rolling Stones, que em seus primeiros álbuns apostaram em versões de músicas de terceiros, apresentou um trabalho autoral, com exceção de duas canções de James Brown. Townshend já se apresentava como um compositor promissor, mas, para o segundo disco, *A Quick One* (1966), o The Who decidiu que todos os seus integrantes deveriam contribuir com canções. Era uma tentativa de a banda soar um pouco diferente e ingressar no tão almejado mercado norte-americano. Não foi dessa vez, mas também não demoraria mais muito tempo. O trabalho seguinte, o conceitual *The Who Sell Out* (1967), dentre *jingles* e "comerciais", trazia a faixa "I Can See For Miles", um hit psicodélico com endereço certo: a parada da Billboard. O single chegou ao top 10 e, no mesmo ano, o grupo recebeu o convite para participar do festival de Monterey, na Califórnia.

O The Who já era uma banda conhecida por compor grandes canções e gravar discos interessantes — um álbum conceitual, em 1967, não era para qualquer um. Mas Townshend queria ir além. Apesar de ser citado frequentemente como o pai das óperas-rock, *Tommy* (1969) não foi a primeira. Porém, sem dúvida, popularizou o gênero. O guitarrista já buscava algo nesse estilo desde 1966, quando gravou a miniopereta "A Quick One, While He's Away", com nove minutos de duração. Em *Tommy*, porém, a experiência ia além. Através de 24 faixas interligadas, a banda contava a história de um sujeito cujo pai é considerado morto na guerra, mas o homem acaba voltando para casa e mata o amante da esposa. Tommy testemunha a cena através de um espelho, e seus pais tentam convencê-lo de que ele não viu nem ouviu nada. Traumatizado, o rapaz fica cego, surdo e mudo. Como se não bastasse, Tommy é torturado pelo primo, molestado pelo tio e ainda é apresentado ao LSD.

À medida que vai crescendo, fechado em seu mundo, ele demonstra uma grande aptidão para o *pinball*. Os pais fazem de tudo para curá-lo e, um dia, percebendo que o filho olhava muito o seu reflexo, a mãe quebra o espelho. Tommy, depois de curado, se transforma em uma espécie de Messias, praticamente um líder espiritual. Só que, pouco depois, os seus seguidores passam a rejeitá-lo. "*We're not gonna take it*" ("não vamos aceitar isso"), eles clamam. Por fim, Tommy volta para suas fantasias e se fecha em seu mundo novamente. (Uma curiosidade: a escolha do *pinball* aconteceu porque Townshend costumava brincar do jogo de fliperama com um crítico do jornal *Guardian*. Na brincadeira, o tal jornalista disse que daria cinco estrelas para o disco caso Tommy fosse um campeão de *pinball*.)

E foi exatamente durante a turnê de divulgação de *Tommy* (quando tocavam o disco praticamente na íntegra, em cerca de 75 minutos, mais alguns sucessos) que aconteceu o show em Leeds. A primeira vez que o The Who executou a ópera-rock ao vivo foi em um evento para a imprensa no clube Ronnie Scott, em Londres, no dia 1º de maio de 1969, três semanas antes de o álbum chegar às lojas. A última apresentação da turnê aconteceu em Londres, no dia 20 de dezembro de 1970. O show foi dedicado a um cantor que tocava piano na abertura, um tal de Elton John, que ainda buscava um lugar ao sol. No total, o The Who executou *Tommy* mais de 160 vezes, incluindo uma no festival de Woodstock. Apesar do sucesso da turnê e do disco (top 5 na parada britânica e na Billboard), algo andava incomodando bastante a banda. Segundo John Entwistle, o grupo tinha se perdido com um trabalho tão ambicioso. Contando com violões, harmonias orquestrais e canções em sua maioria curtas, o álbum foi tachado de "cerebral" por muita gente. Para mostrar que o The Who continuava o mesmo, Pete Townshend decidiu então gravar alguns shows para lançar um disco ao vivo, mostrando o som cru e poderoso da banda. Diversas apresentações nos Estados Unidos foram registradas, totalizando mais de oitenta horas de música. Townshend, contudo, não gostou do resultado e queimou (literalmente!) todas as fitas.

O guitarrista, ainda bem, resolveu dar mais uma chance e permitiu a gravação de dois shows, incluindo um no Dia dos Namorados, dentro do refeitório da Universidade de Leeds. Pode parecer esquisito um show no refeitório de uma universidade, mas, no início dos anos 1970, isso era algo tão comum no Reino Unido quanto uma apresentação em um teatro ou em um ginásio. O refeitório em Leeds era talvez o principal local de shows da cidade. No dia da apresentação, o equipamento de gravação móvel foi instalado na cozinha do refeitório. Fazia um calor insuportável no lado de dentro, e a plateia estava espremida que nem sardinha em lata. O show, que durou cerca de duas horas, teve início com um *set* de nove petardos da banda, começando com

"Heaven and Hell", emendada a "I Can't Explain", o primeiro single do The Who. Já "Young Man Blues", de Mose Allison, originalmente um lamento jazzístico ao piano, se transformou em uma pancadaria raivosa.

"Substitute", "I'm a Boy", "Happy Jack" (a melhor performance de bateria do show) e "A Quick One, While He's Away" encerraram a primeira parte. A banda, então, respirou por trinta segundos e emendou vinte números de *Tommy* em uma maratona de 75 minutos, da abertura instrumental até o encerramento com "Listening to You", a *coda* de "We're Not Gonna Take It". O público escutou tudo respeitosamente, sem fazer muito barulho, pelo fato de o show estar sendo gravado. Poucos meses depois da apresentação, na edição de 14 de maio da *Rolling Stone*, Pete Townshend ressaltou esse detalhe: "Eles foram incríveis, e embora você não possa ouvir muito o tipo de gritos e berros ao fundo, eles são loucos". O guitarrista foi além no seu livro de memórias: "O refeitório não era particularmente grande, e a multidão lotada tornou a atmosfera intensa e quente".

E então começou o terceiro *set*, com "Summertime Blues" (de Eddie Cochran) e "Shakin' All Over" (de Johnny Kid), executadas em alta octanagem, antes do arrebatamento final com "My Generation" (com mais de quatorze minutos de duração) e "Magic Bus". Provavelmente, os vidros do refeitório nunca tremeram tanto. "John tocava muito alto, Moonie não era dos mais calmos e Pete aumentava seu som para competir. Eles fizeram muito barulho em Leeds. Tive de ignorar o som que repercutia ao fundo e a única maneira de me ouvir era cantando por cima. Sempre sabia quando estava fazendo isso, e foi o que fiz em Leeds", relembrou o vocalista Roger Daltrey em sua autobiografia. O guitarrista já havia confirmado a impressão do colega em uma entrevista para a revista da Universidade de Leeds no dia do show: "Nosso show depende muito do atletismo, exige volume alto. Mesmo que o grupo fique mais quieto, sempre queremos vozes altas, soando enormes e emocionantes". Pois é, a banda se entendia como poucas.

À época, o guitarrista afirmou: "Acabou sendo um dos melhores e mais divertidos shows que já fizemos". E a imprensa concordou. Em 23 de fevereiro de 1970, o jornal *Yorkshire Evening Post* elogiou a apresentação. A manchete resumia tudo: "Eletrizante: duas horas mágicas de The Who". "Eles são barulhentos, muito barulhentos, mas usam o volume como um catalisador para seu efeito musical, e não como muitos grupos, que o usam para reforçar a falta de talento musical", continua a resenha antes de finalizar: "O novo LP será brilhante e dará uma resposta àqueles que ainda acreditam que a música pop é criada por eletricistas dentro de um estúdio de gravação. Para todos os que tiveram a sorte de estar presentes nesta noite memorável, será um lembrete constante de que a música pop atingiu padrões que seriam impensáveis cinco anos atrás".

Live at Leeds foi lançado no dia 23 de maio de 1970, pouco mais de três meses depois do show. Das 33 músicas executadas, apenas seis entraram no álbum — as mais barulhentas do show, nenhuma de *Tommy*. Essa era a ideia de Pete Townshend. Se *Tommy* tinha sido considerado "cerebral", agora ele mostrava que não havia banda mais brutal e barulhenta do que o The Who. O jornalista Nik Cohn escreveu no *New York Times*: "*Tommy* é a primeira obra-prima formal do rock. *Live at Leeds* é o definitivo holocausto do hard rock. É o melhor álbum ao vivo de rock já feito". É verdade, os álbuns ao vivo de rock podem ser divididos entre "antes de *Live at Leeds*" e "depois de *Live at Leeds*". Tanto que, quando a banda voltou a se apresentar no refeitório da mesma universidade, em junho de 2006, durante a turnê "Endless Wire", uma placa azul foi descerrada no local: "O refeitório da universidade é uma lendária sala de concertos. A performance do The Who, aqui, no dia 14 de fevereiro de 1970, foi gravada e lançada como *Live at Leeds*, o álbum ao vivo mais celebrado de sua geração".

A história do The Who continua até hoje. A banda lançou talvez o seu melhor álbum de estúdio (*Who's Next*) no ano seguinte a *Live at Leeds*. Em 1973, foi a vez de *Quadrophenia*, uma ópera-rock tão brilhante quanto *Tommy*. *Who Are You* (1978) é outra pancada. Infelizmente, vinte dias após o lançamento, o baterista Keith Moon morreu, vítima de overdose de medicamentos. Em 27 de junho de 2002, John Entwistle se juntou ao colega para apresentar a melhor cozinha da história do rock em outras dimensões. Bravamente, Pete Townshend e Roger Daltrey levam até hoje o nome da banda adiante, com toda a dignidade, seja lançando (bons) álbuns de inéditas, como *Who* (2019), seja se apresentando ao vivo em shows emblemáticos como o do Hyde Park em 2006 ou o Rock in Rio, onze anos depois.

Está mais do que provado que é bom envelhecer antes de morrer.

FESTIVAL ISLE OF WIGHT 1970

AFTON DOWN/ILHA DE WIGHT
(26-27-28-29-30/08/1970)

16

A EUROPA TAMBÉM TEVE DIREITO AO SEU WOODSTOCK, E ELE ACONTECEU ENTRE OS DIAS 26 E 30 DE AGOSTO DE 1970 NA ILHA DE WIGHT, NA INGLATERRA. THE DOORS, THE WHO, JIMI HENDRIX, MILES DAVIS, EMERSON, LAKE & PALMER E LEONARD COHEN FORAM ALGUNS DOS ARTISTAS QUE SE APRESENTARAM NO FESTIVAL MAIS IMPORTANTE QUE JÁ ACONTECEU NA EUROPA.

Quando falamos em grandes festivais de música na virada dos anos 1960 para os 1970, sempre vêm à mente Monterey, Woodstock e Altamont. Mas o maior de todos eles, pelo menos em tamanho de público, geralmente, fica de lado. A terceira edição do festival da Ilha de Wight, que aconteceu na costa sul da Inglaterra entre os dias 26 e 30 de agosto de 1970, reuniu nada menos do que seiscentas mil pessoas. Eram fãs que realmente estavam com muita vontade de presenciar tudo aquilo, já que só é possível chegar à ilha através de uma viagem de cerca de seis quilômetros e meio de barco.

O festival anual da Ilha de Wight era produzido pelos irmãos Raymond, Ronald e Bill Foulk. Antes da edição de 1970, já havia rolado uma em 1968 e outra em 1969. A primeira tinha sido um evento pequeno, não muito divulgado, e contara com bandas como The Crazy World of Arthur Brown, Tyrannosaurus Rex e Jefferson Airplane. Já no ano seguinte, com Bob Dylan e The Who no *line-up*, o festival da Ilha de Wight começou a ficar grande. Cerca de 150 mil pessoas compareceram, inclusive os Beatles, que não tocaram, mas marcaram presença para ver Bob Dylan, ausente do palco havia cerca de três anos. Naquela edição, o festival já teve uma semelhança muito forte com Woodstock — inclusive, muitos artistas haviam se apresentado no festival da costa leste dos Estados Unidos, como Richie Havens, Joe Cocker, The Band e o próprio The Who.

Como o festival já tinha crescido muito entre 1968 e 1969, os moradores da ilha (basicamente militares reformados e milionários com iates de estimação) ficaram de sobreaviso. Eles não estavam lá muito satisfeitos com aquela invasão anual de hippies e de *freaks*, os fãs daquela música barulhenta. A população, de cerca de cem mil habitantes à época, apelou então ao Conselho Distrital, requerendo que houvesse um controle maior naquela bagunça toda, e, quem sabe, o cancelamento do festival. Houve até mesmo um escrutínio público, e ficou decidido que o local onde tinham sido realizadas as duas últimas edições estava vetado para a terceira edição. As autoridades pressionaram os produtores contra a parede: ou o festival aconteceria na East Afton Farm ou, simplesmente, seria cancelado. Só que a tal fazenda não era vista com bons olhos pelos produtores. Cercada por montes, seria possível ver o festival sem entrar nela, ou seja, sem pagar ingresso. Mas como era isso ou nada, acabou sendo isso mesmo.

Os irmãos Foulk correram para contratar os artistas. Eles sabiam que, dessa vez, o festival seria bem maior do que as duas últimas edições. A primeira atração confirmada foi ninguém menos que Jimi Hendrix. Se o – provavelmente – maior artista vivo tocaria lá, quem se recusaria a dividir o palco com ele? O *line-up* só crescia: Free, Taste, The Who, Joan Baez, Joni Mitchell, Miles Davis, Leonard Cohen, o trio Emerson, Lake & Palmer, The Doors... Um *dream team* da música pop da virada da década de 1960 para a de 1970.

Só que, dessa vez, as coisas não seriam tão calmas como nas outras edições. Aliás, a mudança de lugar já poderia ser interpretada como um mau presságio. Se a produção estava esperando as 150 mil pessoas que haviam estado lá em 1969, se enganou redondamente. Aliás, se enganou multiplicado por quatro. Apareceram nada menos do que seiscentos mil jovens ávidos por música, dispostos a encarar a chuva e o frio para ver os seus ídolos de perto. O ingresso custava três libras para três dias de música — os dois primeiros, com artistas menos conhecidos, seriam gratuitos. Um valor que, se não era caro, ia de encontro à ideologia daqueles jovens. Segundo a mentalidade deles, como é que alguém poderia cobrar ingresso para um show de rock? Como é que aqueles produtores e artistas poderiam se atrever a lucrar com algo que era parte de suas vidas? Eis a questão entre o idealismo e o comercialismo na música. E, nos anos 1960, essa questão era algo muito sério. Os dois mundos se colidindo: o da arte e o do dinheiro. Além do mais, o festival estava acontecendo em um lugar público na Ilha de Wight, e parte da audiência achava que não tinha obrigação de pagar para entrar. A pressão para tornar o festival inteiro gratuito foi se intensificando.

Resultado: jovens que estavam acampados na *desolation row*, como era chamada a tal colina que tinha uma vista bem distante para o palco, começaram a quebrar portões e a derrubar cercas para entrar no festival. A verdade é que das seiscentas mil pessoas que apareceram por lá, apenas cinquenta mil pagaram pelo ingresso. Nem adiantou a polícia entrar em confronto com os invasores, já que não havia possibilidade de conter aquela turba atroz. Dessa maneira, a produção resolveu abrir mão do bilhete na entrada. Rikki Farr, o mestre de cerimônias, não ficou nem um pouco satisfeito: "Nós montamos esse festival com muito amor, seus filhos da mãe. Passamos um ano trabalhando para fazer isso para vocês, seus porcos... E vocês querem derrubar nossas paredes e destruir tudo? Bem, vão para o inferno!", vociferou. E, de graça ou não, o festival ia acontecer. E ia começar na quarta-feira, dia 26 de agosto de 1970. Os artistas que se apresentariam naquela data não eram tão populares, como a Judas Jump (uma banda de heavy progressivo) e David Bromberg (um compositor de bluegrass e de música folk). O nome mais conhecido do cartaz era o de Kris Kristofferson, uma lenda do country nos Estados Unidos, mas não muito conhecido na Inglaterra. Só que ninguém conseguia escutar o seu som acústico, e o artista também se aborreceu com a plateia de jovens, que deveria dar algum exemplo, mas estava derrubando as cercas, queimando suas tendas e berrando palavrões. "Não tinha nada de paz e amor", ele disse. Ao final de sua apresentação, Kristofferson foi alvo de implacáveis vaias e de uma chuva de garrafas.

Dentre os artistas escalados para se apresentar no dia seguinte, quinta-feira, destaque para o Supertramp (que havia lançado o seu autointitulado disco de estreia um mês antes), e também para os então exilados Gilberto Gil e Caetano Veloso, que estavam na moda para os ingleses mais antenados por causa da Tropicália. Um ano antes, eles tinham visto a apresentação de Bob Dylan no mesmo festival e ficado encantados. Além dos dois, mais uma dezena de artistas brasileiros subiu ao palco, como a cantora Gal Costa e os músicos d'A Bolha, banda de rock progressivo liderada por Arnaldo Brandão. O *happening* fez sucesso, ainda mais quando parte dos artistas ficou pelada no fim do show.

A primeira grande atração da sexta-feira, dia 28, foi o Taste, banda liderada pelo genial guitarrista irlandês Rory Gallagher. Foi um dos últimos shows do grupo, que já estava em um clima ruim havia um bom tempo. Qualquer motivo poderia ser o estopim para a separação do trio, e, na véspera do show em Wight, a van que transportava o equipamento da banda quebrou e alguns instrumentos foram roubados. Foi o suficiente para deixar o clima ainda mais tenso. O Taste encerraria as suas atividades quatro meses depois, após uma apresentação na noite de Ano-Novo. Outras bandas que se destacaram nessa sexta foram o Chicago e o Procol Harum.

Mas o recheio do festival estava mesmo alocado nas noites de sábado e de domingo. Quem abriu os trabalhos no sábado foi John Sebastian, cuja apresentação de cerca de uma hora e meia contou com a participação do guitarrista Zal Yanovsky, o seu antigo parceiro na banda de folk rock Lovin' Spoonful. A poeta Joni Mitchell também se apresentou nesse dia, no entanto, ela não deve ter boas recordações. A sua chegada na ilha já foi tensa. Acompanhada por Neil Young, ela foi parada pela polícia, que estava revistando alguns artistas. Young ficou tão chateado que voltou para casa. Já Joni Mitchell ficou muito vulnerável e nervosa durante o seu show, ainda mais quando um sujeito invadiu o palco, tomou o microfone de sua mão e disse: "Isso não passa de um campo de concentração hippie". A cantora-compositora não segurou as lágrimas: ficou tão irritada com a situação que ainda passou uma descompostura na plateia.

Miles Davis subiu ao palco às cinco e meia da tarde, para representar a *avant-garde* em sua mais pura forma. Após lançar os deslumbrantes álbuns *In a Silent Way* (1969) e *Bitches Brew* (1970), o músico tocou um tema inédito por pouco mais de meia hora ininterrupta. Quando lhe perguntaram qual era o nome da canção, ele respondeu: "Call it anything", ou seja, "chamem-na de qualquer coisa". Em sua apoteótica apresentação, o trompetista sugeria a direção que a banda ia tomando, como em um ensaio ao vivo — acompanhado por uma banda formada por feras como Keith Jarrett, Chick Corea, Dave Holland, Jack DeJohnette e o brasileiro Airto Moreira não deve ter sido tão difícil. Sobre o show, Jarrett disse o seguinte: "Foi uma aula de micro-história do jazz". Foi mesmo. Em seguida, foi a vez do Ten Years After e do trio Emerson, Lake & Palmer, o primeiro supergrupo do rock progressivo. Detalhe que esse show em Wight era apenas o segundo da história do trio, o que não foi um problema. Já acostumados ao palco por conta de suas antigas bandas, Keith Emerson, Carl Palmer e Greg Lake tocaram a peça "Pictures at an Exhibition", adaptada da obra do compositor russo Modest Mussorgsky, em meio a uma salva de tiros de canhão. Quatro meses após a apresentação, o homônimo disco de estreia do trio chegava às lojas.

A banda The Doors apresentou um show morno, com Jim Morrison sóbrio e praticamente parado no palco. Sete meses antes, o cantor havia se envolvido em uma confusão durante um show em Miami e estava respondendo a um processo, correndo o risco de ser preso. Em Wight, Morrison pediu para fazer o show com o palco escuro. Os colegas de banda esperavam que o seu líder fizesse algo completamente diferente, mas ele tinha acabado de chegar de Miami (onde respondia ao processo), e estava sem dormir havia 36 horas. O cantor não mexeu um único músculo durante os sessenta minutos de apresentação, mas foram poucas as vezes em que sua voz esteve tão perfeita. Conforme o tecladista Ray Manzarek disse: "Ele permaneceu o tempo todo rígido e prostrado diante do microfone. Dionísio havia sido acorrentado.

Aniquilaram o seu espírito". Morrison odiou o show e decidiu que aquela seria a sua última aparição pública. Ele só faria mais dois shows, ambos nos Estados Unidos, em dezembro de 1970, de forma que a apresentação em Wight foi a última de Jim Morrison na Europa.

Se a apresentação do The Doors tinha sido morna, o oposto aconteceria no palco da Ilha de Wight em seguida. Provavelmente, o The Who tenha feito o show mais explosivo e elogiado do festival. A banda, que entrou no palco às duas da manhã, executou a ópera-rock *Tommy* na íntegra, além de mais alguns sucessos, como "Substitute" e "Magic Bus". Antes de entrar no palco, a banda de Pete Townshend usou uma de suas velhas artimanhas: pediu mais dinheiro além do cachê combinado. Caso contrário, não haveria show. Mas os produtores não devem ter se arrependido. A banda quebrou tudo (literalmente!) e, até hoje, essa apresentação é considerada uma das melhores da história da banda inglesa. Quando o Sly & the Family Stone entrou no palco, o dia já amanhecia, mas, tal como ocorrera em Woodstock, o som poderoso da banda levantou a plateia, que já preparava os seus sacos de dormir. A dobradinha "I Want To Take You Higher" e "Dance To The Music" deixou a plateia tão empolgada que um sujeito arremessou uma garrafa no palco. O guitarrista Freddie Stone foi atingido, e o vocalista Sly Stone suspendeu o bis. Terminava assim o penúltimo dia do evento.

O domingo, último dia de festival, começou com Kris Kristofferson, que teve a chance de se apresentar de novo após o fiasco (não por culpa dele) da noite de estreia. Dessa vez, ele ganhou o jogo e foi muito aplaudido. O Free, banda liderada pelo então cabeludo e barbudo Paul Rodgers, foi um dos destaques do dia. A apresentação, de cerca de cinquenta minutos, foi encerrada com uma furiosa versão para "Crossroads", clássico do blues escrito por Robert Johnson. O compositor escocês Donovan veio em seguida e apresentou dois *sets*: o primeiro, acústico, e o segundo, elétrico, acompanhado pela sua banda Open Road. O The Moody Blues, que já havia tocado em 1969 no mesmo festival, repetiu a dose nessa edição, antes da entrada do Jethro Tull, liderado pelo genial Ian Anderson e sua flauta viajante.

Um detalhe é que, nesse último dia de festival, a plateia estava um pouco nervosa, tanto que Joan Baez se ofereceu para cantar antes de Jimi Hendrix, que seria a próxima atração. Ela só queria acalmar um pouco o ambiente e os desordeiros que destruíam as tendas de alimentação do festival. Mas Jimi Hendrix, que não tinha nada a ver com aquilo, subiu ao palco para colocar fogo (literalmente também!) no festival. Só que, dessa vez, ele não incendiou a sua guitarra, como fizera em Monterey. O que aconteceu foi que um sujeito da plateia estourou um morteiro em direção ao palco, e o teto pegou fogo durante alguns minutos. Além desse fato inusitado, o show do guitarrista teve diversos problemas técnicos de som, e até mesmo as suas calças rasgaram. Não parecia ser um bom dia para ele. Em sua última apresentação na Grã-Bretanha, Hendrix, que tocou com Mitch Mitchell e Billy Cox, foi burocrático. Cox disse que o colega estava muito apreensivo. "Não sei se posso fazer isso", o guitarrista teria dito a ele antes de subir ao palco. Apesar dos pesares, Hendrix apresentou uma estrondosa performance de "All Along the Watchtower", de autoria de Bob Dylan, bem como novas canções como "Freedom" e "Ezy Rider". O set foi longo, e somente a versão de "Machine Gun" ultrapassou os vinte minutos de duração. Poucos dias depois, em 18 de setembro, Jimi Hendrix morreria em Londres.

Joan Baez entrou logo depois do guitarrista e cantou uma comovente versão para "Let It Be", dos Beatles. Leonard Cohen, acompanhado pela sua banda The Army e vestido com uma roupa no estilo safári, a sucedeu. O trovador estava com a mente cheia de Mandrax, uma droga sedativa, e o público parecia tão calmo quanto ele. Durante a apresentação, que contou com sucessos como "Suzanne" e "Bird On a Wire", Cohen disse que podia ver o público como se estivessem todos sentados em um quarto pequeno e escuro. E quando localizou um sujeito acendendo um fósforo, ficou maravilhado. "Vocês poderiam todos acender um fósforo para eu ver cada um de vocês?", ele perguntou. De repente, chamas faiscavam lindamente na névoa provocada pela chuva da Ilha de Wight. Richie Havens, responsável pela abertura do festival de Woodstock, encerrou os cinco dias de música na ilha inglesa em alto estilo, cantando "Here Comes the Sun" (dos Beatles), "Maggie's Farm" (de Bob Dylan), além do mantra Hare Krishna.

Enfim, tinha tudo para dar errado. O local era de difícil acesso, o som estava péssimo e a população da ilha era radicalmente contra a realização do evento. No frigir dos ovos, quase tudo correu bem. Mas não foi o suficiente para impedir que o festival fosse banido pelo Parlamento Britânico. Afinal de contas, se naquela edição seiscentas mil pessoas haviam estado por lá, quantas haveriam de comparecer em uma suposta edição no ano seguinte? Por via das dúvidas, o Parlamento só voltou a liberar o evento 32 anos depois, e, mesmo assim, com sérias restrições de público.

A edição de 1970 do festival da Ilha de Wight sinalizou o ápice e o fim do sonho hippie na Europa. O sonho da transformação da vida cotidiana em poesia, amor e música. E rendeu frutos. Tanto que a primeira edição oficial do festival de Glastonbury já aconteceria no ano seguinte. E, até hoje, a Inglaterra sedia os festivais de música mais importantes da música pop.

THE CONCERT FOR BANGLADESH
MSG/NOVA YORK
(01/08/1971)

17

UMA TRAGÉDIA EM BANGLADESH. GEORGE HARRISON SE UNE A RINGO STARR, ERIC CLAPTON, BOB DYLAN, ENTRE OUTROS PARA UM SHOW EM NOVA YORK, O PRIMEIRO BENEFICENTE DA HISTÓRIA DA MÚSICA POP. DEPOIS DELE, OS MÚSICOS VIRAM QUE, UNINDO FORÇAS, PODERIAM MUDAR MUITA COISA. E TUDO ISSO COMEÇOU COM O THE CONCERT FOR BANGLADESH.

O primeiro show beneficente da história da música pop. Assim pode ser classificado o The Concert For Bangladesh. Nunca antes na história da música pop artistas haviam abraçado uma causa. Uma nobre causa. E o responsável, por incrível que possa parecer, foi o Beatle mais recluso e acanhado.

Dentre os integrantes do quarteto de Liverpool, é possível que John Lennon e Paul McCartney tenham tido carreiras solo mais prolíficas do que George Harrison e Ringo Starr. Contudo, grande parte dos beatlemaníacos não deve discordar que o grande álbum de um ex-membro da banda atende pelo nome de *All Things Must Pass*, lançado por George em novembro de 1970. O motivo é simples. Como os discos dos Beatles se concentravam nas composições da dupla Lennon/McCartney, George tinha poucas oportunidades para mostrar o seu talento individual. Assim, *All Things Must Pass* pode ser considerado o álbum com as canções de George que não entraram nos discos dos Beatles. "Isn't It a Pity?", composta em 1966, por exemplo, foi oferecida por George para fazer parte de um álbum dos Beatles, mas acabou sendo recusada. Durante as sessões de gravação de *Get Back*, em janeiro de 1969, outras obras de George seriam recusadas, como "All Things Must Pass", "Hear Me Lord" e "Let It Down". Lógico, ele também compôs belas canções que tiveram chance em sua ex-banda, como "Something", "While My Guitar Gently Weeps" e "Here Comes the Sun". Contudo, por conta das personalidades (e do talento) de Lennon e McCartney, o guitarrista acabou se contentando em ficar em segundo plano na hierarquia da banda.

Sem os antigos parceiros, George se juntou a diversos amigos, como Eric Clapton (que não teve o nome creditado no encarte, porque pertencia ao elenco de uma outra gravadora), Billy Preston e Jim Gordon, para gravar o seu álbum solo. O Beatle Ringo Starr também participou e, segundo George, tocou de 50% a 60% do disco. Até mesmo Phil Collins, que estava ingressando no Genesis, tocou congas em uma música, embora a sua participação tenha sido excluída na edição final do disco. No álbum triplo produzido por Phil Spector, George pôde mostrar o seu lado filosófico e espiritual por meio de letras como as de "My Sweet Lord", "What Is Life" e "I Dig Love". Mas, apesar da tranquilidade aparente nos versos das canções, a gravação não foi das mais fáceis. No encarte da edição comemorativa de trinta anos do disco, George escreveu: "Algumas das sessões eram bastante longas. Para se ter uma ideia, uma única faixa chegou a contar com dois ou três percussionistas, dois bateristas, quatro ou cinco violões, dois pianos e até mesmo dois baixos. As canções eram repetidas várias vezes, até que os arranjos ficassem prontos." Ainda nesse encarte, George concluiu: "A maioria das canções estava virtualmente viva". A faixa de abertura, a balada "I'd Have You Anytime", é uma parceria de George com Bob Dylan. O Beatle ainda homenageou o amigo (com quem, mais tarde, viria a formar o supergrupo Traveling Wilburys) com uma versão de "If Not For You" — reza a lenda que John Lennon teria participado da gravação dessa faixa.

Apesar de "My Sweet Lord" ter rendido um processo de plágio ajuizado pela banda The Chiffons, o disco fez imenso sucesso, alcançando a platina sêxtupla, tornando-se o álbum mais vendido de um Beatle em carreira solo. Entretanto, após o lançamento, George, sempre recluso, não saiu em turnê. Para ele, o trabalho estava feito. Mesmo na época dos Beatles, George era o mais avesso aos palcos e, durante a carreira solo, fez poucos shows. Ou seja, só um pedido muito especial poderia fazer com que George subisse em um palco. E esse pedido veio através de seu grande amigo, o músico indiano Ravi Shankar. Ele sabia que o motivo era nobre o suficiente para convencer George.

A região do Paquistão fazia parte da Índia, que, por sua vez, foi dominada pela Inglaterra até 1947. Quando a Inglaterra concedeu a independência à Índia, foi criado oficialmente o Paquistão, que era dividido em dois lados, o Ocidental e o Oriental — dois lados divididos por cerca de 1.600 quilômetros de território indiano. O Paquistão Ocidental era composto pelas províncias de maioria muçulmana do Beluquistão, Sind, Punjab e a fronteira Norte Ocidental. Já a Bengala Oriental, também de maioria muçulmana, formou o Paquistão Oriental, que, por sua vez, declarou independência em 1971, passando a se chamar Bangladesh. Até essa independência chegar, porém, muito sangue foi derramado. Em 1969, o general Agha Muhammad Yahya Khan, do Paquistão Ocidental, chegou ao poder, prometendo fazer a transição entre a ditadura reinante no país e a democracia. As primeiras eleições diretas da história do Paquistão foram, então, agendadas. Mas o voto popular acabou gerando um problema: o partido do Paquistão Oriental obteve a maioria dos votos e das cadeiras da Assembleia Legislativa. O lado ocidental, que detinha o poder, recusou-se a transferir o poder para o lado oriental, originando uma sangrenta guerra civil.

A guerra começou no dia 26 março e durou até 16 de dezembro de 1971. Quando os ocidentais deram o golpe, a organização armada oriental Mukti Bahini (que significa "exército de libertação") se revoltou, ainda mais quando o Paquistão Ocidental lançou uma operação militar contra civis e estudantes do lado oriental. A Índia, então, declarou apoio diplomático, econômico e militar ao Mukti Bahini, o que, no dia 3 de dezembro de 1971, causou a Guerra Indo-Paquistanesa, travada entre a Índia e o Paquistão Ocidental. Com tudo isso acontecendo, milhões de refugiados de Bangladesh fugiram para a Índia a fim de escapar da fome, da violência e de doenças como a malária. A crise se intensificou mais ainda quando a região foi assolada por inundações. Na Índia, os paquistaneses orientais julgavam estar mais seguros, apesar da escassez de comida e das condições sanitárias precárias para um número tão grande de refugiados. Em 16 de dezembro de 1971, as forças aliadas do exército indiano e as do Paquistão Oriental finalmente ganharam a guerra, resultando na maior rendição, em termos de número de prisioneiros de guerra, desde a Segunda Guerra Mundial. Não se sabe o número de mortos até hoje, mas calcula-se que tenha chegado a três milhões. Em consequência, o Paquistão Oriental foi rebatizado como Bangladesh.

Foi no meio dessa guerra que Ravi Shankar encontrou George em Los Angeles, e o alertou da situação do Paquistão. Desde que tocou cítara em "Norwegian Wood", dos Beatles, o interesse pela música indiana cresceu dentro de George, e ele logo ficou amigo de Ravi, que, inclusive, tinha diversos parentes que moravam no Paquistão. O músico indiano tinha a ideia de fazer um show cuja renda seria toda revertida aos refugiados, mas sabia que não tinha popularidade suficiente para agregar um grande público. Porém, Ravi sabia que George tinha essa popularidade, afinal, ele havia feito parte da banda mais famosa do planeta e estava em evidência com o lançamento de *All Things Must Pass*. "Depois de meia hora, ele me convenceu a fazer o show", disse George, que compôs a canção "Bangla Desh" ("Meu amigo veio até mim, com tristeza em seus olhos/ Disse-me que queria ajudar/ Antes que seu país morresse/ Embora eu não pudesse sentir a dor, eu sabia que tinha de tentar/ Agora estou falando a todos vocês/ Para ajudar-nos a salvar algumas vidas"), mas ainda era pouco.

Para se ter uma ideia, até agosto de 1971, quando aconteceu o show, cerca de dez milhões de paquistaneses orientais já tinham se encaminhado à fronteira da Índia com a esperança de sobreviver à fome e às doenças. Entretanto, poucas pessoas sabiam o que estava de fato acontecendo. Aquela realidade era algo muito distante dos Estados Unidos e da Europa. Na coletiva de imprensa em que anunciou o evento, George tentou explicar: "Ravi chegou a mim e disse que se fosse para fazer um show, talvez tocar para alguns milhares de pessoas... Mas, para o tamanho do problema, o dinheiro, os fundos, serão poucos, aí eu vi que poderia gerar dinheiro fazendo shows e gravando discos". Na mesma entrevista, ele disse que esperava arrecadar cerca de 250 mil dólares nos shows (ou seja, cerca de 1,5 milhão de dólares em valores atualizados) e mais um pouco com a venda de ingressos no cinema para o filme e também do LP com o registro da apresentação. Como ele próprio disse em uma entrevista alguns anos depois do show: "Eu tinha a vantagem da fama dos Beatles. O John me tornou mais consciente quanto a usar o poder dos Beatles, de usar gravações e vídeos para ganhar mais dinheiro".

Como era de se esperar, poucos eventos atraíram tanta gente naquela época. Jovens ficaram dias na fila em frente à bilheteria do Madison Square Garden. A demanda foi tanta que tiveram que agendar uma apresentação extra na tarde do mesmo dia, 1º de agosto. Era o mínimo. Afinal de contas, seria a primeira vez que um Beatle se apresentaria ao vivo após o término da banda. Aliás, antes de agendar o show, George realizou um estudo astrológico para identificar qual seria o melhor dia para o concerto. A apresentação estava devidamente marcada, e uma das primeiras providências de George foi convocar Phil Spector para produzir o disco, e também contratou um diretor de cinema para filmar a apresentação. Ao mesmo tempo, tinha que contatar os artistas que iriam ajudá-lo na empreitada. Ele passou cerca de um mês, entre junho e julho, ligando para as pessoas. Com algumas ele sabia que poderia contar, como os bateristas Ringo Starr e Jim Keltner, assim como os pianistas Leon Russell e Billy Preston, além dos músicos do Badfinger (banda lançada pelos Beatles, através da Apple), bem como o baixista Klaus Voormann, seu amigo de longa data. Segundo Spector, "George teve que ser muito humilde para dar telefonemas e pedir favores para as pessoas, com o risco de elas recusarem". Por outro lado, Jim Keltner perguntava: "Quem diria não a George?".

Mas nem tudo foi fácil como Keltner imaginava. Eric Clapton e Bob Dylan quase não apareceram na hora do show, e os antigos parceiros dos Beatles, com exceção de Ringo, não estavam muito a fim de papo. John Lennon teria recusado pelo fato de George não ter incluído o nome de Yoko Ono no convite. Essa é uma teoria; a outra é que John ia participar, já estava em Nova York, mas, dois dias antes, teve uma briga séria com Yoko e os dois voltaram para Londres. Uma terceira teoria diz respeito ao fato de John estar morrendo de ciúme do sucesso do álbum *All Things Must Pass*. Já com relação a Paul McCartney, ele foi claro desde o início: não iria participar porque o processo de dissolução dos Beatles estava rolando na justiça, e uma reunião naquele momento daria a impressão de que a banda estava voltando. Independentemente da presença dos Beatles, a constelação envolvida no evento já valeria, de sobra, o preço do ingresso. Ainda mais em uma época em que o rock estava em baixa. Jimi Hendrix e Janis Joplin tinham acabado de morrer, Altamont tinha presenciado uma tragédia durante um show dos Stones, Bob Dylan estava recluso e, sim, os Beatles tinham se separado.

    George Harrison colocou o evento de pé em cerca de cinco semanas. Para o Beatle, seria um grande desafio, já que ele não era um *frontman* na acepção mais pura do termo. Não haveria muito tempo para os ensaios, no máximo uma semana, em uma sala reservada no Carnegie Hall. Tanto que, segundo Leon Russell, a ordem era escolher músicas que todos conhecessem. Os ensaios corriam muito bem, mas a ausência de Eric Clapton era notável. A produção reservou assentos para o guitarrista em todos os voos possíveis entre Londres e Nova York naquela semana. Sempre havia a esperança de que ele chegasse a qualquer momento. No terceiro dia de ensaio, George jogou a toalha e disse que a banda não contaria com Clapton. A notícia se espalhou, e vários guitarristas surgiram no lobby do hotel Park Lane, onde todos estavam hospedados. George contratou Jesse Ed Davis, que tocava na banda do músico de blues Taj Mahal, e ainda deixou Peter Frampton de sobreaviso, caso precisasse de mais um guitarrista.

    Problema resolvido, foi enviado um telegrama para o escritório da Apple, em Londres, informando que a presença de Clapton não era mais necessária. E foi aí que, no dia seguinte, o guitarrista chegou a Nova York. Clapton estava viciado em heroína e praticamente recluso havia dois anos. Como ele próprio explicou: "Entrar no avião foi muito difícil para mim, especialmente na minha situação. Eu me vi um pouco como um escudeiro entre cavaleiros. Eu me esforcei principalmente por causa de todas as pessoas que apareceram e que iam participar. E ninguém estava sendo obrigado a fazer. Acho que o fato de o George ter corrido o risco, organizado tudo aquilo e ter dado sentido ao show foi uma grande empreitada".

    Outro que também quase desistiu foi Bob Dylan. Em um dos ensaios, ele apareceu, mas, logo em seguida, ficou receoso. Na véspera do show, Dylan foi ao Madison Square Garden, viu todas aquelas câmeras e microfones naquele lugar enorme e disse a George: "Cara, isso não tem nada a ver comigo, não dá pra mim". O Beatle relembrou o fato em um documentário sobre o show: "Naquele momento, eu estava cheio de trabalho, organizando tudo, e disse: 'Também não tem nada a ver comigo, não faço isso todos os dias. Na verdade, é a primeira vez que faço algo sozinho. Pelo menos, você tem sua carreira solo há anos'". George já sentia que Dylan não apareceria na hora H, tanto que no setlist do show, colado no palco embaixo do seu pé, após a música "Here Comes the Sun", o nome de Bob Dylan aparecia com um ponto de interrogação ao lado.

No dia do evento, a região próxima ao Garden fervilhava. O jornalista Jann Wenner, um dos fundadores da revista Rolling Stone, descreveu o clima: "A minha primeira impressão ao chegar ao Madison Square Garden foi o nível de energia que existia do lado de fora. Pelo que eu me lembro, era um mar de gente. Havia muitas pessoas nas ruas. A um quarteirão de distância já se sentia a agitação. O nível de energia era altíssimo". Foram dois shows, um às duas da tarde, e outro às oito da noite. Quarenta mil pessoas testemunharam as duas apresentações, que começaram com 45 minutos de música indiana executada por um grupo liderado por Ravi Shankar (na cítara) e Ali Akbar Khan (no sarod). A nota curiosa dessa apresentação é que, após os músicos afinarem os instrumentos, a plateia aplaudiu freneticamente. Com muito bom humor, Shankar se dirigiu ao público: "Se vocês gostaram tanto da afinação dos instrumentos, com certeza vão gostar da nossa música".

Após um breve intervalo, que contou com a apresentação de um curto documentário sobre a situação de Bangladesh, George entrou com a sua banda, definida por ele como "a full Phil Spector/All Things Must Pass rock orchestra". Todos tocaram lindamente, inclusive Eric Clapton, apesar de suas inseguranças. Ele disse: "Dificultei as coisas para mim mesmo, a guitarra não era a mais adequada para tocar aquele tipo de música. Devia ter usado uma Fender ou uma Gibson, e não uma semiacústica. Eu estava em outro mundo. Não estava realmente ali". Independentemente da guitarra usada, o seu solo em "While My Guitar Gently Weeps" é emocionante.

E Bob Dylan acabou aparecendo também. O próprio George descreveu sua sensação quando viu Dylan entrar no palco: "A parte do ponto de interrogação no setlist chegou, e olhei em volta para saber se Bob apareceria ou não. O palco estava escuro. Fitei os arredores e vi um cara com jaqueta jeans vindo na minha direção, e eu sabia que era ele. Ele já estava preparado... Tinha a gaita pronta, o violão na mão, e estava no palco com uma cara de 'É agora ou nunca'". Detalhe importante: essa era a primeira vez que Bob Dylan pisava em um palco desde a sua apresentação na edição de 1969 do festival da Ilha de Wight, na Inglaterra. Segundo o pianista Billy Preston, o show da tarde foi "excelente", e o segundo, "mais descontraído". O músico estava tão feliz que se levantou e dançou como se estivesse possuído durante a música "That's the Way God Planned It". A dança foi tão natural que Phil Spector, na mesa de som, não parava de gritar "Para onde ele foi?". Uma imagem que resume toda a vibração positiva do espetáculo.

O Concert For Bangladesh acabou gerando um filme e um disco triplo. Spector, produtor do álbum, garantiu que foi uma das maiores realizações de sua carreira. Ele teve apenas três horas para microfonar o palco antes de o público chegar e, àquela época, nem tinham muita ideia de como microfonar uma plateia. Os dois shows duraram quatro horas, e a mixagem do disco levou seis meses. A única bola fora de tudo isso foi o fato de os governos da Grã-Bretanha e dos Estados Unidos terem retido a maior parte do dinheiro arrecadado nos shows, a título de imposto. George Harrison chegou a se reunir com os homens engravatados do governo para explicar que aquele dinheiro era para a caridade, e não para ele. Não adiantou, e George, elegante como ele só, fez um cheque pagando a diferença para os refugiados de Bangladesh. Mais importante do que o show e do que o dinheiro arrecadado foi que, no dia seguinte, o nome "Bangladesh" estava estampado na capa de todos os jornais do mundo. Finalmente, a questão era exposta de forma direta, e milhares de pessoas batiam na porta da UNICEF para doar dinheiro, comida e itens de primeira necessidade.

O Concert For Bangladesh também mostrou que a música podia fazer a diferença. Como disse Eric Clapton: "Essas coisas serão sempre relembradas como tempos em que podíamos nos orgulhar de ser músicos. Por cinco minutos, não estávamos pensando em nós mesmos. Estávamos fazendo algo com um objetivo maior". Esse foi o primeiro show beneficente da história. Depois dele, vários se seguiram. Mas, dificilmente, algum vai se igualar ao Concert For Bangladesh, um show no qual George Harrison apresentou ao vivo pela primeira vez algumas músicas que ele escreveu para os Beatles. Um show que marcou a volta de Bob Dylan aos palcos dos Estados Unidos, onde ele não se apresentava havia cinco anos. Um show que gerou até mesmo um milagre: a presença de Eric Clapton, à época completamente afundado na heroína. Um show que marcou a união de dois Beatles e de Dylan em cima de um palco pela primeira vez. Mas, acima de tudo, um show pioneiro, uma ideia ousada e arriscada que podia dar errado, mas que, no entanto, continua dando muito certo. Até hoje.

PINK FLOYD
ANFITEATRO DE POMPEIA / POMPEIA
(04-05-06-07/10/1971)

18

UM SHOW SEM PÚBLICO NO MEIO DE UM ANFITEATRO EM UMA CIDADE SOTERRADA POR MAIS DE 1.500 ANOS. SOMENTE UMA BANDA SERIA CAPAZ DE TAL PROEZA. O PINK FLOYD, É CLARO. EIS A HISTÓRIA QUE ENVOLVE UM DOS SHOWS MAIS SURREAIS — NO MELHOR SENTIDO — DA HISTÓRIA DO ROCK.

Para muitos, o Pink Floyd é a banda mais importante da música pop depois dos Beatles. A afirmação pode ser controversa, mas os fãs hão de concordar que a obra do Pink Floyd se divide em duas partes. A primeira durou apenas um álbum, o que contava com Syd Barrett. *The Piper at the Gates of Dawn* (1967) não dava pista do que o Pink Floyd se tornaria a seguir. Repleto de faixas programadas para tocar em uma estação de rádio do espaço sideral, ficava difícil imaginar que, um ano depois, o Pink Floyd se tornaria a banda de rock progressivo mais importante da história, sob o pulso forte e irascível de Roger Waters, culminando em obras como o multiplatinado *The Dark Side of the Moon* (1973) e o megalomaníaco *The Wall*, lançado seis anos depois.

E parece que, de tão monumentais, as obras citadas deixaram, ao menos para as pessoas que não acompanham a carreira da banda tão de perto, todo o resto de sua produção em segundo plano. O que é um grande erro, diga-se de passagem. Analisando-se a obra da banda britânica sob o benefício da retrospectiva, é possível observar que cada trabalho representou uma evolução natural do grupo, como se fossem degraus necessários para se chegar ao topo. E esses degraus começaram a ser galgados na Cambridge High School, ainda na primeira metade da década de 1960, quando Syd Barrett, Roger Waters e David Gilmour se conheceram. Waters, estudante de arquitetura, fundou a banda Sigma 6, com, entre outros, o baterista Nick Mason e o tecladista Richard Wright. Barrett foi convidado para participar, mas a sonoridade jazzística da banda não dava liga. Daí nasceu o Pink Floyd Sound, com a sua primeira formação: Waters, Barrett, Wright, Mason e o guitarrista Bob Klose, que não durou muito. As músicas começaram a circular, e o grupo tornou-se símbolo da contracultura *underground* inglesa. Em dezembro de 1966, a banda era atração fixa do UFO Club, uma das casas de shows alternativos mais famosas de Londres. Foi em um desses shows que o Pink Floyd fechou contrato com a EMI Records, dando início a uma das discografias mais fantásticas de que se tem notícia.

O ano de 1971 do Pink Floyd (já com David Gilmour) teve início com um projeto em conjunto com o coreógrafo francês Roland Petit: uma trilha sonora para um balé. Mas a gravadora queria mesmo era capitalizar em cima do sucesso do disco *Atom Heart Mother*, lançado em outubro do ano anterior, e que estava vendendo bastante. Então, ainda no mês de janeiro, a banda retornou aos estúdios de Abbey Road para começar a trabalhar em um novo álbum, que viria a se chamar *Meddle*. Pedaços de músicas começaram a ser formatados, e uma em especial era composta por 24 partes, intituladas "Nothing" (ou seja, "nada"), do número 1 ao número 24. Esses pedaços, no futuro, formariam "Echoes", uma suíte rock orquestral cheia de climas, com quase 24 minutos de duração, e que ocuparia o lado B inteiro de *Meddle*. A jornada musical se inicia com bipes de submarino e deságua na maior viagem épica-progressiva-espacial que o rock já viu. O conceitualismo a que o Pink Floyd se dedicaria em suas obras nascia naquele momento.

No entanto, como os trabalhos no estúdio estavam demorando, em maio, a gravadora, no afã de faturar, lançou o LP *Relics*, que conta com os dois primeiros singles do grupo, além de lados B e a então inédita "Biding My Time". Ao mesmo tempo, o Pink Floyd fazia shows cada vez mais produzidos. Durante uma apresentação no The Garden Party, festival que aconteceu no Crystal Palace Bowl, no sul de Londres, um polvo inflável emergiu do lago atrás do palco enquanto era executada a música "A Saucerful of Secrets". Em agosto de 1971, a banda enfim completou as gravações de *Meddle*, e, no mesmo mês, realizou os seus primeiros shows no Japão, além de compromissos na Austrália e na Europa.

Além de todos esses compromissos em 1971, o Pink Floyd tinha mais um: fazer um filme. O diretor francês Adrian Maben, ainda em 1970, havia contatado a banda no intuito de produzi-lo. A ideia original era criar algo com músicas do Pink Floyd ilustradas por meio de pinturas de artistas contemporâneos como René Magritte, Jean Tinguely e Giorgio de Chirico, uma combinação de arte de altíssima qualidade com a música do grupo. O Pink Floyd, todavia, recusou, talvez por considerar o projeto pretensioso demais. Passaram-se alguns meses, e Adrian Maben foi passar as férias em Pompeia, acompanhado de uma amiga. Caminhando sem rumo, os dois se encantaram com o anfiteatro da cidade. Compraram um sanduíche e lá entraram para observar aquelas lindas ruínas. À noite, já de volta ao hotel, Adrian percebeu que estava sem o seu passaporte. "Certamente, deve estar perdido em algum lugar daquele anfiteatro", pensou.

O diretor retornou sozinho ao teatro, por volta de umas oito da noite, quando já estava tudo escuro. Após convencer o segurança na entrada, o diretor se viu sozinho (talvez acompanhado por alguns fantasmas) naquele lugar. O primeiro aspecto que lhe chamou a atenção foi a acústica do local. Segundo Adrian, era possível ouvir o barulho de qualquer inseto. E, enquanto procurava o seu passaporte, ele decidiu: "É isso!". "Era noite, estava tudo muito quieto e assustador, pensei, é aqui que o Pink Floyd tem que tocar", disse o diretor em uma entrevista para a edição em DVD do filme *Live at Pompeii*. "Pompeia é o lugar certo: tem morte, sexo e o Pink Floyd daria vida ao lugar", completou.

Importante ressaltar que, àquela época, estava na moda filmar grupos de rock em ação. Mas só havia três tipos de filme. Um era o show filmado da forma tradicional, mostrando a reação da plateia, como *Woodstock*, o filme de Michael Wadleigh lançado em 1970. Outro era o típico documentário, como a longa reportagem *Don't Look Back* (1967), na qual o diretor D. A. Pennebaker acompanhou Bob Dylan durante uma turnê pela Grã-Bretanha. Uma terceira opção seria um filme de ficção com integrantes de uma banda de rock, casos de *A Hard Day's Night* (1964) e *Help!* (1965), ambos estrelados pelos Beatles.

Mas Adrian Maben sabia que o Pink Floyd era uma banda de vanguarda. E ele bolou um plano completamente diferente de tudo. Tinha que ser algo original, afinal de contas, não faria sentido repetir algo que já havia sido feito antes. Além de tudo, segundo o diretor, "filmes de rock já tinham virado um clichê". Então, ele teve a ideia de rodar um filme "antiWoodstock", em que não haveria ninguém presente na plateia, de forma que o espectador tivesse a sua atenção direcionada exclusivamente para a música e para a performance da banda. Nada mais. Pelo seu raciocínio, para o espectador, o anfiteatro vazio significaria tanto quanto um milhão de pessoas. Após pensar no roteiro, Maben pediu um empréstimo ao produtor alemão Reiner Moritz. Com o dinheiro na mão, agendou uma outra reunião com o Pink Floyd, que embarcou na ideia, desde que os músicos tivessem controle total sobre o que seria lançado nos cinemas. Para tanto, o grupo pagou metade dos custos de produção.

Para entender melhor a dimensão da empreitada, vale a pena abrir um parêntese aqui e falar um pouco sobre a história de Pompeia. A cidade se situa no litoral da

Itália, ao sul de Nápoles, a 220 quilômetros de Roma. Entre 310 e 302 a.C., os romanos conquistaram Pompeia, que era um centro comercial próspero fundado pelos gregos. Para se ter uma ideia, no ano 1 d.C., Pompeia contava com cerca de vinte mil habitantes, uma cidade relativamente grande para os padrões da época. Além do mais, tratava-se de uma sociedade altamente organizada, habitada por advogados, médicos, empresários, comerciantes e escravos. O anfiteatro, por sua vez, localiza-se no extremo leste da cidade. Ele foi construído por volta do ano 100 a.C., e acredita-se que tenha sido grande o suficiente para acomodar toda a população da cidade. Lá, os habitantes se reuniam para assistir a competições de gladiadores, ou seja, escravos e prisioneiros de guerra que eram treinados e colocados uns contra os outros. As lutas, geralmente, terminavam com apenas um sobrevivente. Tais lutas também podiam acontecer entre gladiadores e animais selvagens.

No entanto, na manhã do dia 24 de agosto de 79 d.C., Pompeia tremeu, e o vulcão Vesúvio, ao norte da cidade, entrou em erupção, expelindo nuvens negras de fumaça tóxica e uma chuva de rocha derretida. Resultado: uma camada de cinzas de cerca de cinco metros de profundidade enterrou a cidade toda, e pelo menos duas mil pessoas morreram. Pompeia permaneceu soterrada por mais de 1.500 anos, até que as suas ruínas foram acidentalmente descobertas em 1584 pelo arquiteto italiano Domenico Fontana, que fazia escavações para desviar o fluxo de um rio que passava pelo local. Em 1748, a cidade foi escavada de fato, por ordem de Carlos de Bourbon, o rei de Nápoles.

Fechando o parêntese e voltando para a produção do filme, a dimensão do equipamento de som do Pink Floyd é mais do que conhecida pelos entusiastas, e para que tudo fosse transportado para Pompeia foram necessários alguns caminhões. A viagem de Londres até a cidade italiana levou de três a quatro dias. Com a aparelhagem já toda instalada no centro do anfiteatro, a banda teria seis dias para registrar algumas canções para o filme, tempo mais do que suficiente. Só que as coisas não aconteceram conforme o planejado. Naquele momento, Maben descobriu que a estrutura de eletricidade de Pompeia era muito precária — não tinha a potência necessária para um evento daquele porte. A luz faltava, uma hora depois, voltava, aí faltava novamente e demorava mais seis horas para voltar, às vezes um dia inteiro. Durante os três primeiros dias de filmagem, tentaram de tudo. No fim das contas, dos seis dias originalmente previstos, só restavam dois. A solução foi conectar o cabo de energia do equipamento da banda à sede da prefeitura de Pompeia, a alguns quilômetros de distância. O processo era complexo: enquanto ocorriam as gravações, produtores se revezavam para vigiar o cabo, caso algum turista distraído tropeçasse nele.

Com o problema da eletricidade resolvido, um dos principais desafios de Maben para a realização do filme era que o Pink Floyd jamais toparia ser filmado fazendo uso de *playback*, ou seja, fingindo que estava tocando as músicas ao vivo. Então, o áudio teve que ser captado no meio das ruínas como se fosse a gravação de um disco em um estúdio de ponta. Enquanto a banda tocava, as músicas ecoavam nas paredes de pedra do anfiteatro, o que, segundo o diretor, deixava o som bem agradável. O repertório foi escolhido pelo grupo, e Maben sugeriu apenas dois números antigos: "Careful With That Axe, Eugene" e "A Saucerful of Secrets", o que foi acatado pela banda. Com relação a essa segunda canção, o diretor queria registrar a famosa performance de Roger Waters, que atacava o gongo no meio da música. Filmar apenas essa música levou uma tarde inteira. As outras canções registradas foram "Echoes" e "One of These Days".

Durante a filmagem, a ideia era manter o anfiteatro fechado, para que ele ficasse completamente vazio, contando apenas com os músicos e poucas pessoas da produção do filme. Só que algumas crianças, entre sete e doze anos de idade, acabaram entrando e se sentaram em um canto. Foi a única plateia externa do show. (Uma curiosidade: o diretor, quando retornou a Pompeia em 2001 para produzir uma nova edição do filme, se dirigiu ao escritório de turismo da cidade. Ele queria pedir permissão para filmar algumas tomadas de helicóptero. Não teve problema em obter a tal licença. O responsável pela sua concessão era uma das crianças que tinha visto o show trinta anos antes.)

As filmagens foram muito corridas, pois a agenda do grupo estava apertada. Mas o clima entre os músicos e os produtores do filme não poderia ser melhor. De acordo com o diretor, os membros do Pink Floyd tiravam sarro dele o tempo todo. O baterista Nick Mason escreveu em sua autobiografia *Inside Out*: "Em Pompeia, as filmagens aconteceram no começo do outono, mas ainda estava muito quente, tempo bom para ficar sem camisa. Foi um trabalho duro, sem noites de lazer ou degustação da gastronomia e da carta de vinhos da região, mas a atmosfera era agradável, com cada um fazendo o seu trabalho. Ao final das sessões no anfiteatro, fomos para as montanhas a fim de filmar algumas inserções em meio às nascentes de lava e tivemos uma breve oportunidade para explorar a cidade de Pompeia".

As filmagens continuaram em dezembro, em Paris, após uma turnê da banda pelos Estados Unidos e pelo Canadá. Na capital francesa, o Pink Floyd gravou "Careful With That Axe, Eugene", "Mademoiselle Nobs" (um rascunho de "Seamus", que seria lançada no álbum *Meddle*) e "Set the Controls For the Heart of the Sun". *Pink Floyd: Live at Pompeii*, o filme, foi lançado em novembro de 1972, e tornou-se um clássico instantâneo. Ao menos para os fãs do conjunto britânico. Quem gostava da música do Pink Floyd, amou. Quem não gostava, odiou. Como tudo o que diz respeito ao Pink Floyd, aliás. Em sua autobiografia, o baterista Nick Mason relembrou essa fase com carinho: "Era um lugar curioso, histórico, embora eu não tenha pensado nesse fator na hora do show, do tipo 'Nossa, mil anos atrás havia leões aqui, e agora há o Pink Floyd'. Nós só achávamos que aquele era um lugar realmente interessante. E mais importante de tudo, fizemos uma performance excelente. Foi o período mais produtivo da história do grupo".

Em cima do palco, de certa forma, o Pink Floyd sempre se escondeu de seu público, sob um alucinante show de luzes, efeitos especiais nababescos, grandiosos cenários, objetos infláveis e um imenso equipamento de som. Tudo isso sempre fez parte do show do grupo. Em Pompeia, a banda conseguia se esconder ainda mais, a ponto de dispensar a plateia completamente. E só uma banda como o Pink Floyd seria capaz de fazer um show desse tipo, sem público, mas que se tornasse épico. Tão épico quanto a história dessa gigantesca banda. A banda mais importante da música pop depois dos Beatles.

ARETHA FRANKLIN
NEW TEMPLE MISSIONARY BAPTIST CHURCH/CALIFÓRNIA
(13-14/01/1972)

19

DEPOIS DE GRAVAR HINOS DO SOUL, COMO "RESPECT" E "BABY, I LOVE YOU", ARETHA DECIDE RETORNAR À IGREJA. SAIU DE LÁ COM O SEU ÁLBUM MAIS IMPORTANTE. AMAZING GRACE É O DISCO DE MÚSICA GOSPEL MAIS VENDIDO DA HISTÓRIA. A PROVA DE QUE, SIM, ARETHA PODE CANTAR QUALQUER COISA.

"Você conhece uma força do céu. Você conhece algo que Deus criou. E Aretha é um presente de Deus. Quando se trata de se expressar através da música, não há ninguém que chegue perto dela. Ela é a razão pela qual as mulheres querem cantar." Estas cinco frases foram escritas pela cantora Mary J. Blige quando Aretha Franklin foi eleita a melhor cantora de todos os tempos pela revista *Rolling Stone*, em 2008. Aliás, Aretha não foi eleita apenas a melhor cantora, mas sim a melhor voz da música pop de todos os tempos, seja de qual sexo for. Ray Charles, Elvis Presley, Sam Cooke e John Lennon, cantores que fecharam o top 5, certamente concordariam. Mas se você tiver alguma dúvida, basta escutar o álbum *Amazing Grace*, que traz o registro desse show sobre o qual você vai ler agora.

Mas antes de falar sobre a apresentação em si, vamos voltar um pouco no tempo. A carreira de Aretha Franklin começou na Igreja. Nascida em Memphis, estado do Tennessee, aos doze anos de idade ela já tinha deixado o coro da igreja batista onde seu pai era pastor e virado solista. Dois anos depois, Aretha fez as suas primeiras gravações, ainda no estilo gospel. Por influência do pai, Aretha conheceu desde cedo as principais estrelas da música gospel, como Mahalia Jackson e Clara Ward, que deram a ela uma importante tutela. A primeira sessão de gravação, em 1956, produzida por Joe Von Battle, contou com canções tradicionais do estilo, como "Precious Lord" e "Never Grow Old". Mas não demorou muito para a cantora alterar a sua rota — muito por conta do cantor Sam Cooke, um de seus ídolos. Apesar do interesse da gravadora

Motown, ao ser convocada pelo produtor John Hammond Jr., Aretha assinou contrato com a Columbia Records em 1960. Mal aproveitada na gravadora — ninguém conseguiu descobrir qual seria o gênero musical mais apropriado para ela —, sete anos depois, a cantora rumou para a Atlantic Records, que, de primeira, descobriu qual era a de Aretha. O seu primeiro álbum por lá, *I Never Loved a Man (The Way I Loved You)*, sob a produção de Jerry Wexler, declarou a independência da cantora. Grandes hits como "Respect", "Do Right Woman, Do Right Man", além de "A Change Is Gonna Come", fizeram dela a "rainha do soul". A partir de "Respect", aliás, Aretha Franklin não seria apenas sinônimo de grande cantora, mas de resistência e de luta pelos direitos civis e pela igualdade de gêneros.

Álbuns soberbos (como *Lady Soul*, de 1968, e *Spirit in the Dark*, de 1970) e gravações estupendas (casos de "Baby, I Love You", "(You Make Me Feel Like) A Natural Woman" e "Say a Little Prayer") se sucederam. Mas o melhor estava por vir. Em janeiro de 1972, Aretha resolveu fazer algo diferente e retornar aos tempos em que cantava música gospel nas igrejas. Para tanto, ela convocou a sua banda, formada pelo baterista Bernard Purdie, o guitarrista Cornell Dupree, o baixista Chuck Rainey e o percussionista Pancho Morales, além dos produtores Jerry Wexler e Arif Mardin. Como já era sabido que o momento seria histórico, Sidney Pollack foi contratado para documentar as gravações. Completando o time, a figura mais famosa do gospel contemporâneo, o reverendo James Cleveland, que comandaria o coro de trinta vozes da Southern California Community Choir.

Não se sabe exatamente o que motivou Aretha a retornar às suas origens. Em 1971, ela lançou o disco *Live at the Fillmore West*, com participação do saxofonista King Curtis. Ao fim da gravação, enquanto os dois deixavam o palco e a banda tocava as últimas notas de "Reach Out and Touch", Aretha falou para o público: "Esperem só para ver as coisas que King e eu faremos juntos nos próximos anos". Não aconteceu. King Curtis foi assassinado em 13 de agosto de 1971. A morte do seu amigo Martin Luther King Jr., quatro anos antes do show, também havia mexido bastante com Aretha. Além disso, Clara Ward e Mahalia Jackson estavam seriamente doentes, e o pai dela passava por problemas com a Justiça. Talvez essa conjunção de fatores tenha motivado a cantora a retornar à Igreja. Ao seu biógrafo David Ritz, ela apenas afirmou que era hora de voltar às suas raízes e fazer um disco gospel. A Atlantic gostou da ideia, tanto que Jerry Wexler já desejava que Aretha gravasse o tal disco gospel desde que ela ingressou na gravadora.

Como local de gravação, Aretha escolheu a igreja batista missionária New Temple, em Los Angeles, um antigo cinema onde cabiam cerca de quinhentas pessoas. Outra exigência foi ter James Cleveland a seu lado. "Ninguém reúne um coro como ele", disse. Cleveland aceitou de imediato: "Era uma chance de levar a música gospel para uma audiência maior". Os primeiros ensaios começaram no fim de 1971, na igreja batista institucional Cornerstone, e contaram com Aretha e Cleveland, além do coro. Algumas semanas depois, a banda se juntou a eles. A cantora listou trinta canções, depois incluiu mais dez e, semanas antes do show, o roteiro foi fechado. Os ingressos custavam dez dólares, com renda revertida para a igreja Cornerstone, de propriedade de Cleveland.

No dia 13 de janeiro, com as câmeras de Pollack ligadas e os cabos e os microfones conectados ao caminhão de gravação no estacionamento, enquanto a plateia se acomodava, Cleveland deu as boas-vindas e disse que gostaria que todos fizessem parte daquela sessão de gravação que seria formada por canções gospel. E deixou claro: "Estamos aqui para um serviço religioso". Depois da entrada do coro, ele apresentou Aretha: "Ela pode cantar qualquer coisa". A cantora, com delineador e batom discretos, entrou toda de branco pelo corredor da igreja e se sentou ao piano. Cleveland, então, explicou que o disco poderia ter sido gravado no estúdio, mas Aretha preferiu fazer ao vivo para poder contar com a participação do público. Ele, então, pediu à plateia que soasse como "duas mil pessoas". A primeira música pode ter surpreendido muita gente. "Wholy Holy", que Marvin Gaye lançara no ano anterior no disco *What's Going On*, já era cantada por Aretha em suas apresentações, e não é necessariamente uma canção gospel. Pouco importa. Quando ela, no púlpito, entoou os versos *"Wholy holy/ Come together wholy"*, sua voz parecia de outro mundo. Aretha nunca havia cantado tão bem. Como se isso fosse possível.

Durante todo o show, a postura da cantora era de seriedade, na linha tênue entre o nervosismo e a concentração extrema. Quando não estava cantando, dificilmente dizia alguma coisa. O repertório alternou músicas mais agitadas (como "How I Got Over", freneticamente acompanhada pelas palmas da plateia) e lentas (caso de "Mary Don't You Weep", cantiga inspirada no livro de João, do Novo Testamento, e que era entoada pelos escravos durante a Guerra Civil dos Estados Unidos). Um dos melhores momentos da primeira noite foi a junção de "You've Got a Friend" e "Precious Lord (Take My Hand)". Ou seja, o pop e o gospel de mãos dadas. "Eu quero que vocês saibam que realmente não importa, tudo depende de para quem você está cantando. Mesmas palavras, mas estamos cantando para alguém que é capaz de nos manter. Você precisa de um amigo. E Jesus disse 'Chame meu nome, porque estarei lá'", explicou Cleveland. E foi nisso que o *medley* se transformou: um hino de louvor à amizade com Deus.

É especialmente emocionante o momento em que o coro canta a música de Carole King ao mesmo tempo que Aretha, à frente de um enorme mural retratando o batismo de Jesus Cristo, faz o contracanto com a música gospel (a mesma, aliás, que ela interpretou nos funerais de Martin Luther King Jr. e de Mahalia Jackson, que morreria duas semanas após a gravação). Se existir música no céu, provavelmente é essa que a gente vai escutar um dia. Curioso que Aretha tinha dúvidas se as músicas pop seriam apropriadas para um serviço religioso. Cleveland resolveu a questão: "É tudo música de Deus". Ele ainda deu a ideia de incluir "You'll Never Walk Alone", que a dupla Richard Rodgers e Oscar Hammerstein II escreveu para o musical *Carrossel*. "A Broadway pode pregar. Assim como os Beatles", disse. E podem mesmo. Tanto que a música de encerramento foi uma versão instrumental de "My Sweet Lord", de George Harrison.

Mas nada superou "Amazing Grace", o hino de louvor britânico do século 18 que se transformou em *standard* multirracial da igreja americana. Cleveland confessou que, durante os ensaios, Aretha chorou. "Eu olhei para ela e vi as lágrimas escorrendo pelos seus olhos, porque nunca pensamos que Deus faria grandes coisas para nós", completou. Na canção, somente acompanhada pelo piano, Aretha pôs à prova toda a sua extensão vocal durante mais de dez minutos. É inacreditável. Nem o coro se aguentou. Todos aplaudiram, choraram, berraram: "Vai, Aretha!". Cleveland também abandonou o piano e caiu em prantos. A plateia deixou o protocolo de lado e aplaudiu de pé. Era o momento de uma vida. Ou de várias vidas.

No segundo show, no dia 14 de janeiro, Aretha trocou o vestido branco por um verde. Mas a diferença não estava somente no figurino. A cantora parecia mais relaxada. Mas não deve ter sido fácil. Na primeira fila da plateia estavam o seu pai, o reverendo C. L. Jackson (que Aretha só se lembrou de convidar no dia) e ninguém menos que Clara Ward. A cantora, juntamente com o seu grupo familiar, The Ward Singers, causava um impacto profundo em Aretha desde os anos 1950, moldando o seu jeito de cantar. Deve ter sido especialmente emocionante para Aretha cantar "Old Landmark" na frente de Clara, que gravara a mesma música 21 anos antes. O reverendo Cleveland também estava menos tenso, fazendo até piada durante um problema técnico na gravação, quando pediu para todo mundo dizer "Amém". Mick Jagger e Charlie Watts, que davam os retoques finais no álbum *Exile On Main St.* (1972) em um estúdio de Los Angeles, também estavam na plateia. Durante "Climbing Higher Mountains", o vocalista dos Rolling Stones não se conteve e se levantou para dançar como se estivesse no palco fazendo um show com a sua banda. O baterista Charlie Watts, mais discreto, apenas riu ao seu lado. Mas não por muito tempo. Em questão de segundos, todo o auditório ficou de pé e balançou os quadris como se não houvesse amanhã. Um desavisado poderia pensar que aquele show não era em uma igreja, mas sim no Fillmore West.

Mas se a plateia se divertiu, ela também parou para escutar atentamente o discurso de C. L. Jackson, talvez o momento mais emocionante daquela noite. "Eu sei que vocês estão impressionados com o dom, com a voz, com aquele algo intangível que é difícil de descrever. Mas foi mais do que isso para mim. (...) Eu fui à lavanderia um dia em Detroit, para pegar algumas roupas. Aretha tinha aparecido em um programa de televisão recente e uma pessoa me disse: 'Eu vi sua filha, Aretha, ontem à noite'. Eu respondi: 'Sim, você gostou?'. Ela disse: 'Foi bacana, mas ficarei feliz quando ela voltar para a igreja'. Eu falei: 'Escute, deixe-me dizer uma coisa... Se você quer saber a verdade, ela nunca saiu da igreja'." Em seguida, Aretha cantou "Never Grow Old" (aquela mesma canção inspirada no Livro do Apocalipse, do Novo Testamento, que ela gravara aos quatorze anos), enquanto o pai enxugava o rosto da filha.

O álbum com o registro do show foi lançado cinco meses após a gravação — o filme ainda demoraria 46 anos para ser lançado. Tornou-se um marco, o disco gospel mais vendido de todos os tempos. Foi comprado por mais de dois milhões de pessoas apenas nos Estados Unidos e fez Aretha ganhar o gramofone de Melhor Performance de Soul Gospel, no Grammy Awards de 1973. John Hammond Jr, o produtor que descobriu Aretha (e já não trabalhava mais com ela quando o disco foi lançado) disse que aquele era o momento mais brilhante da cantora. Pena que, a partir desse momento, a sua carreira passaria por altos e baixos. Afinal, seria difícil superar *Amazing Grace*. Mas Aretha ainda lançaria ótimos álbuns, como *Sparkle* (1976), *Who's Zoomin' Who?* (1985), *A Rose is Still a Rose* (1998) e *So Damn Happy* (2003). A sua voz ainda era a mesma, claro. Em 1987, seria a primeira mulher a fazer parte do Rock and Roll Hall of Fame. E Aretha cantou até o fim (sim, ela podia cantar qualquer coisa). Até o dia 16 de agosto de 2018, quando finalmente descansou após uma batalha contra um câncer no pâncreas. No ano seguinte, como se precisasse, ganharia o Pulitzer póstumo por sua contribuição eterna à cultura. O Pulitzer precisava de Aretha Franklin.

Na sua primeira gravação, "Never Grow Old", ela canta: "Estou tão contente / Tão contente por ter uma religião / Minha alma está satisfeita". E nós também. Aretha Franklin foi — na verdade, é — uma religião. Por si só.

ELVIS PRESLEY
HONOLULU INTERNATIONAL CENTER/HAVAÍ
(14/01/1973)

20

UM SHOW NO HAVAÍ PARA DEZ MIL PESSOAS DENTRO DE UM AUDITÓRIO... NÃO! UM SHOW NO HAVAÍ VIA SATÉLITE PARA UM BILHÃO E MEIO DE PESSOAS EM MAIS DE QUARENTA PAÍSES... ESSE FOI O ALOHA FROM HAWAII, ESTRELADO POR ELVIS PRESLEY NO DIA 14 DE JANEIRO DE 1973. ELVIS AINDA PODIA MUDAR OS RUMOS DA MÚSICA POP.

Na tarde do dia 18 de julho de 1953, então com dezoito anos de idade, Elvis Presley estacionou o seu caminhão em frente ao estúdio da Sun Records, em Memphis. O objetivo era gravar duas faixas, ao custo de quatro dólares, para dar de presente à sua mãe. Essa é a história oficial. Só que, na verdade, Elvis queria mais. Ele desejava saber como a sua voz soaria em uma gravação. E não demorou nem dois anos para aquele caminhoneiro tímido, com a sua voz rascante e o seu imenso carisma, se transformar em um fenômeno mundial. Aliás, mais do que isso: a sua postura representou a transição completa da bovina cultura do pós-guerra ao brilho da subversão.

A sua carreira foi curta — ele morreu aos 42 anos de idade, em 16 de agosto de 1977, e ainda passou um bom período servindo no exército dos Estados Unidos —, mas durou o suficiente para alterar de vez o rumo que a música popular tomava em meados dos anos 1950. Elvis Presley, como muitos afirmam, não inventou o rock. Mas ele personificou o rock como ninguém, criando a figura do *rock star*. Afinal de contas, quase sete décadas após ter entrado no estúdio da Sun Records pela primeira vez, ele continua sendo o parâmetro para qualquer astro do gênero.

Por falar na lendária Sun Records, Elvis fez sucesso por lá. Mas, em determinado momento, ele percebeu que aquela gravadora, embora simpática, era pequena demais para o seu talento. Acabou assinando contrato com a RCA Records para gravar grandes canções, como "Heartbreak Hotel", em 1956. Elvis costumava repetir a seguinte frase: "Ritmo é algo que ou você tem ou não tem". E isso ele tinha de sobra já nessas primeiras gravações. "Blue Suede Shoes", também de 1956, composta por Carl Perkins, foi outro sucesso em sua voz, assim como "Hound Dog", que já era um clássico do blues na voz de Big Mama Thornton, mas que ganhou um novo sentido com a interpretação (e principalmente com a dança) de Elvis.

Baladas também faziam parte de seu repertório. "Love Me Tender", por exemplo, deu título ao primeiro filme estrelado por Elvis. No longa (aqui no Brasil, *Ama-me com ternura*) ambientado durante a Guerra Civil dos Estados Unidos, Elvis interpreta um papel secundário, o de Clint, caçula de uma família que fica em casa enquanto os irmãos vão à guerra. Quando retornam, o irmão mais velho, que todos achavam que estava morto, descobre que Elvis se casou com a sua noiva. Por falar em filmes, Elvis estrelou 31 deles, como *Jailhouse Rock* (*Prisioneiro do rock*, de 1957), que fez bastante sucesso, muito por conta de sua faixa-título.

No mesmo ano de 1957, no dia 20 de dezembro, Elvis recebeu uma carta do governo dos Estados Unidos convocando-o para o exército. Rumou então para a Alemanha, onde serviu durante dezessete meses na terceira divisão blindada de Friedberg. Quando retornou à sua vida de civil, passou a se dedicar quase que exclusivamente ao cinema, investindo mais na carreira de ator do que na de intérprete, embora gravasse algumas músicas para as trilhas sonoras dos longas-metragens que estrelava. E quando Elvis decidiu voltar de verdade para a música, ele sabia que tinha que ser em grande estilo. Em junho de 1968, apresentou o seu primeiro show depois de mais de sete anos longe dos palcos, nos estúdios da NBC. No ano seguinte, ainda lançou o sucesso "Suspicious Minds", que chegou ao topo da parada da Billboard.

Só que nem tudo eram flores na carreira e, em especial, na vida privada do cantor. Apesar do retorno explosivo com "Suspicious Minds", o astro virou a década de 1970 cada vez mais viciado em remédios. Seria necessário dar uma nova reviravolta em sua carreira. E o Coronel Tom Parker sabia fazer isso como ninguém. Aliás, aqui cabe um parêntese. Tom Parker pode ser considerado o pai dos empresários do rock. De chapéu na cabeça e charuto na boca, a sua figura impunha respeito. O empresário, que iniciou sua carreira vendendo algodão-doce em circo, exigia pagamento sempre adiantado e uma comissão de 50%, quando a norma era 20% no máximo. Nunca deixou que Elvis se apresentasse fora dos Estados Unidos porque não queria perder o controle sobre o seu pupilo. Horas depois do funeral de Elvis, Parker se reuniu com empresários para negociar a venda da imagem do cantor para *merchandising*. E um detalhe: a patente de coronel era apenas um título honorário, concedido pelo estado da Luisiana em 1948. Coronel mesmo ele só era de Elvis Presley.

De fato, Elvis não se apresentava fora dos Estados Unidos. No início de 1970, houve até uma negociação para que ele se apresentasse no estádio de Wembley, na Inglaterra, mas a ideia acabou não indo pra frente, já que Parker pediu para ver a cor do dinheiro antes. Enfim, o empresário sabia que a demanda para um show de Elvis fora de seu país era imensa, especialmente no Japão. Assim, em fevereiro de 1972, quando viu o então presidente dos Estados Unidos Richard Nixon apertar a mão do ditador chinês Mao Tsé-Tung, ao vivo, na televisão, ele teve a grande sacada. Enquanto milhões de norte-americanos que também viam tudo ao vivo pela TV ainda estavam impressionados com a mudança de rumo da história, Tom Parker teve a ideia de, mais uma vez, mudar o rumo da história de Elvis Presley.

O encontro de Richard Nixon com Mao Tsé-Tung foi uma das primeiras transmissões via satélite da história. Ao vivo e em cores. Eventos desse tipo não eram comuns. A logística era complicada e poucos se atreviam a investir na nova tecnologia, que era cara e nem sempre funcionava. Mas para Elvis Presley tinha que dar certo. Então, para suprir as propostas diárias de shows que recebia em seu escritório (especialmente as do Japão), o empresário se imaginou matando um bilhão e meio de coelhos com uma cajadada só, transmitindo um show de Elvis ao vivo, via satélite, para praticamente o mundo inteiro. Os preparativos para o show se iniciaram e logo surgiu o primeiro empecilho: o local. Com a diferença de fuso horário, se Elvis cantasse em Nova York, as imagens chegariam ao vivo no Japão quando seus habitantes já estivessem babando no travesseiro. A solução, então, foi fazer no Havaí, geograficamente, o estado americano mais próximo do Japão. Se o show começasse por volta de meia-noite (no horário havaiano), os japoneses estariam reunidos na mesa da sala de jantar. Não poderia ser mais perfeito.

A princípio, o show foi marcado para outubro de 1972, mas teve que ser adiado para janeiro do ano seguinte, a pedido dos executivos da MGM, que estavam lançando, em novembro, o filme *Elvis on Tour* e não queriam concorrência. Esse intervalo acabou sendo fundamental, pois Elvis ensaiou bastante, alterando significativamente o repertório já registrado no álbum gravado no Madison Square Garden, e lançado em junho de 1972. O programa, que seria intitulado *Aloha From Hawaii*, foi cofinanciado pela RCA Records e pela rede de TV NBC, sob a direção de Marty Pasetta, que já carregava um grande currículo de especiais de música na televisão dos Estados Unidos. A maior preocupação é que não poderia haver nenhuma possibilidade de erro, nem da banda, nem de Elvis, já que tudo seria transmitido ao vivo.

Durante a primeira reunião, Pasetta expôs esse receio, e também disse que Elvis estava gordo e que deveria emagrecer. A cena que se sucedeu foi descrita pelo próprio diretor: "Elvis tirou os óculos escuros e caiu em uma gargalhada sem fim, não conseguia mais parar. No fim, ele se levantou, abraçou-me e disse: 'Farei tudo o que você quiser'". Sim, ele emagreceu — ainda que à base de remédios — e se submeteu a sessões de bronzeamento. Outro ponto que ficou combinado na reunião era que a apresentação seria beneficente. Elvis ganharia o seu cachê advindo da gravadora e da rede de televisão, mas o dinheiro arrecadado com a venda de ingressos e de *merchandising* seria integralmente doado ao Kui Lee Cancer Fund. (Kui Lee nasceu na China e tornou-se um cantor famoso no Havaí na década de 1960, tendo, inclusive, composto a canção "I'll Remember You", constante no repertório dos shows de Elvis. Lee morreu, vítima de câncer na glândula linfática, aos 33 anos de idade.) Os ingressos não teriam valor fixo, cada interessado pagaria o valor que desejasse, tanto para o show que seria transmitido quanto para o ensaio. No fim das contas, foram arrecadados 75 mil dólares, cerca de 450 mil dólares em valores atualizados.

Na véspera da transmissão ao vivo, Elvis fez um ensaio geral aberto ao público na Honolulu International Center Arena, mesmo local onde ocorreria a gravação na noite seguinte. O ensaio seria filmado para garantir a transmissão, caso o satélite falhasse. Dez mil pessoas viram o ensaio que, aliás, foi melhor do que o show transmitido, pelo simples fato de Elvis ter ciência de que não estava sendo visto ao vivo por centenas de milhões de pessoas ao redor do planeta. No show em si, no dia seguinte, Elvis não parecia nervoso. Na verdade, estava incrivelmente concentrado e impaciente ao mesmo tempo. Em determinado momento, quando alguém da plateia lhe pediu que cantasse uma música, ele respondeu de forma não muito amistosa: "O quê? Está bem, eu toco. Todas as 429".

A apresentação começou à meia-noite e meia, e Elvis estava, de fato, cantando muito bem. A sua presença de palco foi bem peculiar. Se em alguns momentos ele parecia estar cantando apenas para si mesmo, em outros, se encaminhava para a frente do palco para cumprimentar a plateia no gargarejo. Ele chegou até mesmo a quase se deitar no palco para que uma fã colocasse um colar tipicamente havaiano em volta do seu pescoço. No *setlist* havia um pouco de tudo. A abertura foi com "See See Rider", e quando a banda atacou, já dava para sentir a força da presença de Elvis entrando no palco. A música seguinte, "Burning Love", era o single que Elvis estava lançando na época. Grandes baladas como "What Now My Love" e "My Way" (ambas gravadas por Frank Sinatra) se misturavam a clássicos do rock como "Johnny B. Goode" (Chuck Berry) e "Blue Suede Shoes" (Carl Perkins). Elvis também investiu em "Can't Help Falling In Love", música gravada para a trilha sonora do filme *Blue Hawaii*, lançado em 1961, e conhecido aqui no Brasil como *Feitiço havaiano*.

O show ainda contou com um *set* no estilo de som de Nashville, com "Welcome To My World" (Jim Reeves), "I'm So Lonesome I Could Cry" (Hank Williams; "A canção mais triste que eu já escutei", segundo Elvis), "I Can't Stop Loving You" (Don Gibson), além de "Suspicious Minds". Destaque também, claro, para "Something", clássico escrito pelo Beatle George Harrison. Mas o clímax da apresentação aconteceu durante "An American Trilogy" (arranjada pelo compositor country Mickey Newbury), que mistura os hinos da era da Guerra Civil americana ("Dixie" e "The Battle Hymn of the Republic") ao *spiritual* afro-americano "All My Trials". Nas imagens do show é nítido que Elvis cantou aqueles temas sabendo que ele era uma consequência, um produto daquela história dos Estados Unidos. Não por acaso, todos esses símbolos estavam expressos no desenho da águia americana na parte traseira da capa do seu macacão.

A transmissão ao vivo do show para países como Austrália, Coreia do Sul, Japão, Tailândia, Filipinas, Vietnã, entre outros, foi um sucesso. A título de ilustração, 91,8% dos televisores das Filipinas estavam ligados no show, assim como 80% das TVs da Coreia do Sul. No Japão, o programa atingiu picos de 40%, um recorde de audiência naquele país até então. Poucas horas depois, por causa do fuso horário, a apresentação foi transmitida para 28 países da Europa. Só que os trabalhos de Elvis não se encerraram com "Can't Help Falling In Love". O show seria transmitido para os Estados Unidos, que teriam direito a uma edição diferente, com a inclusão de faixas bônus, gravadas após a apresentação, com o auditório já vazio. E depois do show, Elvis estava de péssimo humor. Ele teria até falado: "Isso não é divertido? Isso é o que eu mais gosto de fazer às três da manhã. Está gravando? Posso gravar? Podemos fazer isso? Isso está certo?". Quando o pianista Glen D. Hardin cometeu um erro banal, o cantor estourou: "Você não consegue acertar droga nenhuma, Glen? Juro por Deus... Você tem que me acompanhar". Pelo jeito, ninguém gostou de ter gravado as tais faixas bônus. A edição crua da apresentação, que foi ao ar ao vivo, é infinitamente superior.

O especial foi transmitido para os Estados Unidos no dia 4 de abril, e deu 57 pontos de audiência. No total, cerca de um bilhão e meio de pessoas em quarenta países viram o show. O álbum com o registro da apresentação foi lançado dois meses antes da transmissão nos Estados Unidos, e o single "Steamroller Blues", de autoria de James Taylor, alcançou o top 20 da parada da Billboard. O álbum alcançou o topo da mesma parada. Em 1973, eventos de entretenimento via satélite eram uma raridade, e o show de Elvis no Havaí abriu caminho para muitos outros. Ou seja, mesmo quando alguns já diziam que Elvis Presley estava "velho" e "decadente", ele ainda era pioneiro em algo. Como nunca deixou de ser, aliás.

DAVID BOWIE
HAMMERSMITH ODEON/ LONDRES (03/07/1973)

QUANDO UM ARTISTA DESCOBRIU QUE APENAS A SUA MÚSICA NÃO ERA O SUFICIENTE PARA ATINGIR SUAS AMBIÇÕES ARTÍSTICAS, CRIOU UM PERSONAGEM. O ARTISTA, CLARO, É DAVID BOWIE; E O PERSONAGEM, CLARO, É ZIGGY STARDUST. DURANTE DEZOITO MESES, BOWIE SE TRANSFORMOU EM OUTRA PESSOA. QUANDO CANSOU, SE SUICIDOU.

O criador mata a sua criatura em cima do palco. David Bowie mata Ziggy Stardust em cima do palco. Simples assim. Ou não tão simples assim. Quem foi David Bowie? Quem foi Ziggy Stardust? Impossível não fazer uma breve explicação sobre duas personalidades tão distintas do mundo do rock. Uma personalidade real. Uma personalidade fictícia. E que, no fim das contas, são praticamente a mesma coisa.

David Bowie. "O camaleão do rock". Esta pode ser a sua definição mais previsível. Mas que também não deixa de ser a mais apropriada. Mesmo transitando entre tantos e variados estilos, é fácil reconhecer a assinatura de David Bowie, especialmente através de seus discos, que, a cada ano, mudavam quase que completamente de direção. De uma forma que poucos artistas são capazes de ousar. Até os dias de hoje.

Pode-se afirmar que a carreira artística de Bowie teve início em uma briga no pátio da escola onde estudava. O futuro astro foi golpeado no olho por um de seus melhores amigos durante uma briga boba de criança. O acidente deixaria uma de suas pupilas paralisadas, e, em consequência, um olho com uma cor diferente do outro, reforçando a imagem de um sujeito andrógino, "de outro planeta", que Bowie exploraria tão bem durante toda a sua carreira, até o seu último disco, *Blackstar*, lançado dois dias antes de sua morte, em janeiro de 2016.

Voltando no tempo, no início dos anos 1960, David Bowie ainda era David Jones, vestia terninhos *mod* e investia no R&B. Ele participou de diversos grupos, como o The King Bees e o The Manish Boys. Em 1966, por conta do sucesso do seu quase xará

Davy Jones, do The Monkees, mudou o nome artístico para David Bowie — Bowie nada mais é do que um tipo de faca. O primeiro álbum, homônimo, saiu em 1967, mas escorregou nas paradas de sucesso. Analisando em retrospectiva, o disco, de fato, não é dos melhores de sua carreira. Faltava foco (talvez Bowie ainda não soubesse se queria ser um *mod* ou um "novo Bob Dylan"), mas também estava longe de ser ruim. Tinha até canções bacanas (em especial, "Love You Till Tuesday") e, levando-se em conta a simpática imagem do artista, parecia não haver um motivo plausível para Bowie não acontecer em um futuro próximo. Mas era fato: ele tinha que se reinventar.

Foi o que aconteceu em 1969, quando lançou mais um disco chamado *David Bowie*, hoje mais conhecido como *Space Oddity*. Longe de ser uma obra-prima, o LP, de certa forma, formatou a sonoridade através da qual o músico viria a ser conhecido, com um pop bem-elaborado, recheado de letras inteligentes. No disco, Bowie adentrava o terreno da psicodelia, misturando-a ao folk, gerando algumas boas canções, em especial "Space Oddity", gravada para coincidir com a chegada do homem à Lua. O problema é que, após a canção ingressar no top 10 britânico, nenhum outro single do álbum alcançou o mesmo feito, e a crítica não esperou muito tempo para tachar Bowie como "o cara de um sucesso só". Mas não demoraria muito para ele provar que a crítica estava equivocada. Antes, ele passaria por algumas provações. Mil novecentos e setenta foi um ano importante em sua vida. Bowie perdeu o pai, viu o irmão ser internado em uma clínica psiquiátrica e se casou com Angela Barnett (mais conhecida como Angie).

Nesse mesmo ano, Bowie lançou *The Man Who Sold the World*, com as colaborações do guitarrista Mick Ronson e do produtor Tony Visconti. O álbum não passou do 26º posto da parada britânica, posição ainda pior do que a do LP anterior. Para a gravação do disco seguinte, David Bowie trocou a guitarra pelo violão e deu um direcionamento mais popular ao seu trabalho. O resultado, *Hunky Dory*, para muitos, é a verdadeira obra-prima do artista, que abusou de lindas linhas melódicas em faixas como "Changes" e "Life On Mars?". Durante a turnê de divulgação do álbum, Bowie começou a exacerbar a sua androginia, que resultaria no seu disco mais conhecido, lançado no ano seguinte. Só que, antes de gravar o álbum, ele teria que criar uma persona, um alter ego, que tomaria o seu corpo pelos próximos dezoito meses. E assim começa a segunda história: a de Ziggy Stardust.

Era um sábado, dia 8 de janeiro de 1972, e David Bowie fazia uma festa em sua casa, a Haddon Hall, número 42 da Southend Road, em Beckenham, um distrito de Londres. Para Bowie, não se tratava apenas de uma comemoração de aniversário. Naquele dia, em que completava 25 anos, ele apresentaria aos amigos mais íntimos (dentre eles, Lou Reed) a sua nova criação. Quando os convidados começaram a chegar, Bowie pediu licença e se dirigiu ao banheiro. Ele respirou, deu adeus ao velho David Bowie e fechou a porta. Quando se olhou no espelho, já era outra pessoa. Fitou o próprio rosto no espelho, ignorou o barulho vindo do lado de fora, manuseou os seios da face, os lábios, as unhas pintadas e a sua nova roupa. Seu devaneio foi quebrado por um berro de uma mulher: "Aonde David foi?". Bastava ele sair do banheiro e revelar a resposta. Só que não havia mais David. E assim, Ziggy Stardust surgiu no alto da escada. Todos que estavam no recinto conheciam muito bem David Bowie. Mas aquele não era David Bowie.

A sua aparição naquela noite era o clímax de algo que estava sendo estudado havia meses. A sua mudança não era apenas externa, com roupa, maquiagem e penteado diferentes. Era interna também. Para criar o personagem, Bowie se inspirou em muitas influências. Os figurinos, por exemplo, incluindo a bota de cano médio, foram sugados dos filmes 2001: *Uma Odisseia no Espaço* e *Laranja Mecânica*, ambos de Stanley Kubrick. O penteado, um topete vermelho, foi emprestado da imagem de uma modelo do estilista Yamamoto, estampada em uma capa de revista. O nome, por sua vez, era uma homenagem a Iggy Pop, claro, e ao Legendary Stardust Cowboy, um artista do Texas conhecido pelo compacto *I Took a Trip On a Gemini Space Ship* (1969). Para formar Ziggy, a persona, Bowie misturou a esquizofrenia do seu pai, a filosofia de Friedrich Nietzsche, o *underground* de poetas *beatniks* como Jack Kerouac, o *pop art* de Andy Warhol, o teatro Kabuki japonês, as peças de Jean Genet, o teatro do absurdo, os filmes de Kubrick, os trejeitos de Mick Jagger, as lantejoulas de Marc Bolan, a música e a atitude de Gene Vincent, Lou Reed e Vince Taylor. Acrescente ainda duas medidas de desintegração do ego, 34 partes de realizações sexuais, dez colheres de androginia, e, sim... Ziggy Stardust estava formado. Vivo, para ser mais exato.

Um ano antes, em 1971, Bowie dissera: "Eu acho que o rock precisa ser devasso, transformado em prostituta, uma paródia de si mesmo". Ziggy Stardust não poderia ser uma paródia melhor do rock. Trinta anos depois, relembrando o personagem, em outra entrevista, falou: "Mais do que qualquer outra coisa, eu queria escrever musicais. Uma nova abordagem ao musical-rock, era isso que ocupava a minha mente. A concepção inicial, em 1971, quando comecei a pensar em Ziggy, era algo relacionado ao teatro musical. Mas eu não consegui ficar parado durante seis meses para me dedicar à composição de um musical. Eu era inquieto demais". Mas, se não criou um musical, talvez Bowie tenha criado algo muito maior. À época, a música estava em rota de colisão com o teatro, e ele acabou criando um personagem de teatro dentro da música, algo absolutamente inédito. Pela primeira vez, o rock vestia uma máscara (tudo bem, antes já existiam músicos que se enchiam de maquiagem, como Little Richard, Marc Bolan e Alice Cooper, mas tudo muito diferente de um personagem de verdade, como foi Ziggy Stardust). Em suma: David Bowie foi o primeiro artista a entender que o rock não era só música. Era teatro, era performance, era conceito. O golpe de mestre final de David Bowie, antes de apresentar o personagem aos fãs, foi conceder uma entrevista à revista *Melody Maker*, em 19 de janeiro de 1972, na qual se declarou gay. Certamente os fãs não sabiam que aquelas palavras não eram de David Bowie, mas de Ziggy Stardust. Não havia mais fronteira entre eles. Era tudo uma pessoa só.

Dez dias após a tal entrevista, Bowie (ou Ziggy) iniciava a Ziggy Stardust Tour, em Aylesbury, Buckinghamshire, a cerca de sessenta quilômetros de Londres. Segundo os jornais, nessa primeira apresentação já ficou claro que Bowie não estava apenas fazendo uma performance. Ele estava incorporando a imaginação de sua plateia, que era retribuída com uma pletora de fantasias, sonhos e pesadelos resumidos naquele personagem. Era tudo baseado na reciprocidade. No dia 16 de junho, chegava às lojas *The Rise and Fall of Ziggy Stardust and the Spiders From Mars*, um álbum conceitual que, por meio de canções como "Five Years", "Hang On To Yourself", "Suffragette City" e, claro, "Ziggy Stardust", contava a história de um marciano que desce à Terra para libertar os seres humanos de sua estupidez e de sua previsibilidade. Só que o marciano acaba por se transformar em um astro da música que forma uma banda e se rende ao trinômio sexo, drogas e rock and roll. Ao final, incapaz de cumprir o seu objetivo, Ziggy se suicida. A turnê, que durou dezoito meses, passou pela Inglaterra, País de Gales, Escócia, Estados Unidos e Japão. Durante uma apresentação no Oxford Town Hall, Bowie se ajoelhou na frente do guitarrista Mick Ronson e o puxou em direção à sua boca, em uma simulação de sexo oral. Detalhe: era comum fãs jogarem cuecas no palco, bem como mostrarem o pênis. Algumas vezes, até sexo rolava no meio do teatro.

Acontece que Bowie, sempre inquieto, estava se cansando de ser Ziggy Stardust. Ele não conseguia mais separar o personagem de sua pessoa. No futuro, ele diria: "Não conseguia decidir se estava criando os personagens, se eles me criavam ou se todos éramos um só". Em outra entrevista à *New Musical Express*, ele chegou a dizer: "Talvez eu não curta rock and roll, talvez eu apenas use o rock and roll. É isso que eu faço. Eu não curto rock de jeito nenhum. É só material para o artista". Além do mais, ele já havia declarado à imprensa britânica, em janeiro de 1973, que estava pensando em se dedicar ao cinema. Em outro momento, afirmou que se encontrava "em uma espécie de corda bamba, quase caindo em um abismo". O cansaço também estava pesando, afinal de contas, ele havia feito 61 shows em 53 dias pela Grã-Bretanha, em uma média de mais de um show por dia. Além de cansado, estava dormindo em hotéis vagabundos, encarando estradas ruins e se alimentando basicamente de cocaína. Para completar, durante a turnê, Bowie ainda gravou e lançou um novo disco (*Aladdin Sane*, de 1973), e, pior, depois de tudo isso, o seu empresário, Tony Defries, já havia agendado uma nova turnê pelos Estados Unidos. Na nova rodada de shows pela América, o palco seria coberto por uma imensa bolha plástica cercada por uma membrana sobre a qual seriam bombardeados gases de várias cores diferentes a fim de alterar a cor de Bowie e até o seu tamanho, dependendo do ponto de vista da plateia.

Além de tudo isso, o artista estava com um problema de audição, um zumbido constante no ouvido, e os músicos Trevor Bolder e Mick Woodmansey, da Spiders from Mars, estavam insatisfeitos porque descobriram que o tecladista Mike Garson ganhava um cachê maior do que o deles. Alguns anos depois, Tony Zanetta, o coordenador da turnê, disse: "O estrelato foi meio ilusório, todo mundo estava exausto, e os Spiders finalmente perceberam que deveriam estar sendo bem pagos. Eles pediram dinheiro. A maioria de nós não se importava com dinheiro. Só era divertido ser parte da coisa toda. Então, quando o dinheiro começou a entrar, ficou meio corrompido. E quando os meninos pediram para ser pagos, isso foi visto como uma traição".

Assim, David Bowie, ou melhor, Ziggy Stardust, resolveu pôr um fim naquilo tudo. A despedida seria no Earl's Court, um ginásio que abrigava shows em Londres, mas como Bowie já havia tido problemas com o som do local, as duas derradeiras performances de Ziggy Stardust foram transferidas para o Hammersmith Odeon, uma casa de shows muito menor, com capacidade para cerca de 3.500 pessoas. Para o último show, que ocorreria no dia 3 de julho, Tony Defries convocou o diretor de cinema D. A. Pennebaker, que, na verdade, nem sabia quem era David Bowie. A princípio, inclusive, ele imaginava que se tratava de um show de Marc Bolan, do T. Rex. O fato de ser um show de despedida era guardado a sete chaves. Apenas Bowie, Defries e o guitarrista Mick Ronson tinham conhecimento. Para todas as outras pessoas da produção, inclusive os demais músicos, muito em breve, eles viajariam aos Estados Unidos para dar continuidade à turnê.

Antes de o show começar, todas as noites, o tecladista Mike Garson tocava um *medley* instrumental com quatro músicas que Bowie escolhia na hora. Nessa última apresentação, ele tocou "Space Oddity", "Ziggy Stardust", "John I'm Only Dancing" e "Life On Mars?". Em seguida, quando Ziggy e o restante dos Spiders from Mars entraram no palco, o público já estava de pé em cima dos assentos, ao som de "Hang On To Yourself". Aliás, muita gente nem assento tinha, tendo em vista que houve um considerável vazamento de ingressos falsos. O show teve seguimento com músicas até do novo disco, *Aladdin Sane* (lançado três meses antes), como "Watch That Man" e "Cracked Actor". Na segunda parte do espetáculo, houve homenagens a Lou Reed, com "White Light/White Heat" ("Para um dos melhores compositores que temos", anunciou Bowie, apontando para o amigo na plateia), e Mick Jagger, com "Let's Spend the Night Together" (o vocalista dos Rolling Stones também estava presente, assim como Rod Stewart e Ringo Starr). Para o bis, Bowie convidou o guitarrista Jeff Beck para tocar "Jean Genie" (com um pequeno trecho de "Love Me Do", dos Beatles, com Bowie se arriscando na gaita) e "Around and Around", de autoria de Chuck Berry. E aí, pela primeira vez na turnê, houve um segundo bis. Ou melhor, muito mais do que um segundo bis...

Antes de o guitarrista John Hutchinson tocar qualquer nota, David Bowie, ou melhor, Ziggy Stardust, emendou um discurso: "Essa foi uma das maiores turnês de nossas vidas. Eu gostaria de agradecer à banda. Eu gostaria de agradecer à nossa equipe de *roadies*. Eu gostaria de agradecer à nossa equipe de luz. De todos os shows dessa turnê, esse em particular vai ficar para sempre conosco porque... não é só o último show da turnê, mas o último show que eu vou fazer. Obrigado". Em sua autobiografia, *Spider From Mars*, o baterista Mick Woodmansey descreveu o momento: "Meu primeiro pensamento foi 'O que ele disse? Ele disse que esse é o último show que faremos juntos?'. Olhei para Trevor e, julgando pelo seu olhar confuso, ele estava pensando exatamente o mesmo. Olhei para os outros caras no palco e a maioria deles tinha a mesma expressão de espanto". A última música da apresentação foi "Rock and Roll Suicide", o famoso suicídio de Ziggy Stardust. Voltemos às memórias de Woodmansey: "Na última música, depois do anúncio, eu imaginava que fosse só mais uma das jogadas publicitárias do Bowie. Ele tinha planejado tudo isso ou foi um rompante? Ele já tinha feito esse tipo de coisa algumas vezes sem nos informar. Mas, no fim da música, eu estava muito chateado e joguei uma das minhas baquetas em sua direção, obviamente, sem a intenção de acertá-lo". O baixista Trevor Bolder também guardou suas mágoas. Ele disse: "No final, Bowie mudou como pessoa. Até então, era acessível, só um cara normal, era legal e atencioso, mas quanto mais importante ficava, mais aquilo subia à cabeça, e menos importante você era para ele".

A verdade é que, com exceção do guitarrista Mick Ronson, os outros Spiders from Mars não sabiam do suicídio e, de certa forma, se sentiram traídos. Segundo o guarda-costas de Bowie, o tal suicídio nem teria sido uma opção do cantor. Ele disse ao jornalista Peter Doggett, no livro *David Bowie e os anos 70: o homem que vendeu o mundo*: "O empresário tomou a decisão pouco antes de Bowie subir no palco. Bowie não reagiu na hora, só pensou no assunto depois da metade do show. Ele disse: 'O que eu vou fazer?', e o empresário respondeu: 'Não se preocupe, deixe isso comigo. Depois eu digo o que a gente vai fazer'". No camarim, enquanto os músicos tentavam entender o que tinha acontecido, Steve Jones, futuro guitarrista dos Sex Pistols, roubava parte do equipamento da banda pela porta dos fundos do Hammersmith Odeon. Certamente ele conhecia muito bem um verso da música "Hang On To Yourself", que dizia que "a amargura fica melhor em uma guitarra roubada".

No dia seguinte ao show, foi realizada uma festa no Hotel Cafe Royal. Ziggy, ou melhor, Bowie, parecia bastante feliz recebendo seus convidados, como Mick e Bianca Jagger, Ringo Starr, Paul e Linda McCartney, Keith Moon, Cat Stevens, Lou Reed, Jeff Beck, Sonny Bono e Barbra Streisand. A entrada de David e de Angie Bowie foi anunciada pelo alto-falante, seguida de intenso aplauso. A festa, um dos maiores eventos sociais da década de 1970, foi chamada de "a última ceia", e ainda contou com uma apresentação do pianista Dr. John, que tocou o seu maior hit, "Right Place Wrong Time". A festa terminou por volta das cinco da manhã. Em uma entrevista em 2002, Bowie afirmou: "Eu não me lembro de nada dessa festa, de absolutamente nada".

Em uma era de grandes gestos, Ziggy Stardust se suicidar em cima do palco não poderia ser mais apropriado. Anos mais tarde, Bowie relembrou: "Na verdade, não estava me livrando de Ziggy. Eu estava juntando minhas forças com ele. O personagem e eu estávamos virando a mesma pessoa. E aí você começa esse caminho de destruição psicológica caótica". Dias após o show, a imprensa anunciava: "Bowie desiste". O "suicídio" marcou o fim de uma era. David Bowie queria "sound and vision", ou seja, som e visão. E Ziggy Stardust proporcionou isso a ele. E proporcionou aos jovens da época o primeiro "super-herói" da música. Um super-herói que cantava "Você não está só" em "Rock and Roll Suicide". E os jovens sabiam que aquilo estava sendo cantado para eles. Somente para eles.

Depois de Ziggy Stardust, David Bowie criou outros personagens, como Aladdin Sane, Thin White Duke, Halloween Jack e, até mesmo, Blackstar. Todos eles grandes personagens, criados por um artista — um grande artista — que continuou fazendo história até o último dia de sua vida. Mais ainda: até de sua morte, David Bowie fez uma obra de arte. Sim, *something happened on the day he died*.

LED ZEPPELIN
MADISON SQUARE GARDEN/NOVA YORK
(27-28-29/07/1973)

22

MADISON SQUARE GARDEN, NOVA YORK, DIAS 27, 28 E 29 DE JULHO DE 1973. NO PALCO, ROBERT PLANT, JIMMY PAGE, JOHN PAUL JONES E JOHN BONHAM, OU MELHOR, A MAIOR BANDA DE ROCK DO MUNDO NAQUELA ÉPOCA: O LED ZEPPELIN. TRÊS DOS SHOWS MAIS VISCERAIS DA HISTÓRIA DO ROCK.

O Led Zeppelin talvez tenha sido a maior banda de hard rock da história. Um dos melhores guitarristas do planeta, um vocalista que une todas as qualidades que fizeram dele um dos grandes *frontmen* de todos os tempos, o maior baterista do rock e um baixo preciso e seguro. Foi assim que Jimmy Page, Robert Plant, John Bonham e John Paul Jones fizeram história.

O Led Zeppelin nunca precisou lançar um single sequer. Nunca se curvou aos mandos e desmandos tão comuns das gravadoras. Nunca fez média com ninguém: idolatrou o demônio e o ocultismo, destruiu quartos de hotel, foi arrogante ao extremo, se envolveu em impublicáveis orgias, fez todo o barulho que pôde e usou e abusou de todos os excessos comuns do rock and roll. Drogas, muitas drogas, inclusive. Parecia não haver limites para a banda. Até a morte prematura de um de seus integrantes. O Led Zeppelin é o tipo de banda que não pode existir sem qualquer um de seus quatro músicos originais. Mais do que uma unidade, um mito. Após a morte de John Bonham, a banda encerrou as suas atividades para entrar na eternidade.

Mas, antes de virar lenda, o Led Zeppelin se chamava New Yardbirds. O nome oficial só veio após uma sugestão do amigo e baterista Keith Moon, do The Who. Desde cedo, a banda soube se cercar de pessoas competentes, a começar pelo empresário grandalhão Peter Grant, que, ocasionalmente, saía literalmente no braço para defender os interesses de seus contratados. Mas, certamente, ele não precisou descer o braço em nenhum executivo da Atlantic Records para que o Led Zeppelin fosse contratado.

Uma rápida turnê pelos Estados Unidos abrindo para o Vanilla Fudge foi o suficiente para Ahmet Ertegün, um dos donos da gravadora, se encantar pelo grupo. Ele sabia, de imediato, que tinha ouro da mesma cor dos cabelos de Robert Plant nas mãos.

E a banda já provava que Ertegün estava certo, com o seu rock visceral e uma produção caprichada. É somente isso — ou tudo isso — que pode ser encontrado no primeiro, e homônimo, álbum da banda, lançado em 1969. Do folk britânico ao blues tradicional dos Estados Unidos, passando pelo pop psicodélico do fim dos anos 1960: uma receita brilhante em pouco mais de 44 minutos, e que foi aprofundada em *Led Zeppelin II*, lançado no (acreditem!) mesmo ano. Para o álbum, Jimmy Page criou *riffs* mágicos que entraram para a história do rock, John Bonham gravou o solo supremo de bateria do rock em "Moby Dick" e Robert Plant arrebatava os corações das meninas com os seus "baby, baby" em "Thank You". O álbum alcançou o topo das paradas britânicas e norte-americanas. O mesmo aconteceria com os próximos seis discos — exceção feita a *Led Zeppelin IV* (1971), que estacionou na segunda posição da Billboard, apesar de ser o disco mais emblemático da história do grupo.

Quando o barulho parecia não ter fim, o Led Zeppelin investiu em uma sonoridade mais delicada e rebuscada em seu terceiro trabalho, *Led Zeppelin III*, lançado em 1970. O folk surgiu avassalador na obra da banda, em canções como "Tangerine" e "That's The Way", o blues estrondou em "Since I've Been Loving You" e o rock continuou a rolar alto e solto, como comprova a faixa de abertura "Immigrant Song". Se o Led era classificado mais como uma banda de heavy metal do que de hard rock, o quarto disco do grupo, lançado em 1971, inverteu a regra. Oito músicas, oito clássicos. Da épica "Stairway To Heaven" a "Rock and Roll", passando pela atmosférica "Going To California", a saborosa elegância de "The Battle of Evermore" e o *riff* clássico de "Black Dog". Nada podia ser melhor do que aquilo.

Após muitos shows, na última semana de março de 1973, chegou às lojas *Houses of the Holy*. A capa talvez pareça a de um disco do Pink Floyd (sim, ela foi produzida pela mesma empresa, a Hipgnosis), e até o som, em alguns momentos, parece também (escute "No Quarter"). Eis a prova de que o Led Zeppelin jamais esteve disposto a se acomodar, sempre buscando alternativas a fim de surpreender os fãs. *Houses of the Holy* ainda tem reggae ("D'yer Mak'er"), funk ("The Crunge"), mais rock progressivo ("The Rain Song") e, óbvio, muito rock, especialmente em "The Song Remains the Same". Com relação a esta última faixa, a ideia inicial de Page era de que ela seria uma canção instrumental, mas Plant pensou diferente. Ele considerava a música boa demais para não ter letra. Resumo da ópera, ou melhor, do rock: uma das melhores músicas do Led.

Cerca de um mês após o lançamento do álbum, a banda iniciou a sua nona turnê pelos Estados Unidos. Foram 36 shows em 32 cidades diferentes. O primeiro aconteceu no Atlanta-Fulton County Stadium. Isso mesmo, um estádio. Esta seria a primeira turnê do Led Zeppelin em estádios dos Estados Unidos. Eles queriam provar que, naquele momento, não havia banda de rock maior no planeta, até mesmo porque, em tese, esse posto estava vago após o término dos Beatles, três anos antes. Além da escolha de locais grandes, o Led queria apresentar ao seu público algo muito maior, um espetáculo grandioso, com raio laser, explosões, gelo-seco, globos de espelho suspensos, luzes estroboscópicas e tudo mais que tivessem direito. Para levar a ideia adiante, a banda contratou o relações-públicas Danny Goldberg, que escrevia para a revista *Rolling Stone*. Para causar mais impacto, ainda alugou um jato particular, um Boeing 720, para transportar os músicos e seus equipamentos. Era o famoso *The Starship*, com o nome da banda pintado em sua fuselagem. Afinal de contas, como pensava Goldberg, a maior banda do mundo tinha que ter um avião para chamar de seu. A aeronave ainda contava com um piano para John Paul Jones entreter os tripulantes, mas quem se dava bem mesmo eram as aeromoças. Os músicos enrolavam notas de cem dólares para cheirar cocaína e, depois, chapados, sempre esqueciam o canudo adaptado em algum lugar. Sem pudor, as aeromoças embolsavam todos eles.

A turnê foi um sucesso impressionante, com ingressos esgotados em poucas horas nos maiores estádios dos Estados Unidos. Só no show de estreia, em Atlanta, foram 55 mil pagantes. Na cidade de Tampa, quase 57 mil fãs compareceram, de forma que o recorde dos Beatles de 1965, no Shea Stadium, em Nova York, foi batido. Tudo bem, o estádio de Tampa era maior, e os tempos eram outros, mas Danny Goldberg não perdeu tempo em anunciar para a imprensa a quebra do recorde. No dia seguinte, os jornais anunciavam que o Led Zeppelin era a maior banda de rock do mundo. O objetivo tinha sido alcançado. E era apenas o segundo show da turnê. Até o seu término, o Led arrecadaria mais de quatro milhões de dólares (hoje correspondentes a cerca de 25 milhões de dólares), quebrando o recorde da maior turnê de rock realizada até então, a dos Rolling Stones em 1972.

A verdade é que o show do Led Zeppelin não era mais um simples show de música: tinha se transformado em algo muito além disso. Cada música apresentada, em si, já era um evento. Os vinte minutos de "Dazed and Confused" deixavam o público em transe; a versão de "Stairway To Heaven" era quase uma oração; "Moby Dick", com John Bonham espancando a bateria, era uma catarse. Conforme afirmou o próprio Jimmy Page: "No início da banda, éramos bem contidos, mas por volta de 1973 já tínhamos muita confiança. A partir daí, podíamos não só tocar, mas nos projetar". Em resumo, a turnê era um sucesso, mas muitos fãs reclamavam que não conseguiam comprar ingressos. Por isso, a banda resolveu filmar um show da turnê para que todos tivessem a oportunidade de ver a banda em cima do palco. Inicialmente, o empresário Peter Grant rejeitou a ideia. Ele nunca topava fazer algo em que não tivesse experiência. Porém, a banda insistiu e, no dia 14 de julho, duas semanas antes do término da turnê, Grant ligou para Joe Massot, um cineasta que já havia filmado um show do Led no festival de Bath, em 1970. Ele, então, convocou uma equipe às pressas e se encontrou com a banda em Baltimore, para registrar imagens de bastidores no Baltimore Civic Center e, no dia seguinte, no Three Rivers Stadium, em Pittsburgh, espécies de ensaio para o grande momento, qual seja, a filmagem das apresentações da banda em julho de 1973, no Madison Square Garden.

Durante a temporada em Nova York, a banda se divertiu um bocado. Em entrevista ao jornalista Brad Tolinski, Page explicou o que aconteceu naqueles dias: "Na época em que chegamos a Nova York para as filmagens de *The Song Remains the Same*, passei cinco dias sem dormir. Era tudo tão empolgante, por que alguém ia querer dormir? Vai que perdesse alguma coisa… Além disso, era o fim da turnê e iríamos para casa depois daqueles shows, então, eu queria aproveitar". Plant também tem ótimas recordações, especialmente de sua chegada ao Garden. Em entrevista ao jornalista Mick Wall, ele disse: "Quando chegamos, a coisa toda havia tomado um aspecto completamente diferente. Era uma coisa tão grandiosa, a sensação de liberdade era enorme. Éramos músicos aventureiros, prontos para qualquer coisa, e, para mim, o Madison Square Garden foi um momento seminal. Até então, jamais havia imaginado uma coisa daquelas; havia muita energia indo e vindo entre nós e o público. Era um sonho se realizando".

O Madison Square Garden, já naquela época, era considerado a maior arena de shows do mundo. Tanto que o Led optou por fazer três shows lá, em vez de um único em algum estádio de Nova York. Existe toda uma aura diferente no ginásio, localizado no coração de Manhattan, mais especificamente na Pennsylvania Plaza, na Sétima Avenida, entre as ruas 31 e 33. O Garden, até hoje — e, pelo jeito, para sempre —, é a personificação do esporte e dos grandes concertos de música pop não só da cidade de Nova York, mas de todos os Estados Unidos. E o Led Zeppelin sabia que não podia fazer por menos: encerramento de turnê, Madison Square Garden e, mais importante, quase uma dezena de câmeras filmando aquelas performances para a posteridade.

A apresentação já começou com uma pedrada, o hino metalinguístico "Rock and Roll". Depois, emendou com "Celebration Day", "Black Dog" e "Misty Mountain Hop".

Para essa turnê, a banda excluíra até mesmo o tradicional *set* acústico de seus shows — eles queriam pauleira do início ao fim. "The Song Remains the Same" era outro grande momento, assim como "Stairway To Heaven", com Jimmy Page solando a sua Gibson vinho de dois braços em uma das imagens mais simbólicas dos grandes concertos do rock. O encerramento se deu com "Whole Lotta Love" e, no bis, geralmente rolava "The Ocean". No último show, porém, o do dia 29, a banda ainda incluiu "Thank You" — muito apropriado — para encerrar os trabalhos. Sobre as apresentações, o *New York Times* publicou o seguinte: "O grupo e a solidariedade dos fãs (que continuaram a gritar por mais um bis depois de o grupo ir embora) fornecem imensa sobriedade ao hard rock". Já a revista *Playboy* encerrava a sua longa resenha com a seguinte frase: "O dirigível está longe de ficar manco".

Mas não pense que essa história termina quando o Led Zeppelin deixa o palco do Madison Square Garden no dia 29 de julho. Já na parte final do show, enquanto John Bonham tocava "Moby Dick", um assessor informou ao guitarrista Jimmy Page que o cofre do Drake Hotel, que guardava duzentos mil dólares da banda, tinha sido arrombado. O dinheiro havia sido depositado em notas de cem dólares pelos produtores do show na véspera da primeira apresentação, e serviria para pagar o aluguel do avião e a equipe de filmagem. Como somente a equipe de segurança do hotel e Richard Cole, um dos empresários da banda, tinham acesso à chave do cofre, a culpa recaiu sobre Cole, que foi interrogado e liberado no dia seguinte, após ter passado por um detector de mentiras. Antes de chamar a polícia, o empresário retirou todas as drogas que estavam nos quartos dos integrantes da banda. Contudo, a imprensa fez um estardalhaço acerca do ocorrido, a ponto de Peter Grant esmurrar um repórter do *New York Post* na frente do hotel. O empresário grandalhão acabou atrás das grades por algumas horas. Até hoje, não se sabe quem roubou o dinheiro, mas, ao que tudo indica, pode ter sido obra de pessoas ligadas à máfia, que estava começando a se infiltrar no meio musical. Outra teoria dá conta de que a banda teria roubado o seu próprio dinheiro para se livrar das absurdas taxações praticadas pelo governo britânico, que chegavam a 95% dos rendimentos das pessoas mais ricas do país (lógico que os músicos do Led Zeppelin integravam esse seleto grupo).

Apesar do descomunal sucesso da turnê, o grupo retornou exausto para a Inglaterra. Jimmy Page estava acabado, John Paul Jones queria sair da banda para se dedicar mais à sua família e, após o último show, Robert Plant chegou a ficar três semanas sem falar por conta de problemas nas cordas vocais. Ele teve até que se submeter a uma cirurgia para resolver o problema. O Led Zeppelin só voltaria a se apresentar ao vivo um ano e meio depois.

Em 20 de outubro de 1976, mais de três anos após as apresentações em Nova York, o filme *The Song Remains the Same* estreou nos cinemas. E, por pouco, não deixou de estrear. A banda descobriu que as apresentações não estavam bem filmadas, existindo até mesmo buracos sem imagens em algumas músicas. O Led teve que contratar um novo diretor, o australiano Peter Clifton, para gravar as chamadas sequências de fantasia, nas quais cada integrante da banda interpretaria um determinado personagem, de modo a resolver parte do problema. Plant seria um herói hippie resgatando uma moça em apuros durante "The Rain Song"; Jones, um saqueador mascarado que apareceria em "No Quarter"; Bonham representaria a si mesmo, como um fazendeiro e homem de família, durante "Moby Dick"; e Page escalaria uma montanha em uma noite de lua cheia com direito a um encontro com um velho eremita. Além das sequências de fantasia, Clifton sugeriu refilmar parte do show no Shepperton Studios, na Inglaterra, para preencher os buracos. A banda topou, apesar da dificuldade de ter que filmar fazendo *playback* com o áudio dos shows originais de Nova York.

O filme, em cerca de um ano de exibição, tornou-se *cult*, sendo exibido pelos cinemas no horário da meia-noite, e arrecadando cerca de dez milhões de dólares. E, muito mais do que isso, até hoje *The Song Remains the Same* é um dos retratos mais viscerais jamais produzidos na história do rock. Tinha que ser o Led Zeppelin.

ELTON JOHN
DODGER STADIUM/ CALIFÓRNIA
(25-26/10/1975)

23

EM 1975, NÃO HAVIA POP STAR NO PLANETA MAIOR DO QUE ELTON JOHN. ERA O ÁPICE DO SEU SUCESSO. E DO SEU ESTRESSE. ATÉ MESMO UM SUICÍDIO ELE TENTOU DIAS ANTES DAS APRESENTAÇÕES EM LOS ANGELES. MAS NADA PODERIA DETÊ-LO. AS DUAS ÚLTIMAS DATAS DA WEST OF THE ROCKIES TOUR REPRESENTAM, ATÉ HOJE, OS SHOWS MAIS IMPORTANTES DA CARREIRA DELE.

Poucos artistas da música pop têm a capacidade de fazer um show de até cinco horas de duração (ou mais) só com sucessos que todos sabemos de cor. Poucos artistas da música pop têm talento para produzir uma penca de sucessos com melodias que grudam nos ouvidos. Poucos artistas da música pop têm a sorte de encontrar um parceiro que escreve letras sob medida para as suas melodias. Poucos artistas da música pop conseguem a façanha de colocar pelo menos uma música no top 40 da parada britânica por 26 anos consecutivos. E só um artista se chama Elton John.

Reginald Kenneth Dwight nasceu em 25 de março de 1947, em Middlesex, na Inglaterra. Já aos quatro anos de idade, começou a tocar o piano que o transformaria em astro da música. Aos onze, ganhou um concurso e começou a aprender seriamente o instrumento na Royal Academy of Music, em Londres. A sua carreira profissional começou ainda no início da década de 1960, ao lado da banda Bluesology. Em 1966, o cantor e ator canadense Long John Baldry entrou para a banda, e Elton John, relegado a um segundo plano, largou o grupo e tentou ser vocalista do King Crimson. Não foi aprovado (ainda bem!) e a ele restou tocar piano em *pubs*. E foi nesse momento que estrelas devem ter estourado no céu quando ele encontrou o letrista Bernie Taupin, seu parceiro de vida. A primeira canção em dupla, "Scarecrow", garantiu a assinatura de um contrato com a Dick James Music, especializada em edições musicais. A partir daí, Elton e Bernie escreveriam músicas para outros artistas. O salário: dez libras por semana.

Contudo, mesmo pagando pouco, Dick James não estava satisfeito. As músicas compostas pelos dois não alcançavam o sucesso esperado. O jeito foi a dupla começar a compor para Elton John cantar, e Dick James deu uma força para que ele lançasse o seu álbum de estreia. *Empty Sky* (1969) passou despercebido. Logo depois, mais uma chance para gravar um novo disco. Provavelmente, a última. Mas que dessa vez não foi desperdiçada. Até mesmo porque *Elton John* (1970) conta com "Your Song". E apenas essa música já justificaria a existência da dupla Elton John & Bernie Taupin. Mas, claro, as coisas não pararam por aí. Nos cinco primeiros anos da década de 1970, Elton John lançou álbuns fundamentais da música pop (*Madman Across the Water*, de 1971, *Honky Chateau*, de 1972, e *Goodbye Yellow Brick Road*, de 1973, por exemplo) e registrou hits eternos como "Crocodile Rock", "Don't Let The Sun Go Down On Me" e "Someone Saved My Life Tonight".

Após o lançamento de *Captain Fantastic and the Brown Dirt Cowboy* (1975), a agenda de Elton John estava ocupada demais. Entre turnês e gravações, o músico sofria de exaustão. Isso ficava claro no semblante sempre sombrio de Elton durante as entrevistas. A relação com o pai era algo que ele não conseguia resolver em sua cabeça. "Ele tem quatro filhos e ama todos eles, mas não acho que ele seja um merda. Só queria que ele me amasse do mesmo jeito", chegou a dizer a um jornalista. Elton John estava viciado em cocaína, e seria muito difícil ficar longe da droga, já que morava em Los Angeles, a cidade da indústria da música e do cinema. Sharon Lawrence, que trabalhava no escritório de Elton John, disse a Philip Norman, biógrafo do músico: "Eu me lembrava de uma pessoa um pouco temperamental, que podia ser um pouco neurótica e difícil, mas que era, na maior parte do tempo, feliz e organizada. Agora ele estava pálido, incrivelmente tenso, ansioso e entrava em pânico com facilidade. No espaço de meses desde que o vira, ele parecia ter se tornado uma pilha de nervos". A banda também deve ter reparado que algo estava diferente. Durante os ensaios, o músico se ausentava durante horas sem motivo aparente.

Em outubro de 1975, Elton John mandou para as lojas o seu 11º álbum gravado em apenas seis anos. *Rock of the Westies* trazia uma mudança significativa na sua banda. Trata-se de um tijolo menor na obra de Elton John, apesar de a faixa "Island Girl" ter alcançado o topo da parada da Billboard. Artisticamente, a fase não era das melhores para Elton John nem para Bernie Taupin, que estava se separando e bebendo além da conta. *Rock of the Westies*, é verdade, representa o ápice do sucesso e do estresse de Elton John. Tanto que foi agendada uma turnê curta, com apenas dezessete shows em menos de trinta dias. O *grand finale* estava marcado para os dias 25 e 26 de outubro, no estádio do Dodgers, time de beisebol de Los Angeles.

Aproveitando a fama e tudo o que isso poderia lhe proporcionar, Elton John não fez por menos. Pelo valor de cem mil dólares, fretou um Boeing 707 da Pan Am (batizado como *Rock of the Westies Express*) e mandou trazer família, amigos e colegas seus e do empresário-companheiro John Reid diretamente da Inglaterra para as derradeiras apresentações da turnê. Em uma verdadeira festa de Babete, as 130 pessoas se refestelaram degustando filé à Diana e estalaram as línguas bebendo garrafas e mais garrafas de champanhe. Quando o avião estacionou no aeroporto internacional de Los Angeles, Elton John os aguardava na pista de pouso com uma fila de Rolls-Royces e Cadillacs a perder de vista, e que levaria todos eles para a sua residência em Beverly Hills — casa esta que já havia sido ocupada por Greta Garbo. "Eu queria que minha família visse isso, eu queria que eles tivessem o melhor momento de suas vidas, eu queria que eles sentissem orgulho de mim", escreveu Elton John em suas memórias. A família visitou a Disneylândia, navegou no iate de John Reid e frequentou festas com gente importante todos os dias. Elton John preferiu não passear de iate. "Depois de assistir a *Tubarão*, nunca mais vou pôr os pés em uma praia. Prefiro jogar tênis a andar de barco."

Os 110 mil ingressos para os dois shows já estavam esgotados havia muito. Elton John, aos 28 anos, era o artista pop mais famoso do mundo. Não havia como alcançar um patamar maior. O prefeito de Los Angeles, Tom Watson, decretou a "Semana Elton John" entre 20 e 26 de outubro de 1975, com uma série de festividades que culminou com a inauguração da estrela do músico na Hollywood Boulevard, do lado de fora do Grauman's Chinese Theatre. Seis mil fãs compareceram e, pela primeira vez em 1.662 cerimônias, a rua teve que ser fechada devido à quantidade de gente. Em seu discurso, o músico fez galhofa: "Declaro que o supermercado está aberto. Ah, desculpe, palavras erradas. Preciso dizer uma coisa: esse negócio é mais difícil do que cantar em um show". Na mesma semana, ele compareceu a uma festa de lançamento do novo LP de Neil Sedaka, com uma máscara negra fixada em seus óculos esbugalhados.

Nessa mesma época, John Lennon chegou a avisá-lo: "Olha, eu sempre admirei você. Não faça isso consigo mesmo". Elton John não escutou o conselho. Poucos dias antes dos shows, ingeriu sessenta comprimidos de Valium e pulou na piscina na frente de todos os seus convidados, enquanto berrava: "Estarei morto em duas horas". "Eu estava prestes a fazer os shows mais prestigiosos da minha carreira. Minha família e meus amigos estavam lá, compartilhando alegremente o meu sucesso. E foi quando eu decidi tentar me suicidar novamente", escreveu o músico em sua autobiografia. A mãe dele ficou atônita. E a avó, à época com 75 anos, disse: "Acho que devemos todos ir para casa agora". No documentário *Tantrums and Tiaras* (1996), a mãe do músico relembrou o momento: "Era um estilo de vida diferente, e ele começou a se relacionar com pessoas diferentes. Havia as drogas, o que ele negava com veemência, mas eu não sou idiota. Não o vi durante uma semana até nos encontrarmos nos bastidores antes de ele entrar, e me lembro de que suas mãos estavam totalmente rachadas de tanto tocar piano e que ele estava colocando uma coisa na pele. Ele estava com uma aparência terrível. Pensei que ele fosse morrer". Depois do episódio na piscina, médicos lavaram o estômago do músico e o encaminharam ao hospital. Elton John perdeu a consciência algumas vezes durante a noite, mas foi (inacreditavelmente) autorizado a fazer os shows. Depois de sair do hospital, ele ainda jogou futebol com a sua banda e quase quebrou o nariz do baixista Kenny Passarelli com uma cotovelada.

Cinco anos antes, Elton John estreava em solo norte-americano na pequena casa The Troubadour. Eram apenas quatorze quilômetros de distância até o Dodger Stadium. Para a carreira de Elton John, porém, parecia que era do planeta Terra a Júpiter. O estádio do time de beisebol de Los Angeles estava fechado para shows desde um tumulto que acontecera durante uma apresentação dos Beatles em 1966. Foram seis meses de negociações até que os proprietários do time topassem. Em retribuição, Elton John pediu ao figurinista Bob Mackie que confeccionasse um uniforme do time. Coberto de glitter (claro!), e com a inscrição ELTON sobre o número 1 (claro!) nas costas.

Quando os portões do estádio se abriram, bolas de praia foram lançadas para o público. Até mesmo um leão subiu ao palco para divertir a plateia. O *backstage* estava repleto de celebridades, como o ator Cary Grant. Os shows de abertura ficaram a cargo da cantora country Emmylou Harris e da banda James Gang, que contava com o guitarrista Joe Walsh que, pouco tempo depois, brilharia nos Eagles. O sol ainda estava forte quando Elton John entrou sozinho para cantar "Your Song", ao mesmo tempo que seu piano, sobre uma plataforma hidráulica, deslizava até a frente do palco. Bernie Taupin descreveu o momento: "Todo mundo estava abrindo os braços, gritando, tirando a camisa e girando-a acima da cabeça, envolvido por uma brisa de maconha". A banda se uniu a Elton para "Border Song", e depois ele despejou sucessos como "Levon", "Rocket Man", além da raramente executada "Empty Sky", faixa-título do disco de estreia.

Depois da décima música do *set*, houve um intervalo, e o músico voltou com o traje estilizado dos Dodgers. A partir daí, foi uma apoteose. Elton John fez de tudo. Ajoelhou-se para tocar a guitarra de Davey Johnstone com os dentes, da mesma forma que David Bowie fizera com Mick Ronson na turnê de *Ziggy Stardust* (1972).

Apresentou os integrantes da banda enquanto os seus nomes surgiam no placar eletrônico, para delírio dos fãs. Convidou o discretíssimo Bernie Taupin para o palco. Convocou a megatenista Billie Jean King (que tinha acabado de ganhar o torneio de Wimbledon pela sexta vez) para se juntar aos *backing vocals* (todos vestindo uniformes brancos de frentistas da Esso) durante "The Bitch is Back" e "Philadelphia Freedom". Reverenciou James Cleveland e as 45 vozes da Southern California Community Choir que participaram do show. Colocou o público para pular no bis, que contou com "Saturday Night's Alright For Fighting" e "Pinball Wizard". E até os deuses providenciaram um estonteante pôr do sol enquanto Elton John cantava "Don't Let The Sun Go Down On Me". No total foram trinta músicas em cada um dos dois shows, que contaram com um repertório idêntico. Foram muitos momentos marcantes, mas provavelmente nenhum supera a imagem de Elton John de pé, em cima da cauda de seu piano, usando um taco de beisebol para arremessar bolas para os fãs. Não poderia ser mais apropriado.

O esforço foi grande, e, no fim da segunda apresentação, as pontas dos dedos de Elton John estavam banhadas de sangue. Em suas memórias, ele escreveu: "Esses são os shows para os quais você vive, e o Dodger Stadium era assim, nos dois dias. O som estava perfeito, assim como o clima. Lembro-me de estar no palco, sentindo a adrenalina correndo por mim". "Os shows foram um completo triunfo", completou. Bernie Taupin corroborou suas palavras: "Ele podia não ser um cara muito feliz naquela época, ainda mais naqueles shows. Mas foram concertos incríveis".

Dois dias após as apresentações, Elton John e John Reid encerraram o relacionamento afetivo, que já não ia lá muito bem. No ano seguinte, o músico lançou o LP duplo *Blue Moves*, viu pela primeira vez um single seu alcançar o topo da parada britânica ("Don't Go Breaking My Heart", em parceria com a cantora Kiki Dee), declarou-se publicamente bissexual e ameaçou se aposentar. Até hoje, Elton John vem gravando bons discos, como *The One* (1992) e *Wonderful Crazy Night* (2016). E também não faltaram sucessos nesse período. "I Guess That's Why They Call It The Blues", "I'm Still Standing", "Sacrifice", "Circle of Life" e "I Want Love" estão aí para provar.

Aposentado ou não, Elton John continua abraçando o mundo. Até mesmo porque só um artista se chama Elton John.

THE BAND
WINTERLAND BALLROOM/ SÃO FRANCISCO (25/11/1976)

24

LEVON HELM, ROBBIE ROBERTSON, RICK DANKO, RICHARD MANUEL, GARTH HUDSON. UM TIME EXCEPCIONAL DE MÚSICOS. UMA BANDA QUE NÃO TEVE O MÍNIMO PUDOR DE SE AUTOINTITULAR THE BAND — "A BANDA". FORAM OITO ANOS JUNTOS, E O DERRADEIRO ATO, REPLETO DE CONVIDADOS, PODE SER CONSIDERADO O MAIOR SHOW DE DESPEDIDA DA HISTÓRIA DO ROCK.

"O último concerto de rock." Esse foi o título que *The Last Waltz*, o registro do show de despedida da The Band, ganhou aqui no Brasil. A tradução é péssima, mas não deixa de fazer algum sentido. Se não foi o último concerto de rock, foi um dos mais especiais. Seja pelos convidados estelares presentes no palco, seja pela classe e qualidade absurda dos músicos da The Band. Aliás, tem que se garantir muito para dar esse nome a uma banda: "The Band". Mas, sim, a The Band era "A Banda".

Voltando um pouco na história, a The Band dava os seus primeiros passos no rockabilly. Em 1958, os multi-instrumentistas canadenses Rick Danko, Richard Manuel, Garth Hudson e Robbie Robertson, juntamente com o americano nascido no Arkansas Levon Helm, formaram o The Hawks para excursionar como banda de apoio de Ronnie Hawkins — um norte-americano também nascido no Arkansas e que acabou se tornando uma espécie de "Elvis Presley do Canadá", tamanho sucesso que ele fez por lá. A parceria durou até 1963, quando o grupo virou o Levon Helm Sextet, com a adição do saxofonista Jerry "Ish" Penfound. A história do grupo deu uma guinada em 1965, quando Bob Dylan o convidou para acompanhá-lo no palco. Pela primeira vez, Dylan apostaria em um som elétrico em uma turnê e, para tanto, queria estar cercado de alguns dos melhores músicos da América do Norte. Não poderia ter escolhido músicos melhores.

Habituada ao rockabilly, a rebatizada The Band teve que se acostumar ao intrincado folk elétrico do trovador norte-americano. O casamento teve um início feliz e a parceria foi adiante. Em 1966, enquanto convalescia de um acidente de motocicleta em Woodstock, o cantor se juntou à banda para gravar diversas sessões em seu estúdio, que depois se transformariam no antológico álbum *The Basement Tapes*, que só chegaria às lojas em 1975. O grupo estava afiadíssimo, justificando o seu nome, de fato. Quase dez anos após aquela excursão com Ronnie Hawkins, a The Band foi convidada por Bob Dylan para gravar o álbum *John Wesley Harding* (1967). Só que, dessa vez, o convite foi recusado. Estava na hora de alçar voos mais altos e gravar os seus próprios discos.

Foi o próprio empresário de Bob Dylan, Albert Grossman, que levou a The Band para a Capitol Records. *Music from Big Pink* — a imagem da capa é uma pintura de Dylan — era diferente de tudo o que poderia se esperar de um álbum gravado em 1968. Esqueça a psicodelia que reinava na época. O seminal álbum da The Band representou um dos tijolos fundamentais do rock de raiz com toques de folk, em um trabalho coletivo entre seus integrantes. Todos compunham, todos cantavam e todos tocavam qualquer instrumento. Se a seleção holandesa de futebol de Rinus Michels, em 1974, criou o "futebol total", não seria injusto afirmar que a The Band criou o "rock total".

A partir do segundo álbum, homônimo, lançado em 1969, a The Band estava ainda mais coesa, se é que era possível. Se o primeiro disco surpreendia por causa de sua diversidade, o segundo já era mais orgânico e direto, com todas as suas doze faixas basicamente compostas por Robbie Robertson. Arranjos leves e atemporais embalam canções cujos temas, em sua maioria, passam de alguma forma pela vida rural dos norte-americanos no século 19. O passado não poderia ser mais atual na música do grupo. "The Night They Drove Old Dixie Down" é um dos maiores clássicos da história da música de todos os tempos.

No decorrer da década de 1970, a banda permaneceu lançando álbuns rotineiramente, com destaque para *Stage Fright* (1970) e *Northern Lights - Southern Cross* (1975), e chegou até mesmo a voltar a acompanhar Bob Dylan em uma turnê, bem como a gravar o álbum *Planet Waves*, em parceria com o músico norte-americano, em 1974. Contudo, a relação de seus integrantes não era mais a mesma. Algo estava se quebrando, e o envolvimento de alguns membros com as drogas fez com que tudo quase desmoronasse.

Em 1976, a The Band agendou uma turnê de verão pelos Estados Unidos. Os shows foram bons, mas as bebedeiras de Richard Manuel, em especial, estavam incomodando os demais integrantes da banda, tanto que, em diversos shows, não se sabia se ele teria condições de subir no palco. Nessa mesma turnê, haveria um show em um festival perto de Austin, no Texas. As estradas estavam fechadas, e só era possível chegar ao local de barco. Manuel se posicionou na parte da frente da embarcação, que bateu violentamente em uma onda, jogando-o para trás. Resultado: o músico teve o seu pescoço fraturado. Ainda havia muitas datas agendadas e a banda não sabia o que fazer. Quando os shows estavam prestes a ser cancelados, alguém deu uma ideia: Manuel seria tratado por monges tibetanos. No mesmo dia, ele se recuperou.

Acontece que Robbie Robertson já estava saturado. Antes mesmo do acidente, ele já pensava em parar de excursionar, o estilo de vida do rock and roll estava chegando ao limite. Jimi Hendrix, Janis Joplin, Jim Morrison, Gram Parsons, Nick Drake e Tim Buckley já tinham morrido devido aos excessos. Robertson não queria presenciar ninguém da sua banda se juntando àquele time. Só que, ao mesmo tempo, era difícil parar. Afinal de contas, fazia cerca de quinze anos que a The Band estava fazendo shows. Ao mesmo tempo, a cada apresentação, as coisas ficavam mais difíceis. Rick Danko, Richard Manuel e Levon Helm exageravam na dose, até que Robertson jogou a toalha. Mas não sem antes propor uma despedida em grande estilo.

Ele então convocou os colegas e lançou a ideia de fazer um grande show de despedida. Não houve oposição, pelo contrário, houve alívio. Na reunião, inclusive, Danko disse: "Gosto da ideia de fazer um show especial para colocar um ponto final nesse período de nossa jornada". Assim, os cinco músicos decidiram dar o adeus no Dia de Ação de Graças, 25 de novembro de 1976. Eles já tinham concordado que não seria apenas a The Band em cima do palco. Convidariam artistas que tinham sido importantes na carreira da banda em algum momento, bem como músicos que representassem diferentes estilos da música pop. Ronnie Hawkins e Bob Dylan eram os primeiros da lista. Contudo, Dylan estava desconfiado. "Essa é uma daquelas aposentadorias no estilo Frank Sinatra, que ele volta no ano seguinte?", perguntou. Robertson respondeu que não, a despedida era pra valer mesmo.

O lendário produtor de shows Bill Graham ficou sabendo da despedida e, chocado, deu duas ideias. A primeira: a banda faria o show no Winterland Ballroom, casa de sua propriedade e palco da primeira apresentação da história da banda, nos anos 1960. A segunda ideia era ambiciosa: aquele show deveria ser filmado para a posteridade. Os dias iam se passando, e a banda tinha que fechar a lista de artistas convidados. Além de Dylan e Hawkins, eles imaginaram, de cara, Eric Clapton, para representar o blues britânico. Outros nomes se seguiram, como os de Dr. John (representante do som de Nova Orleans), Joni Mitchell (a rainha suprema das compositoras), Muddy Waters (o pai do blues de Chicago), Neil Diamond (representando a tradição da Tin Pan Alley), Van Morrison (o grande nome do R&B irlandês), Neil Young (que daria voz às raízes canadenses da banda), entre outros.

Robbie Robertson também deveria falar com uma outra pessoa: Mo Ostin, então presidente da Warner Bros Records. A Warner sempre sonhou em assinar com a The Band, mas nunca teve chance. Agora, ainda que no fim do ciclo da banda, poderia ser uma boa oportunidade. Assim, Ostin garantiu que gravaria o disco ao vivo do show e ainda pensaria em bancar o filme. Entretanto, havia uma condição inegociável: Bob Dylan tinha que participar. Com o sinal verde da gravadora, a banda precisava decidir quem seria o diretor do filme. Ela não queria nem pensar em um documentário de música igual aos outros. O filme tinha que trazer todo o impacto daquele grande show que preparavam. Para alcançar o objetivo, pensaram em diretores que, de alguma forma, guardavam relação com a música, como Hal Ashby, George Lucas e Francis Ford Coppola. Acabaram optando por Martin Scorsese, muito por conta do filme *Woodstock*, e também por *Taxi Driver*, o seu clássico longa.

Na mesma semana, Robertson se encontrou com o cineasta durante um jantar em Beverly Hills, no qual também estava presente a atriz e cantora Liza Minnelli. Quando o músico apresentou a ideia, os olhos de Scorsese brilharam. Só que havia um impedimento. Naquele mesmo período, Scorsese rodava um filme em outro estúdio e estava impossibilitado de fazer outro pela Warner. O jeito foi agradecer e recusar a proposta educadamente. Porém, após o jantar, todos se sentaram em um bar para a saideira. Papo vai, papo vem, e o assunto girava em torno dos artistas convidados para o show, como Joni Mitchell, Van Morrison e Bob Dylan. Aí já era demais para Scorsese. "Para o inferno com tudo. Eu preciso fazer isso... Esses são os meus artistas favoritos, e a The Band... Oh, Deus! Eu preciso fazer esse filme... Eles podem me demitir... Eu preciso fazer esse filme!". No dia seguinte, os preparativos para a filmagem tiveram início, e o tal show precisava de um nome. Robertson teve a ideia de chamá-lo de *The Last Waltz*, a última valsa, e ainda se propôs a escrever uma música-tema, inspirada no compositor austríaco Johann Strauss.

A cenografia era outro aspecto que deveria ser pensado com cuidado. O designer Boris Leven foi contatado, mas a grana para a produção do show não era das maiores. Leven resolveu o problema. Uma montagem da ópera *La Traviata*, de Giuseppe Verdi, acabara de ser encenada pela ópera de São Francisco. E se eles pegassem aquele cenário grandioso emprestado? E se eles ainda pendurassem uns lustres bem chiques no teto do palco? A ideia era ótima. E Leven não teve dificuldade de pegar emprestados os lustres que haviam sido utilizados no filme *...E o vento levou*.

Enquanto Leven resolvia os detalhes da cenografia, a The Band ensaiava as músicas que seriam apresentadas. Os primeiros ensaios aconteceram no Shangri-La, o famoso estúdio da banda, localizado em Malibu. Alguns convidados já participavam desses ensaios, e as músicas eram, enfim, definidas. Neil Young, por exemplo, escolheu duas canções com forte conexão com o Canadá: "Helpless" e "Four Strong Winds". A The Band, por sua vez, pediu que Van Morrison cantasse "Caravan". Já Eric Clapton optou por "Further On Up the Road", clássico de Bobby "Blue" Bland. Bob Dylan propôs que a banda tocasse músicas do álbum *Planet Waves* (disco de 1974 gravado em parceria entre eles), além de canções mais antigas, como "Baby, Let Me Follow You Down" e "I Don't Believe You". Os ensaios com Dylan foram bons, no entanto, ele queria comunicar algo para a banda. Dylan estava preparando o seu próprio filme, com o registro da turnê Rolling Thunder Revue, e, para não competir consigo próprio, tinha desistido de participar do filme da The Band. Foi um duro golpe, afinal, o longa estava sendo bancado por conta da presença de Bob Dylan. Depois de alguma negociação, ficou acertado que a participação do músico norte-americano seria registrada e, caso ele não gostasse do resultado, sua parte seria excluída.

Martin Scorsese trabalhava incansavelmente no roteiro. Claro, ele não faria um registro convencional daquele show. O diretor pesquisou absolutamente tudo sobre a música da banda: quem cantava cada verso, quem tocava cada acorde, quem solava em cada música. Tudo isso tinha que ser muito bem pensado para que as câmeras registrassem os músicos certos na hora certa. Na cabeça de Scorsese, aquilo seria um filme com uma história a ser contada, e não um simples registro de um show. Só que o diretor esbarrava na má vontade de Bill Graham, produtor do show e dono do Winterland. A cada visita, ele tinha uma novidade: "Não quero que as suas câmeras atrapalhem o público"; "Não quero cabos de câmera atravessando o salão"; "Não quero que as câmeras arranhem o piso" etc. etc. etc...

A iluminação do espetáculo também era outra preocupação. Tanto a banda quanto o cineasta não queriam aquela iluminação frenética cheia de cores, tão comuns em shows de rock. A ideia era fazer algo mais discreto e sóbrio, como nos musicais, com luzes brancas focando os músicos. Para tanto, até geradores de energia tiveram que ser providenciados, porque havia o receio de a energia da casa de shows não dar conta de tantas luzes e câmeras ligadas ao mesmo tempo. Já em Malibu, os ensaios transcorriam bem. A banda estava fechada. Apesar das drogas, das bebidas, das desavenças, todos dariam o seu melhor, para deixar registrado para a posteridade que o nome dessa banda não era The Band à toa.

Os músicos aterrissaram em São Francisco poucos dias antes do show, para realizar os últimos ensaios com os artistas convidados. No entanto, Ronnie Hawkins se sentia desconfortável. Ele se achava inferior aos outros convidados e não queria mais participar. Tudo foi resolvido em um papo sincero, quando Robbie Robertson jurou que Hawkins tinha sido o primeiro da lista de convidados para aquela grande noite

— e era verdade mesmo. Foi apenas na véspera do show que a The Band se lembrou de que tinha que comprar suas roupas em lojas de antiguidades. Ao mesmo tempo, a equipe técnica se virava para microfonar o ambiente do Winterland. O naipe de metais fazia os últimos ensaios. Amigos e familiares dos músicos também chegavam a São Francisco. Estava quase na hora do show.

E o show, na verdade, teve início antes de a The Band pisar no palco. Como era noite de Ação de Graças, um nababesco jantar foi oferecido à plateia antes da apresentação. O menu: duzentos perus, 140 quilos de salmão, 450 quilos de batata e 180 quilos de torta de abóbora. Alguns casais ainda dançavam ao som de valsas executadas por 38 músicos da Berkeley Orchestra. Quando a The Band entrou no palco, com "Up On Cripple Creek", já sentiu que o público estava em suas mãos. O show seguiu com "The Shape I'm In" e "It Makes No Difference". "The Night They Drove Old Dixie Down" foi um dos momentos mais arrepiantes da apresentação. Em sua autobiografia, Robertson diz duvidar que Levon Helm tenha feito alguma performance tão especial quanto aquela. "Stage Fright" e "Rag Mama Rag" encerraram a primeira parte do show.

O segundo *set* da apresentação seria com os artistas convidados. Um detalhe: a plateia não sabia de nada, os convidados eram surpresas absolutas. O primeiro a ser chamado foi exatamente Ronnie Hawkins, que cantou "Who Do You Love?", de autoria de Bo Diddley. Durante o solo de guitarra, Hawkins abanava os dedos de Robertson com o seu chapéu, como se eles estivessem pegando fogo, da mesma forma que fazia quando a The Band era a sua banda de apoio. Em seguida, foi a vez de Dr. John, que executou a sua canção "Such a Night". Paul Butterfield participou de "Mystery Train", gravada pela The Band no álbum *Moondog Matinee* (1973). Depois foi a vez de Muddy Waters, com "Caldonia" e "Mannish Boy", e Eric Clapton, que destruiu na guitarra durante "All Our Past Times" e "Further On Up the Road". Neil Young, em seguida, disse que era uma honra estar naquele palco. Àquela época, ele andava abusando da cocaína, tanto que Scorsese teve que dar um jeito de cortar a mancha branca no nariz do músico canadense na edição final do filme. "Helpless" foi cantada em dueto com Joni Mitchell, mas como a The Band não queria estragar a surpresa de quem cantaria depois de Young, ela cantou atrás da cortina. Quando a sua voz ressoou no Winterland, parte do público deve ter pensado que se tratava de um anjo.

De fato, quando chegou sua vez de entrar no palco, Mitchell parecia mesmo um anjo, ainda mais quando cantou o seu sucesso "Coyote". Neil Diamond surgiu em seguida e anunciou: "Só vou cantar uma música, mas vou cantá-la muito bem", e interpretou "Dry Your Eyes", música composta por ele e Robbie Robertson. Note-se que Levon Helm não queria a presença de Diamond de jeito nenhum naquele show, porque achava que ele não tinha nada a ver com o som da banda. Van Morrison arrebentou em "Caravan", em uma performance digna de um acrobata, com direito a chutes no ar. Tal imagem pode ser considerada o resumo do show. Para encerrar o segundo ato, Neil Young e Joni Mitchell se juntaram à The Band para apresentar "Acadian Driftwood", single lançado pela banda naquele mesmo ano. No pequeno intervalo que se seguiu, enquanto escritores como Michael McClure, Lawrence Ferlinghetti, Frank Reynolds e Robert Duncan recitavam poesias em cima do palco, a The Band era cumprimentada no camarim pelo governador da Califórnia, Jerry Brown, ao mesmo tempo que Robertson tentava finalizar duas músicas que ele queria apresentar ainda naquele show — acabaram ficando para o disco que serviu de trilha sonora para o filme, lançado em 1978.

Finalmente, a banda retornou ao palco e executou "Chest Fever" e o sucesso "The Weight". Já seria um ótimo encerramento, mas Robertson ainda tinha mais uma carta na manga e anunciou: "Agora eu gostaria de apresentar mais um grande amigo nosso". E Bob Dylan entrou no palco com o seu chapéu branco. A plateia parecia não acreditar. Aquilo já era demais. Juntos, Dylan e a The Band executaram "Baby, Let Me Follow You Down", "Hazel", "I Don't Believe You" e "Forever Young". Quando Bob Dylan já estava deixando o palco, perguntaram se ele não toparia tocar mais uma com os convidados que ainda estavam nos bastidores. E a plateia ganhou de brinde uma versão arrasadora de "I Shall Be Released", com direito ainda ao Rolling Stone Ronnie Wood na guitarra e ao Beatle Ringo Starr na bateria.

Você acha que acabou, né? Mas, atendendo a pedidos, a The Band emendou uma *jam* de cerca de trinta minutos de duração, com participações de Stephen Stills e de Carl Radle, que assistiam ao show nos bastidores. Pequeno detalhe: a apresentação já estava se aproximando das cinco horas de duração. Só que a plateia não queria mesmo saber de ir embora. Batia palmas, batia os pés no chão, e a The Band teve que voltar para tocar "Don't Do It", como se fosse a primeira música do show. O final daquela noite histórica foi descrito por Robbie Robertson em sua autobiografia *Testimony*: "Cada um de nós curvou a cabeça. Levon olhou para mim, deu uma piscadela e acenou para a nossa plateia fenomenal. Meus olhos reviraram o palco, olhei para os meus irmãos Garth, Richard, Rick e Levon. Isso não pode ser o final de alguma coisa. Isso não pode ser o fim. O que nós temos nunca poderá morrer, nunca desaparecerá".

Tanto nunca desaparecerá que essa história está sendo contada aqui. *The Last Waltz*. Ou "A última valsa". Ou, até mesmo, *O último concerto de rock*. Que não foi o último mas é um dos cinquenta maiores shows da história do rock.

(Ah, e antes que eu me esqueça: Bob Dylan topou participar do filme. Pois é, nem Dylan seria louco de se recusar a estar ao lado d'A Banda.)

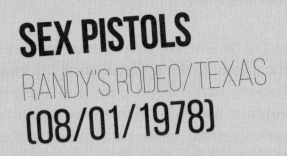

SEX PISTOLS
RANDY'S RODEO/TEXAS
(08/01/1978)

25

DIA 8 DE JANEIRO DE 1978. O MUNDO OUVIA ELVIS PRESLEY, QUE HAVIA MORRIDO CINCO MESES ANTES E FARIA ANIVERSÁRIO NAQUELE DIA. PORÉM, CERCA DE DOIS MIL CAUBÓIS DE SAN ANTONIO ESCUTARIAM ALGO BEM DIFERENTE NAQUELE DOMINGO. OS SEX PISTOLS ESTRELARAM UM DOS SHOWS MAIS SURREAIS DA HISTÓRIA.

Em meados dos anos 1970, o rock andava comportado demais. E o Sex Pistols foi uma das bandas que alteraram os rumos do gênero naquele período. Bandas punk surgiam para abalar as estruturas da música popular, e os Pistols vieram a reboque do movimento. Importante ressaltar que, no punk, a qualidade dos músicos não importava tanto. Talvez nem precisassem ser músicos de verdade. Bastava a atitude. O suficiente para fazer tudo absolutamente diferente do que já tinha sido feito antes. E o principal: colocar o rock and roll na sarjeta. O Sex Pistols fez tudo isso. E mais um pouco.

Por meio do excêntrico empresário Malcolm McLaren (que já havia trabalhado anteriormente com o New York Dolls), uma nova subcultura se formou ao redor de sua loja de roupas, Sex, meca *underground* localizada na Kings Road, em Londres. Os manequins na vitrine exibiam camisetas rasgadas e calças de couro. As camisetas que mais faziam sucesso na loja eram aquelas que traziam mensagens estampadas como "Anarchy in the UK" ou "Never trust a hippie". E foi na Sex que McLaren convenceu os ex-*skinheads* Steve Jones, Glen Matlock e Paul Cook a formar uma banda de rock. Contudo, ainda faltava um vocalista, até que John Lydon (futuro Johnny Rotten) surgiu no estabelecimento trajando uma camiseta com o nome do Pink Floyd e, logo acima, rabiscadas pelo próprio Lydon, as palavras "*I hate*" ("eu odeio"). Feio, mal-educado, baixinho, com dentes tortos e, dizia-se, cheio de hemorroidas (reza a lenda que ele as extirpava frequentemente com lâminas de barbear), Lydon caiu nas graças do empresário.

Poucos dias depois, em novembro de 1975, os Sex Pistols faziam o seu primeiro show, e um novo movimento musical — cultural, para ser mais exato — surgia. Um movimento em que os jovens podiam expressar as suas indignações e angústias, mesmo que mal soubessem empunhar um instrumento musical. Jovens que formaram bandas como o The Clash, o Buzzcocks, o Generation X, o The Damned, entre várias e várias outras. Pancadarias eram comuns nas apresentações desses novos grupos musicais, com o predomínio de um público adolescente da classe trabalhadora. Uma jovem chegou a ficar cega por causa de um copo de vidro quebrado durante um incidente que envolveu um fã do Sex Pistols chamado Sid Vicious. Os seus músicos sempre faziam questão de agredir a plateia, e quanto mais agressiva fosse a resposta, melhor.

No fim de 1976, após um show na prisão de Chelmsford, na Inglaterra, o Sex Pistols fechou contrato com a EMI Records, gravando o seu primeiro single, inspirado na camiseta da Sex "Anarchy in the UK", cuja letra, que fala em "anticristo" e "anarquia", causou controvérsia, assim como a sonoridade pesada, apesar de bem executada, a ponto de críticos até hoje não terem certeza se foram mesmo os integrantes do grupo que participaram da gravação. Em seguida, teve início a Anarchy Tour, com a participação de bandas como The Clash, Buzzcocks e Heartbreakers. O roteiro era o mesmo em cada uma das (poucas) apresentações da turnê: o público jogava tudo o que encontrava pela frente e, no final dos shows, o palco estava cheio de garrafas de vidro quebradas.

O contrato com a EMI não durou muito. Apenas seis dias, para ser mais exato. Depois de uma fatídica participação ao vivo em um programa de TV, no mês de dezembro de 1976, na qual os Pistols cuspiram palavrões às escâncaras — e foram levados ao ar pela primeira vez em rede nacional pela televisão britânica —, o contrato com a gravadora foi rescindido, e a Anarchy Tour foi cancelada após meras três apresentações. Dois meses depois, o baixista Glen Matlock foi expulso do grupo. McLaren justificou a demissão pelo fato de o músico ser fã dos Beatles. Sid Vicious, aquele velho fã da banda, e que não sabia tocar uma nota musical, o substituiu. Os Pistols assinaram contrato com a A&M Records em cima de uma mesinha de cavalete do lado de fora do Palácio de Buckingham. O novo contrato durou ainda menos do que o anterior: três dias. Trocando em miúdos, em menos de três meses, a banda havia acumulado cerca de 250 mil dólares somente de indenização paga pelas duas gravadoras. A história foi contada na letra de "The Great Rock 'n' Roll Swindle", escrita pela própria banda. A sua letra: "A EMI disse que estamos fora de suas mãos/ E nos deram o pontapé/ Mas eles não podiam nos demitir, apenas/ Sem nos dar o saque/ Obrigado, amável A&M/ Eles disseram que estávamos desobrigados/ Mas não foi nada mau por duas semanas de trabalho/ E 75 mil libras/ O tempo está bom para fazer agora/ A grande trapaça do rock 'n' roll".

A terceira gravadora foi a Virgin Records, pela qual, em maio de 1977, chegou às lojas o single "God Save the Queen", que zombava da rainha e rotulava o seu regime de estúpido e fascista. Para celebrar o lançamento, no dia 15 de junho, a banda subiu em um barco e navegou o rio Tâmisa até aportar em frente ao Parlamento do Reino Unido, onde executou a nova música. Todos os envolvidos acabaram presos, inclusive o mentor da ideia, sempre ele, o empresário Malcolm McLaren. A publicidade gerada, no entanto, não poderia ter sido melhor. O single, lançado na semana das comemorações do Jubileu de Prata da rainha Elizabeth II, alcançou, contra tudo e contra todos, a vice-liderança da parada britânica, vendendo dois milhões de cópias nos primeiros dias. A segunda colocação era oficial, mas ainda gerava dúvidas. Vinte e quatro anos depois, em março de 2001, a BBC soltou a seguinte nota: "'God Save the Queen' alcançou o número 1 na Grã-Bretanha, em 1977, apesar de ter sido banida pela BBC, marcando um momento definidor na revolução punk".

Não era só a rede pública britânica que torcia o nariz para o Sex Pistols. Emissoras de rádio e lojas de discos baniram o grupo, que continuou lançando singles como "Pretty Vacant" e "Holidays In the Sun", bem como o seu único álbum, *Never Mind the Bollocks, Here's the Sex Pistols* (1977), um apanhado de tudo o que a banda havia feito até então, e que, sem controvérsias, disparou como um foguete em direção ao topo da parada britânica. A sua capa, desenhada por Jamie Reid, colega de escola de arte de McLaren, com a sua mistura de amarelo e rosa, é uma das mais feias da história. Certamente, no que diz respeito a Sex Pistols, trata-se de um elogio.

Nessa época, que a imprensa do Reino Unido classificou de "pesadelo da cultura britânica", confusões não faltaram para os Pistols. Talvez o melhor a ser feito fosse sair da Grã-Bretanha e marcar uma turnê pelos Estados Unidos. E, assim, foram agendadas diversas datas, basicamente em estados do sul do país. Tal escolha era proposital. Malcolm McLaren queria que a banda se apresentasse para os *rednecks*, o que havia de mais atrasado e preconceituoso na América. O público de Los Angeles e de Nova York idolatrava os Pistols. Mas as plateias de Memphis, de Baton Rouge e de San Antonio certamente queriam matá-los. E era isso o que McLaren desejava. Ele não queria vender ingressos, e sim incitar a controvérsia.

A ideia original era iniciar a turnê no fim de dezembro de 1977, mas ela teve que ser adiada porque as autoridades norte-americanas se recusavam a dar visto àqueles músicos com cara de maluco. Enfim, na primeira semana de janeiro, os Pistols aterrissaram nos Estados Unidos. Sid Vicious estava viciado em heroína, e quando pisou em Atlanta para o primeiro show, no dia 5 de janeiro, correu logo atrás de drogas. Os seguranças contratados pela gravadora o impediram. Conclusão: o músico escreveu em seu peito a frase "Gimme a fix" (uma forma de dizer "me arrumem uma droga"). Reza a lenda que ele teria "escrito" a tal frase com um caco de vidro.

Em 6 de janeiro, a banda tocou em Memphis e, dois dias depois, quando seria aniversário de Elvis Presley (ele morrera cinco meses antes), a banda tinha uma apresentação agendada em uma casa chamada Randy's Rodeo, na cidade de San Antonio, estado do Texas. A antiga casa de boliches com capacidade para 2.200 pessoas era basicamente frequentada por caubóis texanos que, quando o assunto era música, provavelmente não conheciam nada muito além de Johnny Cash e de Willie Nelson. Por lá, um insulto poderia muito bem ser respondido com uma bala ou uma facada. Punk rock naquelas cercanias era algo que não deveria nem existir. Mas os habitantes da cidade, curiosos, pagaram três dólares e cinquenta centavos para ver do que se tratava. Na pior das hipóteses, assistiriam a um "show de horrores", conforme alertado dias antes pelo jornal *San Antonio Express-News*. Até mesmo porque, provavelmente, não haveria nada melhor para se fazer em uma modorrenta noite de domingo.

Havia muita agressividade ao redor dos Pistols. O público já vaiava a banda antes mesmo de ela subir ao palco. Brigas pipocavam na plateia entre um ou outro punk perdido com um piercing no nariz e centenas de caubóis curiosos movidos a cerveja Lone Star. Dizem que, no show, havia cerca de 2% de fãs de punk (contando os integrantes da banda), 49% de curiosos e 49% de pessoas atrás de confusão (contando, novamente, os integrantes da banda). E como a ideia da turnê era o confronto, os Pistols não iam deixar barato. Subiram ao palco às onze da noite, com Johnny Rotten escarrando na plateia e vestindo uma camiseta com a imagem de dois caubóis homossexuais, e Sid Vicious mostrando o dedo do meio para o público. Já era um prenúncio de que aquilo não seria um show normal. Eles estavam fazendo de tudo para irritar uma plateia que já se encontrava enfurecida. De quebra, antes de cantar a primeira música do *set*, Johnny Rotten berrou: "Vocês, caubóis, são um bando de gays". Sid Vicious entrou na onda e berrou (citando Iggy Pop): "Vocês são os idiotas que gastaram os seus dez dólares. Estamos rindo por último". O show nem tinha começado e a plateia já revidava, arremessando fatias de pizza e algumas dúzias de garrafas de cerveja no palco, além de quaisquer outros objetos que encontrassem pela frente.

Logo na primeira música, "God Save the Queen", uma corda da guitarra de Steve Jones arrebentou. Não fez diferença. Ele tocou com a mesma guitarra até o fim do show. O confronto com a plateia era intenso e interminável, e ficou muito pior quando um espectador da primeira fila subiu ao palco, antes da música "New York", para mostrar a Vicious que não era gay. O músico respondeu dando-lhe uma cacetada com o seu baixo. O espectador desviou e a pancada sobrou para um executivo da gravadora que estava ao lado. Em outro momento, uma lata de cerveja cheia acertou o nariz do baixista, que espirrou sangue para todo lado. Era tudo muito bizarro para ser verdade. Mas o pior — ou o melhor, na cabeça de Malcolm McLaren — é que era verdade. A plateia continuava brigando entre si. Uma garrafa de Jack Daniel's explodiu na cabeça de um xerife da cidade, que apontou o seu revólver para o alto e quase atirou. A luz faltou por cerca de um minuto no meio do show. No fim, o caos tomou conta do lugar — tudo o que McLaren queria. Para ele, o punk era arte e vida real ao mesmo tempo (e o que poderia ser mais arte e vida real ao mesmo tempo do que aquilo?). Quem estava no Randy's Rodeo naquela noite não estava lá para ver os Pistols, e sim para odiá-los. As luzes se acenderam, e o show foi paralisado após "Pretty Vacant" e "Anarchy In The UK". Tudo bem, eram as duas últimas do set de doze canções em cerca de 55 minutos de show.

Na manhã seguinte, o jornal local manchetou: "Sex Pistols vencem o tiroteio de San Antonio". Na cidade, circulava até mesmo um boato de que os membros da banda estavam ameaçados de morte. Não, eles não foram assassinados, mas se separaram seis dias depois, logo após uma apresentação no Winterland, em São Francisco. O mesmo local que presenciara a despedida da The Band pouco mais de um ano antes, agora via a dos Pistols. Duas despedidas bem diferentes, é verdade. Naquele momento, McLaren pensava em trazer a banda ao Brasil para filmar um documentário com Ronald Biggs, o ladrão do trem pagador, mas Rotten já havia saído do grupo, e Vicious, completamente viciado em heroína, não tinha mais condição de continuar na banda — ele morreria em fevereiro de 1979. Como afirmou o fotógrafo Bob Gruen, em entrevista ao livro *Mate-me por favor*, de Legs McNeil e Gillian McCain: "Os Pistols não eram pessoas violentas, mas, ao proclamar seu tédio e fúria contra tudo, atraíam as reações mais bizarras de todos os lados".

Durou pouco. Apenas um álbum. No entanto, o impacto causado foi tremendo. O punk não seria o mesmo sem o Sex Pistols. Desconfia-se que talvez ele nem teria existido do jeito que foi. O show em San Antonio está aí para provar.

BOB MARLEY/ONE LOVE PEACE CONCERT
NATIONAL STADIUM/KINGSTON
(22/04/1978)

26

A JAMAICA ESTAVA À BEIRA DE UMA GUERRA CIVIL QUANDO OS DOIS PRINCIPAIS PARTIDOS POLÍTICOS DO PAÍS MONTARAM UM FESTIVAL JUNTANDO OS MAIORES NOMES DO REGGAE. NO PALCO, BOB MARLEY FEZ COM QUE OS DOIS RIVAIS POLÍTICOS DESSEM AS MÃOS. SE A VIOLÊNCIA NO PAÍS NÃO ESTANCOU, PELO MENOS O ONE LOVE PEACE CONCERT REPRESENTOU O MAIOR MOMENTO DO REGGAE.

A Jamaica nunca produziu um *pop star* igual a Bob Marley. Aliás, o chamado Terceiro Mundo nunca produziu um ídolo como ele. E o motivo é singelo. A escravidão já havia sido abolida na Jamaica desde 1834, mas ainda fazia parte da memória do povo. Uma ferida difícil de ser cicatrizada. E o reggae de Robert Nesta Marley representava exatamente essa cultura, peculiar para o resto do planeta, mas ainda latente para os jamaicanos. Por que tal cultura faria tanto sucesso nos países ditos desenvolvidos? A resposta é simples. Faz sucesso porque Bob Marley cantou as suas desgraças de forma verdadeira. E doce. Como se houvesse uma luz no fim do túnel. "Porque cada pequena coisa vai ficar bem." A esperança é universal, não é verdade?

Bob Marley nasceu no dia 6 de fevereiro de 1945. Seu primeiro single, lançado em 1962, era a síntese do que o artista viria a ser. A voz ainda cheirava a leite, mas "Judge Not", sob o galope do ska, já trazia uma mensagem importante: "Enquanto você fala de mim, alguém o está julgando". Ele mal tinha feito dezessete anos, mas já cantava sobre coisas sérias. Quatro anos depois, casou-se com Rita Marley, com quem foi morar nos Estados Unidos. Lá, trabalhou em uma fábrica de automóveis. Quando voltou, converteu-se à religião rastafári e lançou o álbum *Soul Rebels* (1970), sob produção de Lee "Scratch" Perry e o auxílio de músicos de peso, como os irmãos Aston e Carlton Barrett, que forjaram a sonoridade que entraria para a história com os Wailers.

Mas o sucesso mesmo veio em 1973, quando foi lançado o disco *Catch a Fire*. Os Wailers foram até Londres para gravar o disco, o primeiro lançado pela Island Records.

O produtor Chris Blackwell cedeu quatro mil libras para cada um dos integrantes, mesmo com a gravadora dizendo a ele que seria dinheiro jogado fora. Quando Blackwell ouviu "Concrete Jungle" pela primeira vez, não teve dúvidas. "Você pode ouvir cada centavo gasto naquela música", disse. Ele tinha razão. Sucessos, ou melhor, clássicos do reggae, como "Get Up, Stand Up" (escrita após uma viagem ao Haiti, em que Marley ficou muito abalado por causa da pobreza do país), "I Shot The Sheriff", "No Woman, No Cry" e "War" se sucederam. Nesta última, Bob Marley canta: "Até que a filosofia que torna uma raça superior e outra inferior seja finalmente e permanentemente desacreditada e abandonada, em todo lugar haverá guerra". Sim, havia guerra em todo lugar. E na Jamaica não era diferente. Poucos meses após o lançamento do single, por um milagre daqueles que ninguém explica, Bob Marley se livrou de ser assassinado.

No dia 3 de dezembro de 1976, dois carros estacionaram no jardim da casa do músico, em Kingston. Homens armados abriram fogo enquanto o cantor e seu empresário, Don Taylor, degustavam gomos de toranja na cozinha. Só deu tempo de todos se jogarem no chão enquanto as balas espatifavam as janelas. Taylor levou cinco tiros. Rita Marley, que saía de casa no mesmo momento, foi ferida na cabeça enquanto tentava fugir com os filhos. Bob Marley teve o peito atingido de raspão e a bala se alojou em um de seus cotovelos — e lá ficaria até a sua morte. Milagrosamente, ninguém morreu. Ambulâncias levaram os feridos para o Hospital Universitário, e Rita foi submetida a uma cirurgia para remoção do projétil alojado em seu couro cabeludo.

A situação na Jamaica era tensa. Entre 1974 e 1976, a taxa de assassinatos dobrou no país. Os dois principais partidos, JLP (Partido Trabalhista da Jamaica) e PNP (Partido Nacional Popular), recorriam a bandos armados em busca do poder — na verdade, eram mais milícias do que partidos políticos. E é claro que ambos queriam o apoio de Bob Marley, dada a sua enorme reputação. Mas ele preferia não se meter, apesar da pressão. Isso até 1976, quando o partido de esquerda PNP o convenceu a participar de um festival. O show, batizado de Smile Jamaica, não teria conotação política: buscava tão somente a paz no país. Logo começaram a circular boatos de que Marley faria a apresentação em prol do PNP, o partido que estava no poder. A oposição não gostou. O cantor chegou a ser aconselhado a desistir sob o risco de ser morto. E foi aí, exatamente dois dias antes do concerto, que os pistoleiros abriram fogo contra a casa dele. Mesmo assim, Bob Marley cumpriu a agenda. "Vocês podem atirar em mim, mas nunca me derrotarão, pois tenho a música e o amor, e essas são as minhas armas", declarou ele em cima do palco. Mas o caldo começava a entornar. Temendo por sua vida e a de seus parentes, exilou-se na Inglaterra e se distanciou da Jamaica por dezoito meses. Durante esse período, gravou e lançou os LPs *Exodus* (1977) e *Kaya* (1978).

Porém, ele sabia que teria que voltar um dia. A oportunidade veio através de um convite para mais um festival. Os líderes dos pistoleiros dos dois partidos rivais (Claudie Massop, do JLP, e Aston Marshall, do PNP) dividiam a mesma cela de uma cadeia quando, em um momento de trégua, selaram um pacto para colocar fim às agressões mútuas. O país era governado pelo primeiro-ministro Michael Manley, do PNP, mas ninguém estava satisfeito. A economia passava por um de seus momentos mais tenebrosos, e a taxa de desemprego alcançava escorchantes 35%. Todos temiam um golpe militar, quiçá uma guerra civil. No dia que saíram da cadeia, Massop e Marshall fizeram uma vigília à luz de velas que varou a madrugada pelas ruas da zona oeste de Kingston. De manhã, anunciaram a trégua, dando origem ao Movimento Pela Paz na Jamaica. E assim veio a ideia de um festival de música para unir o país. Vários artistas foram listados. Jacob Miller, com a banda Inner Circle, Dennis Brown, o grupo Culture, Big Youth, Peter Tosh e Ras Michael e o seu conjunto The Sons of Negus, entre outros, toparam na hora. E a atração principal também concordou em participar, após Massop viajar para o Reino Unido e convencê-lo de que um festival de música com quase doze horas de duração seria uma forma de selar a paz na Jamaica. Bob Marley, enfim, retornaria ao país. Quando o avião pousou no aeroporto Norman Manley, em Kingston, no dia 26 de fevereiro de 1978, duas mil pessoas lhe deram boas-vindas.

Os ingressos para o One Love Peace Concert tiveram um valor módico, entre dois e oito dólares. A população estava animada e os tíquetes vendiam bem na bilheteria do Estádio Nacional. Só que, cinco dias antes do evento, mais um ato de violência gratuita explodiu em Kingston. Um ato público pacífico montado em protesto contra as condições sanitárias em alguns bairros da zona oeste foi cruelmente repelido pela polícia, que atirou a esmo contra os manifestantes, matando três pessoas. A declaração do então ministro da Segurança, Dudley Thompson, dá a exata medida da tensão que o país atravessava: "Se um policial for morto este ano, os culpados serão executados feito cães".

Mas, e talvez por esse motivo mesmo, o One Love Peace Concert aconteceu. Os líderes dos dois principais partidos políticos, Michael Manley (PNP) e Edward Seaga (JLP), foram convidados. Os shows tiveram início às cinco da tarde, com uma mensagem de Amha Selassie, príncipe herdeiro da Etiópia, que elogiou a atitude dos organizadores do festival que almejava a paz na Jamaica. O grupo vocal The Meditations abriu os trabalhos do evento, que ficou conhecido como o "Woodstock do Terceiro Mundo". O festival foi um verdadeiro *who's who* do reggae, contando com dezesseis expoentes do gênero. Artistas como Dillinger, Junior Tucker e Dennis Brown, além de bandas como The Mighty Diamonds e Culture, se seguiram. Como costuma acontecer nesse tipo de evento, os nomes mais consagrados ficaram para o final. Jacob Miller entrou no palco portando um baseado e, ao lado da Inner Circle, apresentou sete músicas antes de Big Youth cantar o sucesso "Every Nigger Is a Star" e uma versão para "Hit The Road Jack", de Percy Mayfield. Peter Tosh, vestido todo de preto, aproveitou os holofotes para puxar as orelhas de Manley e de Seaga, que, durante suas campanhas eleitorais, tinham prometido legalizar a maconha, mas depois acabaram dando para trás. Não satisfeito, Tosh, que se apresentou durante 65 minutos, acendeu um baseado em cima do palco e denunciou que os usuários eram constantemente extorquidos pela polícia. "Eu não quero paz, quero igualdade! Eu não sou político. Só sofro as consequências", bradou. Os dois líderes políticos fizeram de conta que não era com eles. Cinco meses depois do festival, o cantor foi parado pela polícia enquanto fumava maconha. Teve uma das mãos quebrada, a cabeça lacerada e o pé direito machucado.

Bunny Wailer veio em seguida, iniciando um *set* de dez músicas com "Blackheart Man", faixa-título de seu histórico álbum lançado em 1976. Ras Michael e sua banda, The Sons of Negus, abriram caminho para a principal atração do espetáculo. O show de Bob Marley & The Wailers começou pouco depois da meia-noite. O repertório, irretocável, contou com clássicos como "Trenchtown Rock", "Positive Vibration" e "Natty Dread". A certa altura, Marley apontou para a Lua e gritou: "O Leão de Judá vai romper todas as correntes e nos dar vitória atrás de vitória!". E logo depois de outro clássico, "War", o One Love Peace Concert atingiu o seu ápice. Enquanto cantava "Jamming", o cantor induziu Michael Manley e Edward Seaga a se juntarem a ele no palco. Mais do que isso: Marley segurou as mãos dos dois rivais e as uniu. "Poderíamos ter aqui no palco a presença do Sr. Michael Manley e do Sr. Edward Seaga. Desejo apenas apertar as mãos e mostrar ao povo que vamos fazer a coisa certa, vamos nos unir", disse o cantor. Difícil afirmar qual dos dois pareceu mais constrangido nesse momento. As 32 mil pessoas na plateia ficaram boquiabertas, mas depois romperam em aplausos e gritos. Por alguns segundos, os jamaicanos sonharam que era possível viver em paz.

Mas nada mudou. Pelo contrário. A violência só aumentava. Poucas semanas após o show, Manley convocou eleições e venceu por longa margem de votos, dentre acusações de que tinha usado o festival para seu próprio benefício político. Mais uma saraivada de assassinatos teve início. Menos de dois anos depois do show, Claudie Massop e Aston Marshall foram executados.

Bob Marley, que depois do evento foi agraciado pela ONU com a Medalha de Paz do Terceiro Mundo, morreu no dia 11 de maio de 1981, vítima de um melanoma. Michael Manley e Edward Seaga se encontraram pela primeira vez depois do One Love Peace Concert no funeral do cantor. E lá apertaram as mãos novamente.

SIMON & GARFUNKEL
CENTRAL PARK/ NOVA YORK
(19/09/81)

27

CENTRAL PARK, NOVA YORK. QUINHENTAS MIL PESSOAS TESTEMUNHARAM O RETORNO DA DUPLA MAIS AMADA DOS ESTADOS UNIDOS. SIMON E GARFUNKEL CANTARAM TODOS OS SEUS SUCESSOS EM UMA NOITE MÁGICA. NEM MESMO UMA INVASÃO DE PALCO, ENQUANTO PAUL SIMON CANTAVA UMA MÚSICA SOBRE JOHN LENNON, ESTRAGOU A NOITE.

A ligação entre Paul Simon e Art Garfunkel já vem do nascimento. Exagero? Ambos vieram ao mundo em um intervalo de apenas 23 dias, e a uma distância de aproximadamente 25 quilômetros, da Newark de Simon à Forest Hills de Garfunkel. Mas a afinidade vai além desses detalhes numéricos. Colegas de escola, Simon e Garfunkel curtiam o mesmo estilo de música, em especial a do The Everly Brothers. Também uma dupla. Paul Simon já gostava de escrever canções. E Art Garfunkel, com a sua voz angelical de tenor, já se considerava um bom cantor. E eles também eram fãs do desenho animado *Tom & Jerry*.

A dupla, então, estava formada. E já tinha até nome: sim, Tom & Jerry. Em 1957, os dois gravaram a primeira música, "Hey Schoolgirl", no estilo de seus ídolos, os Everly Brothers. Eles tinham dezesseis anos de idade, e o single ingressou no top 50 da parada da Billboard. Todavia, a dupla se separou logo em seguida, cada um foi seguir a sua vida e terminar os estudos. Seis anos se passaram até eles voltarem a se encontrar, agora sob o impacto do folk, a onda que estava em voga na música pop à época. O primeiro álbum, *Wednesday Morning, 3 AM*, produzido por Tom Wilson, chegou às lojas em 1964. Um trabalho harmônico, puxado por baladas folk no violão de Paul Simon. O álbum conta com o primeiro clássico da dupla, uma versão acústica de "The Sound of Silence". Entretanto, a música não foi o suficiente para que a dupla alcançasse sucesso comercial, talvez pelo fato de o álbum ser um pouco cru, faltando ainda o apelo popular dos trabalhos que os dois gravariam no porvir. De qualquer forma, Simon já se destacava como um promissor compositor, apesar de tentar soar como Bob Dylan — sintomática, aliás, a regravação de "The Times They Are A-Changin'", composta por Dylan, nesse primeiro álbum dos dois.

A dupla acabou se separando novamente, e Paul Simon mudou-se para a Inglaterra, onde se apresentava regularmente no circuito folk, e ainda gravou o álbum *The Paul Simon Songbook*, lançado em 1965, apenas na Grã-Bretanha. Acontece que, enquanto Paul Simon flanava pela Europa, o produtor Tom Wilson (o mesmo que ajudou a eletrificar o som de Bob Dylan, registre-se) decidiu, por conta própria, elaborar uma nova versão de "The Sound of Silence", dessa vez com instrumentos elétricos, mas usando a mesma base acústica já gravada no disco de estreia. Em poucas semanas, a canção chegou ao topo da parada de singles da Billboard, o que obrigou a dupla a se reunir apressadamente. Enquanto o single alcançava a marca de um milhão de cópias vendidas, em duas semanas, os dois gravaram um novo álbum, seguindo o estilo mais elétrico (muito influenciado pelo folk rock em voga) da nova versão de "The Sound of Silence". No álbum, intitulado *Sounds of Silence* (1966), Simon se firmava como um dos grandes compositores de sua geração, com pérolas como "I Am a Rock" e "A Most Peculiar Man".

Com o moral lá no alto, e cheios de ideias na cabeça, ainda em 1966, Simon & Garfunkel lançaram um outro disco, *Parsley, Sage, Rosemary and Thyme*, provavelmente o mais consistente da carreira da dupla. A excelência do trabalho pode residir no fato de ter sido o primeiro em que os dois tiveram total autonomia artística para fazer o que bem entendessem. A gravação durou três longos meses, tempo suficiente para o duo burilar as novas canções. O álbum, muito por conta de faixas como "Scarborough Fair" e "Homeward Bound", alcançou o quarto lugar da parada da Billboard. No fim de 1967, os dois gravaram uma faixa especialmente para o filme *A primeira noite de um homem*, estrelado por Dustin Hoffman. A tal música, "Mrs. Robinson", galgou ao primeiro posto da Billboard e, ao mesmo tempo, a dupla já preparava um novo álbum, que se destacava pelo conjunto de excelentes canções, como "Old Friends", "A Hazy Shade of Winter" e a antológica "America". O LP, intitulado *Bookends*, saiu em abril de 1968, e deixava evidente a maturidade artística que a dupla havia alcançado.

Porém, depois de quatro álbuns, muito sucesso e milhões de discos vendidos, a impressão era de que Paul Simon e Art Garfunkel deveriam se separar, a fim de respirar novos ares. Garfunkel, cansado de ter que cantar as músicas compostas por Simon, iniciou uma carreira de ator. O fim parecia ser questão de tempo, mas, antes, ainda conseguiram gravar mais um disco. Um grande disco, aliás. O campeão de vendas *Bridge Over Troubled Water* permaneceu dez semanas no topo da Billboard, puxado pela estrondosa recepção do single "The Boxer" e pela interpretação imaculada de Art Garfunkel para a faixa-título. Além do sucesso nos Estados Unidos, *Bridge Over Troubled Water* foi o álbum de pop rock que passou mais tempo no topo da parada do Reino Unido: 33 semanas em primeiro lugar, sendo treze consecutivas.

    E, pelo visto, tamanho sucesso era o que faltava para Simon & Garfunkel se separarem de vez. A relação entre os dois artistas já estava desgastada, e a dupla não resistiu. No entanto, uma reunião era sempre cogitada. Em alguns momentos, é verdade, os dois chegaram a se apresentar juntos. Em 1972, dividiram o palco durante um show beneficente para a candidatura de George McGovern à presidência dos Estados Unidos. Três anos depois, gravaram o single "My Little Town" e se apresentaram no programa de TV *Saturday Night Live*. Em 1978, Simon & Garfunkel gravaram a música "(What a) Wonderful World", com participação de James Taylor, para o álbum *Watermark*, lançado por Art Garfunkel naquele mesmo ano. Uma reunião de verdade, para valer, aliás, esteve bem perto de acontecer em 1975. Naquele ano, Paul Simon queria voltar a se reunir com o parceiro, e a ideia era gravar um disco de inéditas e, quem sabe, agendar uma turnê. Mas Simon queria ter o controle absoluto sobre tudo, e, apesar de ele ser o compositor, Garfunkel sabia que também era peça importante da engrenagem, afinal de contas, era a outra metade da dupla. Ocorre que, durante a gravação do single, Simon queria que Garfunkel colocasse apenas a voz na música e deixasse todo o resto com ele. Só que, dessa vez, Art Garfunkel não estava disposto a ser um figurante de luxo. O seu álbum de estreia, *Angel Clare* (1973), tinha chegado ao quinto lugar da parada da Billboard, e o seguinte, *Breakaway* (1975), ao nono lugar. Dois álbuns seguidos no top 10 da parada dos Estados Unidos não era para qualquer um, e Garfunkel sabia disso. Se ele tinha controle praticamente absoluto em seus discos solo, por que não teria algum, por menor que fosse, em um single gravado com o seu velho amigo?

    Assim, Garfunkel deu algumas sugestões para os arranjos de "My Little Town". Simon não gostou e disse que o colega falava demais. Não foi dessa vez que o pacote disco/turnê aconteceu. De toda forma, o caminho dos dois, ainda que esporadicamente, se cruzava. Em 1977, quando cantaram "Old Friends" juntos durante uma premiação de música na Grã-Bretanha, mal olharam um para a cara do outro. Três anos depois, ambos os artistas estrelaram filmes — Simon lançou *One-Trick Pony*, e Garfunkel, *Bad Timing (A Sensual Obsession)*. Diversas salas de cinema agendaram os dois filmes juntos, de forma que os fãs tivessem a oportunidade de ver a dupla em uma mesma noite, ainda que separados e em filmes diferentes.

    Aliás, foi quando Paul Simon lançou a trilha sonora de *One-Trick Pony*, em agosto de 1980, que ele recebeu a ligação de um amigo e produtor de shows, Ron Delsener, que estava lançando a campanha Central Park Conservancy. Através dela, um grupo seleto de endinheirados residentes da cidade se juntaria para arrecadar três milhões de dólares a fim de realizar obras de conservação no parque. O grupo sonhava em lançar a campanha com um grande evento, que trouxesse milhares de pessoas ao parque e, ao mesmo tempo, chamasse a atenção da mídia para a sua causa. Perguntaram então a Delsener se ele poderia perguntar ao seu amigo Paul Simon se ele não faria um concerto de graça no Central Park. O artista não pensou duas vezes. Ele adorava o parque, o seu apartamento, aliás, tinha — tem — uma vista privilegiada para ele. Logo que desligou o telefone, imaginou qual seria a melhor forma de apresentar aquele show, que, sabia bem, não seria um show qualquer. Simon queria atrair um grande público. O maior de sua carreira.

Em primeiro lugar, ele pensou em uma apresentação solo com os seus maiores sucessos, inclusive os da era Simon & Garfunkel. Acontece que o seu filme não era um sucesso de bilheteria, o disco não vendia tanto, e ele tinha medo de o show ser um fracasso, o que poderia, àquela altura, ser fatal para a sua carreira. Então, Simon imaginou que Garfunkel poderia estar presente em algum momento do show, afinal de contas, a dupla não se apresentava havia anos e, dessa forma, é lógico que os seus vizinhos sairiam de casa para lotar o parque. Ao mesmo tempo, Garfunkel tinha alguma resistência a uma reunião naquele momento. Os últimos encontros com o velho parceiro não haviam sido dos mais agradáveis. Além do mais, o cantor também estava deprimido. O seu filme *Bad Timing* tinha sido um fracasso arrebatador, e a sua amiga e ex-namorada, a atriz Laurie Bird, havia se suicidado poucos meses antes, dentro do apartamento do cantor. Para completar, o seu último álbum, *Fate For Breakfast* (1979), nem ficou entre os primeiros quarenta na Billboard.

Contudo, Art Garfunkel não resistiu ao convite. A ideia inicial de Paul Simon era apresentar um show em ordem cronológica. Ou seja, a dupla faria a primeira metade, e Simon faria a segunda sozinho. Mas ele mesmo viu que aquilo não faria sentido. O seu *set* solo seria um anticlímax, e ainda tinha o risco de parte do público ir embora para casa após a enxurrada de sucessos que ele apresentaria ao lado do parceiro. Pensou então em alterar a ordem das coisas, mas também logo desistiu. Imaginou o público dormindo durante o primeiro *set* e delirando de emoção durante o segundo, com Garfunkel no palco. Foi aí que Lorne Michaels, produtor do programa televisivo *Saturday Night Live* e responsável pela produção do show, deu a ideia: por que não um show inteiro da dupla? Por incrível que pareça, isso ainda não tinha passado pela cabeça de Simon. Seria a primeira apresentação completa dos dois desde o show no estádio de Forest Hills, em 1970. Ou seja, para presenciar um evento desse nível, não só os residentes de Nova York sairiam de casa, mas também gente de todos os Estados Unidos, quiçá de outros países. Michaels ainda deu a ideia de filmar o show para transmiti-lo 24 horas depois, e, se tudo corresse bem, lançar um disco ao vivo.

E assim ficou acertado. Ron Delsener, Lorne Michaels e os integrantes do Central Park Conservancy mal poderiam imaginar o rumo que as coisas tomariam. De um simples show para uma das reuniões mais esperadas da história da música. Agendaram então o Great Lawn, no coração do parque, para o dia 19 de setembro de 1981, um sábado. A ideia era (tentar) manter o segredo até a última hora, como se fosse um show surpresa, um presente para a população de Nova York, ainda traumatizada com o assassinato de John Lennon nove meses antes. Estava tudo bom demais para ser verdade, só que quando Paul Simon e Art Garfunkel se sentaram para definir como seria o show, eles viram que as coisas não seriam tão fáceis assim. Os velhos Tom & Jerry brigavam por qualquer motivo. Garfunkel queria um show no mesmo estilo daquele em Forrest Hills, onze anos antes: apenas as duas vozes, um violão e um piano. Já Simon, à beira dos quarenta anos e com problemas nas articulações das mãos, sabia que não conseguiria tocar violão por quase noventa minutos. Além disso, as músicas mais recentes de sua carreira solo (e que estariam no roteiro do show) tinham sido compostas com a ideia de que haveria uma banda para acompanhá-lo, de forma que seria impossível executá-las somente com voz e violão, ainda mais para um público de centenas de milhares de pessoas.

Demorou um pouco, mas os dois enfim chegaram ao acordo de que haveria banda. Mas quem seriam os músicos? Lógico que não seria tão fácil escolhê-los. Cada um tinha os seus preferidos. Simon queria a banda que o acompanhara nas gravações de *One-Trick Pony*, com o baterista Steve Gadd e o tecladista Richard Tee. Já Garfunkel desejava os músicos que haviam feito parte da banda de apoio de sua última turnê. A disputa terminou empatada, e a banda foi dividida meio a meio. Mas havia outros "detalhes" a serem debatidos. Qual seria o *setlist* da apresentação? Simon queria cantar seis músicas solo, mas não haveria tempo para o parceiro também cantar seis. Até mesmo uma peruca na cabeça de Garfunkel para esconder a sua calvície foi sugerida por Simon. Sim, Garfunkel atendeu ao pedido.

Durante os ensaios no Beacon Theatre, os dois, volta e meia, discutiam asperamente acerca dos arranjos das canções. Àquela altura, cerca de duas semanas antes da apresentação, o *New York Times* já anunciava o show com alarde, e, uma semana antes, o palco começou a ser montado no Great Lawn. O Departamento de Parques e Recreação dos Estados Unidos estimava um público de trezentas mil pessoas. Dois dias antes do show, as estimativas foram aumentadas para quinhentas mil pessoas, mais do que os shows de James Taylor em 1979 (cerca de 250 mil espectadores) e Elton John, em 1980 (cerca de quatrocentas mil pessoas). Na véspera, em entrevista ao *New York Times*, Simon dizia que não se tratava de uma reunião permanente, mas "Quem sabe?", ele perguntou, e completou: "A diversão é o principal. Se esse show no Central Park for agradável para nós e para o público, aí, de repente, podemos pensar em fazer mais alguns".

O dia 19 de setembro amanheceu nublado e um pouco frio. Fãs já acampavam no Great Lawn com os seus cobertores para aguentar as rápidas pancadas de chuva que cairiam durante toda a tarde. Por volta de meio-dia, o acesso ao Central Park já era inviável. Fãs escalavam árvores para ter uma visão privilegiada. As nuvens começaram a desaparecer. Os deuses pareciam estar ajudando. E, por volta das sete da noite, as luzes no palco se acenderam. A cenografia era singela, uma réplica daquelas tradicionais coberturas de prédios de Nova York, com caixa d'água, tubos de ventilação e uma chaminé. O prefeito Ed Koch fez uma rápida apresentação, recebeu algumas vaias, e os refletores apontaram para uma portinhola no palco, de onde, para o deleite da plateia, saíram Simon & Garfunkel. Os dois se cumprimentaram e atacaram, visivelmente nervosos, com "Mrs. Robinson". O som estava ruim, mas foi logo corrigido na segunda canção da noite, "Homeward Bound". As vozes soavam em harmonia no coração de Nova York. "É bom fazer um show de bairro", Simon saudou a plateia. Outros sucessos se seguiram, com destaque para "America" e "Scarborough Fair", essa última, em um arranjo solene, com destaque para os teclados de Richard Tee, emulando sinos de igreja. Na quinta música, os dois estavam mais relaxados. Durante "Still Crazy After All These Years", momento solo de Paul Simon, Art Garfunkel aplaudiu o amigo. Simon abriu espaço para o parceiro cantar a sua composição "American Tune". Garfunkel também entoou "A Heart In New York", música de seu novo LP, *Scissors Cut*, lançado um mês antes.

Em seguida, em outro momento solo de Paul Simon, a respiração de quinhentas mil pessoas parou por alguns milésimos de segundo. Ele cantava "The Late Great Johnny Ace", acompanhado apenas pelo seu violão. Simon ainda não tinha gravado nem apresentado aquela canção até então. A música é composta por três partes. Na primeira, Simon se descreve como um garoto de treze anos que é fã de rock e está escutando, no rádio, a notícia de que Johnny Ace, um astro dos primórdios do rock and roll, havia se suicidado com um tiro na cabeça. Na segunda parte, o compositor fala sobre o seu início de carreira, em Londres, em 1964, época em que os Beatles e os Rolling Stones estouravam. Na parte final, Paul Simon pula para dezembro de 1980 em Nova York e descreve onde ele estava no dia 8 daquele mês, quando John Lennon foi baleado. Na música, ele canta que estava andando sozinho, quando um sujeito cutucou o seu ombro para dizer que Lennon havia sido assassinado na porta de seu prédio. No Central Park, quando cantava exatamente esses versos, um sujeito invadiu o palco gritando: "Paul, Paul, eu preciso falar com você, eu preciso falar com você!". A voz de Simon vacilou por um milésimo de segundo. Em seu olhar aterrorizado, a sensação de que seria assassinado, tal qual Lennon o fora a poucos quilômetros dali. Felizmente, um segurança agiu rápido e agarrou o sujeito por trás. Simon voltou a cantar o final da canção, inacreditavelmente afinado, no mesmo tom, como se nada tivesse acontecido.

Apesar do susto, o show continuou em alto astral, com a dupla executando um *medley* que unia as músicas "Kodachrome" e "Maybelline", esta última composta por Chuck Berry. A apresentação foi se encaminhando ao fim com grandes momentos, como "Bridge Over Troubled Water", "The Boxer", "Old Friends" e "The Sound of Silence", todas cantadas em uníssono pela plateia. Após essa última, o público pediu mais, e, sem nenhuma outra música ensaiada, a dupla repetiu "Late In the Evening", o single mais recente de Simon. Os dois parceiros se abraçaram e, antes das oito e meia da noite, o show já estava terminado.

Após a apresentação, Art Garfunkel disse a Paul Simon que não havia gostado da experiência. Em suas palavras, o show tinha sido "um pesadelo", algo com que o seu parceiro concordou. Ambos sabiam que poderiam ter feito melhor. Somente no dia seguinte tiveram noção do que aquele evento havia representado. O *New York Times* comparava o show a Woodstock e ainda afirmava que aquele tinha sido "o momento de uma geração". Quando Paul Simon leu as notícias, ligou para o amigo no mesmo segundo. Longe de um pesadelo, talvez aquele tenha sido o maior momento da carreira dos dois. Tanto que se animaram a sair em uma turnê de reunião, pelo Japão, Europa e Estados Unidos, e que duraria até 1983. O álbum com o registro do show no Central Park, lançado em fevereiro de 1982, é, até hoje, considerado o retrato de uma época, ou, como deu no *New York Times*, "o momento de uma geração".

Mais um grande momento da dupla que, apesar das brigas, apesar dos momentos de Tom & Jerry, apesar de uma obra relativamente curta, permanece sendo, até hoje, e para sempre, a voz da América.

MOTOWN 25 BIRTHDAY
PASADENA CIVIC AUDITORIUM/CALIFÓRNIA
(25/03/1983)

28

ERA PARA TER SIDO APENAS O SHOW DE 25 ANOS DE UMA GRAVADORA. ISSO SE A GRAVADORA NÃO FOSSE A MOTOWN, A CASA DO JACKSON 5, DAS SUPREMES, DE MARVIN GAYE, DE STEVIE WONDER, ENTRE OUTROS. E TODOS ELES SE ENCONTRARAM NESSA CELEBRAÇÃO. NO DIA SEGUINTE, MICHAEL JACKSON ERA COROADO O REI DO POP PARA TODA A ETERNIDADE.

Vinte e quatro horas por dia, sete dias por semana. Desde janeiro de 1959. Era assim que funcionava o Tamla Motown Studio, em Detroit. A simpática e pequena casinha se transformou em uma gravadora colossal, descobridora de talentos como Marvin Gaye, Smokey Robinson, Diana Ross, Stevie Wonder e Jackson 5. Apenas para citar alguns.

Se os Estados Unidos não tiveram uma banda como os ingleses tiveram os Beatles, ao menos tiveram uma gravadora que a Inglaterra jamais poderia sonhar em ter. Na história da música pop, talvez os Beatles estejam para a Grã-Bretanha assim como a Motown Records está para os Estados Unidos. E essa história começou na cabeça sonhadora de um ex-lutador de boxe chamado Berry Gordy Jr., um compositor que escreveu apenas uma ou duas canções de sucesso na vida (como "Lonely Teardrops", interpretada por Jackie Wilson) e se transformou em uma das pessoas mais brilhantes e bem-sucedidas da música pop.

Contando com os ganhos acumulados de direitos autorais de suas canções, além de um dinheirinho guardado da época em que trabalhou na Ford e uma ajuda de oitocentos dólares de sua família, Gordy construiu o império Tamla-Motown — "O som da América jovem", como ele gostava de apregoar. Entre 1961 e 1971, foram nada menos que 110 singles no top 10 da Billboard. Para tanto, Gordy montou um megatime de compositores, formado por gente como Eddie Holland, Lamont Dozier, Brian Holland, Norman Whitfield e Mickey Stevenson. As canções registradas pela gravadora tinham uma assinatura que englobava o gospel, o R&B e o pop de uma maneira jamais ouvida antes. O segredo estava nos vocais, na bateria e no baixo sincopado e irresistível, tudo em primeiro plano, enquanto o resto dos instrumentos ficava no fundo. Uma forma única de se fazer, de se produzir e de se gravar música. O que Gordy aprendera na linha de montagem da Ford era transportado para a linha de montagem de canções. De grandes canções, aliás.

Para contextualizar melhor, vamos voltar um pouco no tempo. Antes da Motown, artistas de pele branca gravavam músicas compostas por compositores negros. Alguns faziam bastante sucesso. O mercado de discos de artistas negros não era tão popular — o consumidor negro comprava, mas o de pele branca mal sabia da existência. Para se ter uma ideia, os primeiros discos da Motown não traziam foto dos artistas na capa, mas fotos aleatórias, como a de um casal de pele branca (ele, louro) no álbum *This Old Heart of Mine*, do The Isley Brothers. Mas, no fim de 1964, as coisas começaram a mudar, especialmente quando os adolescentes conheceram canções como "Dancing In The Streets", gravada pelo *girl group* Martha and the Vandellas (do elenco da Motown), cuja letra diz: "Todos nós precisamos de música, música doce/ Haverá música em todo lugar/ Rebolando e deslizando e os discos tocando/ E dançando nas ruas". A partir desse momento, a segregação no mercado do disco começava a desaparecer. Pessoas de todas as cores compravam os discos dos artistas da Motown. Aos poucos, surgiram nomes como Stevie Wonder, Four Tops, Temptations, Supremes, entre outros.

A maior aceitação da música negra também foi um dos efeitos do governo Kennedy e da luta pelos direitos civis. Rádios dedicadas à música de artistas de cor branca, agora, já tocavam as músicas dos artistas da Motown. Era inevitável. Afinal de contas, a música era boa, fazia sucesso e, sim, vendia. Artistas brancos de renome, como Frank Sinatra e Perry Como, passaram a cantar hits da Motown, assim como Barbra Streisand. A dupla The Carpenters estourava com "Please Mr. Postman". Tony Bennett gravava "For Once In My Life", eternizada por Stevie Wonder, e os Beatles registravam "Money (That's What I Want)". O jogo estava virando. Certamente nenhuma outra gravadora revelou tantos talentos quanto a Motown. E não apenas isso. Ela mudou a imagem dos artistas negros perante o público em geral, representando um avanço não apenas para a música, mas para a própria sociedade norte-americana.

E quando essa gravadora tão importante para a história de seu país estava prestes a completar 25 anos, o seu grande momento já havia passado. A música pop mudara bastante e, além do mais, os artistas lançados pela casa tinham passado a fazer sucesso em outras gravadoras. Muitos, inclusive, como Michael Jackson e Diana Ross, tinham deixado a Motown magoados. Berry Gordy, sedento pelo controle absoluto de tudo o que a sua gravadora colocava nas lojas, não era das pessoas mais fáceis de lidar, de forma que diversos artistas saíram da gravadora brigados com ele.

No entanto, aniversário é aniversário. E 25 anos é sempre uma data emblemática para qualquer um. Assim, a produtora Suzanne de Passe, então presidente da Motown Productions, a divisão da gravadora responsável por criar projetos para televisão e cinema, teve a ideia de reunir em um único show todos os artistas que fizeram história na gravadora. Ela imaginava produzir nada menos do que um show impressionante, em suas palavras, "o show mais impactante do mundo". Só que, quando ela levou a ideia a Berry Gordy, ele só faltou gargalhar. Ninguém toparia aquilo. O executivo estava brigado com diversos artistas e tinha certeza de que aquele show seria um fracasso retumbante. De toda forma, falou para Suzanne ver o que conseguia fazer. E ela fez. Em primeiro lugar, vendeu o evento à rede NBC. Já era um avanço: a garantia de que aquele show seria apresentado no horário nobre de uma das maiores redes de televisão dos Estados Unidos. Brandon Tartikoff, então presidente da NBC, comprou a ideia no ato, mesmo que, na época, os shows de variedades estivessem em baixa na TV norte-americana. Mas ele acreditava que aquele projeto iria adiante e, mais importante, que seria um baita sucesso. Com a transmissão garantida, Suzane convidou o comediante e ator Richard Pryor, muito querido no país, para ser o mestre de cerimônias.

Até aí, tudo bem. O mais difícil mesmo seria convidar os artistas. Felizmente, a sorte conspirou a favor. Smokey Robinson, o primeiro artista de renome da gravadora, topou no ato. Também não foi difícil convencer os conjuntos Temptations e Four Tops. Tudo acontecia como uma reação em cadeia. Martha Reeves topou, assim como Marvin Gaye e os Commodores. Stevie Wonder, idem, e Junior Walker também. A meta era convencer os artistas a celebrar, naquela noite, tudo o que eles tinham feito nos 25 primeiros anos da gravadora. Quando Suzanne voltou a Berry Gordy para contar as novidades, o executivo ficou chocado, pois jamais poderia imaginar que alguém levaria aquilo a sério.

Estava tudo indo muito bem. No entanto, havia dois problemas sérios. As duas maiores estrelas da gravadora não concordaram em participar. Diana Ross não queria saber de Motown e, muito menos, de reeditar as Supremes. Michael Jackson, idem. "Beat It" estava no topo da parada de singles da Billboard, e, após quinze anos de carreira, ele tinha alcançado outro nível de fama com o lançamento de *Thriller* (1982), o disco mais vendido no mundo por meses a fio. Agora que a sua carreira solo deslanchava em outra gravadora, ele ia voltar a cantar "I Want You Back" com os seus irmãos? De forma alguma... Não adiantou nem Suzanne mostrar o quanto aquilo era importante para a Motown e, ao mesmo tempo, o quanto a Motown tinha sido importante para ele. Nada feito.

Mas, em um belo dia, enquanto Jackson mixava uma canção no estúdio da Motown, Gordy foi ter um dedo de prosa com o antigo pupilo. E ele descobriu que, na verdade, Jackson até toparia fazer o show, mas desde que a transmissão pela televisão fosse suspensa. Só que isso era impossível, até mesmo porque, em última instância, era a NBC que estava bancando a festa. O artista, então, impôs uma condição: ele queria cantar uma música solo que não fizesse parte do repertório da Motown. O seu ex-chefe vacilou e, em um primeiro momento, recusou. Afinal, aquela era a festa da Motown, a gravadora que gerou 110 singles no Top 10 da Billboard em dez anos. Por que diabos Michael Jackson queria cantar uma música que não tinha nada a ver com a festa? O cantor, então, pediu desculpas e disse que estava fora. Claro que Gordy mudou de ideia. Afinal de contas, não ia ser por causa de uma única música que o maior artista de sua gravadora não participaria da tal festa, não é verdade? O executivo combinou com Jackson que ele cantaria, sim, uma música solo, mas antes se apresentaria com os seus irmãos, revivendo o Jackson 5. Negócio fechado. Entretanto, com relação a Diana Ross, parecia não haver muito o que fazer. Ela estava irredutível. Pelo visto, a cantora ainda guardava alguma mágoa. E não só profissional. Ross e Gordy já tinham namorado e, em 1971, tiveram uma filha, que o pai só foi descobrir que era dele quando a garota tinha treze anos de idade, ou seja, após esse show de 25 anos da Motown.

Com os artistas confirmados, Gordy e Suzanne começaram a pensar no roteiro. Afinal, o que cada um daqueles artistas apresentaria no show? O que cada um deles cantaria para que a história da Motown fosse toda contada naquelas duas horas de espetáculo? Aos poucos, tudo foi chegando a um denominador comum, com a opção de *medleys* em torno de cinco, seis minutos de duração, que englobassem cerca de quatro canções de cada artista ou grupo. Assim, os ensaios tiveram início. Smokey Robinson topou se reunir com o seu antigo grupo, o The Miracles. Já Lionel Richie não se juntaria aos Commodores e não participaria do programa ao vivo. A sua participação, cantando a música "You Mean More To Me", seria gravada em estúdio e apresentada no telão durante o evento. Diana Ross foi substituída por Adam Ant, cantor britânico da geração glam e pós-punk, que cantaria "Where Did Our Love Go", clássico das Supremes. Stevie Wonder, por sua vez, perdeu a hora para o ensaio. Desesperada, a produtora Suzanne de Passe ligou para o artista e disse: "Você tem que entrar logo depois do Jackson 5, e o ensaio deles começa em dez minutos". O músico respondeu: "O quê? Em dez minutos eu estou aí". Claro, quem perderia uma reunião do Jackson 5? De um modo geral, os artistas estavam muito comprometidos e unidos, um querendo ver a performance do outro, saboreando aquele momento que, eles tinham certeza, jamais se repetiria.

Na noite do dia 25 de março de 1983, as ruas próximas ao Pasadena Civic Auditorium estavam tomadas de fãs, que acenavam para as dezenas de limusines que estacionavam na porta do teatro. O *backstage* era uma tremenda festa, até mesmo porque todos aqueles artistas tinham crescido juntos na escola de música Motown. Conforme descrições dos próprios músicos, parecia hora do recreio no colégio ou uma reunião de família cujos integrantes não se viam havia anos. Nos melhores lugares do auditório, apenas fãs. Os produtores tinham em mente que o público nas poltronas do teatro era tão responsável pelo espetáculo quanto os artistas no palco. Para conseguir um dos lugares, diversos fãs tinham passado dias na fila da bilheteria. Ou seja, eram pessoas que queriam e que fizeram um esforço para estar lá. Executivos da indústria da música, do cinema e da televisão, assim como atores, músicos e demais celebridades, sentaram-se no balcão, na parte de cima do auditório.

O espetáculo teve início com uma apresentação de dançarinos ao som de "Dancing In the Street", aquela mesma canção eternizada pelo grupo Martha and the Vandellas, ainda nos primórdios da Motown. Em seguida, Smokey Robinson, cantor-símbolo da gravadora, fez o primeiro discurso: "Nesta noite, estamos todos aqui para dar as boas-vindas a todos vocês à nossa casa, e deixá-los vê-la por dentro, de forma que todos nos conheçam um pouco melhor. Toda a nossa família está aqui para dar as boas-vindas a vocês". Depois, Richard Pryor deixou o público ainda mais curioso: "Muitas coisas que vocês vão ver hoje mexerão com a cabeça de vocês. Vocês provavelmente nunca mais vão ver muitas das coisas que vão acontecer aqui hoje". Robinson ainda cantou um *medley* (incluindo os sucessos "Shop Around" e "Going To a Go-Go") com os seus ex-parceiros do The Miracles.

Uma curiosidade é que Stevie Wonder era quem deveria iniciar o show. Mas ele se atrasou novamente. Quando chegou a sua vez, cantou um *medley* com clássicos como "My Cherie Amour", "Sir Duke" e "You Are the Sunshine of My Life". Os grupos Temptations e Four Tops se apresentaram juntos, em um *medley* arrasador, misturando sucessos de ambos os conjuntos, como se fosse uma batalha, revivendo os velhos tempos da Motown em tantos programas de televisão. Quando era impossível imaginar que algo superaria o que já tinha sido apresentado, Marvin Gaye entrou no palco para uma interpretação de "What's Going On". Ele cantou vestindo um terno bege bem discreto. Na hora de subir ao palco, o *smoking* cor-de-rosa especialmente confeccionado para ele ainda não estava pronto. A solução foi se apresentar com a roupa que ele estava usando quando saiu de casa (ainda bem que Gaye sempre foi um homem elegante).

Mais um time de artistas como Martha Reeves, Mary Wells, Junior Walker e Commodores se seguiu até chegar a vez de Adam Ant — já que Diana Ross, a maior estrela feminina da gravadora, não topou participar, restou o britânico meio sem sal mesmo. Contudo, o que (quase) ninguém sabia é que Diana Ross estava nos bastidores. Poucos dias antes do evento, ela aceitou o último convite de Berry Gordy. Estava programado que a sua aparição seria a surpresa máxima no encerramento do espetáculo. Por esse motivo, os produtores mantiveram o número de Adam Ant, para dar a impressão ao público de que a cantora não iria mesmo. Só que, no meio da apresentação de Ant, Diana Ross não resistiu e invadiu o palco para dançar. No momento, houve um estrondoso aplauso da plateia. Adam Ant, ainda sem notar a presença da cantora, ficou emocionado, achando que os aplausos e gritos eram para ele. Resumo da ópera: o público adorou, mas os produtores ficaram loucos com a travessura de Diana Ross. Ela tinha acabado de estragar o grande encerramento do espetáculo.

E ainda tinha mais. Depois de oito anos, o Jackson 5 voltaria a se reunir: Jackie, Marlon, Tito, Jermaine e, lógico, Michael Jackson. Juntos, cantaram um *medley*, como nos velhos tempos, com as canções "I Want You Back", "The Love You Save", "Never Can Say Goodbye" e "I'll Be There". Durante essa última, o microfone de Jermaine falhou, e Michael emprestou o seu ao irmão. Os dois cantaram a música de mãos dadas e estendidas ao ar, proporcionando um dos momentos mais ternos do evento. Mas o grande acontecimento da noite, e um dos maiores da história da música pop, ainda estava para acontecer. Depois que os irmãos de Michael saíram do palco, ele agradeceu aos Jackson 5 e disse que aqueles tempos tinham sido muito bons, que adorava aquelas canções, mas que preferia mesmo era cantar as músicas novas.

Agora, vamos voltar 24 horas desse momento em que o cantor falou essas palavras no palco. Jackson estava na cozinha de sua casa pensando em como faria a sua apresentação solo no evento. Ele estava atrapalhado com os ensaios com o Jackson 5, e não tinha tido tempo de pensar em sua performance solo. Assim, colocou "Billie Jean" para rodar a toda altura na cozinha de sua casa, enquanto brincava com um chapéu. Segundo Jackson escreveu em sua autobiografia, ele deixou que a própria música criasse a coreografia. E foi na sua cozinha que ele decidiu que era a hora de mostrar o passo de dança conhecido como *moonwalk* para o mundo. O artista estava treinando aquele passo, inspirado na dança de rua conhecida como *break*, havia alguns meses. Porém, ele não sabia como aquilo se encaixaria na música. Na mesma autobiografia (que não por acaso leva o título de *Moonwalk*) ele "revela" o segredo: andar para trás e para frente ao mesmo tempo, como se estivesse andando na Lua. Simples assim.

Voltando ao palco do Pasadena Civic Auditorium, Jackson vestia um paletó de cetim e lantejoulas pretas, meias brancas brilhantes, sapatos pretos sem cadarço e luva branca na mão esquerda com um anel costurado. Enquanto "Billy Jean" começava a ressoar nos alto-falantes, o cantor se dirigiu ao canto do palco para pegar um chapéu de feltro. Ele cantaria a música dublando, em *playback*, mas, naquele momento, isso era o que menos importava. Quando a performance já chegava ao seu término, durante seis segundos, Jackson apresentou o *moonwalk* ao mundo. Seus irmãos, nos bastidores, ficaram de queixo caído, e os pais dele, na plateia, emocionados. "Esse menino simplesmente roubou o show", repetia sem parar Joseph Jackson. O momento é conhecido hoje como "Os seis segundos que mudaram o mundo". Ninguém nunca tinha visto uma dança como aquela. Será que havia rodinhas nos sapatos de Jackson? Será que se tratava de um truque de ilusionismo? Será que aquele garoto era de outro mundo? Provavelmente, sim. Michael Jackson era de outro mundo.

Acredite. Michael Jackson ficou decepcionado com a sua performance. O motivo? No fim do passo, quando ele estaciona apenas na ponta de um dedo do pé, ele queria ter ficado mais tempo equilibrado. Não conseguiu. Apesar da euforia dos colegas nos bastidores, ele estava desapontado. Só relaxou quando uma criança de dez anos o elogiou. Relaxaria ainda mais no dia seguinte, quando a lenda da dança, o ator Fred Astaire, do alto de seus 84 anos de idade, ligou para enaltecer a performance. O bailarino disse: "Você sabe mesmo como se mexer. Fez com que todo aquele povo se balançasse nas cadeiras. Você é um dançarino nato". Segundo Jackson, foi o maior elogio que recebeu na vida. E o único em que ele gostaria de acreditar. Não foi só Astaire que aprovou. Depois da apresentação, a imprensa chamava Jackson de "o novo Sinatra" ou "um artista tão emocionante quanto Elvis". No dia 25 de março de 1983, Michael Jackson tornou-se o rei do pop.

Por incrível que possa parecer, o show não acabou após a apresentação de Michael Jackson. Smokey Robinson ainda voltou ao palco para um dueto de "The Track of My Tears" com a cantora Linda Ronstadt, e depois ainda cantou o seu sucesso "Cruisin'". E sim, ainda haveria o *grand finale*. Após Richard Pryor listar todas as glórias da Motown para o público presente, Diana Ross entrou no auditório cantando "Ain't No Mountain High Enough". E é lógico que a sua entrada não seria uma simples entrada. Mrs. Ross, vestindo um modelito prateado e uma estola de pele branca na mão, entrou dançando pelos corredores do auditório. E se Diana Ross não fez o *moonwalk*, ao menos foi responsável pelo momento mais emocionante da noite, quando os primeiros acordes de "Someday We'll Be Together" começaram a ser executados. Tradução do título: "Algum dia nós ficaremos juntos". Nada podia ser mais literal, afinal, era exatamente isso o que estava acontecendo naquela noite. Como a própria cantora disse no microfone: "Nesta noite, todos voltaram", antes de convidar as antigas parceiras de Supremes, Mary Wilson e Cindy Birdsong, ao palco. A essa altura, todos os artistas que estavam participando do evento também já estavam no palco. Só faltava uma pessoa. Talvez a mais importante de todas. Dianna Ross deu por falta e fez o convite: "Bom, quanto tempo ainda vai demorar para você descer aqui no palco, Berry? Venha... Senhoras e senhores, Berry Gordy". Emocionado, o dono da Motown, o responsável por tudo aquilo, desceu do balcão para se juntar aos seus pupilos. E parecia que todos os 25 anos de Motown estavam resumidos naquele beijo de Berry Gordy em Diana Ross e no abraço em Michael Jackson.

De fato, estavam todos juntos naquela noite. Berry Gordy, Diana Ross, Michael Jackson, Smokey Robinson, Stevie Wonder, Martha Wells, Marvin Gaye, Temptations, Four Tops, Commodores... Aquilo não era um simples show. Como bem disse a produtora Suzanne de Passe mais de vinte anos após o show, aquilo tinha sido um milagre. Um milagre não pelo fato de aquelas pessoas estarem reunidas 25 anos depois, mas um milagre de a história ter nos proporcionado uma gravadora tão brilhante quanto a Motown Records. A gravadora mais importante da música pop.

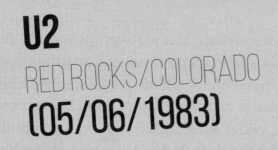

U2
RED ROCKS/COLORADO
(05/06/1983)
29

DIA 5 DE JUNHO DE 1983. ANFITEATRO DE RED ROCKS. O U2 FAZIA A SUA PRIMEIRA TURNÊ DE SUCESSO PELOS ESTADOS UNIDOS E PRETENDIA GASTAR TODAS AS SUAS ECONOMIAS PARA GRAVAR O SHOW. SÓ QUE UMA TEMPESTADE DESABOU. QUASE TODOS QUERIAM O CANCELAMENTO. DEPOIS DESSE SHOW, A CARREIRA DO U2 NUNCA MAIS SERIA A MESMA.

Dentre as bandas surgidas no início dos anos 1980, nenhuma alcançou tanto sucesso quanto o U2. Do início pós-punk ao rock de arena, a banda irlandesa sempre se manteve fiel a seus princípios, independentemente de qual fosse a última moda. Até hoje, nenhuma banda enche mais estádios de futebol do que o U2. Os ingressos são sempre esgotados em questão de minutos. Dá até a impressão de que, se a banda quisesse fazer uma temporada de um ano, com show todos os dias, em uma mesma cidade, ela seria capaz.

O segredo da fama talvez esteja na consistência. Desde o fim dos anos 1970, quando se formou, o U2 mantém a mesma sólida formação, com Bono (vocais), The Edge (guitarra), Adam Clayton (baixo) e Larry Mullen Jr. (bateria). No início, ainda com o nome de Feedback, eles se contentavam em tocar versões para músicas dos Rolling Stones e dos Beach Boys. O grupo passou a se chamar U2 em 1978, mesmo ano em que ganhou o prêmio principal de um show de talentos e conheceu o empresário Paul McGuinness. A história da banda começaria a mudar drasticamente a partir daí.

O contrato com a CBS Records da Irlanda veio rapidamente, e o primeiro EP, *U2:3*, com a faixa "Out of Control", chegou ao top 10 da parada do país de origem do grupo. O segundo single, "Another Day", de 1980, não estourou muito, mas foi o suficiente para o U2 firmar um contrato internacional com a Island Records para gravar o seu primeiro álbum. *Boy*, sob a produção de Steve Lillywhite, chegou às lojas em outubro de 1980. A crítica aprovou o som ainda juvenil, com o vocal lamurioso de Bono e a guitarra cheia de efeitos e texturas de The Edge. Por conta de faixas como "I Will Follow" e "The Ocean", o LP alcançou o top 100 das paradas britânicas e norte-americanas. Um bom início, que garantiu ao grupo uma turnê pela Europa e pelos Estados Unidos.

Tudo parecia estar indo bem para a banda, mas quando ela entrou em estúdio para gravar o segundo álbum, por pouco não se desfez. As letras religiosas de Bono desagradaram seus companheiros, e o cantor teve que praticamente reescrevê-las dentro do estúdio. *October* saiu exatamente um ano após *Boy*, e foi mal de vendas nos Estados Unidos, mas alcançou a décima primeira posição da parada britânica. Foi mais um ano de muitos shows entre os Estados Unidos e a Europa, e, no fim de 1982, a banda se reuniu novamente em estúdio para gravar um novo álbum. A banda estava sob pressão. Não tinha alcançado o objetivo de estourar no mercado americano, e, dessa vez, a gravadora queria um álbum mais comercial. Bono iniciou os trabalhos escrevendo uma canção para Alison Stewart, sua namorada de longa data. "New Year's Day" era praticamente uma balada. Só que, no estúdio, a canção de amor se transformou em algo semelhante a um hino de guerra. Deu certo. "New Year's Day" alcançou o top 10 da parada britânica de singles antes mesmo de o disco ser lançado.

Parecia que as coisas engrenariam de vez no terceiro disco, que seria lançado no último dia de fevereiro de 1983. A banda e a gravadora estavam esperançosas. Enquanto *Boy* versava sobre questões adolescentes, e *October* sobre questões espirituais, *War* seria um disco político, mais urgente que os dois anteriores. As letras de Bono estavam mais diretas, e a guitarra de The Edge, com menos efeitos, despejava um som mais agressivo, assim como a bateria de Larry Mullen Jr., e muitas vezes emulava uma marcha militar. Pela primeira vez, o U2 gravou um disco com calma, sem grandes pressões para o lançamento. Assim, a banda irlandesa usou até o último segundo a que tinha direito no estúdio. A derradeira faixa do álbum, "40", foi a última a ser gravada. Ela foi escrita em dez minutos, gravada em dez minutos, mixada em mais dez minutos e tocada depois por mais dez minutos. É por esse motivo (e também por terem se inspirado no Salmo 40 da *Bíblia*) que ela se chama "40". Depois desses quarenta minutos, o tempo de estúdio da banda estava esgotado, e o disco, finalizado.

Tendo dois discos na bagagem, o terceiro já gravado e uma boa experiência de palco (inclusive a abertura de vários shows do Talking Heads no ano anterior), o U2 estava pronto para o *mainstream*. E *War* foi o responsável por essa transição. O garotinho Peter Rowen, que já havia aparecido na capa do primeiro álbum do U2, voltou três anos depois para estrelar a arte de *War*. O menino, que tinha nove anos de idade na época da foto, disse que, para ele, não havia diferença entre as capas, exceto pelo fato de estar três anos mais adiantado na escola. Entretanto, para o U2, a diferença foi imensa. Afinal, *War* colocava a banda em uma posição que ela voltaria a ocupar muitas vezes: o topo da parada britânica. Nos Estados Unidos, alcançou a décima segunda posição. Nada mau, já que os norte-americanos sempre tiveram uma certa dificuldade de aceitar bandas que não fossem originárias do seu próprio país. Talvez uma turnê fosse o suficiente para catapultar o grupo ao sucesso definitivo nos Estados Unidos.

O vocalista Bono, a partir desse disco e da sua respectiva turnê, começava a se transformar na figura messiânica que conhecemos até hoje, por conta de suas letras de protesto e dos hinos de raiva e paixão que começaram a brotar em *War*. Até mesmo porque não é qualquer banda que grava canções como "New Year's Day" e "Sunday Bloody Sunday", essa última inspirada no "domingo sangrento", que aconteceu no dia 30 de janeiro de 1972, quando paraquedistas britânicos mataram treze cidadãos irlandeses durante um protesto pelos direitos civis em Derry, na Irlanda do Norte. Além de ter sido o primeiro megassucesso do U2 (top 10 da Billboard), a canção foi pioneira na temática política da banda. A turnê de *War* começou em 26 de fevereiro de 1983, em Dundee, na Escócia, e terminou em Tóquio, no dia 30 de novembro do mesmo ano. Nesses nove meses, a vida do U2 daria um giro de 180 graus, muito especialmente por conta do show em Red Rocks, que aconteceu no dia 5 de junho de 1983.

É bom frisar que, nos anos 1980, a imagem era tão importante quanto a música para uma banda de rock. A MTV tinha surgido nos Estados Unidos em 1981 e, com seus videoclipes, ditava a onda do momento. O U2 tinha absoluta noção disso, tanto que foram até a Suécia para gravar o vídeo de "New Year's Day". Estava tão frio que Bono mal conseguia abrir a boca para dublar. Mas valeu a pena. A MTV veiculou o videoclipe com frequência, ajudando a popularizar o U2 na América. Mas o U2 queria ir além de um simples videoclipe. Com a bagagem acumulada, estava na hora de filmar um show para transformá-lo em filme. Se grandes bandas já haviam feito o mesmo, por que não o U2? Assim, The Edge se lembrou quando, na turnê de 1981, visitou Red Rocks, um lindíssimo anfiteatro natural formado por pedras no sopé das Montanhas Rochosas, a imensa cordilheira de quase cinco mil quilômetros de extensão que cobre grande parte dos Estados Unidos. Em 1981, o U2 jamais teria público para se apresentar em um lugar para nove mil pessoas, mas, nessa turnê de 1983, um dos shows aconteceria exatamente lá. Não seria um ótimo cenário para gravar o tal filme?

Para isso, a banda investiu todo o dinheiro acumulado ao longo dos últimos três anos e mais uma grana do patrocínio da Coca-Cola. O grupo queria simplesmente o melhor, e contratou o diretor Gavin Taylor e o produtor Malcolm Gerrie, do programa britânico *The Tube*, que já tinha trabalhado com o U2. Randy Ezratty, o inventor do primeiro sistema de gravação multicanal portátil, foi chamado para registrar em áudio a apresentação, e Steve Lillywhite para mixar. Em poucos meses, o filme seria transmitido dentro do programa *The Tube* no Reino Unido, e pela MTV, nos Estados Unidos.

Só que a banda não contava com a natureza. Em 5 de junho, o verão estava prestes a começar, mas em Denver fazia muito frio e, no dia do show, uma tempestade desabou sobre Red Rocks. A própria prefeitura de Denver aconselhou que o show não acontecesse. O produtor local, Barry Fey, queria cancelar de qualquer jeito. Chegou a gravar uma mensagem para as estações de rádio, pedindo que ninguém comparecesse naquela noite, por questões de segurança. O mesmo ingresso valeria para o show do dia seguinte, em Boulder, também no Colorado, a poucos quilômetros dali. Mas a ideia do cancelamento não passava pela cabeça da banda nem pela do empresário Paul McGuinness. Afinal, todo o dinheiro deles havia sido investido naquela noite. Se o show fosse cancelado, adeus filme e adeus grana. O único que parecia tranquilo nos bastidores era Bono. Ele dizia que a chuva refletia o estilo das músicas da banda. E ainda profetizou: "Eu realmente acredito que, nesta noite, nós vamos fazer história".

Ao contrário do vocalista, parte da equipe já estava desistindo. Ezratty, por exemplo, já havia recolhido o gravador. O empresário Paul McGuinness, então, convocou toda a equipe que participaria daquele evento. Durante cinco minutos, ele falou que o U2 tinha investido absolutamente tudo naquele filme, colocando em risco até mesmo a subsistência de seus integrantes, e que eles tinham certeza de que aquele seria um momento crucial na carreira da banda. Ele ainda garantiu que aquele show aconteceria de qualquer jeito, e que todos ali tinham a obrigação de dar o seu melhor, assim como a banda daria. Parece que São Pedro também escutou a palestra do empresário. Duas horas antes do horário marcado para o show, a chuva parou. O frio inclemente permanecia, mas o pior tinha passado. E cerca de 4.200 bravos fãs do U2, menos da metade da lotação do anfiteatro, apareceram para fazer parte da história.

O público reduzido não foi problema. Nem o frio. Como publicou o jornal *Denver Post*, no dia seguinte: "O show do U2 em Red Rocks tinha tudo para dar errado... Mas deu tudo certo". E isso porque o frio e a neblina acabaram provocando um cenário natural perfeito, que nenhuma iluminação artificial seria capaz de emular. Parecia que a Irlanda havia sido transportada para Denver. Misturadas à neblina, as chamas que queimavam em três formações rochosas fizeram do anfiteatro um local que muito bem poderia ser o céu ou o inferno, dependendo do ponto de vista. Conforme disse o guitarrista The Edge, "a neblina era o gelo-seco feito pelos deuses". As imagens aéreas no filme são impressionantes.

O show teve início com "Out of Control", primeiro single da história do U2. Seguiu com outras músicas dos dois primeiros discos, como "Twilight", "A Day Without Me",

"Gloria" e "I Threw a Brick Through a Window". Mas foi com as canções de *War* que a coisa pegou fogo mesmo. Só a introdução de "Sunday Bloody Sunday" já era antológica: *"This song is not a rebel song... this song is 'Sunday Bloody Sunday'..."*, anunciou o vocalista. Durante a música, Bono marchou carregando uma bandeira branca e a fincou na beira do palco; um gesto simbólico, tendo em vista a forte carga política da letra da canção. Em "New Year's Day", a banda deu mais um show, embora The Edge mal conseguisse tocar aqueles acordes. Seus dedos estavam congelando, e o show quase teve que ser interrompido. Mas, àquela altura, era impossível. Nem o produtor Barry Fey, aquele mesmo que queria cancelar tudo, conseguiu desgrudar os olhos do palco. Ele disse: "Eu tinha que estar presente em um outro show naquela mesma noite, do Neil Diamond. Mas eu não conseguia sair do palco. Eu estava hipnotizado".

Durante "The Electric Co.", como acontecera em outros shows da turnê, Bono escalou a torre de iluminação ao lado do palco até o topo de uma pedra. A cena, histórica, está eternizada na capa do álbum *Under a Blood Red Sky*, o registro dessa turnê. Em "Party Girl", também como de costume, Bono puxou uma fã da plateia para dançar com ele no palco. "40", aquela canção gravada em quarenta minutos, encerrava os shows da turnê. Quando Bono terminava e saía do palco, a plateia continuava por mais alguns minutos cantando o verso *"How long to sing this song?"*. Só que, devido ao frio, parecia que o público não estava com muita disposição para soltar a voz. No camarim, Bono estranhou aquele silêncio todo: "Como é que o filme da turnê vai ficar sem o seu principal momento?". Ele não se fez de rogado, voltou ao palco e puxou o coro da plateia. No fim, deu tudo certo, e o coro ficou registrado para a posteridade.

O filme *Under a Blood Red Sky* acabou se tornando um dos grandes registros da música pop. Como noticiou o *Denver Post* no dia seguinte ao show: "É duvidoso que qualquer outra banda fosse capaz de transformar a adversidade do Red Rocks a seu favor de uma forma tão convincente". O baterista Larry Mullen Jr. disse que o clima foi o responsável por aquele show, algo com que o produtor Barry Fey concordou: "Se fosse um dia claro de junho, teria sido apenas mais um show. Mas o fogo, a névoa, a neblina..." Pois é... O fogo, a névoa, a neblina... Aquilo jamais aconteceria daquela forma. Nada poderia ser tão mágico novamente. Tanto que o U2 pensou, nos anos 1990, em levar a sua PopMart Tour para Red Rocks. Desistiu. Todos sabiam que a magia daquele show do dia 5 de junho de 1983 jamais seria recriada novamente.

Em "Twilight", a segunda faixa do disco *Boy*, Bono canta os seguintes versos: *"In the shadow, boy meets man"*, ou seja, "Na sombra, o garoto encontra o homem". E foi na sombra da neblina de Red Rocks que o U2 ganhava a guerra, deixando de ser garoto para se tornar um homem de verdade.

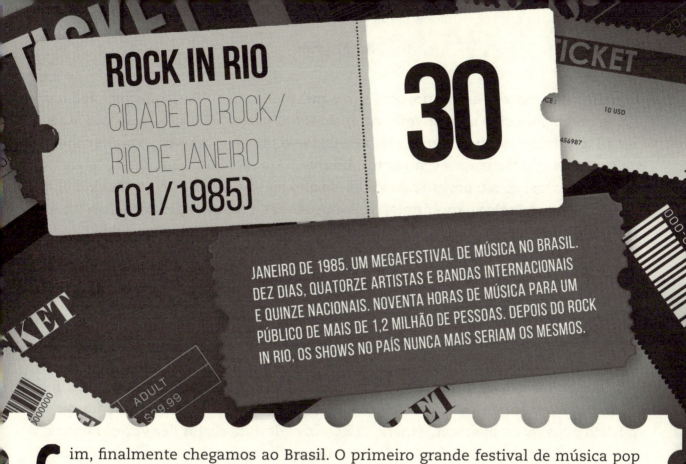

ROCK IN RIO
CIDADE DO ROCK / RIO DE JANEIRO
(01/1985)

30

JANEIRO DE 1985. UM MEGAFESTIVAL DE MÚSICA NO BRASIL. DEZ DIAS, QUATORZE ARTISTAS E BANDAS INTERNACIONAIS E QUINZE NACIONAIS. NOVENTA HORAS DE MÚSICA PARA UM PÚBLICO DE MAIS DE 1,2 MILHÃO DE PESSOAS. DEPOIS DO ROCK IN RIO, OS SHOWS NO PAÍS NUNCA MAIS SERIAM OS MESMOS.

Sim, finalmente chegamos ao Brasil. O primeiro grande festival de música pop na América Latina, contando com as maiores bandas e artistas solo daquela época. Um verdadeiro sonho para quem era jovem e louco por rock no Brasil nos anos 1980. E de onde veio essa ideia maluca de montar um megafestival no país? Pois é, a pergunta é pertinente. Se hoje a gente pode assistir a shows internacionais quase todos os dias por essas terras, em meados dos anos 1980 era tudo bem diferente. Naquela época, imaginar bandas como AC/DC, Queen, Yes e Iron Maiden tocando em um descampado em Jacarepaguá era mais ou menos a mesma coisa que ficar sabendo que uma empresa estava construindo uma nave espacial para levar turistas até Saturno.

E toda essa história remonta ao início de 1984, quando o empresário Roberto Medina, dono da agência de publicidade Artplan, estava desiludido com o Brasil, em especial com a violência no estado do Rio de Janeiro. Ele já havia decidido, inclusive, que se mudaria com sua família para os Estados Unidos. Contudo, ainda havia uma réstia de esperança. A reabertura política já era uma realidade, e o clima do movimento das "Diretas Já" alimentava o sonho de uma população que havia mais de vinte anos não podia escolher o seu presidente.

Com toda essa agitação na cabeça, Medina caminhava pelos bosques de seu condomínio na Barra da Tijuca enquanto uma voz apitava em sua cabeça: "Você vai se arrepender e se sentir culpado lá fora". Naquela mesma noite, o empresário passou a madrugada em seu escritório, com um pensamento fixo: "Será que você fez tudo o que podia por seu país? Será que cumpriu a sua parte?". Ele sabia que não. E teve uma ideia: criar um movimento que mostrasse o Brasil ao mundo; um movimento de confraternização jamais visto antes. De manhã, em cima de sua mesa, havia um pedaço de papel com o projeto rabiscado. No alto da página, os dizeres: "Rock in Rio".

O projeto seria algo para entreter os jovens. Afinal, a tal "Geração Coca-Cola" merecia ver a luz do dia. Muitos já tinham idade suficiente para dirigir, mas ainda não podiam votar nem sabiam o que significava a palavra "liberdade" na prática. Dessa forma, o Rock in Rio seria um megaconcerto que pararia o Brasil, uma oportunidade para que os cariocas resgatassem a cidade e o moral do país lá fora. Só que a viabilização do projeto não seria tão simples assim. Algo assim nunca tinha sido feito no Brasil. Nem no mundo. O parâmetro era o festival de Woodstock, realizado em Bethel, Nova York, em agosto de 1969, com um público total de cerca de quinhentas mil pessoas.

Só que Roberto Medina esperava, ao menos, 1,5 milhão de pessoas em seu festival. E a questão era mais matemática do que simples megalomania. Para que o público pudesse comparecer, o ingresso no Brasil deveria custar dez vezes menos do que em um show dos Estados Unidos. Ao mesmo tempo, a despesa seria o dobro, já que o país não contava com sistema de som, iluminação e técnicos capacitados para um evento daquele porte. De início, nem os seus sócios da Artplan acreditaram no projeto. Medina já havia trazido ao país artistas como Frank Sinatra e Barry White. Mas aquele festival era no mínimo vinte vezes maior do que esses dois shows. O empresário já estava até desanimado quando um diretor da cervejaria Brahma comprou a ideia: "Agora me apresente um projeto", ele disse a Medina.

Além da loucura de trazer quase duas dezenas de artistas internacionais que achavam que iriam encontrar o Tarzan e a Chita no Brasil, Medina tinha que bolar toda uma mecânica empresarial para que o seu projeto, ao menos, não desse prejuízo. Era necessário desenvolver uma engenharia inédita no Brasil, relacionada a marketing, comunicação, relacionamento com patrocinadores, transmissão na TV, entre diversos outros fatores. Isso porque não havia condição de o Rock in Rio viver só da bilheteria, que, pelos cálculos da produção, não representaria mais do que 30% do custo do evento.

Com o patrocínio da Brahma, as coisas ficaram mais fáceis. Era hora, enfim, de contratar os artistas. À primeira vista, o sonho de Medina era inversamente proporcional ao ânimo das bandas estrangeiras de pisar no país. A boa vontade dos empresários era pouca. Sim, infelizmente, o Brasil não tinha um histórico de abrigar grandes shows, e os artistas tinham receio da (des)organização. Muitos, inclusive, haviam tido problemas no país anteriormente, como o Kiss e o The Police, que tiveram instrumentos roubados e não receberam o cachê combinado. A tarefa de Medina era inglória. Bob Dylan, por exemplo, nem se deu ao trabalho de recebê-lo, assim como o Queen — Jim Beach, o empresário da banda, disse que não acreditaria em um projeto desse tamanho, mesmo que fosse realizado nos Estados Unidos.

No início, Roberto Medina e seus assessores passaram setenta dias em Nova York, escutando uma média de um "não" por dia. A lista de artistas era grande, com 114 nomes, que iam de Rolling Stones a The Who, passando por Deep Purple, Aerosmith, AC/DC, Michael Jackson, Bruce Springsteen, U2, The Smiths, Eric Clapton, Depeche Mode, além de bandas inativas, como Led Zeppelin e Pink Floyd. Cada artista exigia, no mínimo, quatro reuniões para que Medina explicasse o projeto: primeiro, para os integrantes do grupo, depois, para o empresário, uma terceira para o advogado e a última para a agência de publicidade. O desgaste era imenso; a resposta, invariavelmente, negativa.

Como última cartada, Medina pediu ajuda a um velho amigo, Lee Solters, à época assessor de imprensa de Frank Sinatra. Ele fez apenas um pedido a Solters: que o ajudasse a convocar uma coletiva de imprensa para os jornais mais importantes dos Estados Unidos. Poucos dias depois, Medina pôde apresentar o projeto para cerca de sessenta jornalistas. No dia seguinte, como em um passe de mágica, os principais jornais daquele país anunciavam que o maior festival de música da história seria realizado no Rio de Janeiro, nos primeiros dias de 1985. Assim, artistas que poucas semanas antes duvidavam daquele papo, voltaram atrás. O primeiro foi Ozzy Osbourne, que logo assinou o contrato. A segunda banda a confirmar foi o Queen. A partir daí, foi uma avalanche. Se o Queen, talvez a maior banda de rock do planeta àquela época, estava dando aval ao evento, quem mais duvidaria de algo?

Elenco internacional fechado, era hora de contratar as bandas brasileiras. À época, a geração BRock despontava no país, e não foi difícil fechar com os expoentes do movimento, como Barão Vermelho, Os Paralamas do Sucesso e Blitz, além de medalhões como Rita Lee, Moraes Moreira e Alceu Valença. Para abrigar todos esses exigentes artistas, acostumados com o que havia de mais sofisticado em termos de show, Roberto Medina teve que construir algo de padrão internacional jamais visto antes no país. Uma cidade... Uma cidade do rock! Mais precisamente em um terreno de 250 mil metros quadrados em Jacarepaguá. As obras foram iniciadas em agosto de 1984, com um investimento inicial que beirava os cinco milhões de dólares. Para se ter uma ideia, apenas para nivelar o terreno foram necessários 71 mil caminhões cheios de terra.

Além do palco triplo giratório (que comportaria o equipamento montado de três bandas ao mesmo tempo), a Cidade do Rock contaria com dois shopping centers e dois *videocenters*, além de heliporto, dois mini-hospitais, um grande estacionamento, 22 camarotes e escritórios para a produção. E como o Big Mac não podia faltar, o Rock in Rio ainda teria direito à maior loja do McDonald's do mundo. O sistema de luz também era algo inédito. Um dos desejos de Medina era que o público do seu festival fosse tão importante quanto os artistas no palco. Dessa maneira, a plateia deveria ser iluminada o tempo todo. E a iluminação veio toda de fora, assim como o sistema de som, que deveria ser proporcional à imensa área da Cidade do Rock. E, entre mortos, feridos, bandas canceladas de última hora, profecias de Nostradamus, previsão de tempestades, problemas com a Igreja Católica e brigas com o então governador do Rio de Janeiro, Leonel de Moura Brizola, o Rock in Rio ia, de fato, acontecer.

À medida que a data do festival se aproximava, o Rio de Janeiro entrava em ebulição. A Cidade do Rock, localizada na Ilha Pura, em Jacarepaguá, já era atração turística nos últimos dias de dezembro de 1984. Qualquer assunto ligado ao festival era motivo de festa. Fãs varavam a noite no aeroporto do Galeão à espera dos seus ídolos, outros acampavam na porta da Cidade do Rock e dos principais hotéis da Zona Sul da cidade. O Rio de Janeiro — aliás, o Brasil — respirava rock. Se construir uma nave que viajasse até Saturno ainda era impossível, um festival de grande porte no Brasil, não era. O Rock in Rio estava aí para provar.

Assim, às seis da tarde do dia 11 de janeiro de 1985, uma tímida queima de fogos anunciou o início do evento. "Desperta, América do Sul!": esse foi o primeiro verso cantado no festival, na voz de Ney Matogrosso, que abriu os trabalhos. O show foi bom, mas Ney acabou sendo a cobaia de dois problemas crônicos que azucrinaram os artistas brasileiros. Em primeiro lugar, ele teve que enfrentar a ira dos chamados "metaleiros", muitos dos quais estavam lá para atrapalhar o show dos outros. Objetos voaram no palco enquanto Ney cantava e devolvia um a um ao público. O outro problema era a péssima qualidade de som. As duas atrações mais esperadas daquela primeira noite (e talvez de todo o festival) eram o Iron Maiden e o Queen.

O Iron entrou depois do Whitesnake, e apresentou o show da sua World Slavery Tour, que divulgava o álbum *Powerslave* (1984). O público brasileiro nunca tinha presenciado nada como aquilo antes. Um palco rodeado de pirâmides, múmias, sarcófagos e esfinges, com um paredão de amplificadores, e, de quebra, um imenso boneco controlado remotamente, e que interagia com a banda durante o show. O sólido casamento do Iron Maiden com os brasileiros foi firmado quando a banda subiu ao palco às 23h35 daquele distante 11 de janeiro de 1985. Durante "Revelations", Bruce

Dickinson bateu com o braço da guitarra no rosto, cortando o seu supercílio, o que fez com que o sangue escorresse pelo seu rosto. A música não parou, claro. "Quero todo mundo louco esta noite", berrava o vocalista para os cerca de trezentos mil espectadores. *"Scream for me, Rock in Rio!"*

Em seguida, foi a vez de Sua Majestade, o Queen. Após tomar o seu saquê a vinte graus, Freddie Mercury subiu ao palco, juntamente com Brian May, Roger Taylor e John Deacon. O cachê, o mais alto do festival, no valor de seiscentos mil dólares, justificou-se. E nem o atraso de duas horas esfriou o público. O palco, nababesco, era inspirado no filme *Metrópolis*, de Fritz Lang. Eram duas da manhã quando o show teve início. O *frontman* vestia um *collant* branco com jaqueta de couro da mesma cor — figurino desenhado pelo próprio. Durante "Love Of My Life", Freddie simplesmente parou de cantar e deixou o público soltar a voz. Em determinado momento, um incrédulo Brian May também largou o seu instrumento e exclamou: *"It's beautiful!"*. E foi bonito mesmo escutar o que certamente foi a maior orquestra de vozes da história dos shows de rock. Era apenas o primeiro dia, e o Rock in Rio já entrava para a história.

No dia seguinte, 12 de janeiro, um sábado ensolarado, a Cidade do Rock parecia um grande parque recebendo famílias que estendiam cangas e faziam piquenique. Naquele dia, o McDonald's entrou para o *Guinness Book* após vender 58.185 hambúrgueres. O som teve início com Ivan Lins, Elba Ramalho e Gilberto Gil, e, em seguida, foi a vez de Al Jarreau (que fez um show burocrático) e de James Taylor, que apresentou um dos shows mais emblemáticos da história do festival — e de sua carreira. À época, o músico de Massachusetts estava na pior, passando por sérios problemas relativos ao uso de drogas. Sua carreira estava praticamente encerrada. Uma hora e 45 minutos de show nessa segunda noite de Rock in Rio foram o suficiente para o artista ter a sua carreira ressuscitada. A voz fanhosa de Taylor foi devidamente acompanhada pelo público, especialmente em "You've Got a Friend", até hoje um dos hinos do Rock in Rio. Em forma de agradecimento, o cantor lançou a canção "Only a Dream in Rio", nove meses depois. Em seguida, George Benson enfrentou uma plateia sonolenta com um show repleto de longos improvisos e canções instrumentais. De fato, não tinha como funcionar naquele ambiente e naquele horário.

A terceira noite de Rock in Rio contou com um público mais jovem — muitas crianças, inclusive, por conta da presença da Blitz. Mas antes da banda carioca, Os Paralamas do Sucesso tocaram por quarenta minutos e se transformaram em fenômeno nacional. Não à toa, é considerado, até hoje, um dos grandes shows daquela edição, ao contrário da apresentação de Lulu Santos, que decepcionou. Depois, a Blitz (à época, a banda mais popular do Brasil) sofreu com um som muito ruim. Nina Hagen e Go-Go's vieram em seguida, abrindo para Rod Stewart, que entregou um show redondo, seguindo o conselho que Freddie Mercury lhe dera na véspera, de que deveria cantar todos os seus maiores sucessos. Conforme ele declarou para a imprensa na véspera do show, "participar do Rock in Rio foi como ganhar a Copa do Mundo no meio do estádio do Maracanã e depois dar a volta olímpica pelo campo". Stewart não deu a volta olímpica, mas chutou dezenas de bolas de futebol em direção ao público no final da apresentação. No dia 14, segunda-feira, apenas vinte mil pessoas se dispuseram a enfrentar a lama que começava a se acumular na Cidade do Rock, para ver Moraes Moreira, Alceu Valença e os repetecos de George Benson e James Taylor. Dessa vez, e muito acertadamente, Benson pediu a Taylor que tocasse antes dele.

Já o dia 15 foi histórico não só pelas atrações que passaram pelo evento, mas também pela eleição de Tancredo Neves. Apesar do voto ainda ter sido indireto, Tancredo era o primeiro presidente civil eleito após o golpe militar de 1964. O Kid Abelha deu início aos trabalhos, mas foi recebido com pedradas dos "metaleiros" que queriam ver AC/DC e Scorpions. O mesmo aconteceu com Eduardo Dussek. O Barão Vermelho, por sua vez, teve mais sorte. Lá pelo fim da performance, a tensão se transformou em celebração. Durante "Pro Dia Nascer Feliz", último número do show, Cazuza se despediu da seguinte forma: "Que o dia nasça lindo para todo mundo amanhã, um Brasil novo, com uma rapaziada esperta". Até os "metaleiros" devem ter se emocionado... E ficaram ainda mais emocionados quando os Scorpions subiram no palco. A banda alemã divulgava o disco *Love at First Sting* (1984), o seu trabalho mais popular, e que conta com sucessos como "Big City Nights" e "Still Loving You". Eles apresentaram um show tecnicamente perfeito, com todas as músicas que o público gostaria de escutar. O vocalista Klaus Meine se enrolou em uma enorme bandeira do Brasil e, para delírio das cerca de cinquenta mil pessoas presentes, berrou: "Viva Tancrido!" (sic). A resposta veio através de muitos dedos simbolizando os chifres do demônio, a saudação típica do público do metal no festival.

Para encerrar a noite, o AC/DC, mesmo divulgando um álbum fraco (*Flick of the Switch*, de 1983), disparou tiros como "Back in Black" e "For Those About to Rock (We Salute You)". Nessa última (que encerrou a apresentação), os tiros foram literais, com os dois canhões e as dezessete baterias de fogos montadas nas laterais do palco. Com o típico traje colegial, Angus Young impressionou com solos de guitarra que aquela plateia só tinha visto no filme *Deixa o rock rolar* (*Let There be Rock*, de 1980), e não imaginava presenciar ao vivo nem em seus melhores sonhos.

O dia seguinte teve início com Os Paralamas do Sucesso, e a famosa bronca de Herbert Vianna na plateia, que não andava se comportando lá muito bem. A banda repetiu o sucesso de sua apresentação anterior, antes da entrada de Moraes Moreira. Em seguida, Rita Lee estreou no festival com um show cheio de defeitos técnicos, e com direito a um princípio de incêndio no palco. Ozzy Osbourne, que chegou ao Rio sob a pecha de "devorador de morcegos", entrou no palco vestindo a camisa do Flamengo, e, durante setenta minutos, o ex-vocalista do Black Sabbath desfilou sucessos como "Bark at the Moon" e "Paranoid". No dia seguinte, Ozzy brincou com a imprensa: "Não comi morcego porque não jogaram no palco". Rod Stewart, debaixo de um aguaceiro apocalíptico, encerrou os trabalhos cantando (a apropriada) "Sailing".

O dia 17 de janeiro amanheceu com uma Cidade do Rock enlameada para cerca de 25 mil pessoas que se dignaram a enfrentar o perrengue para ver a estreia da banda britânica Yes no festival. O Yes estava lançando o álbum 90125 (1983), um dos mais populares de sua carreira, para desespero dos fãs mais puristas. Jon Anderson, Trevor Rabin, Tony Kaye, Chris Squire e Alan White apresentaram clássicos como "Owner of a Lonely Heart" e "Roundabout". Foram noventa minutos de um show com uma iluminação deslumbrante, cheia de raios laser. Na noite seguinte, o Rock in Rio viu o repeteco de shows de Kid Abelha, Eduardo Dussek, Lulu Santos, Go-Go's, Queen, além da estreia do The B-52's, que apresentou um show dançante e repleto de sucessos. Nos últimos dois dias, Pepeu Gomes, Baby Consuelo, Whitesnake, Ozzy Osbourne, Scorpions, AC/DC, Erasmo Carlos, Barão Vermelho, Blitz, Gilberto Gil, Nina Hagen, The B-52's e Yes repetiram a dose.

Enfim, no total, foram dez dias, quatorze artistas (ou bandas) internacionais e quinze nacionais. Noventa horas de música para um público de um milhão, duzentas e trinta e cinco mil pessoas na Cidade do Rock e mais quarenta milhões de telespectadores em trinta países. Dias depois, por ordem do então governador do Rio, Leonel Brizola, a Cidade do Rock foi desativada. Roberto Medina já tinha planos para uma segunda edição em 1986. Bandas como U2, Supertramp, Duran Duran, Dire Straits e Culture Club estavam na lista. Mas como não havia mais Cidade do Rock, não tinha jeito. O então senador Fernando Henrique Cardoso achava até uma "boa ideia" um "Rock in Sampa", mas acabou não rolando também. O Rock in Rio só retornaria, de fato, seis anos depois, em 1991, no estádio do Maracanã. E contando com a edição de 2022, já atingiu nada menos do que nove edições.

Mas o primeiro Rock in Rio ninguém jamais esqueceu.

LIVE AID
WEMBLEY/LONDRES E ESTÁDIO JFK/FILADÉLFIA
(13/07/1985)

31

CERCA DE SETENTA GRANDES NOMES DA MÚSICA, SHOWS EMBLEMÁTICOS, DEZOITO HORAS DE SOM, DOIS CONTINENTES E OITENTA MILHÕES DE DÓLARES ARRECADADOS PARA COMBATER A FOME NA ÁFRICA. BOB GELDOF UNIU O PLANETA COM O LIVE AID, QUE AINDA PROPORCIONOU UM SHOW DO QUEEN QUE É CONSIDERADO POR MUITOS O MAIOR DA HISTÓRIA DO ROCK.

Concertos beneficentes sempre foram algo comum no mundo do rock. Mas um da magnitude do Live Aid ainda não havia acontecido. E talvez nunca mais aconteça. O Live Aid foi uma extravagância de dezoito horas de duração na Inglaterra e nos Estados Unidos. Hoje, um evento desse porte pode parecer comum, mas não era o caso em 1985. Além de ter trazido quase setenta bandas ou artistas solo tocando entre Londres e Filadélfia, o evento contou com uma audiência global de simplesmente um bilhão e meio de pessoas que doaram uma bela quantia para ajudar no combate à fome na África. Segundo seus organizadores, o Live Aid salvou entre um e dois milhões de vidas.

O principal organizador dessa história toda atende pelo nome de Bob Geldof. O compositor teve a ideia do evento após assistir a uma reportagem da BBC News sobre a fome na Etiópia, e o seu primeiro impulso foi compor um single. Mas ele sabia que não seria o suficiente. Então, ele se reuniu com Midge Ure, líder do Ultravox, banda inglesa de *synth pop*, e, juntos, compuseram uma canção e convenceram diversos artistas a cantá-la. Nascia assim a Band Aid, com nomes como Sting, Simon Le Bon, Boy George, Paul Weller, George Michael, Phil Collins, o pessoal do Spandau Ballet e do Frankie Goes To Hollywood, entre outros. A tal canção, "Do They Know It's Christmas?", foi gravada no dia 25 de novembro de 1984. Na semana seguinte, já se encontrava no topo da parada britânica, tornando-se o single de vendagem mais rápida na Grã-Bretanha desde a criação do ranking, em 1952. Até 1997, foi o single mais vendido na história do Reino Unido. Tentando repetir a boa causa (e o sucesso), artistas dos Estados Unidos entraram na jogada. Michael Jackson e Lionel Richie escreveram uma canção e convidaram um time de peso com Bruce Springsteen, Bob Dylan, Smokey Robinson, Paul Simon, Stevie Wonder, Billy Joel, entre outros, para cantá-la. Sim, "We Are the World" foi o single de vendagem mais rápida nos Estados Unidos.

Animado com toda essa história, Bob Geldof queria ir além e pensou: "E se eu produzisse o maior show da história para que pessoas do mundo todo doassem dinheiro para combater a fome na África?". A ideia era boa, mas a empreitada não seria das mais fáceis. Em primeiro lugar, ele tinha que convencer a BBC a doar dezoito horas de transmissão ao vivo na sua grade de programação. Em 1985, a transmissão de um evento dessa magnitude era mais do que um pesadelo. Não havia telefones celulares, e aparelhos de fax eram uma raridade. Em alguns países, ligações internacionais tinham que ser agendadas algumas horas antes através de uma operadora. Computadores, então, eram um luxo, e o e-mail, um sonho distante. Então, como seria coordenar um evento desse tamanho em dois continentes ao mesmo tempo, à base do telefone fixo e do Telex? Nem Geldof nem a BBC imaginavam. Mas acreditaram na ideia. Com a BBC dentro do negócio, emissoras de TV de todo o mundo também embarcaram na onda.

Dado o primeiro passo, Geldof tinha que convidar os artistas que participariam daquele evento monumental. Na sua cabeça, já que os políticos e as grandes empresas não tomavam uma atitude em relação à crítica situação na África, ele e seus colegas roqueiros tomariam. Sua ideia era convidar representantes de todos os estilos da música pop. Do rock tradicional do Led Zeppelin e do The Who ao pop da Madonna, passando pelo *synth pop* do Spandau Ballet, pelo new romantic do Duran Duran, pela surf music dos Beach Boys, pelo glam rock de David Bowie, pelo heavy metal do Black Sabbath, pelo folk de Bob Dylan, pelo blues de B. B. King, pelo Queen e vários outros.

É provável que a maior dificuldade de Geldof nesse início tenha sido exatamente convencer o Queen a participar. A banda de Freddie Mercury estava reticente — e doida para entrar em estúdio e gravar um novo álbum. Além do mais, ela não acreditava que aquele evento daria certo. A cartada (aliás, o telegrama) final foi de Geldof, que escreveu a Jim Beach, empresário da banda, o seguinte: "Diga à bicha velha [no caso, Freddie] que vai ser a 'maior coisa' que ele já viu". A piadinha de duplo sentido surtiu efeito. A causa era maravilhosa, mas também seria uma oportunidade de o Queen mostrar que ainda era a maior banda de rock do mundo nos anos 1980. O baterista Roger Taylor, inclusive, disse em entrevista: "É uma boa causa, mas não se engane, estamos fazendo o show em benefício da nossa fama também".

No dia marcado, a banda Status Quo abriu os trabalhos, precisamente um minuto depois do meio-dia, após a entrada da princesa Diana e do príncipe Charles no estádio de Wembley, e a execução do hino da Inglaterra, "God Save the Queen". A canção escolhida para dar início ao evento foi "Rockin' All Over the World", composta por John Fogerty, ex-Creedence Clearwater Revival. Fazia sentido. Afinal de contas, 160 países estavam acompanhando aquilo tudo ao vivo pela televisão. Naquele 13 de julho de 1985, o rock de fato estava no mundo todo. Cada banda ou artista solo tinha direito a vinte minutos de show. Todos com o mesmo som e com a mesma luz. Não havia regalias, já que estavam todos na mesma causa. Quem quisesse participar, que deixasse o ego em casa. Elvis Costello, no entanto, optou por cantar uma única música. E não era uma música dele. Ele escolheu "All You Need Is Love". Também fazia sentido. Os Beatles cantaram essa mesma canção no programa *Our World*, em 1967, a primeira transmissão via satélite da história da televisão.

Phil Collins e Sting cantaram "Every Breath You Take" juntos em uma delicada versão que contava com o saxofone de Branford Marsalis. Outros grandes sucessos dos anos 1980 foram relembrados, como "I Don't Like Mondays" (do The Boomtown Rats, banda liderada por Bob Geldof), "True" (Spandau Ballet), "Slave To Love" (de Bryan Ferry, com direito a um belo solo de guitarra de David Gilmour) e "Every Time You Go Away" (Paul Young). Mas, certamente, o primeiro grande momento do espetáculo foi a aparição do U2. O *set* da banda hoje é conhecido como "Os vinte minutos que fizeram do U2 uma das maiores bandas do mundo". O grupo irlandês, é verdade, já trilhava esse caminho desde o lançamento do disco *War* (1983) e do show em Red Rocks. Porém, o Live Aid deu o empurrão que faltava. E o mundo todo viu Bono interpretar grandiosas versões de "Sunday Bloody Sunday" e "Bad". E o mundo todo também viu Bono socorrer uma garota da plateia que estava sendo esmagada na grade em frente ao palco. O vocalista pulou do palco, de uma altura de cerca de três metros, para resgatar a moça. A atitude era simbólica: naquele momento, não havia diferença nem barreiras entre o artista e o público. O mundo todo se sentiu beijado e abraçado pelo líder do U2 naquele momento. No entanto, por conta disso, a versão de "Bad" chegou a quatorze minutos de duração, e o grupo não pôde executar a última música programada, "Pride (In the Name of Love)". Ao final da apresentação, revoltados com a atitude do vocalista, The Edge, Adam Clayton e Larry Mullen Jr. nem olharam para a cara dele. Mas o fato é que a cena do cantor se jogando do palco acabou por se transformar em uma das mais reprisadas nos noticiários sobre o Live Aid. No dia seguinte, cada single e disco do U2 vendiam cinco vezes mais.

Enquanto o show rolava em Londres, a cidade da Filadélfia também se preparava para dizer alô ao mundo. Por conta do fuso horário, os shows nos Estados Unidos começaram um pouco depois. Bernard Watson foi o primeiro a se apresentar, às oito e cinquenta da manhã, com "All I Really Want To Do", de Bob Dylan. Joan Baez, The Four Tops, Black Sabbath, Run D.M.C. e Judas Priest vieram em seguida, e o canadense Bryan Adams colocou fogo no público cantando "Kids Wanna Rock". A apresentação dos Beach Boys também foi marcante. Ainda abalada pela recente morte do baterista Dennis Wilson, em dezembro de 1983, a banda apresentou um delicioso *set* de cinco clássicos, encerrado com "Good Vibrations" e "Surfin' U.S.A.", com direito a um Brian Wilson extasiado nos teclados.

No palco, os músicos demonstravam a solidariedade que eles esperavam do público na hora de doar dinheiro. Tanto em Wembley quanto no JFK Stadium, artistas participavam dos shows uns dos outros, como se estivessem brincando em uma *jam session*. Voltando a Londres, mais um grande encontro aconteceu. O Dire Straits, uma das bandas mais populares do planeta na época, apresentou "Money For Nothing" (o hino da MTV), em parceria com o cantor Sting. Em seguida, a banda tocou "Sultans of Swing", com direito ao arrepiante solo de guitarra de Mark Knopfler. Depois do Dire Straits, às 18h41min, aconteceria o show que roubaria a noite. Os comediantes Mel Smith e Griff Rhys Jones, fantasiados de policiais, subiram ao palco para anunciar: "Her majesty... Queen!". A apresentação da banda britânica foi tão poderosa que, até hoje, é eleita, em diversas enquetes, o melhor show de rock de todos os tempos. Talvez não se trate de exagero. Freddie Mercury, Brian May, Roger Taylor e John Deacon apresentaram um *set* perfeito de 21 minutos e 56 segundos, englobando seis sucessos da banda. Durante o show, Elton John confidenciou a Paul McCartney: "Olha para eles! Os bandidos estão nos roubando o show!".

O mais curioso é que o show quase não aconteceu. Ao meio-dia, quando Brian May e Roger Taylor estavam sentados atrás do príncipe Charles no camarote real do estádio de Wembley, Freddie Mercury ainda estava em casa. O cantor estava sofrendo com uma infecção na garganta havia meses. Durante a manhã, o seu médico recomendou que a participação do Queen fosse cancelada. Todavia, por volta de quatro da tarde, contrariando a ordem médica, o cantor decidiu ir. Afinal de contas, a banda tinha ensaiado por três dias seguidos com muito afinco. E o que seriam vinte minutos de sacrifício comparados à fome na África e à vontade de mostrar que o Queen era a maior banda do mundo na época? Assim, Mercury vestiu uma camiseta branca regata, uma calça jeans e o seu tênis mais confortável, e embarcou na limusine que o esperava em frente ao Garden Lodge, a sua residência em Londres. Após um rápido papo com Bono nos bastidores, o vocalista entrou no palco saltitando e dando socos para o ar. Ao mesmo tempo, o engenheiro de som do Queen, James "Trip" Khalaf, aumentava sorrateiramente o volume do som para a potência máxima.

Antes de cantar, Mercury não falou nada: sentou-se ao piano e mandou a primeira parte de "Bohemian Rhapsody". No meio do solo de guitarra de Brian May, a banda emendou com "Radio Ga Ga". O vocalista, então, levantou-se do piano, pegou o seu microfone com meio pedestal e levantou os braços. As palmas sincronizadas arrepiam até hoje. O dia ainda estava claro, o palco nem precisava de iluminação, até mesmo porque Mercury já era a própria luz. Durante "Hammer To Fall", o vocalista brincou com os cinegrafistas que registravam aquele momento histórico. Em seguida, Mercury empunhou uma guitarra e falou: "A próxima canção é dedicada apenas às pessoas bonitas que estão aqui hoje, ou seja, a todos vocês. Obrigado por terem vindo e por fazerem disto um grande momento". Emendou com os primeiros acordes de "Crazy Little Thing Called Love", quando o dia já começava a escurecer. O Queen encerrou o seu *set* com a dobradinha "We Will Rock You" e "We Are the Champions". As 72 mil pessoas presentes balançavam os braços lentamente de um lado para o outro no ritmo da música. O estádio de Wembley parecia um oceano testemunhando aquele tipo de magia.

Na casa dos pais do cantor, Bomi Bulsara dizia para a esposa, Jer: "Nosso garoto chegou lá". Em Wembley, já em seu trailer-camarim, Mercury desabafava: "Graças a Deus, acabou", antes de entornar um copo de vodca goela abaixo. Bob Geldof berrava que aquele palco tinha sido o melhor da história do Queen. Afinal, não se tratava simplesmente do palco do estádio de Wembley, mas do planeta todo. Ao mesmo tempo, Mercury colocava o papo em dia com David Bowie: "Se eu não o conhecesse tão bem, teria que devorá-lo". E deve ter sido por conta das piadas do líder do Queen que Bowie entrou no palco do estádio de Wembley rindo. Se o seu show não foi como a apoteose do Queen, foi um dos melhores da noite. Vestindo um estiloso terno azul-claro, o cantor apresentou quatro de seus maiores sucessos — "TVC 15", "Rebel Rebel", "Modern Love" e "Heroes", essa última dedicada ao seu filho e a todas as crianças do mundo.

De volta à Filadélfia, quem também fez um dos shows mais aclamados por lá foi Madonna. Ela ainda não era o fenômeno que se tornaria pouco depois, mas já fazia a cabeça de muita gente. A cantora norte-americana subiu ao palco do JFK Stadium na condição de uma das principais atrações do evento. Não decepcionou, ao colocar noventa mil pessoas para dançar ao som de "Holiday" e de "Into the Groove". Ainda no JFK, Tom Petty and the Heartbreakers, The Cars e Neil Young fizeram boas apresentações. Esse último cantou cinco músicas em versões acústicas, incluindo "The Needle and the Damage Done" e "Helpless". Mais tarde, ele se juntaria a David Crosby, Stephen Stills e Graham Nash para mais um *set*.

Uma das grandes sacadas do Live Aid foi a realização de dois shows ao mesmo tempo, em dois continentes diferentes. Hoje, pode parecer besteira — o Live 8 (também organizado por Bob Geldof, em 2005) teve nove shows ao mesmo tempo. Mas, em 1985, isso era o máximo da tecnologia. E, logo após a apresentação de Phil Collins no estádio de Wembley, o músico embarcou em um concorde para tocar na Filadélfia também. Como o avião atingia uma velocidade absurda, Collins sairia da Inglaterra e chegaria aos Estados Unidos a tempo de se apresentar por lá. Essa viagem, mais do que um simples preciosismo, era simbólica: era a prova de que não só as cidades de Londres e Filadélfia estavam unidas, mas o mundo inteiro também. Por fim, Collins participou do *set* de Eric Clapton, depois cantou duas músicas solo e ainda tocou bateria com ninguém menos que o Led Zeppelin. Mas antes não tivesse tocado... Até hoje, essa história rende. Rende tanto que Robert Plant e Jimmy Page não autorizaram que o DVD oficial do Live Aid, lançado em 2004, contasse com as imagens dessa apresentação. Não deu certo mesmo. Faltou ensaio, Plant não estava nos seus melhores dias, Collins nem sabia o que ia tocar quando chegou ao estádio, e, até hoje, diz que foi uma das maiores vergonhas de sua vida.

Quem também não teve um grande momento no Live Aid da Filadélfia foi o Duran Duran. A banda, que à época era uma das mais populares da Inglaterra, não aproveitou a sua oportunidade. O vocalista Simon Le Bon, desafinado, destruiu as músicas, em especial "A View To a Kill", que ganhou um vocal com um falsete horripilante. "Foi o momento mais embaraçoso e humilhante da minha carreira", confessou o cantor anos depois. Meses após a apresentação, Roger Taylor e Andy Taylor deixariam a banda.

Retornando a Wembley, o The Who apresentou um bom *set*, com os clássicos "Won't Get Fooled Again", "Pinball Wizard" e "My Generation". Durante essa última, a banda extrapolou o tempo de vinte minutos, e o show foi cortado. A banda, aliás, que estava separada desde 1982, voltou apenas para o Live Aid. Apesar de ter estourado o tempo, deu conta do recado, assim como Elton John, alucinado ao piano para interpretar sucessos como "Rocket Man", e ainda convidar Kiki Dee e George Michael ao palco. Com Kiki, ele cantou a célebre "Don't Go Breaking My Heart"; com George, "Don't Let the Sun Go Down On Me", que faria enorme sucesso na voz da dupla no início da década de 1990. Por falar em dupla, Freddie Mercury e Brian May retornaram após a apresentação de Elton John, para interpretar "Is This the World We Created...?".

Paul McCartney encerrou os trabalhos em Wembley. O Beatle andava sumido dos palcos, sua última performance tinha acontecido em 1979, antes do assassinato de John Lennon. Quando ele começou a cantar "Let It Be", uma vaia tomou conta do estádio. Paul não entendeu nada. "Será que eu estou cantando tão mal assim? Será que tantos anos longe do palco me deixaram fora de forma?", deve ter pensado. Não. Aquele público jamais seria capaz de vaiar um Beatle. Acontece que o microfone falhou durante a primeira metade da canção e a plateia não escutou nada. Uma pena.

Ao som de "Do They Know It's Christmas?", o show na Inglaterra foi encerrado. Porém, na Filadélfia, o evento ainda pegava fogo. Se parte dos Beatles fechou o show de um lado do Atlântico, do outro lado, uma parte, aliás, três partes dos Rolling Stones seriam as responsáveis pelo encerramento. Mick Jagger, juntamente com Tina Turner, cantou "State of Shock" e "It's Only Rock 'n' Roll (But I Like It)", e Keith Richards e Ronnie Wood se juntaram a Bob Dylan para acompanhá-lo em três canções, incluindo "Blowin' In the Wind", antes de todos se reunirem no palco para entoar "We Are the World". E foi desse jeito que o grande evento dos anos 1980 foi encerrado. A ideia maluca de Geldof tinha dado mais do que certo. Antes deste evento, a grandiosidade de um show era medida pelo tamanho do público. Quinhentas mil pessoas em Woodstock, seiscentas mil na Ilha de Wight, um milhão e duzentas mil pessoas no Rock in Rio. Com o Live Aid, essa história mudou. Através da transmissão via satélite para o mundo todo, um público até três mil vezes maior do que o de Woodstock poderia assistir a um show. Mais ainda: unir o planeta. Aliás, nada tinha unido o planeta de forma tão grandiosa. Até mesmo a União Soviética, em plena Guerra Fria com os Estados Unidos, parou para ver as apresentações. Em dado momento, 95% dos televisores de todo o mundo estavam sintonizados no evento.

Além de tudo isso – e mais importante –, o evento colocou a África na agenda política do mundo. O continente africano não seria mais ignorado. Aqueles roqueiros mostraram que a ajuda cabia a todos nós, independentemente do país em que vivemos e dos políticos que nos governam. Graças ao Live Aid, o mundo se tornava uma grande aldeia. E o rock, bom, o rock foi o grande herói. Ainda que, talvez, apenas naquele dia.

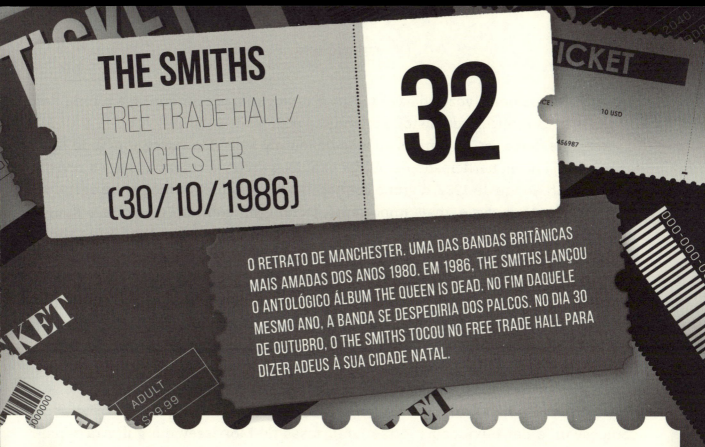

THE SMITHS
FREE TRADE HALL / MANCHESTER (30/10/1986)

32

O RETRATO DE MANCHESTER. UMA DAS BANDAS BRITÂNICAS MAIS AMADAS DOS ANOS 1980. EM 1986, THE SMITHS LANÇOU O ANTOLÓGICO ÁLBUM THE QUEEN IS DEAD. NO FIM DAQUELE MESMO ANO, A BANDA SE DESPEDIRIA DOS PALCOS. NO DIA 30 DE OUTUBRO, O THE SMITHS TOCOU NO FREE TRADE HALL PARA DIZER ADEUS À SUA CIDADE NATAL.

Poucas bandas no planeta despertam tanta paixão quanto o The Smiths. Existe, inclusive, uma lenda sobre ela que vale a pena ser contada. No fim da década de 1980, quando o grupo já havia encerrado as suas atividades, um sujeito invadiu uma estação de rádio em Denver, apontou uma arma para a cabeça do DJ e exigiu que ele tocasse a discografia completa dos Smiths. Quatro horas depois, a polícia conseguiu prender o sujeito. Mas ele estava satisfeito. O seu objetivo tinha sido alcançado. Mas, ao que tudo indica, a história não foi bem assim. De fato, ao que parece, um sujeito tentou fazer isso, mas o seu plano foi abortado antes mesmo de ele conseguir entrar no estúdio da emissora de rádio. De todo modo, conforme disse o jornalista do célebre filme *O homem que matou o facínora*, estrelado por John Wayne, "quando a lenda se torna realidade, publica-se a lenda".

E essa lenda ilustra bem a adoração dos fãs por essa banda de Manchester, formada por Morrissey (vocais), Johnny Marr (guitarra), Andy Rourke (baixo) e Mike Joyce (bateria), e que durou apenas cinco anos — o suficiente para marcar a década de 1980, por meio de cerca de setenta músicas gravadas. Afinal, qual banda consegue gravar uma canção chamada "Girlfriend In a Coma" e tê-la cantada alucinadamente em suas apresentações? Qual banda é capaz de escrever uma música como "There is a Light That Never Goes Out", praticamente sem refrão, com uma letra tristíssima, e ela se tornar um dos hinos de toda uma geração? Somente o The Smiths, uma banda que conseguiu traduzir o sentimento da juventude britânica em joias do pop embaladas por uma das melhores vozes de seu tempo e uma guitarra econômica, em uma das parcerias mais profícuas da história da música pop.

Antes de fundar o The Smiths ao lado de Johnny Marr, Morrissey, um fã do New York Dolls, já havia participado de outras bandas e escrevia resenhas para a revista *Record Mirror*. No fim de 1982, o grupo conheceu o empresário Joe Moss, que agendou um punhado de shows e, mais importante, fechou um contrato com o selo Rough Trade. O primeiro single, "Hand In Glove", não conseguiu alcançar o top 50 da parada britânica. Mas uma reportagem no verão de 1983 deixaria a banda em evidência. Não se tratava de uma matéria muito edificante — ela relacionava as letras de Morrissey ao abuso de menores. Mas o vocalista refutou os rumores, ao mesmo tempo que gravava o álbum de estreia da banda. Em novembro do mesmo ano, o The Smiths mandou para as lojas o single "This Charming Man", que, dessa vez, chegou ao top 30 da parada do Reino Unido. Após uma turnê não muito consagradora pelos Estados Unidos no início de 1984, veio mais um single, "What Difference Does It Make?".

Se o sucesso não acontecia do outro lado do oceano, ao menos os britânicos começavam a dar ouvidos às letras lamuriosas de Morrissey e à guitarra sensível de Marr. Uma série de shows em universidades estabeleceu o nome da banda como uma atração *cult* de enorme potencial, e Morrissey se transformava em uma espécie de "messias" para a juventude, através de entrevistas polêmicas, nas quais defendia os direitos dos animais, dava chineladas na família real britânica e ainda se dizia assexuado.

Em uma época em que imperava o *synth pop*, o The Smiths surgiu como um sopro de novidade. O álbum de estreia (que leva apenas o nome da banda) traz a gênese do grupo: canções pop simples, com letras que tratam o ouvinte como gente grande, ou melhor, como um amigo. Temas pesados como abuso sexual de crianças e assassinato descem de forma (quase) digerível, embalados em pérolas pop que nem de refrão precisavam. Mesmo já com o primeiro álbum nas lojas (lançado em 1984), a banda não parava de lançar singles, como o autobiográfico "Heaven Knows I'm Miserable Now" e "William, It Was Really Nothing", ambos no top 20 britânico.

Se o primeiro lugar da parada britânica ainda era um sonho distante, no fim de 1984, o The Smiths viu o seu nome no topo de diversas listas de melhor banda do ano. O brilhante single "How Soon Is Now?" elevou ainda mais o status do conjunto. Em seguida, Morrissey usou um álbum da banda para demonstrar o seu desprezo pelos carnívoros. A faixa-título de *Meat Is Murder* (1985) diz o seguinte: "O gemido do bezerro poderia ser choro humano/ Aproxima-se a faca gritante/ Esta linda criatura deve morrer". No mesmo disco, o compositor também aproveitava para atacar a monarquia, o vandalismo dos adolescentes e o sistema educacional britânico, tudo sem dó nem piedade.

Em junho de 1986, *The Queen Is Dead* chegou às lojas. Rotineiramente listado como o álbum mais importante dos anos 1980, ele foi gravado logo após uma bem-sucedida turnê pela Europa e pelos Estados Unidos. Mas nem tudo eram flores. A banda passava por problemas junto à sua gravadora e, principalmente, com o baixista Andy Rourke, viciado em heroína. O single "Bigmouth Strikes Again" precedeu o lançamento do álbum, cuja faixa-título, mais uma vez, cuspia abelhas-africanas na monarquia britânica. Era apenas o começo. O disco ainda apresenta duas das canções mais depressivas e lindas do rock ("There Is A Light That Never Goes Out" e "I Know It's Over"), reggae ("Frankly, Mr. Shankly") e um hit arrasa-quarteirão ("The Boy With The Thorn In His Side"). Enfim, em *The Queen Is Dead*, verdadeira apoteose do rock dos anos 1980, o The Smiths se transformava no porta-voz da juventude britânica, que atravessava os anos melancólicos do governo de Margaret Thatcher.

Ao mesmo tempo que a qualidade das canções do The Smiths e a adoração pela banda aumentavam, a relação entre seus músicos só piorava. Andy Rourke estava em outra — ele chegou a ser preso por posse de drogas, e foi até mesmo demitido da banda durante um tempo. Morrissey estava doido para iniciar sua carreira solo, e Johnny Marr queria mesmo era se livrar de todo mundo. Aos trancos e barrancos, a banda iniciou mais uma turnê, que teve início em Glasgow, em julho de 1986, com o guitarrista Craig Gannon como músico de apoio. Em seguida, passariam por Canadá e Estados Unidos e retornariam ao Reino Unido para as últimas datas. A abertura dos shows caberia ao Raymonde, uma banda que se perdeu no tempo — um dos integrantes, James Maker, era amigo de infância de Morrissey. O repertório dos shows seria basicamente o mesmo da turnê norte-americana: uma média de dezenove músicas por noite, com todas as faixas do recém-lançado LP *The Queen Is Dead* (exceção apenas a "Some Girls Are Bigger Than Others" e "Never Had No One Ever"), além de outras pescadas de todos os demais álbuns da banda. As então inéditas "Panic" e "Is It Really So Strange?" também faziam parte do *setlist*. Como presente para os ingleses, eles incluíram "London", que ainda não havia sido lançada, e a instrumental "The Draize Train".

Após três shows em Londres, nos dias 23, 24 e 26 de outubro, e um em Preston, no dia 27, a banda finalmente retornava à sua casa, Manchester, para uma apresentação no Free Trade Hall, agendada para 30 de outubro de 1986. A banda já devia imaginar que aquele seria o último show em sua cidade. Contratualmente, os Smiths ainda deviam um disco para a Rough Trade, mas, nos palcos, o caminho estava chegando ao fim. E todos — a banda e os fãs — sabiam muito bem disso. Além de tudo o que estava acontecendo, essa última etapa da turnê passou por diversos problemas. Durante um show em Newport, no País de Gales, em 19 de outubro, Morrissey esticou a mão para um fã e acabou sendo puxado do palco e caindo no meio da plateia. A apresentação acabou, a plateia iniciou um quebra-quebra, a polícia foi chamada e seis pessoas foram detidas. Oito dias depois, em Preston, no norte da Inglaterra, um objeto foi arremessado no vocalista durante a segunda música do set. A apresentação teve que ser encurtada, e o show do dia seguinte acabou cancelado.

Era nesse ambiente meio hostil, entre os próprios músicos e entre a banda e seus fãs, que os Smiths tocariam em Manchester. Até a segurança teve que ser redobrada. No entanto — e ainda bem —, o grupo foi recebido sobre tapete vermelho. O último show deles na cidade, em julho do mesmo ano, não tinha sido dos melhores. Naquele dia, o conjunto fazia parte do line-up de um festival que celebrava os dez anos do punk, com participações do New Order e do The Fall. Além do show ter sido mais curto do que o habitual, a banda achou a casa de shows, o G-Mex Centre, muito grande.

Para a apresentação no Free Trade Hall, um lugar que abrigou shows importantes de Bob Dylan, Sex Pistols, Pink Floyd e T. Rex, entre os anos 1960 e 1970, o clima estava bom. Antes de o show começar, fãs na primeira fila desenrolaram uma imensa faixa na qual se lia: "Bem-vindos ao lar!". Os alto-falantes tocavam temas do balé *Romeu e Julieta*, composto pelo russo Serguei Prokofiev, quando as luzes se apagaram para os Smiths entrarem em cena. O cenário, simples, era formado pela capa do disco *The Queen Is Dead*, com a imagem do ator francês Alain Delon em uma cena do filme *Terei o direito de matar?* (1964). A banda começou atacando com "Ask", cujo single havia sido lançado apenas dez dias antes. Depois, foi a vez da faixa-título do último disco e a então inédita "Panic", momento em que os fãs do gargarejo colocaram a tal faixa "Bem-vindos ao lar!" aos pés de Morrissey, que agradeceu: "De verdade, é muito bom estar de volta, vocês sabem disso". Músicas como "How Soon Is Now?", "The Boy With the Thorn In His Side", "There Is A Light That Never Goes Out" e "Cemetry Gates" deram continuidade à performance. Durante a execução dessa última, uma imagem de um tenebroso portão de cemitério foi projetada atrás da banda.

A inclusão de "Is It Really So Strange?" surpreendeu o público, já que ela não era executada desde o primeiro show dessa etapa britânica da turnê. Já chegando ao fim da apresentação, rolou "Meat Is Murder", o hino vegetariano dos Smiths. A canção foi anunciada por Morrissey como "A nossa mensagem de Natal para o mundo". "Still Ill" foi a última canção antes do primeiro bis, que contou com "The Draize Train" (instrumental, para dar mais tempo de Morrissey recuperar o gás) e "I Know It's Over".

Essa última foi encerrada com Morrissey em posição fetal com a camisa tampando o rosto. No segundo bis, "Bigmouth Strikes Again" fechou a tampa. Cerca de uma hora e quarenta minutos de show, a última vez que Manchester veria os seus filhos ao vivo, juntos, em cima de um palco.

Minutos depois de o show terminar, Johnny Marr completaria 23 anos de idade. Duas semanas depois, no dia 12 de dezembro, o grupo subiria a um palco pela última vez. A apresentação aconteceu na Brixton Academy, em Londres, com abertura do The Fall, em um show beneficente intitulado "Artistas Contra o Apartheid". Dias antes, o guitarrista sofrera um terrível acidente de carro que, por muito pouco, não lhe tirou a vida. Em 1987, a banda ainda lançaria o álbum *Strangeways, Here We Come*, considerado por Morrissey a obra-prima dos Smiths. A imprensa noticiava que se tratava do último álbum do grupo pela Rough Trade, mas, na verdade, seria o último de inéditas por qualquer gravadora.

Foram apenas cinco anos, o suficiente para o The Smiths se transformar em lenda. Mas, nesse caso, uma lenda verdadeira, diferentemente da lenda do sujeito que invadiu a estação de rádio com uma arma. Afinal, no caso do The Smiths, a realidade é a própria lenda. *"There is a light that never goes out."*

GUNS N' ROSES
THE RITZ/NOVA YORK
(02/02/1988)

DIA 2 DE FEVEREIRO DE 1988. UMA BANDA CHAMADA GREAT WHITE GRAVARIA UM ESPECIAL PARA A MTV. O GUNS N' ROSES ABRIRIA O SHOW. ATÉ O EMPRESÁRIO DECIDIR MUDAR TUDO. ELE SABIA QUE, DEPOIS DAQUELA APRESENTAÇÃO, O GUNS SERIA A MAIOR BANDA DE ROCK DO PLANETA.

A era dos excessos do rock and roll, salvo uma ou outra exceção, parecia ter ficado meio perdida lá pelo início dos anos 1970. E eis que, em meados da década de 1980, surgiu uma banda para provar que todos aqueles velhos hábitos de drogas, sexo e rock and roll jamais morreriam. Era o Guns n' Roses, formado em Hollywood por cinco *bad boys*, anti-heróis, fãs do Aerosmith e que, a princípio, parecia apenas mais um grupo de cabeludos procurando um lugar ao sol. Parecia. Até cair nas graças do empresário e produtor David Geffen, que logo viu no conjunto uma mina de ouro.

Mas essa história começou um pouquinho antes, mais precisamente em 1984, quando os amigos de infância Axl Rose (um anagrama de *oral sex*) e Izzy Stradlin se reencontraram. Axl, que tinha acabado de deixar o L. A. Guns, fundou o Hollywood Rose ao lado de Izzy e de alguns outros músicos. No ano seguinte, Axl demitiu esses outros integrantes, e o guitarrista Slash, o baixista Duff McKagan e o baterista Steven Adler entraram na banda. Estava assim formado o Guns n' Roses, uma junção dos nomes L. A. Guns e Hollywood Rose, como vocês já devem ter notado.

O início foi barra-pesada. Os músicos moravam juntos em quaisquer prédios abandonados que encontrassem em Los Angeles, e viviam de pequenos furtos. Sexo, drogas e alguns ensaios tomavam a maior parte do tempo deles. A primeira turnê do Guns n' Roses, em 1985, foi desastrosa. A banda não estava afiada, o público era pequeno e pouca coisa dava certo. Nesse período, eles gravaram o EP *Live?!*@ Like a Suicide*, lançado por um selo independente em 1986. Foi o primeiro registro do Guns, e que abriu algumas portas para a banda. O disco, que teve uma tiragem de dez mil cópias, conta com quatro faixas, duas composições próprias e duas versões cover, incluindo uma de "Mama Kin", do Aerosmith. Mais importante, esse EP fez com que a banda caísse nas graças da gravadora Geffen. As coisas começaram a mudar. No primeiro semestre de 1987, o Guns se apresentava ao vivo quase que diariamente e, ao mesmo tempo, gravava o seu primeiro disco, *Appetite for Destruction*, já pela Geffen. Inicialmente, o álbum seria produzido por Paul Stanley, do Kiss, depois, talvez, Nikki Sixx, do Mötley Crüe, mas a bola acabou ficando com Mike Clink, um jovem engenheiro de som que iniciara sua carreira no Record Plant Studios, em Los Angeles. Ele deu a ideia de que o álbum fosse gravado ao vivo em estúdio, de uma tacada só, mas o perfeccionista Axl rechaçou. No primeiro semestre de 1987, a banda passou cinco meses no estúdio.

"Polêmica" talvez seja a palavra para definir *Appetite for Destruction*. A começar pela capa, com a imagem de uma mulher com indícios de estupro ao lado de um robô segurando o seu coração. Sim, ela foi censurada em diversos países, inclusive nos Estados Unidos. As letras estavam repletas de referências a drogas (como "Mr. Brownstone") e à violência ("It's So Easy"). E somente a palavra "fuck" era berrada por Axl treze vezes nas doze faixas do disco. Uma média de mais de uma por música. Em "Rocket Queen" ainda é possível escutar uma mulher gemendo. Estava mesmo. Axl levou-a para dentro do estúdio e fez sexo com ela.

Inicialmente, o álbum vendeu tímidas duzentas mil cópias. O Guns n' Roses filmou um videoclipe para "Welcome To The Jungle", mas a MTV não dava bola. Depois de muita insistência, topou veicular o vídeo uma vez durante a madrugada. No dia seguinte, era das mais pedidas. E, literalmente da noite para o dia, as vendas aumentaram em mais de dez vezes, e o álbum alcançou o topo da parada da Billboard, onde permaneceu por três semanas. Mais tarde, após a explosão de "Sweet Child o' Mine", o disco voltaria para ficar mais cinco semanas no primeiro posto da parada. Nada mau. Em dezoito meses, *Appetite for Destruction*, antes renegado, vendeu 35 milhões de cópias ao redor do planeta.

Pode-se dizer com todas as letras que um dos responsáveis por essa explosão do Guns n' Roses foi um show no The Ritz, em Nova York. A apresentação fez parte da turnê do *Appetite for Destruction*, que teve início no dia 19 de junho de 1987, ainda um mês antes do lançamento do álbum, no famoso Marquee Club, em Londres. Entre agosto e dezembro, os shows aconteceram praticamente todos os dias nos Estados Unidos. O Guns não parava, fosse abrindo shows para o Mötley Crüe, fosse para Alice Cooper, fosse para o The Cult. Concomitantemente, sua importância crescia por conta da veiculação de videoclipes pela MTV. E foi essa mesma MTV — que menos de um ano antes nem queria saber de "Welcome To The Jungle" — que gravou esse show no Ritz. O curioso é que o Guns n' Roses nem era a atração principal do evento nem o alvo principal da emissora naquele momento. Alan Niven, além de empresário do Guns, trabalhava para o Great White, uma banda formada em 1977, em Los Angeles, especializada em glam metal e hard rock. O Great White estava estourando nessa mesma época, e a MTV desejava gravar um especial com o grupo. O empresário concordou, mas exigiu que o Guns n' Roses abrisse o show, e a MTV também filmasse a abertura. Nasceu assim o especial MTV *Live @ The Ritz 1988*.

Acontece que, àquela altura, "Welcome To The Jungle" era um dos videoclipes mais pedidos na emissora, e *Appetite for Destruction* chegava à casa das quinhentas mil cópias vendidas. Alan Niven, esperto, sabia que o Guns era a bola da vez, e convocou os integrantes do Great White para dizer: "Dessa vez, vocês abrem, e o Guns n' Roses fecha". Como manda quem pode e obedece quem tem juízo, a banda aceitou. Até mesmo porque os shows do Guns n' Roses eram a cada dia mais comentados. O Great White, claro, deu tudo de si, a ponto de o guitarrista Slash, no *backstage*, confidenciar a Niven: "Seu filho da mãe, como vamos tocar depois disso?". O Guns estava receoso. Fazia mais de um mês que Steven Adler não tocava bateria, pois tinha quebrado a mão durante uma briga de bar após uma bebedeira. Além do mais, Axl estava com problemas na garganta.

A banda não fazia muita questão de se preservar, é verdade. Após quatro shows no início de janeiro na Califórnia, o Guns rumou para Nova York. No dia 31, fizeram uma apresentação acústica na pequena casa (e antiga igreja) The Limelight para esquentar. Somente Duff e Axl terminaram o show, os outros caíram bêbados em algum momento da apresentação. E, como se não bastasse, a relação de Axl Rose com os demais integrantes estava péssima. Os momentos que precederam a entrada do Guns n' Roses foram de tensão. O vocalista ameaçou atrasar o show. O motivo: ele não encontrava a sua bandana. Niven teve que ir à plateia para ver se algum fã tinha alguma para emprestar. Conseguiu uma, mas Axl não gostou. Teve que ir procurar outra. Ao mesmo tempo, a MTV ameaçava cancelar a filmagem, e o cantor parecia não se importar. Ele dizia: "Foda-se! Não vou entrar sem a minha bandana".

No início de 1988, todos os integrantes do Guns estavam irritados com as idiossincrasias de seu vocalista. A história da bandana deixou Slash e Adler mais irritados ainda. Em sua autobiografia, *Meu apetite por destruição: sexo, drogas e Guns n' Roses*, o baterista explicou a situação: "Aparentemente, ele não conseguia encontrar a bandana, depois de destruir a pequena tenda que haviam preparado para nós como camarim. Claro que o resto da banda estava evitando qualquer contato visual com Axl, preferindo vagar em outra direção, resmungando". Por sua vez, Niven estava preocupado, pois não sabia até que ponto os ânimos poderiam interferir no show que, na cabeça dele, seria o momento mais importante da carreira do Guns n' Roses até então. O momento que dividiria a história da banda entre "Antes do show no The Ritz" e "Depois do show no The Ritz". Aliás, o The Ritz era uma das casas de show mais importantes de Nova York. Foi fundado em 1980, no mesmo lugar onde antes funcionava o Webster Hall, no East Village. Na casa, com capacidade para cerca de 1.500 pessoas, o U2 e o Depeche Mode fizeram os primeiros shows de sua carreira nos Estados Unidos. E seria nessa mesma casa que o Guns n' Roses entraria de vez para a história.

Quando, com 45 minutos de atraso, um apresentador anunciou "A banda mais quente de Los Angeles", todos sabiam que algo muito especial estava por vir. Já na primeira música, "It's So Easy" (com as suas dezenas de "fucks" censuradas pela MTV), dava para sentir o poder daqueles caras. Axl mostrava ali, para quem quisesse ver, que apesar da pouca idade — ele faria 26 anos dentro de quatro dias —, já tinha todas as qualidades de um grande *frontman* do rock: carisma, presença de palco, estilo, voz marcante e... uma bandana na cabeça. Uma bandana azul-bebê, que, segundo Steven Adler, fazia o colega parecer o personagem Alfafa, do filme *Os Batutinhas*, porque o cabelo dele estava jogado para trás da cabeça, como uma "lambida de vaca". Durante o show, o baterista pensava (conforme escreveu em suas memórias): "Seu idiota, olhe para você. Não pôde continuar sem o seu lenço e agora parece que está no filme *Os Batutinhas*".

O show no Ritz teve onze músicas no *setlist*. Das doze faixas de *Appetite for Destruction*, a banda executou nove, além de dois covers. Foi pedrada atrás de pedrada, com um Guns n' Roses na ponta dos cascos despejando uma energia de que só uma banda que almeja ser a melhor do mundo é capaz. Vendo as imagens de "Mr. Brownstone" e de "Welcome To The Jungle" na filmagem, fica a sensação de que todos que testemunharam aquela apresentação saíram de lá com os tímpanos estourados. O show ainda contou com uma versão de "Knockin' On Heaven's Door". O Guns transformou a velha canção de Bob Dylan em um rock pesado, bem melhor do que a versão original, diga-se de passagem. A versão de estúdio da música só seria lançada em 1990, na trilha sonora do filme *Dias de trovão*, estrelado por Tom Cruise. Antes, a banda apresentou "Sweet Child o' Mine", composta por Axl para a sua então namorada Erin Everly, com quem foi casado por um longuíssimo mês — até então, a música ainda não era lá muito conhecida pelo público. Ela estouraria de verdade após a gravação do videoclipe.

Teve também "Paradise City", o ápice do show, com Axl caindo na plateia e Slash solando deitado no chão do palco. Axl escorregou sem querer para o meio do público e certamente não imaginava como seria difícil retornar ao palco. Só conseguiu com a ajuda de seguranças, e sem a sua camiseta do Thin Lizzy, que tinha sido rasgada pelos fãs. Era o bom e velho rock and roll. Conforme escreveu Mick Wall na biografia *Guns n' Roses: o último dos gigantes*: "Quase dava para tocar o calor da multidão, escapando, sibilando como vapor dos bueiros da cidade de Nova York". Depois de "Paradise City", a banda voltou ao palco para encerrar os trabalhos com "Mama Kin", do Aerosmith, e "Rocket Queen", momento em que uma moça, corajosa, invadiu o palco para abraçar Axl, que cantou a música fumando um cigarro. Àquela altura, o Guns n' Roses já sabia que ser a maior banda de rock do mundo era apenas questão de (muito pouco) tempo.

No mesmo ano de 1988, aproveitando o embalo, o Guns n' Roses lançou o álbum *G n' R Lies*, com as quatro faixas do EP *Live?!*@ Like a Suicide* e mais quatro inéditas, incluindo a balada "Patience" e a polêmica "One In a Million", na qual Axl berra contra negros, imigrantes e gays. Na virada para a década de 1990, tudo estava indo de vento em popa para o grupo. Até mesmo os Rolling Stones convidaram Axl e companhia para abrir os shows de sua nova turnê. Os álbuns do Guns vendiam que nem água no deserto e convites não paravam de surgir para que a banda gravasse músicas para trilhas sonoras de filmes. Contudo, houve a primeira baixa do grupo, e o baterista Steven Adler foi substituído por Matt Sorum, do The Cult, ao mesmo tempo que o tecladista Dizzy Reed ingressava no Guns.

A relação entre os integrantes começava a se deteriorar de vez, mas, surpreendentemente, novas músicas brotavam de forma tão torrencial que a solução foi gravar dois LPs (duplos!) de uma só vez. Um conjunto de trinta canções, algumas novas, outras antigas, divididas em dois álbuns lançados no mesmo dia: *Use Your Illusion I* e *Use Your Illusion II*. Como não poderia deixar de ser, os dois volumes ocuparam as duas primeiras posições das paradas da Billboard e da Grã-Bretanha. Uma enorme turnê mundial se seguiu, momento em que o número de shows foi proporcional ao de brigas entre seus membros. Izzy Stradlin abandonou a banda no meio da turnê. A formação (quase) clássica do Guns n' Roses ainda gravaria *The Spaghetti Incident?* (1993), composto apenas de versões de músicas de bandas que influenciaram o grupo, como The Stooges e New York Dolls. Mas, àquela altura, com o surgimento do Nirvana, o Guns tinha deixado de ser a banda *cool* de outrora. Axl Rose tornou-se uma pessoa intratável, a ponto de nenhum outro integrante da banda querer trabalhar com ele. Durante muitos anos, o Guns n' Roses transformou-se em um cover de si mesmo, até a turnê de reunião, iniciada em 2015, que juntou Axl, Slash e Duff novamente.

Para os fãs que acompanham a banda desde o início, o retrato do Guns n' Roses que vai ficar na memória é esse show no Ritz. Como o próprio guitarrista Slash reconhece em sua autobiografia: "O show no Ritz de Nova York tornou-se extremamente popular na MTV. Não foi de jeito nenhum um de nossos melhores shows. Ainda assim, foi um punk rock solto e um tanto desafinado e, só por essas razões, já é algo a ser reconhecido. Essa filmagem é importante porque é a essência da banda".

E se existe algo fundamental para fazer de um show um show clássico, é que ele mostre exatamente isto: a essência da banda. A apresentação no Ritz, além de mostrar a essência do Guns n' Roses, funciona como o retrato de uma época. Uma época em que uma banda resgatou a testosterona no rock and roll. E essa banda se chama Guns n' Roses. A banda mais perigosa do mundo.

DEPECHE MODE
ROSE BOWL/PASADENA
(18/06/1988)

34

EM 1987, O DEPECHE MODE LANÇOU O ÁLBUM MUSIC FOR THE MASSES E AGENDOU O ÚLTIMO SHOW DA TURNÊ EM UM DOS MAIORES ESTÁDIOS DOS ESTADOS UNIDOS. UM PASSO MAIS DO QUE OUSADO. SERIA TUDO OU NADA. DEPOIS DA APRESENTAÇÃO, O DEPECHE MODE ERA UMA DAS MAIORES BANDAS DO MUNDO.

Antes de o Depeche Mode subir ao palco do mítico Rose Bowl, o vocalista Dave Gahan e o empresário da banda tiveram um diálogo: "Eu não acho que deveria falar 'Oi, Pasadena'. Acho que devo falar 'Oi, Rose Bowl'... Eu não sei...", disse o cantor. O empresário respondeu: "Por que você não fala 'Boa noite, bem-vindos ao concerto para as massas'?". Gahan meditou e retrucou: "Eu não sou a 'porra' do Wordsworth..." (A quem interessar: William Wordsworth foi o maior poeta romântico inglês.) Poucos minutos depois, Gahan estaria cantando "Behind the Wheel" na frente de dezenas de milhares de pessoas no show mais importante da carreira da banda.

Mas muita água rolou para eles até o tal "concerto para as massas". A banda, uma das precursoras do *synth pop*, passou por maus bocados, como a saída do compositor Vince Clarke em 1981; depois, em 1995, ainda haveria a tentativa de suicídio do vocalista. Porém, o conjunto sobreviveu — afinal, talento não faltava. Com o passar dos anos 1980, a sonoridade da banda se sofisticou e resultou em álbuns cada vez mais bem trabalhados. A partir do *synth pop*, a banda transitou por diferentes estilos, inclusive o rock industrial, deixando um pouco da inocência dos anos 1980 de lado.

Vince Clarke, Martin Gore e Andy Fletcher se conheceram no pequeno distrito de Basildon, no leste da Inglaterra. Os shows do trio começaram a chamar a atenção do produtor Daniel Miller, fundador da Mute Records. Após a gravação de uma faixa para uma compilação que agregava novos talentos da cena independente britânica, o grupo recrutou o vocalista Dave Gahan, e Clarke assumiu exclusivamente os sintetizadores. A partir de 1981, com o lançamento de "Dreaming of Me", a banda alçou voo com uma sucessão de dois singles entre os quinze mais vendidos na parada britânica: "New Life" e "Just Can't Get Enough". Apenas o começo.

Quando o primeiro álbum, *Speak & Spell* (1981), chegou às lojas, a gênese da banda já estava toda lá. Aliás, não seria exagero afirmar que o *synth pop* está resumido neste álbum. Não poderia haver aula prática melhor: canções feitas para dançar, calcadas em teclados e sintetizadores, com letras que falam de amor e diversão. Bingo! Logo após o lançamento, Clarke deixou a banda, para a entrada de Alan Wilder. Entre 1982 e 1984, o Depeche Mode lançou três discos e singles que quem viveu a época conhece muito bem. Afinal de contas, só quem era surdo não escutou "See You", "Everything Counts", "People Are People" e "Master and Servant" no início dos anos 1980. O grupo continuou rumo ao estrelato com o LP *Black Celebration* (1986), deixando as letras alegres de outrora para trás. O Depeche Mode iniciava uma aposta em um estilo liricamente mais depressivo e musicalmente pesado. A essa altura, a banda já contava com uma base de fãs significativa, e talvez nem precisasse de mais do que já tinha.

Quando o Depeche Mode estava prestes a lançar o próximo disco, em setembro de 1987, ninguém imaginava qual seria o título. Martin Gore dizia que o grupo estava destinado a ser uma atração *cult* para sempre, que nunca alcançaria o *mainstream* etc. e tal. Então, decidiu o título: *Music for the Masses*, "música para as massas". Apenas uma piadinha, mas que acabou por se tornar uma profecia. O álbum começa com um *riff* de guitarra e uma batida eletrônica dignas de antologia à primeira audição. A canção "Never Let Me Down Again" é um dos maiores sucessos do grupo e, mais importante, formatou o som da banda como o conhecemos até hoje. Detalhe: pela primeira vez, um álbum do Depeche Mode não era coproduzido por Daniel Miller. Segundo o produtor (e dono da gravadora), gravar *Black Celebration* foi um processo longo e doloroso, e, para o próximo trabalho, ele imaginou que a banda precisava de outra pessoa na produção. David Bascombe foi escolhido muito por conta de seu trabalho com o Tears For Fears, e ele ajudou em especial Alan Wilder a encontrar a nova sonoridade do Depeche Mode. *Music for the Masses* foi um sucesso. Além de "Never Let Me Down Again", gerou singles como "Strangelove" e "Behind the Wheel", cantados e decantados pelos fãs até hoje. Segundo Miller, *Music for the Masses* representa o equilíbrio preciso do som da banda, da sobriedade de *Black Celebration* para algo mais acessível.

E foi assim que o Depeche Mode se transformou em uma grande atração ao vivo. Parafraseando o título do álbum, uma banda das massas. Agendou a sua maior turnê até então, lotou ginásios nos Estados Unidos e na Europa, se apresentou atrás da Cortina de Ferro e fez o show mais grandioso de sua história. A primeira perna da turnê, pelos Estados Unidos, que começou no dia 1º de dezembro de 1987, mostrava que tudo estava diferente no mundo do Depeche Mode. A partir desse momento, a banda se apresentava nas casas mais importantes do país, como o Forum, em Los Angeles, e o Madison Square Garden, em Nova York. Os bilhetes esgotavam em questão de minutos. Após passar pela Europa e pelo Japão, entre janeiro e abril de 1988, teve início a última etapa da turnê, em 29 de abril de 1988, na cidade de Mountain View, na Califórnia. O 31º show dessa perna seria o último da turnê, no dia 18 de junho, no estádio Rose Bowl, em Pasadena.

A banda desejava fazer o seu primeiro registro ao vivo em vídeo, mas queria algo diferente, bem longe do convencional, e, para tanto, teve a ideia de convidar o cineasta D. A. Pennebaker, famoso pelos documentários *Don't Look Back* (sobre a turnê britânica de Bob Dylan em 1965) e *Ziggy Stardust and the Spiders from Mars* (David Bowie), bem como pelo registro do Monterey Pop Festival de 1967. A ideia era elaborar um filme mesmo, em vez de um documentário, mostrando os bastidores e o último show da turnê. "Eu quero fazer um filme sobre pessoas reais na vida real", explicou. Tudo começaria com uma página em branco e não haveria *script*. Até mesmo porque Pennebaker nada sabia sobre a banda — seus filhos que lhe apresentaram no dia em que ele foi convidado para o projeto. Esse detalhe não tinha a mínima importância para ele, até mesmo porque o cineasta estava longe de ser fã de Dylan quando filmou *Don't Look Back*. O seu método de filmagem consumiria 150 horas de fita e, a partir daí, ele descobriria o que realmente era importante naquela história toda, no caso, a ousadia e a independência empresarial do Depeche Mode. Pennebaker disse: "Quando eles decidiram tocar no Rose Bowl, colocaram a cabeça para fora e, como qualquer empresário ou qualquer pessoa que caça tesouros, arriscaram. Vou aplaudir se eles vencerem. Não vejo isso como o processo de uma máquina capitalista imunda. Não estou procurando propor uma resposta, apenas mostrar o que vejo, o que é complexo e contraditório".

Para dar mais movimento ao filme, foi sugerido um concurso entre os fãs da banda. O DJ Malibu Sue, da rádio WDRE, de Long Island (Nova York), convocou uma competição de dança, e centenas de jovens se dirigiram a uma discoteca para ver do que se tratava. Oito foram selecionados e ganharam uma viagem de ônibus até o Rose Bowl, onde finalmente se encontrariam com o Depeche Mode. Ou seja, o filme, intitulado *101*, além de adentrar nos bastidores da turnê, seria uma espécie de *reality show*, ao mostrar a intimidade dos fãs do grupo durante a viagem. Uma espécie de *Big Brother* antes de o formato existir, por assim dizer. Inclusive, depois que *101* foi lançado, a MTV produziu diversos programas nesse estilo nos Estados Unidos. A ideia era avançada para a época, tanto que, quando foi posta na mesa, Alan Wilder ficou reticente, mas, no fim, todos gostaram. "As crianças no ônibus são as verdadeiras celebridades", entusiasmou-se Martin Gore.

Os planos seguiam adiante e o grande show estava prestes a acontecer, mas poucos sabiam que o clima na banda não andava nada legal. Dave Gahan estava deprimido durante a turnê. Chegou a dizer que era melhor arrumar prateleiras de supermercado do que se apresentar ao vivo — antes da fama, esse realmente era o trabalho do vocalista. Ele e Andy Fletcher viviam como gato e rato, em brigas quase que diárias. O tecladista dava esporros homéricos em Gahan, dizendo que o vocalista vivia na farra e que, por isso, a voz dele estava indo para o espaço. Alan Wilder chegou a tomar as dores de Gahan e trocou socos com Andy Fletcher depois que o colega criticou a performance do vocalista em uma apresentação em Salt Lake City, no dia 7 de maio. Depois da pancadaria, todos ainda voltaram ao palco para tocar "Just Can't Get Enough" como se nada tivesse acontecido.

Por essas e outras, quando o Depeche Mode chegou em Pasadena, o clima beirava a euforia completa e o estresse absoluto; uma sensação de "graças a Deus, acabou". Antes, porém, Dave Gahan, Martin Gore, Andy Fletcher e Alan Wilder tinham que fazer apenas o show que transformaria a vida do Depeche Mode. A banda já era grande, muito grande, é verdade. Mas se aquela apresentação não fosse no mínimo histórica, talvez nada pelo que o Depeche Mode tivesse passado até então teria valido a pena. A banda ia jogar a sua final de Copa do Mundo no Rose Bowl. E não poderia empatar em zero a zero e ganhar nos pênaltis, como a seleção brasileira de futebol faria na final da Copa de 1994 naquele mesmo estádio. Eles precisavam ganhar de goleada.

Curioso que, por muito pouco, o grupo não se apresentou no Rose Bowl em 1986. A banda, juntamente com o The Cure, abriria um show do Oingo Boingo, que estava no auge da fama. Ainda bem que não rolou. A primeira vez do Depeche Mode no estádio de Pasadena tinha que ser como *headliner*, mesmo que isso ainda demorasse dois anos para acontecer. E quando rolou, os responsáveis pelos shows de abertura foram a banda britânica Wire, o músico Thomas Dolby e a banda britânica Orchestral Manoeuvres In The Dark. Essa última foi convidada porque Martin Gore era muito fã do single "Electricity", de 1979 — a estreia da banda.

"Electricity", aliás, foi a última música ouvida no Rose Bowl antes de "Pimpf", a vinheta de abertura da Music for the Masses Tour, ser acionada nos alto-falantes ao pôr do sol. No momento em que o show começou de verdade com "Behind the Wheel", a sensação era de que a Copa do Mundo havia sido decidida no primeiro minuto de jogo. Nem mesmo a tempestade tropical que desabou na segunda música, "Sacred", esfriou os ânimos. Pelo contrário. Na canção seguinte, "Something to Do", ainda debaixo de chuva, a plateia gritava o verso *"I can't stand another drink"* enquanto os relâmpagos iluminavam o céu. Na próxima música, "Blasphemous Rumours", a chuva tinha dado uma trégua. Ou seja, a lenda propagada há décadas pela banda, que diz que a tempestade começou durante os versos "Veio a chuva/ E mais uma vez/ Caiu uma lágrima/ Do olho da mãe", não é verdadeira. Nem tudo pode ser tão perfeito.

A partir daí, um público de quase oitenta mil pessoas (66.233 pagantes e mais convidados, como o guitarrista The Edge, do U2) viu só mais uma chuva no Rose Bowl naquela noite: a chuva de clássicos do Depeche Mode. "Somebody", "Black Celebration", "Shake the Disease", "A Question of Time" e, claro, "Never Let Me Down Again", a última antes do bis. Nessa canção, Dave Gahan pediu que o público balançasse os braços de um lado para o outro. A plateia obedeceu religiosamente. Aliás, obedece até hoje, em qualquer show que a banda toque essa música. Procure no YouTube. O primeiro bis contou com "A Question of Lust" e "Master and Servant". O segundo começou com "Just Can't Get Enough", o sucesso que Vince Clarke escrevera por acaso em um passado não muito distante, atendendo a um pedido de sua irmã, fã de *dance music*. E, não por acaso, a canção acabou definindo o *synth pop* do início da década de 1980. Clarke não estava no palco, mas se não fosse por essa música, o Depeche Mode certamente não teria chegado ao Rose Bowl. "Everything Counts" fechou a tampa e, agora sim, a banda estava em férias. É, "graças a Deus, acabou".

E acabou da melhor forma. Sucesso absoluto. A crítica inglesa, que tanto batia no conjunto, teve que engolir. O produtor Daniel Miller resumiu bem o que aquela apresentação significou: "O show no Rose Bowl teve uma forte influência na percepção das pessoas sobre a banda e, para ser honesto, nós nos certificamos de que teria mesmo. Foi bastante visionária essa decisão de eles irem tocar lá". A apresentação gerou 1.360.193 dólares, uma fortuna hoje e mais ainda para a época. "Passar de nada para tudo isso em sete anos foi incrível. Eu apenas vaguei, observando o público mais do que a banda. Foi uma experiência muito emocionante", completou Miller.

A banda também estava contente e aliviada, mas Alan Wilder declarou que o show em Pasadena não foi o melhor da turnê, muito por conta de problemas nos monitores de som. Dave Gahan corroborou a opinião do colega, mas ressaltou o momento histórico para a banda. "Nós não tocamos muito bem, minha voz se foi, deu tudo errado durante o show. Não importava se eu estava cantando ou algo assim, as coisas estavam apenas acontecendo. E eu me pergunto se isso vai acontecer novamente".

O show em Pasadena foi o de número 101 da Music for the Masses Tour. Para o Depeche Mode e para seus fãs, porém, foi muito mais do que isso.

BRUCE SPRINGSTEEN
PISTA DE CICLISMO DE WEISSENSEE/BERLIM
(19/07/1988)

35

DEZESSEIS MESES ANTES DE O MURO DE BERLIM IR ABAIXO, BRUCE SPRINGSTEEN FEZ O MAIOR SHOW DE SUA CARREIRA NA ALEMANHA ORIENTAL. FORAM QUASE QUATRO HORAS DE MÚSICA, MAS O QUE CHAMOU ATENÇÃO MESMO FOI UM DISCURSO DE APENAS QUATRO LINHAS. UM TRATADO PELO DIREITO DE LIBERDADE.

Quando, em 1974, o jornalista Jon Landau escreveu "Eu vi o futuro do rock and roll e o seu nome é Bruce Springsteen", poucos acreditaram em como aquela frase seria profética. *The boss*, como é conhecido, havia iniciado sua carreira apenas um ano antes, uma aposta do produtor John Hammond, da gravadora Columbia, em busca de um novo astro do folk e do rock, uma espécie de Bob Dylan dos novos tempos. Logo no primeiro álbum, *Greetings from Asbury Park, N.J.* (1973), o compositor norte-americano, ao lado da E Street Band, apresentava uma síntese de sua música: letras que falam do cotidiano e dos problemas dos cidadãos comuns norte-americanos, com uma sonoridade que mistura o folk a um rock básico. Vendeu apenas 25 mil cópias no ano que chegou às lojas, um número quase tão inexpressivo quanto o de *The Wild, the Innocent & the E Street Shufle*, também lançado em 1973.

Foi a partir de 1975, com o álbum *Born To Run*, que a carreira de Springsteen entrou em uma ascendente que, até meados dos anos 1980, parecia não ter mais fim. O álbum, repleto de hits enérgicos como a faixa-título, alçou o cantor à condição de grande astro do rock dos Estados Unidos, tanto que foi parar na capa da *Time* e da *Newsweek*, as duas principais revistas do país, na mesma semana. Fato inédito para um artista. O trabalho seguinte demorou três anos para sair por causa de um atrito com o seu empresário. Quando *Darkness on the Edge of Town* chegou às lojas, porém, os fãs não se decepcionaram. Novamente ao lado da E Street Band, Springsteen apresentava mais dez canções vigorosas embaladas por letras cada vez melhores, que deixavam o relativo otimismo de *Born To Run* de lado para falar de esperanças frustradas. Ao mesmo tempo, a Grã-Bretanha começava a reconhecer o valor de Springsteen, e a *New Musical Express* elegeu *Darkness on the Edge of Town* o álbum do ano. Em 1980, após mais uma grande turnê, o músico lançou o duplo *The River*. Graças a ele, Springsteen alcançou o topo da parada da Billboard pela primeira vez — até 2021, ele ainda teria mais dez álbuns ocupando o primeiro lugar da parada.

The boss flanava em céu de brigadeiro na virada da década de 1970 para a de 1980. Passados mais dois anos de *The River*, e um pouco deprimido, ele se trancou no estúdio, dessa vez sozinho, e saiu de lá com *Nebraska* (1982). A ideia inicial era gravá-lo com a E Street Band, mas Springsteen e o produtor Jon Landau acharam as versões demo tão boas que optaram por fazer o álbum acústico. Dentre as músicas testadas para o disco constavam "Glory Days" e "Born In The U.S.A.", que ficaram para o LP seguinte. Produzido por Landau e lançado em 1984, *Born in the U.S.A.* é o trabalho mais conhecido e vendido da carreira de Springsteen — número 1 nos Estados Unidos, na Grã-Bretanha e em mais algumas dezenas de países. De suas doze canções, sete entraram no top 10 da Billboard. Assim como em *Nebraska*, a desesperança reina nas letras, especialmente na faixa-título, uma dura crítica ao tratamento dispensado pelo governo norte-americano em relação aos veteranos da Guerra do Vietnã.

Para o álbum seguinte, Bruce queria dar um tempo da E Street Band, e acabou indo trabalhar sozinho no estúdio outra vez, com o auxílio de uma bateria eletrônica e de um sintetizador. Depois convocou alguns poucos integrantes do conjunto para dar os retoques finais em *Tunnel of Love* (1987). Springsteen também pensou em fazer a turnê de divulgação sozinho no palco, mas acabou convocando a sua fiel banda. Seria a última turnê de Bruce Springsteen com a E Street Band em mais de dez anos.

Quando as datas da Tunnel of Love Express Tour foram anunciadas, no dia 6 de janeiro de 1988, não havia nenhum show agendado na Europa Oriental. Mas o desejo de tocar no bloco comunista da Europa era algo antigo. Para ser mais exato, Springsteen pensava nisso havia sete anos. Em 1981, quando fez um passeio turístico pela Berlim Oriental, colocou na cabeça que um dia se apresentaria lá. Sim, só um dia... no futuro. Em 1981 seria impossível, pois a Alemanha Oriental era absolutamente fechada para o rock and roll. Em 1988, porém, muita coisa já estava mudando no bloco comunista, muito por conta da *glasnost* e da *perestroika*, reformas políticas e econômicas visando à implantação da democracia e à abertura política, introduzidas em 1985 pelo líder da União Soviética, Mikhail Gorbachev.

Entretanto, o Muro de Berlim ainda estava lá. Entre 1961 e 1989, cerca de cem mil alemães orientais tentaram ultrapassá-lo. Mais de mil pessoas morreram. A tentativa de fuga era considerada crime. A polícia prendeu milhares de pessoas. O governo ditava o que os habitantes da Alemanha Oriental deveriam ou não fazer, inclusive quanto ao ato de escutar música. Os líderes orientais consideravam o rock autoindulgente e, mais ainda, um símbolo do estilo de vida cosmopolita ocidental que eles tanto rejeitavam. Na visão deles, o gênero musical nada mais era do que uma perigosa arma cultural norte-americana esculpida sob medida para seduzir e afastar os jovens alemães orientais do socialismo.

Em 1987, a tensão entre os mais jovens e os linhas-duras do regime aumentava. As novas gerações ansiavam por mais liberdade, da mesma forma que já acontecia em outros países do bloco socialista. Entre os dias 6 e 8 de junho de 1987, artistas britânicos como David Bowie, Genesis e Eurythmics se apresentaram na Alemanha Ocidental, próximo ao Muro de Berlim. Como o som podia ser ouvido próximo ao Muro, do lado oriental, milhares de jovens se concentraram por lá. A polícia teve que interceder para limpar a área e impor a ordem. Cassetetes estalaram nas costas e nas pernas dos jovens, e armas de choque elétrico dispararam tiros imobilizadores. A polícia, contudo, estava sentindo que seria impossível controlar os jovens sempre que houvesse um concerto de música do lado ocidental. Assim, o governo oriental concluiu que a melhor forma de desviar a atenção dos fãs de rock era trazer alguns artistas para lá também. E foi o que aconteceu. Em setembro de 1987, foi a vez de Bob Dylan. No ano seguinte, Depeche Mode e Joe Cocker também fizeram seus shows por lá. No dia 19 de junho de 1988, Bryan Adams colocou 120 mil alemães orientais para cantar "Heaven" e "Summer of '69", enquanto Michael Jackson se apresentava no lado ocidental de Berlim.

E foi logo depois da apresentação de Bryan Adams que Jon Landau, o antigo crítico da *Rolling Stone* e à época empresário de Bruce Springsteen, entrou em contato com o promotor de shows Marcel Avram. Contando com o auxílio da FDJ, a Juventude Alemã Livre (uma organização fundada em 1946 e que se engajou na reconstrução do país e na educação ideológica da juventude orientada no marxismo-leninismo), a apresentação foi fechada. Springsteen nem cobraria cachê. Ele realmente queria fazer aquele show. A renda seria revertida para um fundo de ajuda à Nicarágua. O show foi anunciado apenas uma semana antes de acontecer, e o cantor chegou na Berlim Oriental na véspera da apresentação. E por pouco ele não voltou sem cantar.

Como a organização do evento ficou a cargo da Juventude Alemã Livre, uma inscrição foi inserida nos ingressos e no material promocional do show, inclusive nas placas de publicidade dentro do local do evento. "Um concerto para a Nicarágua": eis as palavrinhas que quase cancelaram o maior show da carreira de Bruce Springsteen. Na década de 1980, a Nicarágua era uma causa importante para os esquerdistas, não só na Alemanha

Oriental, mas ao redor do mundo, porque a CIA havia apoiado os esforços para derrubar os sandinistas de esquerda durante a presidência de Ronald Reagan. E a FDJ imaginou que fazer do show um apoio à Nicarágua seria uma forma de atrair a simpatia dos comunistas superiores. Dessa forma, imaginavam que eles não implicariam com o show de um artista dos Estados Unidos, país inimigo do bloco oriental na Guerra Fria. Mas Springsteen bateu o pé. Ele não queria emprestar o seu nome para essa causa, jamais admitiria ser atraído para uma narrativa política que não fosse sua, ainda mais em um momento em que uma guerra velada fervia entre o governo socialista da Nicarágua e os rebeldes financiados pelos Estados Unidos, os Contras. Resumindo, Springsteen não estava do lado nem de Ronald Reagan nem de Daniel Ortega. Ele queria apenas mostrar a sua arte. "Foi uma exploração de seu nome e uma deturpação do motivo pelo qual ele estava lá", disse Landau. Assim, os organizadores tiveram que se virar para tirar a inscrição "Um concerto para a Nicarágua" de todo o material promocional do show.

No dia 19 de julho, três horas antes da apresentação e dezesseis meses antes de o Muro de Berlim vir abaixo, já havia cinquenta mil pessoas na Radrennbahn Weissensee, uma antiga pista de cavalos a cinco quilômetros do Muro de Berlim, que virou uma pista de bicicleta, porque os políticos da Alemanha Oriental consideravam o hipismo algo elitista demais para eles. Curioso que, durante o trajeto, Springsteen e o seu motorista-tradutor foram parados por um policial alemão que não queria lhes dar passagem. Nem adiantou explicar que se tratava do artista que ia fazer o show. Tiveram que dar meia-volta e se virar para procurar outro caminho. Cerca de 160 mil ingressos haviam sido vendidos, mas eles não eram cobrados na entrada. Aliás, até hoje, ninguém sabe dimensionar o tamanho da plateia — jornalistas estimam entre trezentas mil e quinhentas mil pessoas. A empolgação era imensa. Para os alemães orientais, assistir a um show de Bruce Springsteen era a oportunidade de uma vida. Ninguém sabia se, no dia seguinte, os shows de rock voltariam a ser proibidos.

Ainda sob a luz do dia, o cantor entrou no palco e saudou a multidão: "É ótimo estar na Alemanha Oriental". O show teve início com "Badlands", uma música sobre fuga e liberdade que conta a história de um homem indignado que anseia por uma vida melhor. Foram raras as vezes em que ela foi executada na Tunnel of Love Express Tour, mas, naquele dia, a canção fazia todo o sentido. Uma enxurrada de hits se sucedeu. "Out In the Street", "The River", "Cover Me", "The Promise Land"... Surpreendentemente, não houve censura com relação ao *setlist*, e até mesmo bandeiras dos Estados Unidos tremulavam no meio da plateia.

Agora, voltemos para cinco minutos antes do show. A imagem era a seguinte: Bruce Springsteen estava sentado em seu camarim com uma caneta e um pedaço de papel na mão. Ele estava decidido a dizer algumas palavras para aquelas pessoas, que tinham esperado a vida inteira para vê-lo. Chamou então o seu motorista-tradutor para socorrê-lo. O discurso ficou curtinho, não mais do que quatro linhas. Mas essas poucas palavras fizeram acender um sinal amarelo na testa do tradutor. Afinal de contas, havia uma palavrinha lá que não deveria ser pronunciada em hipótese alguma. Muito menos na frente de meio milhão de pessoas. A palavra? "Mauer". Ou seja, "muro". O tradutor, temendo pela sua pele, alertou o promotor de shows Marcel Avram, que correu em direção a Jon Landau falando que, em hipótese alguma, aquela palavra deveria ser articulada. Springsteen já estava no palco. Por sorte, em determinado momento, ele se dirigiu às escadas que davam acesso ao *backstage*. Entre berros de Landau e do tradutor, o cantor foi alertado. E, logo após uma versão brutal de "Born in the U.S.A.", Springsteen fez certamente o mais poderoso apelo por liberdade já pronunciado dentro da Alemanha Oriental. "É ótimo estar na Berlim Oriental. Não sou a favor ou contra nenhum governo. Eu vim aqui para tocar rock and roll para vocês, na esperança de que um dia todas as barreiras sejam derrubadas." Apenas isso. "Barreiras" no lugar de "muro". Mas a plateia entendeu tudo. E delirou. Urrou, para ser mais exato. Em seguida, Springsteen emendou "Chimes of Freedom", de autoria de Bob Dylan: "E nós contemplamos os sinos da liberdade cintilando". Mais uma vez, o público entendeu direitinho.

Nem precisava, mas o show teve continuidade, alcançando quase quatro horas de duração. "She's The One", "I'm On Fire", "Dancing In The Dark"... Nessa última, como de costume — pelo menos para os ocidentais —, uma fã foi chamada ao palco para dançar com o cantor. O show seguiu com "Bobby Jean", "Hungry Heart", "Born to Run" (pela primeira vez desde o início da turnê, foi executada em versão elétrica com a banda), até o encerramento apoteótico com "Twist and Shout" e "Havin' a Party". Missão devidamente cumprida. Teve mágica no ar. Quando retornou ao hotel, Springsteen e a então namorada, Patti Scialfa, viram o vídeo do show, que havia sido televisionado. Apenas uma parte da apresentação foi cortada. Sim, acertou, o discurso foi mutilado na edição televisiva. Mas, àquela altura, toda a Alemanha Oriental e o resto do mundo já sabiam o que havia acontecido no palco do Radrennbahn Weissensee. Aquela apresentação tinha sido nada menos do que um tratado pela liberdade.

Em maio de 2012, Bruce Springsteen se apresentou no Estádio Olímpico de Berlim durante a Wrecking Ball Tour. A primeira música do *setlist* foi "When I Leave Berlin", canção composta em 1973 pelo músico folk britânico Wizz Jones, que diz assim: "Aqui, hoje, as portas estão abertas". Não seria exagero dizer que, naquele dia 19 de julho de 1988, Bruce Springsteen ajudou a abrir as tais portas.

PAUL MCCARTNEY
ESTÁDIO DO MARACANÃ/ RIO DE JANEIRO
(20-21/04/1990)

36

O MAIOR PÚBLICO DA CARREIRA DE PAUL MCCARTNEY TINHA SIDO DE 65 MIL PESSOAS, AINDA NA ÉPOCA DOS BEATLES. VINTE ANOS APÓS O FIM DA BANDA, ELE DECIDIU QUE ERA HORA DE QUEBRAR ESSE RECORDE. NÃO SÓ QUEBROU, COMO ENTROU PARA O GUINNESS BOOK. ESSE SHOW SÓ PODERIA ACONTECER EM UM LUGAR: O ESTÁDIO DO MARACANÃ.

"Neste ano tudo vai ser diferente. Alguém sempre diz esta frase em torno do início de ano. Mas não é sempre que se anuncia a vinda de Paul McCartney ao Brasil." Foi dessa forma que o *Jornal do Brasil* noticiou, no dia 29 de dezembro de 1989, a visita do artista ao Brasil para dois shows no Estádio do Maracanã.

De fato, um Beatle vir se apresentar no Brasil era algo a ser comemorado. Em uma entrevista pouco antes de lançar o álbum *Kisses on the Bottom* (2012), Paul McCartney disse algo mais ou menos assim: "Os Beatles eram apenas quatro pessoas. E eu sou uma delas". No contexto, Paul estava orgulhoso, como quem pensa: "Como é que Deus foi tão generoso comigo?". Juntamente com John Lennon, Paul McCartney formou a dupla mais importante da história da música pop. Nunca haverá outra igual. Suas canções eram mais do que canções. Eram mágica. Pura e simplesmente. Mas quando Paul anunciou o fim dos Beatles, a sua vontade era deixar o passado para trás. Trancou-se no estúdio para gravar o seu próprio material. Primeiro sozinho, tocando todos os instrumentos em seu primeiro álbum (*McCartney*, de 1970). Depois com os Wings, banda com a qual gravou alguns discos fabulosos, como *Band on the Run* (1973) e *Wings at the Speed of Sound* (1976). A sua primeira turnê aconteceu em 1972. Nada de grandes ginásios e estádios. Paul colocou a sua banda dentro de um ônibus e percorreu universidades do Reino Unido. No repertório, nenhuma música dos Beatles.

Em 1989, porém, ele pensava bem diferente. Apesar de ter iniciado os anos 1980 com o excelente álbum *Tug of War* (1982), no qual retomou sua parceria com o produtor George Martin, a década não foi lá muito generosa com Paul McCartney. O disco *Press to Play* (1986) é um tijolo menor na imensa obra do artista. Mas a virada aconteceu com *Flowers in the Dirt* (1989), um álbum mais dinâmico e que contou com a preciosa colaboração de Elvis Costello. No videoclipe do primeiro single, "My Brave Face", Paul surpreendia tocando o seu baixo Hofner — aquele em formato de violino que ele tinha aposentado desde o show de despedida dos Beatles, que aconteceu em cima do telhado da Apple. Algo realmente tinha mudado no mundo de Paul McCartney. Depois de mais de dez anos de sua última turnê mundial, ele estava decidido a rodar o planeta mais uma vez. E, para completar a comoção, pela primeira vez, ele faria um show calcado basicamente em canções de sua antiga banda.

"Foi ótimo fazer parte dos Beatles. Eu tinha muito orgulho do conjunto, passamos por bons momentos e fomos muito felizes. Quando os Beatles se separaram, foi mais ou menos como um divórcio. Quando isso acontece, você só quer saber é de ir embora para longe. Você não quer continuar ligado à sua esposa, não é mesmo? Então nenhum de nós queria cantar as músicas dos Beatles depois da separação. John não fez isso, George não fez isso e Ringo não fez. Cada um foi por um caminho diferente e, por alguns anos, essas músicas traziam más lembranças, pois nos faziam recordar a briga da separação. Mas agora já passou tanto tempo. E dizem que o tempo é o melhor remédio. Por isso, agora acho que são canções tão bonitas que seria uma pena se eu não as cantasse de novo nunca mais. Seria realmente estúpido". Esse foi o comentário de Paul McCartney em uma coletiva para jornalistas brasileiros no decorrer da turnê. Pode parecer brincadeira, mas até aquele momento, Paul havia cantado músicas como "Hey Jude" e "Sgt. Pepper's Lonely Hearts Club Band" apenas no momento em que as gravou em estúdio. Tanto que ele teve que praticamente reaprender a tocar e a cantar as canções dos Beatles para a turnê.

A The Paul McCartney World Tour foi anunciada poucos dias após o lançamento de *Flowers in the Dirt*. Além de lançar o disco, a ideia era divulgar um livro de receitas vegetarianas de Linda McCartney. A turnê estreou no dia 26 de setembro de 1989, na Noruega. O empresário Luiz Oscar Niemeyer leu uma matéria na revista *Rolling Stone* sobre a série de shows e notou que nenhum país da América Latina seria contemplado com uma apresentação de Paul. Niemeyer, que, além de ter trabalhado na primeira edição do Rock in Rio, era o responsável pelo festival Hollywood Rock, pensou: "Por que não?". Assim, entrou em contato com Barry Marshall, um dos empresários do Beatle. As negociações não foram muito complicadas. A principal exigência de

Paul McCartney foi que o show deveria ser realizado no Estádio do Maracanã. Claro, o estádio de futebol mais famoso do mundo, palco das finais das Copas de 1950 e, mais tarde, de 2014, do Mundial do Santos de 1963, da invasão corintiana de 1976, de craques como Garrincha, Pelé, Zico, Romário, Assis e Roberto Dinamite. Era exatamente lá que Paul McCartney queria fazer o maior show de sua carreira.

Paul estava exultante. "Vai ser o maior show da minha vida mesmo contando com os da época em que estava com os Beatles. O maior público que eu já tive foi de 65 mil pessoas. E agora estamos falando de 140, 150 ou até duzentas mil pessoas". O artista ainda disse que não esperava a hora de ver a multidão do Maracanã cantando "Hey Jude" com ele. "Comecem logo a ensaiar. Imediatamente", ordenou em entrevista a jornalistas brasileiros. A animação era imensa. Apesar de George Harrison ter visitado o Brasil em 1979 para assistir ao Grande Prêmio de Fórmula 1, no Rio de Janeiro, Paul McCartney seria o primeiro Beatle a fazer um show na América do Sul. Não era pouca coisa.

Inicialmente, a ideia era trazer Paul para quatro shows no Rio e mais dois em São Paulo. Por algum motivo, foram anunciadas apenas duas datas: 19 e 21 de abril de 1990, no Maracanã. Os ingressos custariam o valor correspondente a sete dólares. Logo após o anúncio oficial, no início de janeiro, Paul McCartney cancelou as apresentações, pois o governador do Rio não havia autorizado o uso do estádio. A desculpa oficial era de que havia preocupações quanto ao gramado, já que o Campeonato Carioca de futebol estava em andamento. Depois de alguma confusão, em 26 de janeiro, o estádio foi finalmente liberado. No início de abril, inclusive, já estava recebendo um tratamento especial, com reforma de banheiros e bares. A produção total do espetáculo foi estimada em quatro milhões de dólares. Era tudo grande demais. O palco (com 22 metros de altura e trinta metros de boca de cena) ocuparia uma área de seiscentos metros quadrados. Os oito mil metros quadrados do gramado do estádio seriam cobertos por placas de madeira. Ainda haveria dois telões ao lado do palco, cada um medindo 21 metros de altura por quatro de largura. Quatrocentas pessoas foram escaladas para deixar o estádio pronto até 17 de abril, quando Paul chegaria à cidade.

Dois dias antes, Flamengo e Vasco jogaram no Maracanã — para registro, o Vasco ganhou de dois a um, gols de Bebeto e Sorato — e a montagem do palco começou duas horas após o término da partida. No mesmo dia, Paul se apresentava no Joe Robbie Stadium, em Miami. As 150 toneladas de equipamento de som e de luz já se encontravam no Rio. Cento e vinte mil ingressos foram colocados à venda para cada uma das apresentações. Nem o Plano Collor, instituído em 16 de março, e que bloqueou a poupança dos brasileiros, tirou o ânimo dos fãs. Os bilhetes vendiam bem.

A campanha publicitária do evento, batizado "Paul in Rio", era de respeito. Outdoors com fotos de quatro fases diferentes da carreira do artista foram espalhados por várias capitais do país. Ele nem se importou em reduzir o cachê em 30% por causa do plano econômico. No fim das contas, segundo a *Folha de S.Paulo*, ele receberia 2,5 milhões de dólares pelos dois shows.

Às seis e cinco da manhã do dia 17, a bordo do voo 811 da Varig, Paul McCartney finalmente chegou ao Brasil. Cerca de sessenta fãs (alguns vestidos com os figurinos de *Sgt. Peppers*) aguardavam o Beatle no aeroporto Galeão. Mas Paul saiu de fininho. O plano estava armado: uma Kombi aguardaria o cantor e a família na pista de pouso do aeroporto e levaria todos para o hotel Rio Palace, na praia de Copacabana. O que não estava combinado era que Muga, o motorista da Kombi, seria atacado por uma forte dor de barriga. O jeito foi Paul se acomodar com Linda e seus filhos em um carro de transporte de bagagens, que os levou até o estacionamento do aeroporto, e de lá seguiram rumo ao hotel em um ônibus. A comitiva do artista contava com 128 pessoas, sendo sete seguranças particulares, que se juntaram a mais vinte brasileiros — Paul estava com medo de ser sequestrado, a última moda do crime organizadíssimo do Rio de Janeiro. Um mordomo também foi importado para orientar os cozinheiros do hotel durante o preparo do sofisticado cardápio vegetariano idealizado por Linda McCartney.

Estava tudo indo muito bem, mas faltou combinar com São Pedro. As águas de março se atrasaram e, na primeira quinzena de abril, o Rio de Janeiro passou a ser acometido por chuvas torrenciais. Até o dia do show, doze pessoas já haviam morrido e quase cinco mil estavam desabrigadas por causa das tempestades. O prazo para a montagem do show no Maracanã, que já era escasso, não pôde ser cumprido, e a apresentação de 19 de abril teve que ser transferida para o dia seguinte. Se as chuvas continuassem, os dois shows teriam que ser cancelados, já que, no dia 23, Paul tinha um concerto agendado em Glasgow, na Escócia. Geoff Baker, o assessor de imprensa, tranquilizou os fãs: "A equipe trabalhou até as cinco da manhã e está determinada a realizar o show". Paul McCartney só estava na dele. Para tristeza dos fãs, solicitou vinte fitas de vídeo para a produção, e não colocou o nariz para fora do quarto do hotel. O presidente Fernando Collor de Mello enviou-lhe uma carta: "O Brasil os recebe de braços abertos. Nós esperamos vários anos pela alegria de cantar juntos com vocês canções que tentam transmitir para toda a Humanidade os mais altos valores e sentimentos. Com vocês, aprendemos que precisamos dos jovens como uma força permanente para transformar a realidade".

Durante o dia 20, a chuva continuou forte. Milhares de pessoas já estavam no Maracanã debaixo de guarda-chuvas e de imensas lonas plásticas. Mas, quando Paul pisou no palco, às quinze para as dez da noite, a chuva parou como que por milagre. Na plateia, a ministra da Economia Zélia Cardoso de Mello distribuía autógrafos a pessoas cuja poupança ela tinha confiscado um mês antes (dá para acreditar?!). O jornalista Arthur Dapieve descreveu o clima do show no *Jornal do Brasil*: "Assistir ao show de Paul McCartney sob chuva, no Maracanã, na noite de sexta-feira, deixou uma dor no coração e outra no pulmão. A primeira, óbvio, diz respeito àquele sentimento que, puxa, como os Beatles eram geniais, lindos, fabulosos (...) A segunda, igualmente óbvio, diz respeito àquela chuva desgraçada que castigou a cidade sobretudo na quarta e na quinta e que, se deu uma aliviada na hora do espetáculo, ainda assim deixou muitas das cerca de cem mil pessoas presentes com suspeita de pneumonia tripla".

Mas, no dia seguinte, as coisas seriam bem melhores.

Sem chuva, a multidão fazia "ola" nas arquibancadas e se acotovelava no gramado com os abanadores (com a letra de "Yesterday") distribuídos na entrada, quando as luzes se apagaram e os telões acenderam com o vídeo inicial de onze minutos de duração. Dirigido por Richard Lester (o mesmo responsável pelos longas *A Hard Day's Night* e *Help!*), o filme costurava imagens dos Beatles a outras cenas históricas, como da Guerra do Vietnã e de Martin Luther King. "All You Need Is Love", por exemplo, ilustrava as barricadas parisienses de 1968, assim como "The Long and Winding Road" servia de fundo para imagens da chegada do homem à Lua em 1969. A imagem do chinês solitário enfrentando tanques de guerra na Praça da Paz Celestial, um ano antes do show, foi a deixa para surgir a palavra *"now"*. E, nesse momento, Paul McCartney e sua banda (formada por Linda McCartney, Hamish Stewart, Robbie McIntosh, Paul 'Wix' Wickens e Chris Whitten) atacaram com "Figure of Eight".

Na primeira parte do show, Paul privilegiou (exceção feita a "Got To Get You Into My Life") canções de sua carreira solo, como "Jet" e "Band On the Run". A partir de "The Long and Winding Road", a oitava do programa, o gramado do Maracanã voltou a ficar encharcado. Não por causa da chuva, mas por causa das lágrimas que escorriam dos olhos das testemunhas daquele momento admirável. Seguiu-se "The Fool On the Hill", com Paul dedilhando o clássico piano colorido de 1966, e dedicando a música aos "amigos John, George e Ringo". O desfile de clássicos continuou. "Sgt. Pepper's", "Can't Buy Me Love", "Things We Said Today", entre outras. Ao final de cada canção, a plateia respondia com o clássico bordão oitentista: "Por que parou? Parou por quê?". Logo depois de "Eleanor Rigby", para delírio da galera, Paul trocou o seu baixo Fender pelo Hofner. E após duas músicas do último disco ("This One" e "My Brave Face"), mais um desfile de sucessos dos Beatles tomou forma. Antes de "Let It Be", Paul fez um pequeno discurso sobre suas convicções ecológicas. Ele disse, antes do show, que incluiria no roteiro a canção "How Many People?", escrita em homenagem a Chico Mendes. Não cantou, mas pediu que a plateia berrasse o nome do seringueiro assassinado dois anos antes.

Paul McCartney era só alegria. Gastou o seu pálido português em frases como "Minha gatinha Linda" e "Está demais", e ainda incluiu no roteiro uma versão remixada de duas músicas dos Beatles, "P.S. I Love You" e "Love Me Do", que se transformaram em "PS. Love Me Do". Durante "Coming Up", o gramado do Maracanã se transformou em uma pista de baile funk. Para terminar, após o show de raios laser multicoloridos e explosões cinematográficas em "Live and Let Die" e o coro em "Hey Jude", Paul atacou no bis com "Yesterday", "Get Back" e o *medley* final do álbum *Abbey Road* (1969), composto por "Golden Slumbers/Carry That Weight/The End".

Duas horas e meia de show. Corações e almas lavadas. Um recorde no *Guinness Book*. Cento e oitenta e quatro mil e trezentas e sessenta e oito pessoas com a certeza de que "no fim, o amor que você recebe é igual ao amor que você dá". Obrigado, Paul McCartney!

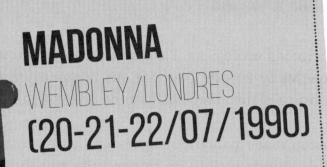

MADONNA
WEMBLEY/LONDRES
(20-21-22/07/1990)
37

PERDA DO PATROCÍNIO DA TURNÊ. AMEAÇA DE PRISÃO NO CANADÁ. BOICOTE DA IGREJA CATÓLICA NA ITÁLIA. A BLOND AMBITION TOUR TINHA TUDO PARA DAR ERRADO, MAS ACABOU ESTABELECENDO OS PARÂMETROS DE UM SHOW DE MÚSICA POP. SOMENTE UMA ARTISTA ERA CAPAZ DE FAZER ISSO. E VOCÊ JÁ SABE QUAL É...

Se o rei do pop é Michael Jackson, parece não haver dúvidas de que a rainha atende pelo nome de Madonna. E ela deve saber muito bem disso. Tanto que, quando começava a cantar "Candy Shop", primeira música de sua Sticky & Sweet Tour (2008/2009), surgia no palco sentada exatamente em cima de um trono. Mas, ao contrário de Jackson, Madonna soube preservar, dentro de um limite possível, a sua vida pessoal. Se era para criar polêmica, que fosse através de sua arte, exercida com total liberdade, consciência e coerência. Até hoje, Madonna sempre parece estar na hora e no local certos. Os seus álbuns retratam (e, algumas vezes, antecipam) o som de uma época. A sua música nunca soa datada. O seu disco de estreia homônimo, por exemplo, chegou às lojas em 1983, mas é algo tão moderno que poderia ter sido lançado hoje. E o mesmo acontece com cada um de seus álbuns, pop, dançantes, eletrônicos ou... eróticos.

Uma frase de Nelson Rodrigues pode definir Madonna em seu segundo LP, *Like a Virgin* (1984): "Só o rosto é indecente, do pescoço para baixo, podia-se andar nu". A cantora, com cara de garotinha sapeca e vestida de noiva, deitou-se em uma cama para tirar a foto que estamparia a clássica capa do disco. Uma das imagens mais icônicas da cultura pop. A música pop nunca mais seria a mesma depois do dia 14 de setembro de 1984, quando ela subiu ao palco do Radio City Music Hall, em Nova York, para se apresentar na primeira edição do MTV Video Music Awards, cantando "Like a Virgin" com o mesmo figurino na frente de um imenso bolo de casamento. Uma espécie de Marilyn Monroe repaginada e atualizada, Madonna nunca foi ingênua. Até hoje, critica o que acha que deve criticar, doa a quem doer. Igreja católica, hipocrisia, preconceito sexual, nada escapa à sua língua ferina. Ainda bem.

Quando lançou o LP *Like a Prayer* (1989), mais uma vez, ela não fez por menos. Para divulgar o disco que representou o seu amadurecimento artístico, gravou um videoclipe para a faixa-título que deu o que falar. Nele, a cantora beijava a estátua de um santo negro, derramava lágrimas de sangue e ainda dançava na frente de cruzes em chamas. O clipe só pôde ser veiculado pela MTV nas madrugadas. Grupos religiosos condenaram a "blasfêmia" da cantora. Poucos meses antes, Madonna havia gravado um comercial para a Pepsi, que estreou durante a transmissão do Grammy Awards, em fevereiro de 1989, com uma audiência de mais de 250 milhões de telespectadores no mundo todo. Após o videoclipe, temendo um boicote, a Pepsi retirou o comercial do ar e ainda cancelou o contrato de patrocínio da turnê. Em entrevista à revista *Smash Hits*, Madonna se justificou: "O clipe era sobre a superação do racismo e do medo de falar a verdade. Eu tinha minhas próprias opiniões sobre Deus e também precisava lidar com as opiniões que eu achava que os outros impunham a mim". *Like a Prayer* chegou às lojas em março de 1989. Quatorze meses depois, seria a vez de *I'm Breathless*, trilha sonora do filme *Dick Tracy*, estrelado pela própria cantora e dirigido pelo seu então namorado, Warren Beatty. Madonna faria uma turnê para divulgar os dois álbuns de uma vez. A turnê mais importante de sua carreira.

Em determinado momento do documentário *Na Cama com Madonna*, que retrata os bastidores da tal turnê, o ator Kevin Costner declara, entre risadas: "Achamos que foi inocente, bem inocente". Madonna, visivelmente irritada, dá as costas para o ator e grunhe na frente das câmeras: "Inocente? Quem disser que o meu show é inocente vai ter que ir embora". Sim, o show não tinha nada de inocente. Tinha direito, inclusive, a uma cena explícita de masturbação durante "Like a Virgin". Mas, muito além das polêmicas, a Blond Ambition Tour estabeleceu os parâmetros de um concerto de música pop, a primeira vez que a ideia de show conceitual foi levada ao extremo.

O coreógrafo da turnê, Vincent Paterson, explicou a ideia: "Ela queria fazer declarações sobre sexualidade, sobre transexualidade, sobre a Igreja. Mas o mais ousado que tentamos fazer foi mudar o formato dos grandes shows. Em vez de simplesmente apresentar as canções, quisemos unir no palco a moda, a Broadway, o rock e a performance". Todo o espetáculo foi desenhado por Madonna em um bloco de anotações. Quando o diretor de iluminação, Peter Morse, viu os rascunhos, ficou impressionado. "As cenas mudavam de maneira inacreditável de um cenário para outro. (...) Essa foi uma grande mudança para o público de shows em geral. Ela criou um caminho e uma direção que nunca haviam sido percorridos antes".

Todo o show foi construído em torno da peça mais importante do figurino de Madonna, e que acabou por se transformar em sua imagem mais icônica: um sutiã cor-de-rosa brilhante em forma de cone. A peça foi desenhada pelo estilista francês Jean-Paul Gaultier, que se recorda de ter tomado "350 comprimidos de aspirina" para desenhar os 1.500 esboços do tal sutiã até receber a aprovação da cantora. "Minhas roupas sempre tiveram o espírito de Madonna: uma forte estrutura exterior protegendo uma vulnerabilidade interna que permanece oculta", explicou. Mas não foi só Gaultier que fez sacrifícios: Madonna fazia cinco horas de treinamento diário (duas horas de corrida, uma na academia e duas no palco, fosse nos ensaios ou no próprio show). Em determinado momento da turnê, o percentual de gordura de seu corpo caiu a um nível abaixo do considerado saudável. O equipamento de som e luz também era superlativo, sendo necessários dezoito caminhões e um Boeing 747 para transportar tudo. Já a montagem do palco mobilizava uma equipe de mais de cem pessoas.

A Blond Ambition Tour teve início em abril de 1990 com nove apresentações debaixo de chuva no Japão. Entre maio e junho, foram mais de três dezenas de shows na América do Norte, incluindo um no Canadá em que Madonna quase acabou presa durante a cena de masturbação em "Like a Virgin". Em Nova Jersey, a cantora teve que adiar um show por conta de uma laringite. Mas, menos de uma semana depois de ter perdido a voz, aconteceu a estreia da etapa europeia da Blond Ambition, em Gotemburgo, na Suécia. Após três apresentações em Paris, Madonna se viu sob fogo cruzado em Roma. Por conta da mistura de imagens sexuais e católicas, o papa João Paulo II clamou pelo boicote à apresentação. O jornal do Vaticano, *L'Osservatore Romano*, classificou o show como "pecaminoso, uma completa desgraça". Essa guerra Madonna perdeu. O segundo show agendado no Stadio Flaminio foi cancelado por falta de público. A cantora deu de ombros e disse que se orgulhava de ser ítalo-americana, e mais ainda de ter crescido em um país que "acredita em liberdade artística e de expressão".

Foi nesse clima que Madonna desembarcou em Londres para três shows no estádio de Wembley, com 225 mil ingressos esgotados, nos dias 20, 21 e 22 de julho. O público inglês finalmente teria a chance de ver o espetáculo da artista, dividido em quatro segmentos, nos quais ela incorporava diferentes personagens nos mais diversos cenários. Na primeira parte, intitulada "Metrópolis", Madonna, vestindo um discreto conjunto preto, surgia no alto de uma escadaria, dançando com um vigor impressionante ao lado de sete dançarinos seminus acorrentados. Tal performance acontecia na frente das rodas de engrenagem e tubulações de aço que compunham o cenário, que remetia ao clássico filme de Fritz Lang. Ao mesmo tempo, ela cantava "Express Yourself", verdadeiro hino de guerra feminista. Para não atrapalhar os movimentos de dança, Madonna fazia uso de um microfone de fone de ouvido, com a sua cápsula se estendendo até a boca. Mais uma moda criada por ela. Na canção seguinte, "Open Your Heart", a cantora atualizava o número da cadeira imortalizado por Liza Minnelli no filme *Cabaré* (1972). Fechando o primeiro ato, Madonna cantava "Causing a Commotion", durante a qual simulava uma luta com os seus dançarinos, além da festiva "Where's the Party".

A segunda parte do show era a polêmica em forma de espetáculo. Ela tinha início com Madonna reinventando a sonoridade (puxada por cítaras, em um estilo indiano) e ressignificando o conceito de "Like a Virgin". Em sua performance, a cantora se esfregava em uma cama de veludo vermelho no meio do palco, em um arrebatamento masturbatório, ao lado de dois dançarinos trajando calças justas e sutiãs pontudos. A luz estroboscópica deixava tudo ainda mais intenso. Quando o número terminava, um foco de luz se concentrava sobre Madonna, de joelhos, interpretando uma pecadora com a cabeça coberta por um véu negro, dentro de uma igreja repleta de velas. Um dançarino fantasiado de padre completava a cena durante as canções "Like a Prayer" e "Live To Tell". (Em 2006, durante a Confessions Tour, a cantora era crucificada no palco durante essa mesma música. Quando a turnê chegou a Roma, sob críticas da Igreja, Madonna dedicou "Like a Virgin" ao papa.) O bloco religioso se encerrava com "Papa Don't Preach", música lançada em 1986, cuja letra tocou fundo o coração e a mente de muitas adolescentes de calça *baggy* e saia balonê, quando Madonna fazia o papel da mocinha tentando convencer o pai de que sua gravidez era uma coisa legal.

O terceiro segmento do show podia ser considerado uma peça publicitária do filme *Dick Tracy*. Nesse momento, Madonna interpretava uma cantora de boate em três músicas de *I'm Breathless*: "Sooner or Later", "Hanky Panky" e "Now I'm Following You". Um momento menor do show, mas que fazia o caixa de Madonna tilintar. A última sequência do espetáculo, intitulada "Art Déco", contava com uma escadaria no meio do palco e era a mais divertida de todas, com direito a Madonna cantando "Material Girl" com bobes enrolados em suas madeixas louras. No final, a cantora e sua trupe arrancavam notas falsas de dólar de dentro de seus sutiãs e as jogavam para a plateia. Em seguida, a festa continuava com "Cherish" (outro hit de *Like a Prayer*), "Into The Groove" e "Vogue" (o principal sucesso de *I'm Breathless*), essa última remetendo à coreografia original do videoclipe. No bis, ela ainda cantava "Holiday", vestida de arlequim, e "Keep It Together", com excertos de "Family Affair", da banda Sly & the Family Stone.

Após os três shows em Wembley, a Blond Ambition Tour passou por mais quatro cidades da Europa antes de terminar em Nice, no litoral da França, no dia 5 de agosto. A crítica reconheceu a importância da turnê, mas também não ignorou o fato de a cantora ter se utilizado de *playback* em alguns momentos. "Ela claramente preferia sincronizar os lábios a arriscar uma nota errada. Isso torna o show sem ar e desanimador", escreveu Jon Pareles, do *New York Times*. A revista *People*, no entanto, preferiu ressaltar o tom inovador da turnê: "Blond Ambition mudou o cenário da cultura pop".

Madonna continuaria mudando o cenário da música pop. Dois anos após a turnê, lançou o álbum *Erotica* e o livro *Sex*, repleto de fotos sensuais. Em 1996, interpretou Evita Perón nos cinemas. Em seguida, lançou *Ray of Light* (1998) e *Music* (2000), dois de seus melhores e mais inovadores álbuns. Em *Confessions on a Dance Floor* (2005), prestou tributo à disco music, e foi número um em dezessete países. A cantora continuou surpreendendo em álbuns como *MDNA* (2012) e *Madame X* (2019). E, pode ter certeza, continuará surpreendendo enquanto existir.

Madonna não é a rainha do pop à toa.

R.E.M.
CHELSEA STUDIOS/ NOVA YORK
(10/04/1991)

38

QUANDO LANÇOU O ÁLBUM OUT OF TIME, O R.E.M. DEIXOU BEM CLARO: NADA DE TURNÊ. A GRAVADORA ALERTOU QUE SERIA UM SUICÍDIO COMERCIAL. A BANDA DEU DE OMBROS. GRAVOU O VIDEOCLIPE DE "LOSING MY RELIGION" E APRESENTOU UM SHOW ACÚSTICO PARA A MTV. NÃO PRECISAVA DE MAIS NADA. O R.E.M. NUNCA FOI TÃO GRANDE.

"Está destinado a ser uma lenda da música pop. Foi a melhor coisa que fizemos. Vai redefinir a música. Acho mesmo... É brilhante." Foi dessa forma que Michael Stipe definiu *Out of Time* em uma entrevista para a MTV poucos dias antes de o álbum chegar às lojas. Ele tinha uma certa dose de razão. *Out of Time* é um dos discos mais brilhantes da música pop.

Para entender essa história um pouco melhor, porém, temos que ir lá para o início. Analisando a história do R.E.M., é fácil concluir o motivo pelo qual se transformou em uma das maiores bandas de rock do mundo. Michael Stipe (vocais), Peter Buck (guitarra), Mike Mills (baixo e teclados) e Bill Berry (bateria) se conheceram em Athens, Georgia, para formar o conceito de banda indie. O primeiro EP, *Chronic Town* (1982), assim como o álbum *Murmur*, do ano seguinte, definiram a sonoridade única do conjunto, com uma guitarra à la The Byrds e letras inteligentes. Se a new wave imperava naquele momento, muito por conta dos conterrâneos do The B-52's, o R.E.M. estava bem distante dela. O *mainstream* era o último dos anseios do grupo. Tanto que, quando *Murmur* alcançou a 36ª posição da parada da Billboard e foi eleito álbum do ano pela *Rolling Stone*, o R.E.M. fingiu que nem era com ele e rebarbou qualquer contrato de grande gravadora. Segundo Peter Buck, o acordo era com os fãs: "O R.E.M. estabeleceu um contrato com a humanidade que diz: 'Nós vamos ser a melhor banda do mundo, vocês vão se orgulhar de nós, mas nós vamos fazer do nosso jeito'".

Mesmo sem alcançar o sucesso na grande mídia, o R.E.M. já era uma das bandas prediletas das rádios universitárias dos Estados Unidos. E eles permaneceram independentes até o lançamento de seu quinto álbum, *Document* (1987). Quando o R.E.M. finalmente cedeu, fechou um dos maiores contratos da história da música com a poderosa Warner. E o mais importante: com o moral lá em cima, não precisaria ceder nem um fio de cabelo que Michael Stipe ainda tivesse de seu controle artístico.

Outro aspecto que faz do R.E.M. uma banda diferente é nunca ter se influenciado por modismos, como tantas outras que embarcaram na onda do momento e, pouco depois, acabaram desaparecendo. Se o rock imperava no início dos anos 1990, o R.E.M. lançou um álbum (o próprio *Out of Time*, de 1991) encharcado de folk e de belas baladas, e que alcançou o primeiro lugar nas paradas dos Estados Unidos e da Grã-Bretanha. E quando, no dia 21 de setembro de 2011, decidiu dar por encerrada a sua carreira, após dois gloriosos álbuns (*Accelerate*, de 2008, e *Collapse into Now*, de 2011), o fez por meio de um singelo comunicado em seu site oficial, sem maiores comoções, trocas de farpa na imprensa ou turnês de despedida. Fim e acabou. Ponto final. Para Stipe, Buck, Mills e Berry, integridade pouca é bobagem.

Sob o benefício da retrospectiva, pode-se afirmar que o ponto nevrálgico dessa história toda aconteceu no dia 13 de novembro de 1989, quando o R.E.M. encerrou a turnê do álbum *Green* no Fox Theatre, em Atlanta. Após uma agenda estafante de 131 shows em dez meses, os integrantes da banda comunicaram ao empresário Jefferson Holt: "Não vamos fazer turnê, estamos há dez anos viajando sem parar... cansamos". Em uma época em que o grunge começava a dar as cartas, o guitarrista Peter Buck se olhou no espelho, pensou que já tinha tocado muito rock and roll e, em seguida, propôs aos colegas: "Vamos fazer algo diferente". A partir daí veio a ideia de tocar instrumentos não muito convencionais para uma banda de rock, como bandolim, violão e órgão Hammond. Foi dessa maneira que o grupo gravou diversas demos, embriões de *Out of Time*, um LP acústico, diferente de tudo o que havia feito antes.

"Parecia que era o fim de algo. A gente ficou dez anos gravando discos e se apresentando a maior parte do tempo. O ano de 1990 foi aparentemente a primeira vez que a gente não tinha nada agendado", disse Peter Buck. O músico, que não queria nem olhar para uma guitarra, aproveitou o ano para compor freneticamente no bandolim e se apresentar com músicos da cena folk de Athens, apenas por diversão. O baterista Bill Berry concordou com a mudança de rumo: "Como na maioria das vezes, nós não escolhemos um caminho conceitual que queremos tomar. Nós meio que sabemos o que queremos evitar, e só tivemos noção disso ao entrar no processo de composição para este disco. Queríamos evitar a guitarra. Nós vivemos no grande *line-up* do rock, tocando em estádios e vivendo a enorme impessoalidade de tocar nessas grandes ocasiões. Queríamos deixar isso para trás. Foi divertido, mas, para nós, a década de 1990 precisava ser diferente".

Se para eles a década de 1990 precisava ser diferente, para muitos a impressão era a de que o R.E.M. estava querendo se autoboicotar. A banda comunicou à gravadora que, quando o disco fosse lançado, daria uma ou duas entrevistas e não sairia em turnê. Ela sabia que podia ficar um ano sem se apresentar nos Estados Unidos, mas tinha dúvidas com relação à Europa, continente onde eles haviam começado a fazer um pouco mais de sucesso a partir de *Green*. Além do mais, sem shows de divulgação, a gravadora teria que gastar duas ou três vezes mais para fazer o disco acontecer. Como a Warner não podia obrigar a banda a excursionar, alertou apenas que tal atitude seria um suicídio comercial, ou melhor, o fim do R.E.M. De fato, a gravadora deve ter ficado louca. Poucas semanas antes do lançamento, nem título o álbum tinha. O que existia era uma lista de prováveis nomes espalhados em quatro páginas de papel. As opções eram curiosas: *Imitation Crab Meat*, *Willful Obscurity*, *Dignity and Aplomb*, entre outras. A Warner deu o ultimato: "Ou vocês nos dizem o título do disco agora mesmo ou vamos adiar o lançamento". A capa, inclusive, já estava pronta, apenas com o local do título em branco. A banda se entreolhou e disse: *"We're out of time"* — "estamos sem tempo". Pronto. O título estava decidido.

Por conta de tudo isso, a Warner provavelmente não esperava grandes coisas do disco... até o single "Losing My Religion" ser lançado.

"Acho que nós temos a capacidade de escrever uma música de sucesso e gravá-la de forma que as rádios a aceitariam de braços abertos, e também que uma gravadora pudesse realmente trabalhar em cima dela, e nós poderíamos ser muito ricos e as pessoas do país todo reconheceriam nossos nomes. Não estou disposto a fazer isso. Não sei se o rádio me merece, no momento." Essa declaração – talvez arrogante – de Michael Stipe foi dada à MTV em 1984. Sete anos depois, ele não havia mudado seu pensamento. Se você prestar atenção, "Losing My Religion" é uma canção fantástica, mas não pode ser considerada um hit convencional. Como raciocinou o produtor Scott Litt, quando a banda já tem um sucesso, isso dá liberdade para gravar um novo sucesso que não soe como os seus hits anteriores. Segundo ele, dessa forma, é possível testar coisas e há chances de algo acontecer. E o que aconteceu? O R.E.M. quebrou todos os recordes de venda e entrou para o *mainstream* em seu patamar mais elevado.

Às avessas, a banda alcançava as massas de forma avassaladora através de um anti-hit, por assim dizer. O que ajudou ainda mais foi o videoclipe, o segundo mais veiculado pela MTV norte-americana no ano de 1991 — só perdeu para "You Could Be

Mine", do Guns n' Roses. Carregado de imagens religiosas em uma espécie de sonho melodramático, o clipe dirigido pelo indiano Tarsem Singh rendeu seis estatuetas ao R.E.M. no Video Music Awards de 1992. Existem videoclipes... e existem videoclipes que são obras de arte. O de "Losing My Religion" se enquadra no segundo grupo.

Quando *Out of Time* chegou às lojas, três semanas após o lançamento do seu primeiro single, o público pôde descobrir que o álbum não se resumia a "Losing My Religion". A faixa de abertura, "Radio Song", é uma mistura de hip hop com canção de ninar; "Shiny Happy People", que conta com a participação de Katy Pierson (The B-52's), é uma das músicas mais contagiantes do mundo. Aliás, ao contrário do que muita gente pensa, Michael Stipe não despreza tal canção, apenas nunca quis cantá-la ao vivo. "Shiny Happy People" foi composta em homenagem às crianças, quase que uma reverência ao *The Monkees*, seriado a que Stipe assistia na infância. Outra faixa do álbum que merece destaque é "Country Feedback", a predileta do vocalista em todo o repertório do R.E.M.

Como a banda já tinha decidido que não haveria turnê, para compensar, fez algumas poucas apresentações ao vivo para emissoras de TV e estações de rádio. Stipe, Buck, Mills e Berry arrumaram então as malas para a Inglaterra, onde fizeram duas apresentações surpresa no Borderline, uma pequena casa de shows (com capacidade para 275 pessoas) embaixo de um restaurante mexicano na West End de Londres. Os shows, que aconteceram nos dias 14 e 15 de março, contaram com músicas antigas no formato acústico, como "World Leader Pretend", "Disturbance at the Heron House" e "The One I Love", além de algumas faixas do novo disco. O segundo show teve um encerramento inusitado, com Robyn Hitchcock e Billy Bragg se juntando à banda para versões de músicas como "Tom's Diner" (Suzanne Vega) e "Unbelievable" (EMF). Na semana seguinte, *Out of Time* estava no topo da parada britânica — o álbum anterior, *Green*, chegara ao número 27.

De volta aos Estados Unidos, o R.E.M. escolheu dois programas de televisão. Essa seria a "turnê" americana, e olhe lá. Primeiro, o *Saturday Night Live*. Depois, o *Unplugged*, da MTV. No fim dos anos 1980, a emissora estreou a série *Unplugged*, na qual artistas trocavam as suas guitarras elétricas pelos violões, apresentando versões mais sossegadas de seus sucessos. Deu muito certo. A estreia, gravada no dia 31 de outubro de 1989, ficou a cargo da banda Squeeze, da cantora Syd Straw e do guitarrista Elliot Easton. Outros artistas e bandas, como Stevie Ray Vaughan, Elton John, Aerosmith, The Cure, Paul McCartney e Sting, se seguiram. Até que, no dia 10 de abril, foi a vez do R.E.M.

Quem já tinha assistido a alguma apresentação anterior do conjunto, provavelmente deve ter estranhado. Naqueles sessenta minutos de programa, o R.E.M. mais parecia uma velha banda folk. Mas dificilmente o grupo fez um show mais bonito do que aquele. O *set* foi parecido com o dos shows em Londres. A MTV deu apenas duas sugestões, prontamente acatadas pela banda: "It's the End of the World as We Know It (And I Feel Fine)" e "Perfect Circle". Os quatro membros do grupo (e mais o guitarrista e tecladista Peter Holsapple) pareciam tão confortáveis quanto nas apresentações elétricas. Canções como "Radio Song" ganharam algo mais íntimo. "Perfect Circle", um lado B de *Murmur*, relembrava o R.E.M. dos velhos tempos. "Fall On Me" e "Swan Swan H" faziam a ponte com *Lifes Rich Pageant* (1986). Já "Disturbance at the Heron House" e "It's the End of the World" recuperavam aquele R.E.M. que começava a roçar o *mainstream*. Essa segunda ganhou uma versão impagável e ressignificada, com a sua quilométrica letra de colagens de imagens (que vão de Leonard Bernstein a Lenny Bruce, passando por Lester Bangs). *Green* (1988) foi relembrado com três canções: "Pop Song 89", "Get Up" e "World Leader Pretend". Essa última periga ser o melhor momento do show, ao lado de, é claro, "Losing My Religion". Quando Stipe cantou o principal sucesso de *Out of Time*, parecia que a banda e a MTV eram uma coisa só: "REMTV", não por acaso o título de um box de DVDs que a banda lançou em 2014 com todas as apresentações realizadas para a emissora. Naquele momento, tudo fazia sentido. Se não fosse pela MTV, talvez *Out of Time* não tivesse acontecido de forma tão imperativa.

Outras faixas do álbum, como "Radio Song", "Belong" e "Low", também fizeram parte do *setlist*, além da obscura "Fretless", uma sobra do disco e que acabou indo parar na trilha sonora do filme *Até o Fim do Mundo* (1991), de Wim Wenders. A apresentação ainda teve direito a uma singela versão de "Love Is All Around", música do The Troggs, que com o R.E.M. se transformou praticamente em uma canção de ninar. A "turnê" de *Out of Time* teve apenas mais um show, em Charleston, na Virgínia Ocidental, para o programa *Mountain Stage*, de uma estação pública de rádio.

A opção de não fazer turnê deu certo. O R.E.M. nunca havia sido — e nunca foi — tão grande. Em poucos meses, nove milhões de cópias de *Out of Time* foram vendidas no mundo todo. Hoje, esse número mais do que dobrou. É verdade, *Out of Time* é uma lenda da música pop. E o R.E.M. também. Missão cumprida. Que a banda descanse em paz.

FESTIVAL MONSTERS OF ROCK

AEROPORTO DE TUSHINO/MOSCOU (28/09/1991)

39

APÓS A TENTATIVA DE UM GOLPE DE ESTADO, O GOVERNO SOVIÉTICO DECIDIU PRESENTEAR OS JOVENS QUE TINHAM CERCADO OS TANQUES E ENCHIDO AS RUAS DE MOSCOU DE BARRICADAS. A RETRIBUIÇÃO SE DARIA NA FORMA DE UM IMENSO SHOW DE ROCK. AC/DC E METALLICA, DUAS DAS BANDAS PREDILETAS DOS SOVIÉTICOS, NÃO PODERIAM FICAR DE FORA.

Em setembro de 1991, uma edição da revista norte-americana *Newsweek* trazia o seguinte texto: "De que forma os alemães orientais que atravessaram em bandos o Muro de Berlim quando este foi derrubado estão gastando o seu dinheiro? Embora champanhe e frutas frescas fossem antes os objetos de desejo, a música gravada virou a opção de compra. As vendas nas lojas de discos da Berlim Oriental subiram 300%. Wagner e o Ciclo dos Nibelungos? Otto Klemperer e Beethoven? Não. Os campeões são o AC/DC e a trilha de *Dirty Dancing*."

O texto diz muito sobre o mundo na era pós-Guerra Fria. Se dois ou três anos antes um show de Bruce Springsteen na Berlim Oriental era algo que acontecia uma vez na vida, a partir do início dos anos 1990, as coisas seriam bem diferentes. E, em 1991, até mesmo o Monsters of Rock, um dos festivais mais importantes do mundo, foi parar em Moscou, na então União Soviética. O evento, focado em bandas de hard rock e de heavy metal, foi criado em 1980, e a sua primeira edição ocorreu em Donington Park, na Inglaterra, com participação de bandas como Rainbow, Scorpions e Judas Priest. O sucesso foi imediato e os organizadores decidiram repetir a dose no ano seguinte. Whitesnake, Dio, Van Halen, Ozzy Osbourne, Bon Jovi, Motörhead, Def Leppard, Iron Maiden, Kiss, Megadeth, Guns n' Roses, Aerosmith e Mötley Crüe foram alguns dos destaques das edições seguintes. A partir de 1983, o Monsters of Rock decidiu estender suas asas além da Inglaterra. Começou pela Alemanha, depois partiu para Suécia, Itália, Estados Unidos, Holanda, Espanha, França, Dinamarca, Polônia, Hungria, Bélgica, Áustria e… União Soviética.

No dia 13 de agosto, pouco mais de um mês antes da edição em Moscou, milhares de soviéticos se deslocaram para Rosóvia, na Polônia, para assistir à apresentação do AC/DC. A banda australiana era uma febre entre os fãs de rock da União Soviética. Seis dias após o show na Polônia, um grupo conservador do Partido Comunista tentou dar um golpe de estado com o intuito de afastar o presidente Mikhail Gorbachev (que começava a abrir a nação no âmbito político e no econômico por meio do programa de reformas baseado na *perestroika* e na *glasnost*) e tomar o controle do estado socialista. Diversos integrantes da URSS, como Lituânia e Rússia, já haviam iniciado o seu processo de independência, e Gorbachev concordou em elaborar um novo "Tratado da União", que concederia maior autonomia às repúblicas. A ala conservadora não gostou nem um pouco disso e, na manhã de 19 de agosto, foi anunciado que Gorbachev estava impedido de governar por "questões de saúde" e que um comitê de estado de urgência havia tomado o poder. Tanques blindados posicionaram-se em Moscou, mas os golpistas não esperavam que a maior parte da população estivesse do lado de Boris Yeltsin, presidente da Rússia, e de Gorbachev. Jovens entulharam as ruas de barricadas e cercaram os tanques, que acabaram por dar meia-volta. O golpe não deu certo, e os dois políticos, como forma de agradecimento aos jovens que lutaram contra o golpe, deram aval para a organização de um grande show de rock em Moscou.

Partimos para o dia 24 de setembro de 1991. "Quem diabos a gente conhece na Rússia?", pergunta Brian Johnson, no *backstage* do Estádio Olímpico de Barcelona, após o empresário atender a uma ligação diretamente da república soviética. "Não, é a própria Rússia no telefone", responde o empresário. Brian, sem entender nada, pergunta: "Você diz o país?". "Sim, o país", responde o empresário. Naquele momento, oficiais do governo ligavam para convidar a banda a se apresentar na Rússia. Sim, tratava-se de um convite oficial dos governos da União Soviética e da Rússia. O detalhe é que o show aconteceria em quatro dias, e seria impossível transportar todo o equipamento de som e luz, além de uma equipe de 250 pessoas, para Moscou em um espaço tão curto de tempo. "Seria mais fácil calçar um camelo", escreveu Brian Johnson em suas memórias. Para os líderes soviéticos, porém, isso estava longe de ser um problema e, no mesmo dia, mandaram dois Antonovs (o maior avião cargueiro do mundo) para Barcelona. Não deu nem tempo de digerir o estrogonofe e as vodcas servidas no voo e a banda já se viu cercada por milhares de fãs no aeroporto de Moscou.

O AC/DC, uma banda liderada por um sujeito cujos dotes musicais com a guitarra são inversamente proporcionais à sua altura de 1,57 m, era uma fixação na União Soviética. Quando a banda foi formada em Sydney, no ano de 1973, tudo era bem diferente no bloco comunista. Os soviéticos nem poderiam sonhar em comprar um LP do grupo, nem imaginavam que, antes de se fantasiar de estudante colegial, Angus Young pensara em usar o figurino do Super-Homem nos shows do AC/DC. Os primeiros álbuns da banda foram alvo de muitas críticas, mas quando *Highway to Hell* (1979) chegou às lojas, todos tiveram que se render àquele som embebido de blues e de hard rock e àquelas letras sacanas que ousavam comparar o ato sexual à fritura de um bife. Poucos imaginavam que o AC/DC sobreviveria após o dia 19 de fevereiro de 1980, quando o vocalista Bon Scott bebeu até morrer. Mas a banda não só sobreviveu, como, cinco meses depois, lançou o seu melhor e mais importante álbum, *Back in Black*, com o novo vocalista Brian Johnson. Depois de altos e baixos na década de 1980, o AC/DC, em 1990, lançou mais um ótimo disco, *The Razor's Edge*, no qual Angus Young arriscava novamente bons *riffs* e, ao mesmo tempo, renovava os fãs da banda muito por conta da MTV, que rodava incessantemente os videoclipes de "Thunderstruck" e "Moneytalks". A turnê rodou boa parte do planeta, com um show histórico em Castle Donington no dia 17 de agosto de 1991, diante de 72.500 pessoas. Reza a lenda que um fã de quinze anos, que perdera a audição do ouvido esquerdo em uma partida de rúgbi, recuperou-se depois de ficar perto do sistema de som durante a apresentação. O AC/DC jamais poderia imaginar algo maior do que aquele show. Até chegar o dia 28 de setembro.

Além do AC/DC, o *line-up* da edição russa do Monsters of Rock contaria com mais atrações: E.S.T., Pantera, Black Crowes e Metallica, uma das bandas preferidas dos russos — e de todo o planeta. Emergente do *underground* da cidade de São Francisco, o Metallica elevou o radicalismo do metal às últimas consequências, com uma sonoridade extremamente rápida, pesada e alta, que se tornaria quase que um pré-requisito para as bandas do gênero que se seguiram a ela. *Kill 'Em All*, o primeiro disco, de 1983, marcou o nascimento do thrash, subgênero do heavy metal, com mais velocidade e peso. A banda amadureceu em *Ride the Lightning* (1984) e, dois anos depois, se transformou definitivamente em sinônimo de metal, com o LP *Master of Puppets*. O Metallica lambeu as feridas causadas pela morte do baixista Cliff Burton, em setembro de 1986, com o sofisticado e apocalíptico *...And Justice for All* (1988) e, três anos depois, lançou um disco com o nome da banda (também conhecido como "Black Album") que elevou o conjunto ao *mainstream*, com videoclipes veiculados incansavelmente pela MTV. Sob a produção de Bob Rock, *Metallica* apresentou uma faceta mais pop da banda, puxada para o rock tradicional e contando com até mesmo baladas como "Nothing Else Matters". A partir desse disco, o Metallica deixava de ser a banda de thrash metal mais popular do planeta para ser, talvez, a banda de rock mais popular do planeta.

Pois é, já dava para imaginar a empolgação dos russos. Quando eles teriam imaginado que, em uma única noite, veriam ao vivo duas das maiores bandas de todos os tempos? Até hoje, ninguém sabe dizer quantas pessoas presenciaram o momento. Alguns livros falam em quinhentas mil pessoas. Reportagens da época estimaram entre 1,2 milhão e 1,6 milhão de pessoas. Mas isso pouco importa. O evento aconteceu no aeroporto de Tushino, o mesmo que servira de local para exibições das máquinas soviéticas de aviação durante a Guerra Fria. O lugar não poderia ser mais simbólico em um momento em que as repúblicas soviéticas começavam a iniciar o processo de independência. Brian Johnson ficou chocado com o tamanho do evento. "Uma multidão na altura do olhar é apenas uma multidão, mas quando subimos no palco e vimos a intensidade da coisa... acho que foi aí que começamos a tremer um pouco", declarou. Nem a falta de conforto pareceu incomodar os músicos. Os camarins nada mais eram do que tendas improvisadas do exército russo, com tábuas de madeira servindo de piso. Além disso, não havia banheiros, o que obrigou o vocalista a se aliviar do lado de fora — e ele acabou repreendido por guardas russos: "Você acabou de mijar no *Sputnik*". Talvez seja lenda, mas, ao que parece, o famoso satélite russo, por algum motivo, estava encostado no aeroporto.

Se a falta de conforto não foi motivo para os artistas se queixarem, a violência os incomodou bastante. De fato, houve muita tensão entre a polícia e os fãs. O baixista do Metallica, Jason Newsted, relatou: "Os guardas batiam muito nos garotos. Batiam de verdade. Eles os jogavam na traseira dos caminhões e coisas assim. Essa foi uma das piores coisas que já vi". A plateia que brincava nos *mosh pits* era repreendida por policiais. De quebra, helicópteros da polícia sobrevoavam a pista para observar o público. Os próprios seguranças das bandas tiveram que intervir e tentar acalmar a situação. Segundo os jornais russos, 76 pessoas ficaram feridas no show, a maioria com traumatismo craniano após terem sido atingidas por garrafadas ou pelos bastões dos onze mil soldados que tomavam conta do evento. A mídia chegou a comparar o show a uma batalha entre "fãs bêbados" e a equipe de segurança.

Outro aspecto que preocupava as bandas era a forte possibilidade de chuva. O AC/DC não entendeu nada quando, pouco antes do início do festival, um oficial russo fez um comentário enigmático: "Não se preocupem. Não vai chover. Vamos fazer algo com as nuvens agora". E não teve uma gota de chuva quando o Pantera subiu ao palco. Phil Anselmo, vocalista do grupo, disse: "Isso é maior que um sonho". À época, o Pantera estava lançando o álbum *Cowboys from Hell* e apresentou sucessos como "Domination" e "Psycho Holiday". A segunda atração foi o E.S.T., um conjunto local bastante popular que combinava elementos do hard rock com música folk russa.

Depois, foi a vez dos Black Crowes, que tinham lançado o seu álbum de estreia, *Shake Your Money Maker*, um ano antes.

Mas o negócio começou a esquentar de verdade quando os acordes de "The Ecstasy of Gold", do maestro italiano Ennio Morricone, ressoaram no sistema de PA do aeroporto de Tushino. Foi a deixa para uma chuva de oitenta minutos de clássicos como "Enter Sandman", "Creeping Death", "Seek & Destroy" e "One". No bis, o Metallica ainda prestou tributos a bandas como os Misfits ("Last Caress") e o Diamond Head ("Am I Evil?"), antes de terminar de estourar os tímpanos da plateia com "Battery", a faixa de abertura de *Master of Puppets*. Para a garotada presente, aquele devia ser o som da liberdade.

O AC/DC encerrou a noite com o *set* completo da turnê The Razor's Edge, em duas horas de êxtase. Começou com "Thunderstruck", a faixa de abertura do disco, e seguiu em um *tour de force* envolvendo os maiores sucessos do grupo. Estava tudo lá. "Back In Black", "The Jack", "Hells Bells", "Highway To Hell", "For Those About To Rock (We Salute You)"… Sobre esta última, que conta com uma clássica salva de tiros de canhões, o guitarrista Angus Young, jocosamente, comentou: "Quando os militares ouviram os canhões, surtaram. Dava para ver o queixo deles cair. Quase dava para escutá-los dizendo: 'Eles nos enganaram! É um truque imperialista sujo!'"

Com os tiros de canhão, o AC/DC saudava o rock e o fim do regime comunista na Rússia. Durante a apresentação, o vocalista Brian Johnson disse: "A ópera e o balé não quebraram o gelo da época da Guerra Fria. É preciso que venha o rock para que não se faça mais Guerra Fria". No dia seguinte ao show, conforme reportou o *New York Times*, o AC/DC estava "em todos os muros" de Moscou. E três meses após o festival, Mikhail Gorbachev anunciava a desintegração da União das Repúblicas Socialistas Soviéticas. Junto com sua renúncia, o político assinou um decreto que transmitia o comando do poderio nuclear soviético a Boris Yeltsin, então presidente da Rússia. As quinze repúblicas que compunham a URSS tinham, dessa forma, concluídas as suas independências, colocando fim aos 69 anos de regime comunista.

Brian Johnson tem razão. O rock ajudou a quebrar o gelo da Guerra Fria.

THE FREDDIE MERCURY TRIBUTE CONCERT
WEMBLEY/LONDRES (20/04/1992)

40

NO PALCO ONDE O QUEEN MAIS BRILHOU, ARTISTAS COMO DAVID BOWIE, GEORGE MICHAEL, METALLICA, GUNS N' ROSES E ELTON JOHN PRESTARAM UMA EMOCIONANTE HOMENAGEM A FREDDIE MERCURY. ALÉM DE GRANDES SHOWS, O EVENTO AJUDOU A CONSCIENTIZAR MAIS DE UM BILHÃO DE PESSOAS AO REDOR DO PLANETA ACERCA DOS PERIGOS DA AIDS.

Wembley. O estádio que viu Freddie Mercury fazer a sua performance mais incrível, em 1985, no Live Aid. O estádio que presenciou duas apresentações marcantes da Magic Tour em julho de 1986. O estádio que, no dia 20 de abril de 1992, testemunharia um time estelar de artistas prestando sua homenagem ao mesmo Freddie Mercury, morto no dia 24 de novembro de 1991, vítima de aids. O local não poderia ser outro. O líder do Queen fazia daquele palco a sala de estar da sua casa.

Poucas bandas de rock conseguiram traduzir tão bem o som do Reino Unido. Podemos falar dos Beatles, podemos falar dos Rolling Stones, podemos falar do The Who, podemos falar do Led Zeppelin e, sim, podemos falar do Queen. O som do Queen é um dos mais indefiníveis, e talvez por esse motivo ela seja uma das bandas mais especiais e queridas pelos fãs de rock até hoje. Quem surgia no início dos anos 1970 na Inglaterra dificilmente se afastava do glam rock. Marc Bolan, do T. Rex, era o cara, e todos queriam imitá-lo de alguma forma. Na aparência, o Queen era glam, teatral, brilhante, extravagante; no som, porém, transitava entre o hard rock e um estilo inclassificável, como se fosse um gênero musical por si só. Algo que, até hoje, muitos tentam imitar, mas ninguém consegue. A receita? Em uma entrevista concedida em 2008, Brian May deu uma pista: "Nós nunca procuramos uma fórmula, nunca".

O êxito da banda já começava em sua formação, com quatro excelentes compositores (todos escreveram separadamente alguns dos principais hits do Queen) divididos entre três ótimos músicos (o guitarrista astrônomo Brian May, o baixista mestre em eletrônica John Deacon e o baterista boa-pinta, quase dentista e apaixonado por carros Roger Taylor) e, claro, um vocalista, talvez o maior *frontman* da história da música, Freddie Mercury, designer gráfico e também apaixonado por peixes. Nos três primeiros álbuns, a banda transitou entre diferentes estilos, meio que tentando encontrar a sua própria voz. No primeiro, o álbum homônimo de 1973, apostou no hard rock. No segundo, *Queen II* (1974), flertou até mesmo com o rock progressivo. O terceiro, *Sheer Heart Attack*, também de 1974, já trazia um esboço do som grandioso e único do Queen, que ficaria latente a partir do essencial *A Night at the Opera*, que chegou às lojas em 1975.

Conforme o próprio Roger Taylor disse, "precisávamos de uma grande virada. Então, apostamos tudo no álbum, e talvez essa tenha sido uma das razões para lançar uma gravação tão ousada como single". Lógico, ele estava se referindo a "Bohemian Rhapsody", o resumo da sonoridade do Queen, uma miniopereta com quase seis minutos de duração, repleta de camadas que se entrelaçam harmoniosamente e cheia de variações sonoras, do clássico ao heavy, coros operísticos e uma letra pesadíssima que começa com o filho confessando à mãe que matou uma pessoa em um verso de cortar o coração: "Às vezes eu desejo nunca ter nascido". Somente a gravação da seção operística levou setenta horas. Em alguns momentos, as gravações dessa canção alcançavam doze horas diárias.

A gravação de "Bohemian Rhapsody" é emblemática para mostrar no que o Queen se transformou: uma banda grande, abusada, ousada e que, acima de tudo, sempre primou pela perfeição. Na virada dos anos 1970 para os 1980, Mercury deixou o bigode crescer e o Queen ficou mais pop. Sem perder a qualidade, contudo. O rockabilly "Crazy Little Thing Called Love", do disco *The Game* (1980), mostrava que o Queen respirava novos ares. Também foi na década de 1980 que o Queen fez os seus maiores shows, como no Rock in Rio e no Live Aid. Foram alguns dos derradeiros shows da banda com Freddie Mercury. Já portador do vírus da aids e com a saúde debilitada, o cantor abandonava os palcos, e o Queen se transformava em uma banda de estúdio. Em 1989, lançou *The Miracle* e, dois anos depois, *Innuendo*, cuja última faixa, "The Show Must Go On", funciona como um réquiem: "O show deve continuar, sim/ Por dentro, meu coração está se partindo/ Minha maquiagem pode estar escorrendo/ Mas meu sorriso permanece".

Nos videoclipes que a banda divulgou de algumas canções de *Innuendo*, é comovente ver a fraqueza de Freddie Mercury. O vocalista forte, de tantos shows memoráveis, estava magro, com pouco cabelo e extremamente debilitado. O vírus HIV tinha corroído o seu sistema imunológico. Nos últimos anos de vida, uma de suas pernas tinha um corte profundo que não cicatrizava, de forma que Mercury não conseguia mais se locomover. Em um de seus últimos dias de vida, pediu que os enfermeiros o carregassem para que ele pudesse ver a sua casa, Garden Lodge, pela última vez. Ele queria se despedir dos seus quadros e das suas carpas no lago anexo à residência. Quando voltou para a cama, tinha alguns ossos fraturados pelo simples fato de ter sido carregado no colo. No fim da vida, o astro também já tinha a visão comprometida.

Ao mesmo tempo, a implacável (e, muitas vezes, nefasta) imprensa britânica não o deixava paz. Jornalistas passavam meses a fio acampados em frente ao portão de Garden Lodge à espera de informações sobre o estado de saúde do cantor. Apesar de não ter anunciado a doença publicamente, muito se especulava sobre ela. Foi somente no dia 23 de novembro que Mercury publicou um comunicado informando que estava infectado pelo vírus da aids. A tinta dos jornais trazendo a notícia nem havia secado quando, 24 horas depois, em 24 de novembro de 1991, Freddie Mercury sucumbiu ao vírus e saiu de cena. No dia seguinte, Brian May, Roger Taylor e John Deacon publicaram o seguinte comunicado: "Nós perdemos o maior e mais amado membro de nossa família. Sentimos uma dor avassaladora por ele ter partido, uma tristeza por ele ter sido abatido no auge de sua criatividade, mas, acima de tudo, um grande orgulho pelo modo corajoso como ele amou e morreu. Para nós, foi um privilégio termos compartilhado momentos tão mágicos. Assim que pudermos, gostaríamos de celebrar a sua vida no mesmo estilo ao qual ele estava acostumado".

A ideia de um show em homenagem a Mercury já estava, portanto, na mesa. Os membros do Queen e o empresário Jim Beach imaginavam um time de estrelas cantando os principais sucessos da banda no palco do, é claro, estádio de Wembley. Eles não teriam dificuldades em convencer essas estrelas. Afinal de contas, Mercury era um cara muito querido no meio. Um exemplo ilustra bem o carinho e o cuidado com que ele sempre tratou os amigos. No Natal de 1991, um mês depois da morte de Freddie Mercury, Elton John recebeu um pacote em casa. Não havia nome de remetente. Na caixa, dois quadros do fotógrafo e pintor impressionista inglês Henry Scott Tuke, que haviam sido leiloados pela Christie's dois meses antes. Elton John tinha se interessado por eles, e chegou até mesmo a dar alguns lances através do telefone. Mas uma outra pessoa também havia se interessado, e sempre cobria as suas ofertas, de forma que o músico acabou desistindo. Naquele pacote que Elton John recebeu havia o seguinte bilhete: "Espero que estes dois quadros o agradem, Sharon. Queria lhe desejar um Natal muito feliz. Agradeço-lhe por ter sido meu amigo. Assinado: Melina". Mercury chamava Elton John de Sharon, que, por sua vez, chamava o amigo de Melina. No pacote, além do bilhete, estavam os dois quadros.

E, sim, lógico que Elton John topou participar da homenagem ao velho amigo. Assim como David Bowie, outro querido amigo. Robert Plant também, da mesma forma que Roger Daltrey, George Michael, Liza Minnelli, Annie Lennox, Tony Iommi, entre outros. Além dos amigos de fé, May, Deacon e Taylor também queriam chamar outros artistas mais novos, e que eles tinham certeza de que Mercury aprovaria, como Guns n' Roses, Extreme, Metallica, Lisa Stansfield e Seal. Infelizmente, alguns não tiveram disponibilidade de agenda, como a soprano Montserrat Caballé (parceira de Mercury no álbum *Barcelona*, de 1988) e o U2. De toda forma, a banda irlandesa participou cantando "Until the End of the World" ao vivo via satélite de Sacramento, nos Estados Unidos, onde se apresentava naquele mesmo dia.

O elenco, portanto, estava basicamente fechado. E ele tinha que ser muito poderoso mesmo, pois tal tributo não seria apenas para celebrar a arte de Freddie Mercury. O seu objetivo era muito maior. Hoje em dia, para uma pessoa mais jovem, talvez seja difícil entender o que a aids representou entre os anos 1980 e 1990. Também chamada de "praga do século 20", o vírus não distinguia (aliás, não distingue) raça, credo ou classe social. Qualquer um que não tome os devidos cuidados pode ser infectado por aquela terrível doença. Além do mais, o HIV não era uma exclusividade dos homossexuais, como muitos pensavam à época. Então, aquele show, mais do que celebrar o líder do Queen, serviria para conscientizar as pessoas daquela triste realidade. A ideia era, através da transmissão do show para 76 países, colocar a aids na cara de mais de um bilhão de espectadores.

Os ensaios para o evento aconteceram no Bray Studios, próximo a Londres. As imagens desses ensaios, disponíveis nas edições em vídeo do espetáculo, são impressionantes. Todos os artistas ensaiando juntos, um assistindo à performance do outro, em uma camaradagem poucas vezes vista no rock. A ideia de May, Taylor e Deacon era bolar um show em que todo mundo interagisse. À medida que os amigos eram convidados, as músicas eram escolhidas. Qualquer coisa valia, uma canção que tocasse sentimentalmente o artista, uma música que o fizesse lembrar de Mercury, uma música que combinasse com a sua voz...

Enfim, no dia 20 de abril de 1992, uma segunda-feira logo após o domingo de Páscoa, o estádio de Wembley estava a postos para o grande show. Setenta e duas mil pessoas, que tinham esgotado os ingressos em duas horas e meia sem saber o nome de nenhuma das atrações, já tinham a noção de que estavam prestes a presenciar um momento histórico. O evento seria dividido em duas partes. Na primeira, bandas e artistas cantariam composições próprias (e algumas do Queen) para aquecer o público. Nesse time, estavam incluídos Metallica e Guns n' Roses, àquele momento, provavelmente, as duas maiores bandas de rock do mundo. Na segunda parte, os músicos do Queen receberiam diversos artistas para acompanhá-los em alguns sucessos da banda.

E foram os três integrantes do Queen que deram início aos trabalhos. "Estamos aqui hoje para celebrar a vida, a obra e os sonhos de um certo Freddie Mercury", anunciou May. O Metallica entrou em seguida para tocar três petardos do seu "Black Album", lançado oito meses antes. A banda nunca escondeu a influência recebida pelos primeiros discos do Queen. Depois, foi a vez do Extreme, que executou um *medley* arrebatador de sucessos do Queen, no mesmo estilo que Mercury apresentara sete anos antes no Live Aid. Corajosamente, o vocalista Gary Cherone iniciou os trabalhos com "Mustapha", uma extravagância vocal de Mercury na qual poucos teriam coragem de se aventurar. Depois, teve Def Leppard (com participação de Brian May durante "Now I'm Here"), Bob Geldof (o organizador do Live Aid), Spinal Tap, U2 (via satélite) e Guns n' Roses, que mandou "Knockin' On Heaven's Door" (de Bob Dylan) e "Paradise City". Para muitos, o Guns era o convidado indesejável da festa. Pouco tempo antes, Axl Rose havia sido acusado de racismo e homofobia por conta da letra da música "One In a Million". A sua presença era controversa naquele momento, mas ele tentou se redimir, ao dizer no microfone que "a aids diz respeito a todo mundo".

A estrela de Hollywood Elizabeth Taylor, ativista na luta contra a aids, discursou acerca da doença, e, após os telões transmitirem imagens clássicas de Mercury, teve início a segunda parte do show, com Joe Elliott, vocalista do Def Leppard, relembrando "Tie Your Mother Down", em companhia dos integrantes do Queen e do guitarrista Slash, do Guns n' Roses. Roger Daltrey (The Who), Tony Iommi (Black Sabbath), o cantor italiano Zucchero, Gary Cherone e James Hetfield abriram caminho para Robert Plant. No entanto, o ex-vocalista do Led Zeppelin, assim como acontecera no Live Aid, não estava em uma de suas melhores noites. Também, talvez ele tenha escolhido a música mais difícil do show, "Innuendo". Ele reconheceu a falha: "Eu viajei ao Marrocos durante a Páscoa e colei um papel com a letra desta canção no painel do meu carro para tentar memorizá-la. Freddie disse que eles a compuseram como um tributo ao Zeppelin, mas eu não pude fazer com que a letra entrasse na minha cabeça. Tive de levar um papel enorme, com a letra da canção escrita, e afixá-lo no piso do palco". Não deu certo mesmo: Plant errou a hora de começar a cantar, ficou fora do tom e, para completar, o seu microfone falhou. A tal gravação nunca foi aprovada para fazer parte dos vídeos do evento lançados ao longo dos anos. Ficou "Crazy Little Thing Called Love" como recordação de sua participação.

Brian May se arriscou nos vocais para interpretar "Too Much Love Will Kill You", originalmente composta para entrar no álbum *The Miracle* (1989). Paul Young cantou "Radio Ga Ga" tropegamente, mas valeu para relembrar as palmas sincronizadas da plateia, uma das cenas mais memoráveis dos shows do Queen. Seal interpretou "Who Wants to Live Forever", e Lisa Stansfield, com bobes no cabelo e um aspirador de pó, ressignificou brilhantemente "I Want to Break Free". Essa foi a deixa para Annie Lennox e David Bowie arrepiarem com o dueto de "Under Pressure". Em seguida, Bowie permaneceu no palco para um tributo ao glam rock, em companhia de Mick Ronson e Ian Hunter. A música escolhida, "All the Young Dudes", não poderia ter sido mais apropriada. Bowie ainda cantou o seu clássico "Heroes", antes de se ajoelhar no palco e rezar um Pai-Nosso, um dos momentos mais emocionantes do show. Até os mosquitos de Wembley se calaram para escutar a prece, absolutamente espontânea. Elegantemente, depois do show, May disse: "Lembro-me de ter pensado que teria sido bom se ele me prevenisse quanto àquilo".

Pois é, seria difícil superar David Bowie, mas George Michael conseguiu. Após cantar a acústica "'39" e o dueto de "These Are the Days of our Lives" com Lisa Stansfield, o cantor fez um emocionante discurso: "Eu acho que muitas pessoas que estão aqui nesta noite, não necessariamente pessoas que tenham algo contra os gays, não necessariamente pessoas homofóbicas, estão, de certa forma, consoladas pelo fato de Freddie ter morrido de aids e ser publicamente bissexual. Isso é perigoso. Se você acredita que essas pessoas estão morrendo por serem gays ou viciadas em drogas, certamente você poderá fazer parte desse número. Então, por favor, pelo amor de Deus, por amor ao Freddie e para o seu próprio bem, tenham cuidado". A interpretação de "Somebody to Love", que veio em seguida, é algo indescritível. Talvez "Somebody to Love", a mais bela canção de amor do Queen, fosse o tipo de música que nenhum cantor no planeta se atreveria a cantar, a não ser o próprio Mercury. Mas George Michael (ainda bem!) não pensou dessa forma. A sua interpretação, com acompanhamento do London Community Gospel Choir, foi "o grande momento da noite", nas palavras de Brian May. George Michael, por sua vez, afirmou que aquele foi o momento de maior orgulho e de maior tristeza de sua vida. Isso porque, além de ser muito fã do Queen e amigo de Mercury, Michael estava sofrendo escondido. Naquele momento, ele ainda não tinha discutido publicamente sua homossexualidade, e o namorado, que ele conhecera no Brasil durante a segunda edição do Rock in Rio, morreria um ano depois, vítima da mesma doença que matou o seu amigo Freddie.

Depois de George Michael, ficou difícil para todo mundo. Ele tinha roubado o tributo a Freddie Mercury — e quem subiria no palco em seguida seria Elton John, o mesmo cara que dissera que o Queen tinha roubado o Live Aid sete anos antes. Juntamente com Axl Rose, ele interpretou "Bohemian Rhapsody", e o abraço que ele deu no vocalista do Guns n' Roses no fim da canção parecia uma demonstração de que um gay assumido e um homofóbico assumido (pelo menos, levando-se em conta a letra de "One In a Million") poderiam conviver em harmonia. Elton John ainda interpretou "The Show Must Go On" antes de Axl retornar para uma barulhenta versão de "We Will Rock You".

Finalmente, Liza Minnelli, um dos grandes ídolos de Mercury, encerrou o tributo. Brian May sabia o que aquilo representava para o seu amigo. "Eu sei que existe uma pessoa no mundo cuja presença deixaria Freddie muito orgulhoso. Ela está aqui hoje. Senhoras e senhores, Liza", ele anunciou. O que se seguiu foi uma interpretação de "We Are the Champions" em uma versão estilo Broadway, com o coro luxuoso dos artistas que participaram do show. O jornal britânico *The Times* destacou esse momento do concerto: "Liza Minnelli provou, com sua brilhante apresentação final, que Freddie era mesmo uma diva de cabaré de calças". Setenta e duas mil pessoas em Wembley cantaram os famosos versos "Vocês me trouxeram fama e fortuna/ E tudo o que vem com isso/ Eu agradeço a todos vocês". Mais um bilhão de pessoas ao redor do mundo também cantaram em frente à televisão. Mais emocionante que isso, porém, só mesmo a presença de Mercury no telão, em meio a uma queima de fogos, ao som de "God Save the Queen".

Antes do show, Robert Plant disse o seguinte: "Freddie cantava todas essas canções muito melhor do que nós iremos cantá-las". Talvez ele tivesse razão. Mas esse time de artistas, juntos, unidos por uma boa causa, conseguiu emocionar uma legião de fãs da mesma forma que o Queen fazia. Mais importante, esse time ajudou na conscientização sobre os perigos da aids. Certamente salvou vidas.

E, até hoje, o Queen e Freddie Mercury continuam salvando vidas. Um ano após o tributo, foi fundada a organização de caridade Mercury Phoenix Trust, que geriu e distribuiu o dinheiro arrecadado no show. Desde 1992, a instituição é responsável pela doação de mais de vinte milhões de dólares na luta contra a aids, especialmente em países africanos. A prova de que uma grande banda não se faz apenas com boa música.

NIRVANA
READING/BERKSHIRE
(30/08/1992)

41

PARA MUITOS, O NIRVANA ESTAVA PRESTES A ACABAR. A SAÚDE DE KURT COBAIN NÃO ANDAVA NADA BOA E, A CADA DIA, ROLAVA ALGUM BOATO DE QUE ELE TINHA SE MATADO. ENTÃO, KURT SUBIU AO PALCO DO FESTIVAL DE READING EM CIMA DE UMA CADEIRA DE RODAS. E A RESPOSTA VEIO POR MEIO DE 25 MÚSICAS EM NOVENTA MINUTOS DE MUITO BARULHO.

Quando falamos em Nirvana, falamos em grunge. E podemos dizer que, no início da década de 1990, a música pop podia ser resumida nesta palavra: grunge. Mais do que um gênero musical, um movimento cultural. O "som de Seattle" nasceu com base nas influências das bandas de Detroit do fim dos anos 1960 e também do heavy metal. Mais ou menos como se o The Stooges se reunisse com o Black Sabbath. Mas a verdade é que a semente do grunge fora plantada ainda em meados dos anos 1980, através de bandas de rock alternativo, como o Black Flag, que já flertavam com uma sonoridade semelhante.

Entre o fim dos anos 1980 e o início dos 1990, qualquer jovem de Seattle com uma guitarra na mão sonhava em gravar uma fita demo para o Sub Pop, pequeno selo baseado na cidade, que deu o empurrão fatal para o grunge explodir ao investir em bandas que apostavam em um novo tipo de rock, recheado de letras sobre humor ácido e autorrepugnância. Essa imagem *antiglam* acabou se transformando na mais perfeita tradução do grunge. Calça jeans desbotada, um par de tênis All Star e uma camisa xadrez de flanela bastavam.

Dentre as primeiras bandas contratadas pelo selo, como Mudhoney e Soundgarden, estava o Nirvana. O Sub Pop liberou seiscentos dólares para a gravação de *Bleach*, primeiro disco da banda. Ainda com Chad Channing na bateria e sob a produção de Jack Endino, a banda operou um milagre com a grana curta. Na letra de "About a Girl", Kurt implorava à namorada que não lhe desse um chute na bunda. Em "Negative

Creep", o Nirvana mostrava o seu poderoso som embalando uma letra autoanalítica de Kurt. O início era promissor. No final dos anos 1980, porém, quando *Bleach* chegou às lojas, a imprensa estava muito ocupada escrevendo sobre Michael Jackson, Madonna e Guns n' Roses. O Nirvana era apenas mais uma entre tantas bandas buscando um lugar ao sol. Kurt Cobain deve ter ficado decepcionado, pois se esforçara ao máximo para gravar um bom álbum. Antes de escrever "About a Girl", passou três horas ouvindo o disco *Meet the Beatles!*, lançado em 1964. O fato é que *Bleach* não estourou, e o Nirvana parecia estar fadado a permanecer no ostracismo para todo o sempre.

A vida continuava, e em janeiro de 1991, um ano e meio após o lançamento de *Bleach*, Kurt Cobain ainda era um sem-teto. Morava no banco traseiro de um automóvel. Quando ele, o novo baterista Dave Grohl e Krist Novoselic ganharam uma nova chance de gravar um disco, nem eles imaginavam o glorioso porvir que se avizinhava. Para completar, o pequeno selo Sub Pop fundiu-se à poderosa David Geffen Company, e o álbum foi finalizado sob a batuta do produtor Butch Vig.

No dia 17 de agosto de 1991, aconteceu um daqueles momentos que mudam uma era na música. Foi o dia que o Nirvana gravou o videoclipe de "Smells Like Teen Spirit". Gravar um videoclipe em 1991 era um fato corriqueiro, acontecia todos os dias, mas nada parecido com aquilo. O clipe, de orçamento curtíssimo, se transformou na peça musical mais importante que a MTV veiculou nos anos 1990. Era tudo bem simples: a banda se apresentando no ginásio de uma escola com uma galera alucinada (que já frequentava os shows do Nirvana) pulando como se fossem um bando de loucos — e quem disse que não eram? Em pouco tempo, "Smells Like Teen Spirit" aparecia como o videoclipe mais tocado na MTV, e, em menos tempo ainda, o disco começou a vender. Vender demais. No dia 12 de janeiro de 1992, o improvável aconteceu: *Nevermind* desbancava *Dangerous*, de Michael Jackson, do primeiro posto da parada da Billboard. Se alguém ainda tinha dúvidas quanto ao que estava acontecendo com o surgimento do Nirvana, elas foram logo dissipadas. Tratava-se de uma autêntica revolução.

Nevermind, que chegou às lojas no dia 24 de setembro de 1991, era um tiro de adrenalina na acomodada cultura *mainstream* que imperava no rock. A famosa capa, com a imagem de um bebê dentro da piscina, embalava um verdadeiro choque de realidade para uma nova geração que talvez ainda não soubesse que o rock poderia ser visceral e intenso. Das doze músicas do disco, pelo menos nove se transformariam em clássicos. O que dizer, por exemplo, de "Smells Like Teen Spirit"? Apenas que ela é tão inclassificável quanto "Won't Get Fooled Again", do The Who, ou "(I Can't Get No) Satisfaction", dos Stones. Na voz de Kurt Cobain, o último verso da letra — *"a denial"*, repetido nove vezes seguidas — é um dos momentos mais gloriosos da história do rock. Parece que as cordas vocais do cantor vão saltar pela boca a qualquer momento, como fios desencapados de alta-tensão. E o que vem a seguir? "In Bloom" e "Come as You Are", mais duas pedradas. "Polly", por sua vez, é uma música de sonoridade mais delicada, mas com uma letra pesadíssima sobre violência sexual através do ponto de vista do estuprador. Kurt Cobain tinha só 24 anos de idade, mas boas referências não lhe faltavam. Quando Bob Dylan ouviu "Polly", ele disse: "Esse garoto tem coragem".

Diferentemente do que ocorrera na gravação de *Bleach*, para *Nevermind* a gravadora disponibilizou um orçamento maior: 65 mil dólares. No fim das contas, acabou custando 120 mil dólares. Mas a Geffen não deve ter reclamado. Na semana de lançamento, ela distribuiu apenas 46 mil cópias nos Estados Unidos. Um pequeno erro de cálculo. O álbum permaneceu 253 semanas na parada da Billboard, sendo duas no topo. Até hoje, *Nevermind* já vendeu mais de trinta milhões de cópias no mundo todo. Então, o Nirvana teve que deixar de lado os clubes pequenos e fedorentos em que estava acostumado a se apresentar. Seus palcos agora eram outros, em especial os dos grandes festivais. Como o de Reading, que, em 1992, estava comemorando vinte anos.

Registro histórico: um ano antes, em 23 de agosto de 1991, quando *Nevermind* nem tinha chegado às lojas, o Nirvana havia se apresentado no mesmo festival de Reading. Os registros são raros e precários. O Nirvana era apenas mais uma daquelas centenas de bandas que aparecem com o nome bem pequenininho no cartaz do festival, para as quais pouca gente dá bola. Naquela noite, a plateia em Reading queria mesmo era ver Iggy Pop, escalado como *headliner*. Contudo, um ano depois, no dia 30 de agosto de 1992, as coisas seriam bem diferentes. O Nirvana já era a maior banda de rock do mundo, e seu nome estava no topo do cartaz, em letras garrafais. O cachê foi o maior da história da banda: nada menos do que 250 mil dólares.

O valor se justificava. Parecia que toda a Grã-Bretanha queria ver o Nirvana, e não só por causa de sua música. O nome de Kurt Cobain estava em todos os jornais, embora não necessariamente nas páginas culturais. A imprensa dizia que o fim dele estava próximo. Suas bebedeiras, overdoses e o comportamento errático eram descritos em detalhes em tabloides sensacionalistas. O casamento com Courtney Love também era alvo da imprensa, ainda mais que a filha deles, Frances Bean, havia nascido doze dias antes do show no festival. Kurt Cobain era a figura midiática do momento. A revista *Vanity Fair* publicou uma matéria descrevendo o uso abusivo de drogas de Kurt e Courtney, o que fez com que o casal quase perdesse a guarda da filha. Eles disseram que pensaram até mesmo em suicídio após a publicação da reportagem.

Enfim, todos sabiam que o último show do Nirvana poderia acontecer a qualquer momento, sem aviso prévio. A banda, inclusive, estava afastada do palco havia mais de dois meses. Os ensaios também estavam ficando mais escassos. O da véspera da apresentação, segundo Dave Grohl, foi uma vergonha de tão ruim. Durante todo o dia do show, circulavam rumores de que o Nirvana não apareceria e que o show seria cancelado. Anos depois, em entrevista a Paul Brannigan para o livro *This Is a Call*, Grohl relembrou: "A boataria a respeito de um cancelamento foi tanta que até nossos amigos de outras bandas ficaram surpresos quando chegamos. Pensamos que seria o maior desastre do ano, mas acabou sendo um dos momentos mais incríveis da minha vida".

Naquele domingo de chuva e muita lama, além do Nirvana, a plateia veria outros expoentes do movimento grunge, como Mudhoney, L7, Screaming Trees e The Melvins. Também iam tocar no palco principal os escoceses do Teenage Fanclub, o rock alternativo do Pavement e, abrindo para o Nirvana, Nick Cave and the Bad Seeds. O palco alternativo receberia Eugene Kelly, dos Vaselines. Ou seja, o Nirvana não fez apenas o show principal daquela noite, mas, praticamente, escalou todo o *line-up*. Após os shows do Mudhoney (com direto à maior guerra de lama de que se tem notícia em um festival de rock) e de Nick Cave, o público permaneceu em um silêncio ensurdecedor. A ansiedade era grande. Ninguém sabia se Kurt pisaria naquele palco.

Mas ele pisou. Ou melhor, foi empurrado em uma cadeira de rodas. Devido aos boatos de que o Nirvana ia se separar por conta da saúde de Kurt, o líder da banda entrou no palco sentado em uma cadeira de rodas empurrada pelo amigo e jornalista Everett True (a primeira pessoa a falar sobre o Nirvana na imprensa). Kurt também usava uma peruca loura (parecida com o cabelo de Courtney Love, inclusive) e um avental cirúrgico. A plateia não entendeu nada. Nos bastidores, minutos antes, o fotógrafo Charles Peterson, outro amigo de longa data da banda, viu a cadeira de rodas e pensou que Kurt estivesse realmente debilitado. Mas quando avistou o vocalista do Nirvana de pé, fumando um cigarro, viu que se tratava apenas de uma brincadeira.

Após a entrada triunfal de Kurt, o baixista Krist Novoselic continuou o teatro, dizendo a Kurt: "Você vai conseguir, cara... Com o apoio de seus amigos e familiares, você vai conseguir...". O líder da banda, tal qual o paralítico de Cafarnaum, levantou-se tropegamente da cadeira, recitou o verso *"Some say love, it is a river"* ("alguns dizem que o amor é um rio") e se jogou de costas, estatelado no chão. As sessenta mil pessoas não sabiam se riam ou choravam. Era um espetáculo bizarro demais. Porém, logo em seguida, quando Kurt pegou a guitarra e atacou uma versão furiosa de "Breed", o público respirou. Aquele show ia acontecer. E já dava para sacar que ele seria histórico.

Kurt, Krist e Dave não deixaram a peteca cair em nenhum momento. "Drain You", "Aneurysm", "School", "Sliver", "In Bloom", "Come as You Are"... O Nirvana apresentava um verdadeiro *tour de force* do seu repertório, com músicas do primeiro disco, singles, lados B e todas as faixas de *Nevermind*, exceção feita a "Something In the Way". "Lithium", por exemplo, tinha sido lançada como single um mês antes do show, e era uma das músicas mais esperadas, assim como "Smells Like Teen Spirit", que foi precedida por um trecho de "More Than a Feeling", da banda Boston. Kurt, inclusive, já havia confessado em diversas entrevistas que tinha roubado parte da guitarra dessa canção para compor "Smells Like Teen Spirit".

A banda ainda apresentou a inédita "All Apologies", que seria lançada oficialmente um ano depois, no álbum *In Utero*. Antes de cantar, Kurt dedicou essa música à filha recém-nascida, e ainda fez um desagravo em nome de sua esposa: "Andaram escrevendo algumas coisas ruins para a Courtney na imprensa. E agora ela pensa que todo mundo a odeia. Eu sei que este show está sendo gravado, então eu queria mandar uma mensagem para ela... Eu quero que todos digam: Courtney, nós te amamos!". A plateia, lógico, obedeceu. A apresentação foi encerrada com o petardo de alta potência "Territorial Pissings", quando Kurt emulou Jimi Hendrix, executando um trecho do hino dos Estados Unidos na guitarra. Ao final, como de costume, todos os instrumentos foram destruídos. No total, 25 músicas em noventa minutos, com o Nirvana tocando como nunca. Para uma banda que a imprensa britânica jurava que estava prestes a encerrar as suas atividades, aquela apresentação provava o contrário.

Durante o show, Krist Novoselic brincou com os boatos: "Este não é o nosso último show ou coisa do tipo", ao que Kurt respondeu: "Sim. É, sim. Eu gostaria de anunciar, de forma oficial e pública, que este é o nosso último show". O baixista interrompeu: "Até tocarmos...", aí Dave Grohl entrou na brincadeira: "...novamente...". Kurt mais uma vez: "...em nossa turnê de novembro. Nós vamos viajar em novembro ou gravar um disco?". Krist finalmente respondeu: "Vamos gravar um disco". E assim foi. Em setembro de 1993, *In Utero* chegava às lojas. No dia 1º de março de 1994, o Nirvana se apresentou ao vivo pela última vez, no Terminal Eins, em Munique. A apresentação no antigo aeroporto da cidade alemã passou por uma série de transtornos. Kurt, com problemas na garganta, cantou menos do que o planejado (apenas uma hora e quinze minutos) e a luz faltou em duas ocasiões. Toda a turnê após esse show foi cancelada.

A revolução durou pouco. Kurt Cobain confessou, em entrevista à *Rolling Stone*, que o Nirvana estava "preso em um barranco". A banda ainda gravou o seu *Unplugged* MTV, mas não haveria mais muito tempo. No dia 5 de abril de 1994, Kurt Cobain se matou. Saiu da vida e entrou para a eternidade com a sua música, que, aliás, continua mais atual do que a de qualquer outra banda que tenha surgido nos últimos trinta anos.

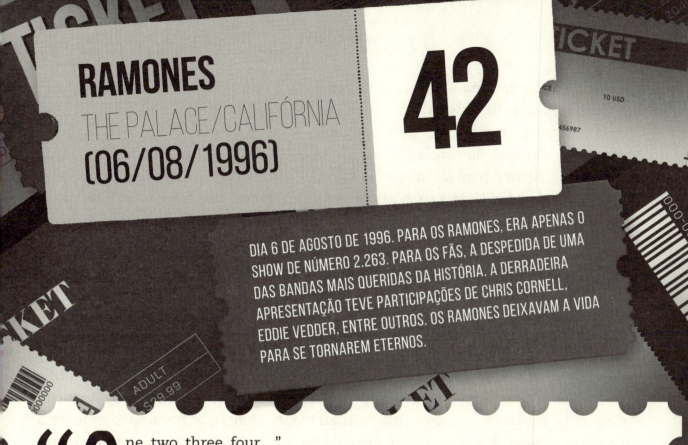

RAMONES
THE PALACE/CALIFÓRNIA
(06/08/1996)

42

DIA 6 DE AGOSTO DE 1996. PARA OS RAMONES, ERA APENAS O SHOW DE NÚMERO 2.263. PARA OS FÃS, A DESPEDIDA DE UMA DAS BANDAS MAIS QUERIDAS DA HISTÓRIA. A DERRADEIRA APRESENTAÇÃO TEVE PARTICIPAÇÕES DE CHRIS CORNELL, EDDIE VEDDER, ENTRE OUTROS. OS RAMONES DEIXAVAM A VIDA PARA SE TORNAREM ETERNOS.

"One, two, three, four..."
A história dos Ramones é das mais saborosas — e trágicas, também. É a história de quatro rapazes do bairro do Queens, em Nova York, feios de doer, vestindo calças jeans rasgadas, camisetas desbotadas e muito justas (certamente porque não havia outras de tamanho maior dentro da gaveta) e jaquetas de couro puídas. As suas músicas, com uma média de dois minutos de duração, não tinham mais do que quatro acordes e falavam de coisas como "Eu não quero mais ser um cabeça de prego, acabei de conhecer uma enfermeira que eu poderia pegar", ou então "Agora eu quero cheirar um pouco de cola". O mundo nunca tinha visto uma banda como os Ramones. E a época em que eles surgiram não poderia ter sido mais apropriada, na segunda metade dos anos 1970, mesmo momento em que os Sex Pistols abalavam as estruturas da música do outro lado do oceano.

Se o produtor Phil Spector criou a técnica de gravação *wall of sound*, os Ramones também contavam com o seu *wall of sound*, ainda que de um jeito diferente, escorado na guitarra barulhenta de Johnny Ramone e no baixo pulsante de Dee Dee Ramone. Apesar da atitude punk, parte do som dos Ramones vinha do pop dos anos 1960. Esse era o ingrediente que deixava as canções da banda tão divertidas e deliciosas — a marca registrada que permeou todos os quatorze álbuns de estúdio que lançaram, desde *Ramones* (1976) a *¡Adios Amigos!* (1995). Infelizmente, o destino não foi muito generoso com o grupo. O quarteto original morreu cedo demais. No entanto, teve tempo mais do que suficiente para entrar no panteão das maiores bandas da história da música.

Os Ramones surgiram em 1974, estreando ao vivo no dia 30 de março daquele mesmo ano. O nome da banda foi inspirado em Paul Ramon, o pseudônimo usado por Paul McCartney para despistar as fãs nas turnês com os Beatles, já que elas faziam de tudo para descobrir o número de seu quarto nos hotéis em que ficava hospedado. No início de tudo, Dee Dee era o baixista e o vocalista, e Joey Ramone tocava bateria. Dois meses depois, com a contratação do baterista Tommy Ramone, Joey pulou para os vocais, deixando Dee Dee apenas no baixo. A partir de então, não demorou para que o grupo passasse a se apresentar no lendário CBGB em Nova York, onde liderou a onda punk nos Estados Unidos. A receita era simples: tocar alto e rápido. As apresentações não duravam mais de vinte minutos. A razão? Os alto-falantes não suportavam mais do que isso.

A história dos Ramones, aliás, se confunde com a do CBGB. No local, durante o verão de 1975, aconteceu o festival Top 40 Unrecorded Bands in New York. A revista *Rolling Stone* descreveu a casa como "um ambiente cheirando permanentemente a mijo e a desinfetante". Mas o cheiro era o de menos. O CBGB, situado no número 315 da Bowery Street, em Manhattan, escreveu parte da história do nascimento do punk e, depois, da new wave nos Estados Unidos. Somente nesse festival de 1975, dois anos após a abertura da casa, se apresentaram bandas como Blondie, Talking Heads, Television e, claro, os Ramones. Todas elas até então desconhecidas e que, não muito tempo depois, definiriam toda uma era da música pop.

O dono do estabelecimento, Hilly Kristal, ex-gerente do clube de jazz Village Vanguard, também em Nova York, tinha receio de uma apresentação da banda. De acordo com ele, o som dos Ramones era muito ruim, e os amplificadores quebravam entre uma canção e outra. Então, o homem teve a brilhante ideia de fazer um show ininterrupto, uma música coladinha na outra. Quanto mais curto, menos chance de a aparelhagem de som pifar — e de o público vaiar. Assim, naquele show, os Ramones apresentaram dezessete músicas tocadas em apenas vinte minutos. E o punk dos Estados Unidos nascia no CBGB. Poucas semanas após esse show, os Ramones gravariam o seu primeiro álbum.

O disco de estreia homônimo saiu em 1976. "Hey, ho, let's go!". Eis o grito de guerra do ataque relâmpago dos Ramones. O primeiro verso da primeira música do primeiro disco da banda. O verso que seria entoado por multidões mundo afora a cada intervalo entre uma música e outra nas apresentações do conjunto. No álbum, 29 minutos que ajudam a definir o punk. O custo da gravação? Apenas seis mil dólares.

O som era uma mistura do *kitsch* dos anos 1950 com o rock de garagem e a surf music dos 1960. A aparência bizarra dos músicos e as letras estúpidas e simples (como "Bata no pirralho com um taco de beisebol" ou "Ei, garotinha, eu quero ser o seu namorado") formavam muito mais do que uma simples banda de rock, mas uma instituição da cultura pop. E os Ramones não precisaram nem de trinta minutos.

Em 1977, a banda lançou dois álbuns em um intervalo de dez meses: *Leave Home* e *Rocket to Russia*. Este último é considerado o melhor álbum da banda por muitos fãs. Se o Reino Unido tinha os Sex Pistols, a América também tinha uma banda punk da qual se orgulhar. E se os Pistols já estavam em frangalhos, os Ramones estavam apenas começando. *Rocket to Russia* apresentava um som um pouco menos frenético e mais limpo do que o do primeiro disco, o que garantiu à banda o seu primeiro single no top 30 da parada da Billboard, "Sheena Is a Punk Rocker". Em 1978, veio o quarto álbum, *Road to Ruin*, que marcou a estreia do baterista Marky Ramone, substituto de Tommy, que, por sua vez, produziu o disco. O estilo um pouco limitado da banda foi expandido nesse álbum, com um som mais trabalhado, e uma duração que, pela primeira vez, ultrapassou os trinta minutos. No entanto, muitos fãs reclamaram que a energia juvenil dos trabalhos anteriores havia ficado de fora do LP, que trazia clássicos como "I Just Want To Have Something To Do" e "I Wanna Be Sedated".

Depois de quatro discos de estúdio, parecia que os Ramones não tinham mais nada para provar. E era no palco que a banda brilhava de verdade. Para comprovar isso, no último dia de 1977, antes do lançamento do quarto álbum, os Ramones subiram ao palco do Rainbow Theatre, em Londres, e gravaram o seu primeiro disco ao vivo, *It's Alive* (1979). São os Ramones, crus e barulhentos, no auge de sua forma. Tanto que uma parte dos fãs divide a história do grupo entre antes e depois deste disco. Isso porque, em 1980, foi lançado o álbum *End of the Century*, produzido por Phil Spector, uma das maiores influências da banda. Reza a lenda que o grupo gravou o disco sob a mira do revólver do produtor. Já na faixa de abertura, "Do You Remember Rock 'n' Roll Radio?", era notável a diferença na sonoridade da banda. Não que fosse pior, mas a verdade é que o som dos Ramones perdeu parte de sua espontaneidade. Muita gente amou. Muita gente odiou. Comercialmente, o disco foi um marco para o grupo, concedendo-lhe o seu primeiro single no top 10 britânico, a versão de "Baby, I Love You", das Ronettes, um *girl group* que também era produzido por Spector nos anos 1960.

Se, sob o ponto de vista comercial, os Ramones começaram bem a década de 1980, esse período não foi tão legal com eles. Os discos se tornaram repetitivos e fãs reclamavam que o som estava ficando plastificado. Mesmo assim, o LP *Too Tough to Die* (1985) se destaca, com a restauração da sonoridade mais despojada, melódica e rápida dos anos 1970, uma espécie de reação ao hardcore punk que estava em voga nos Estados Unidos à época. Contando mais uma vez com a produção de Tommy Ramone, os Ramones recuperaram a sua reputação, que tinha andado em baixa por conta de trabalhos menores como *Pleasant Dreams* (1981).

Após *Too Tough to Die*, a banda continuou a sua caminhada, gravando um disco praticamente colado ao outro, e emendando turnês. Em 1989, no álbum *Brain Drain*, os Ramones gravaram "Pet Sematary", composta para o filme de mesmo nome, baseado no livro de Stephen King. A canção, muito por conta da alta veiculação de seu videoclipe na MTV, oxigenou a carreira da banda, que ganhou uma nova geração de fãs. Da noite para o dia, os shows ficaram ainda mais lotados, com um público que mal tinha nascido quando a banda estreou. E, muito por conta de "Pet Sematary", os Ramones adentraram os anos 1990 com força total. Em 1992, o single "Poison Heart", do disco *Mondo Bizarro*, era uma das músicas mais pedidas na MTV. No ótimo disco de covers *Acid Eaters*, lançado no ano seguinte, a banda prestava homenagem aos seus ídolos. Dois anos depois, foi a vez de *¡Adios Amigos!*, que gerou a última turnê da banda.

Como todos pressentiam que seria a turnê de despedida — o vocalista Joey Ramone andava muito cansado —, a banda tratou de passar por países que sempre a receberam de braços abertos, como Alemanha, Holanda e Argentina. O Brasil, claro, também estava no itinerário, com shows agendados para março de 1996. Cinco meses depois, no dia 6 de agosto, a banda fazia o seu show de número 2.263. O último de sua carreira. O local escolhido foi o The Palace, em Hollywood. Mas por que Los Angeles? Como uma banda tão ligada a Nova York faria a sua despedida do outro lado dos Estados Unidos? Por que não no CBGB, em Nova York? Até hoje, essa opção não foi esclarecida, mas, ao que tudo indica, a escolha aconteceu pelo fato de o guitarrista Johnny Ramone ter se mudado para a Califórnia. O baixista CJ Ramone foi o primeiro a protestar: "Fazer isso na costa oeste, em Los Angeles, é ridículo, um verdadeiro tapa na cara de Nova York. Estávamos em turnê como personificação da cena musical nova-iorquina".

O The Palace (hoje conhecido como Avalon Hollywood), inaugurado em 1927, é uma casa decorada em *art déco*, com capacidade para 1.500 pessoas. Conforme explicou o então baterista Marky Ramone em sua autobiografia, parecia apenas mais um show dos Ramones. Mas com algumas diferenças: haveria muitas câmeras (o show foi filmado) e alguns convidados que se apresentariam com a banda, como Lemmy Kilmister (Motörhead), Eddie Vedder (Pearl Jam), os músicos Lars Frederiksen e Tim Armstrong (Rancid), a dupla Chris Cornell e Ben Shepherd (Soundgarden) e o ex-baixista Dee Dee Ramone, membro honorário dos Ramones. Segundo Marky, Dee Dee tinha outros interesses além de participar do show. Ele estava atrás de um amigo do baterista que, segundo ele, tinha a melhor erva da cidade.

A apresentação teve início com a clássica introdução "The Good, the Bad and the Ugly", do maestro italiano Ennio Morricone, tema do filme homônimo, de Sergio Leone. Sem respirar, a banda contou o primeiro *"one, two, three, four"* da noite para iniciar a instrumental "Durango 95". No total, foram 32 pedradas, músicas de todas as fases da carreira da banda, do primeiro disco, de 1976, ao último, *¡Adios Amigos!*, de 1995. Uma hora e pouco de show que englobou clássicos como "Psycho Therapy", "Do You Remember Rock n' Roll Radio?", "Rock n' Roll High School", "Commando", "Sheena is a Punk Rocker", além de vários outros. Os convidados se divertiram. Dee Dee cantou "Love Kills", do disco *Animal Boy* (1986). Lemmy participou de "R.A.M.O.N.E.S.", composta por ele mesmo em homenagem aos Ramones, em 1991. Lars e Tim, do Rancid, iniciaram o primeiro bis, cantando "53rd & 3rd", a esquina de Nova York onde Dee Dee se prostituía antes da fama. Chris e Ben, do Soundgarden, abriram o segundo bis participando de "Chinese Rocks", cover de Johnny Thunders & the Heartbreakers, gravada pelos Ramones em *End of the Century* (1980). A Eddie Vedder coube a honra de acompanhar os Ramones na última música da noite, "Any Way You Want It", original do Dave Clark Five e gravada pelos Ramones no disco *Greatest Hits Live* (1996), registro de um show da banda em Nova York durante a mesma turnê de despedida.

No camarim, nada de despedidas, nada de lágrimas, nada de adeus. Para a banda, era somente um show normal. Sim, era apenas o show de número 2.263 dos Ramones. Conforme escreveu Marky Ramone em sua autobiografia, *Punk Rock Blitzkrieg*, "havia muito a ser dito, mas nenhuma razão para dizer alguma coisa".

O curioso é que por muito pouco esse show de despedida não aconteceu na América Latina. Segundo a biografia escrita pelo jornalista Everett True, havia na mesa uma proposta de um milhão de dólares para os Ramones darem o adeus na Argentina. Marky Ramone, por sua vez, escreveu em sua autobiografia que a proposta seria para uma despedida dos Ramones no Brasil. E, finalmente, de acordo com a autobiografia de Johnny Ramone, intitulada *Commando*, seriam três shows divididos nos dois países. Enfim, não importa. Até mesmo porque nada disso aconteceu. Johnny Ramone queria fazer os shows na Argentina e no Brasil. A grana era alta, mas Joey Ramone não topou de jeito nenhum. Ele já estava doente, sofrendo de um câncer no sistema linfático. Ninguém da banda sabia disso, mas os sintomas estavam ali para quem quisesse ver. A pele do músico estava ressecada, os olhos, escurecidos, e o seu cansaço já era visível desde o início da turnê. Joey morreu cinco anos depois, em abril de 2001, aos 49 anos de idade. Dee Dee foi embora em 2002, aos cinquenta. Johnny

Ramone não resistiu a um câncer de próstata, em setembro de 2004, aos 55 anos. E Tommy, o baterista da formação original, também morreu vítima de um câncer, nas vias biliares, aos 65 anos de idade, em 2014.

Após o show de despedida, em Hollywood, Johnny Ramone escreveu o seguinte: "Relembrando o último show, foi uma sensação estranha saber que nunca mais teríamos aquela experiência novamente, mas é melhor parar antes do que apresentar um show abaixo do nível que os fãs esperam". Já Eddie Vedder disse o seguinte: "A ideia de esse ser o último show me deixou doente. Eu queria que continuassem para sempre. Mas seria muito egoísmo de minha parte". Bom, todos nós queríamos os Ramones para sempre.

E teremos os Ramones para sempre. Eles serão lembrados pelos próximos cem, duzentos, trezentos anos. Em cada *"one, two, three, four"* que escutamos, em cada música de quatro acordes que qualquer banda toque por aí, em cada jaqueta de couro ou em cada camiseta com o famoso logotipo da banda que a gente vê pelas ruas. Mais do que uma banda, os Ramones foram — ou melhor, ainda são até hoje e para sempre — um estilo de vida.

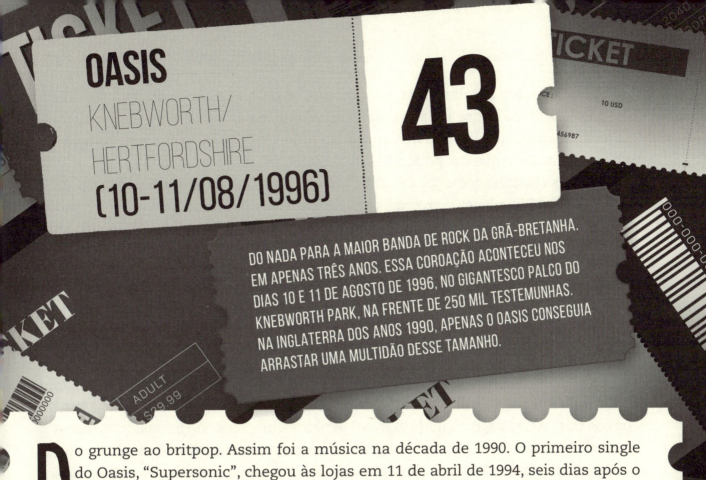

OASIS
KNEBWORTH/ HERTFORDSHIRE
(10-11/08/1996)

43

DO NADA PARA A MAIOR BANDA DE ROCK DA GRÃ-BRETANHA. EM APENAS TRÊS ANOS. ESSA COROAÇÃO ACONTECEU NOS DIAS 10 E 11 DE AGOSTO DE 1996, NO GIGANTESCO PALCO DO KNEBWORTH PARK, NA FRENTE DE 250 MIL TESTEMUNHAS. NA INGLATERRA DOS ANOS 1990, APENAS O OASIS CONSEGUIA ARRASTAR UMA MULTIDÃO DESSE TAMANHO.

Do grunge ao britpop. Assim foi a música na década de 1990. O primeiro single do Oasis, "Supersonic", chegou às lojas em 11 de abril de 1994, seis dias após o suicídio de Kurt Cobain. Não que uma coisa tenha a ver com a outra, mas a data é simbólica. Embora na época ninguém pudesse desconfiar de nada, analisando retrospectivamente, era como se a Grã-Bretanha estivesse pedindo licença para tomar as rédeas do rock novamente, depois de fenômenos norte-americanos como o Guns n' Roses e o Nirvana.

E, dessa vez, a boa-nova não viria de Liverpool ou de Londres, como os Beatles, os Rolling Stones, o Led Zeppelin, o The Who, o The Clash, o Pink Floyd, o Sex Pistols ou o Queen. A novidade vinha de Manchester, terra do The Hollies, dos Buzzcocks, do pós-punk do Joy Division e do The Fall, das bandas The Smiths, Van Der Graaf Generator e Stone Roses, do movimento Madchester, representado por grupos como Happy Mondays e Inspiral Carpets. Manchester, a cidade da gravadora Factory Records, da Haçienda, a casa de shows que viu a estreia de tantas dessas bandas que foram citadas. Ah, sim, a terra do Manchester United e do Manchester City, este último, o time de coração dos irmãos Liam e Noel Gallagher.

Nenhuma banda inglesa dos anos 1990 representou tão bem a juventude britânica quanto o Oasis. Mais do que isso: ela era um espelho daqueles jovens, que adoravam cerveja, futebol e rock and roll. Sob influências de bandas como Beatles, The Who, The Kinks e Slade, o guitarrista Noel Gallagher escreveu as canções pop mais brilhantes de sua época. Canções barulhentas e melódicas. E se o Oasis tinha tudo para ser odiado por causa da empáfia dos irmãos Gallagher, aconteceu exatamente o oposto. O Oasis era a banda mais amada pelos britânicos. No fundo, eles se identificavam com aquilo. Sabiam muito bem que um pouco de empáfia não faz mal a ninguém.

Toda essa história começou em casa, quando Noel Gallagher ganhou o seu primeiro violão. Era 1978, e Noel, com onze anos de idade, era fissurado pelo punk e também por roubar e cheirar cola nas horas vagas. Não demorou muito para ser levado a um centro de menores infratores. Quando liberado, aos quatorze anos, o The Smiths surgiu, e Johnny Marr tornou-se o herói do garoto. Já em 1989, Noel estava com 22 anos, e Liam, dezessete. O irmão mais velho trabalhava como *roadie* do Inspiral Carpets e pensou que seria uma boa ideia levar o irmão mais novo para ver como funcionava aquele tal de rock and roll. Foi uma boa ideia mesmo. Durante uma turnê dos Carpets, Noel, longe de casa, ficou sabendo que Liam tinha ingressado em uma banda chamada The Rain, formada pelos colegas de escola Paul "Bonehead" Arthurs (guitarra), Tony McCarroll (bateria) e Paul "Guigsy" McGuigan (baixo). Quando retornou do trabalho com os Carpets, em agosto de 1991, Noel assistiu a um show da banda do irmão — já rebatizada como Oasis — e topou ingressar no grupo, mas com a condição de que só tocaria as músicas compostas por ele. Os outros integrantes, mais novos, toparam na hora, até mesmo porque Noel já tinha quilos de canções escritas.

O Oasis se apresentava em qualquer lugar que rolasse, até que, em 1993, durante um show em Glasgow, na Escócia, eles tiveram a sorte de ser vistos por Alan McGee, dono da Creation Records — ou McGee teria tido a sorte. Um contrato foi oferecido, e a banda logo entrou em estúdio para gravar "Columbia", que ingressou na playlist da rádio BBC. Foi um sucesso imediato, tanto pela música quanto pelo comportamento não muito convencional dos integrantes do grupo. Já naquela época, os irmãos Gallagher brigavam a toda hora, em meio a bebedeiras homéricas e cancelamentos de shows. A relação errática entre os dois irmãos guiaria a banda até o seu fim.

Quando "Supersonic" foi lançada em abril de 1994 e chegou ao top 40 da parada britânica, os irmãos viram que a coisa era séria mesmo. Dois meses depois, "Shakermaker" alcançava a décima primeira posição. E "Live Forever", canção escrita por Noel em 1991, ano de recessão na Grã-Bretanha durante o qual o guitarrista trabalhou em uma empresa de construção, ingressava gloriosamente no top 10 da mesma parada. Estava mais do que na hora de o primeiro disco ser lançado. *Definitely Maybe* chegou às lojas no dia 30 de agosto de 1994. Poucos dias depois, já estava no topo da parada britânica. Foi o álbum de estreia vendido mais rapidamente na história da Grã-Bretanha. A pretensão e o talento dos irmãos Gallagher já davam as caras no refrão da primeira música do álbum: "Esta noite eu sou uma estrela do rock and roll". Mais do que um álbum, *Definitely Maybe* estabeleceu os parâmetros do britpop. O orgulho inglês estava de volta por meio de uma banda que juntava tudo de melhor que o país já havia produzido, dos Beatles aos Sex Pistols, passando por Happy Mondays e T. Rex.

Se o Oasis estava no auge em sua terra natal, faltava conquistar a América, aquela velha obsessão das bandas inglesas desde os Beatles. Quando o grupo viajou para os Estados Unidos no início de 1995, o sucesso foi apenas razoável, com o disco de estreia ingressando no top 50 da parada da Billboard, nada além disso. Enquanto o Oasis já estava começando a produzir o segundo disco, *(What's the Story) Morning Glory?*, o baterista Tony McCarroll saiu da banda, abrindo espaço para Alan White. O álbum é mais uma coleção de belas melodias, puxado pela simplicidade acústica de "Wonderwall" e pela emoção de "Don't Look Back in Anger". A reboque de "Some Might Say", em abril de 1995, o Oasis alcançava o topo da parada de singles, algo que não se repetiu com "Roll With It", meses depois, por causa do... Blur.

Oasis e Blur. A grande batalha do britpop! No verão de 1995, o britpop dava as cartas nas paradas do Reino Unido. O Oasis estava prestes a lançar um single relativamente fraco, enquanto o Blur adentrava um território mais pop por conta de "Country House". A gravadora do Blur, então, decidiu alterar a sua data de lançamento para coincidir com a de "Roll With It". Os dois singles, que poderiam passar quase que despercebidos para as duas bandas, acabaram gerando a maior batalha da música pop dos anos 1990 na Grã-Bretanha. Nessa, o Blur se deu melhor. Mas, no frigir dos ovos, desconfia-se que o Oasis também tenha ficado bem satisfeito com a mídia gerada pela "batalha". Fato é que mesmo quem ainda não conhecia o Oasis passou a conhecer. Os norte-americanos colocaram "Wonderwall" no top 10 da parada da Billboard no início de 1996. No Reino Unido, então, nem se fala. O céu era o limite.

A primeira perna da turnê do disco *Morning Glory?* terminou nos dias 27 e 28 de abril. O local não poderia ter sido mais apropriado: Maine Road, à época o estádio do Manchester City. Em seguida, a banda tirou três meses de férias. Os irmãos precisavam se dar conta de tudo o que estava acontecendo. Afinal, menos de três anos antes, eles não eram nada e, de repente, passaram a ser gigantes do rock. Dificilmente algo poderia superar aquele momento de glória. Só que algo superou. Uma semana depois das apresentações em Manchester, o Oasis anunciou que faria um show no dia 10 de agosto em Knebworth Park, localizado em Hertfordshire, no norte de Londres. O parque já tinha sido palco de grandes shows, como o do Led Zeppelin, em 1979, ou a derradeira performance do Queen com Freddie Mercury, em 1986.

A demanda para o show do Oasis — e não poderia ser diferente — foi fenomenal. Os 125 mil ingressos esgotaram em poucas horas. Uma segunda noite foi anunciada. Não era para menos. Dois milhões e meio de pessoas, ou seja, 2% da população da Inglaterra, tinha tentado comprar os ingressos — o suficiente para encher dezoito parques de Knebworth. A ideia inicial, aliás, era anunciar as duas noites ao mesmo tempo, mas a banda optou por anunciar uma de cada vez. No fundo, ainda não tinha certeza se aquilo ia mesmo dar certo. Um mero erro de cálculo, digamos assim. Mais tarde, Noel reconheceu que "foi uma ideia estúpida fazer só duas noites. Poderíamos estar tocando lá até hoje". E poderiam mesmo. Principalmente porque os ingleses estavam mais do que animados. O país respirava futebol. No dia 8 de junho teria início a Eurocopa, que seria sediada no país. Como de costume, a seleção inglesa não deu sorte e perdeu a semifinal, nas penalidades máximas, para a Alemanha, que, na final contra a República Tcheca, acabou levantando o caneco. Por conta da competição, o festival de Glastonbury, tradição no verão inglês, não aconteceria. O Oasis, em 1996, faria o seu Glastonbury particular.

Não se falava de outra coisa na imprensa britânica. Os irmãos Gallagher estavam nas capas de todas as revistas. Edições especiais eram rodadas para celebrar a ocasião, até mesmo porque os tabloides aproveitavam o momento para vender mais. Os irmãos Gallagher não se davam bem com o pai havia anos, e, lógico, ele tinha que aparecer nesse momento de fama dos filhos. Liam ficou nervoso e, em uma conversa com o pai ao telefone, disse que quebraria as pernas dele se o encontrasse. O áudio vazou e foi parar no jornal *News of the World*, que cobrava para as pessoas ligarem para determinado número e escutar a gravação. Contudo, naquele momento, o teor das reportagens era o de menos. O que importava mesmo era "o show da década", conforme a imprensa anunciava. Antes, nos dias 3 e 4 de agosto, o Oasis tocou no parque de Balloch Castle, próximo ao Loch Lomond, na Escócia. Nesses shows, a banda demorou para entrar no palco, e garrafas voaram. Entretanto, quando o show começou, as quarenta mil pessoas presentes em cada dia receberam a banda efusivamente. Nada podia ofuscar a adoração pelo Oasis. No dia 7, ainda tocaram em Estocolmo, na Suécia, como uma espécie de ensaio geral para os grandes dias em Knebworth.

Os números eram assustadores. A lista de convidados que lotariam a imensa área VIP chegava a nada menos do que sete mil nomes. Para animar os convidados, havia até mágicos e caricaturistas. O sistema de P. A. era o maior construído na Europa até então, com onze torres de alto-falantes, e os telões, no fundo do palco, os maiores possíveis. O próprio Alan McGee, da gravadora que descobriu o Oasis, ficou assustado em um primeiro momento. Não à toa, Liam disse que aquele show era "vida ou morte". O Oasis era o dono da festa, mas outras bandas, como Ocean Colour Scene, Manic Street Preachers, The Prodigy, Chemical Brothers, The Charlatans (cujo tecladista, Rob Collins, havia falecido apenas três semanas antes em um acidente de carro) e até mesmo a Bootleg Beatles (banda cover dos Beatles) abriram os trabalhos. Se a Inglaterra não teria o Glastonbury 96, teria, como a *New Musical Express* estava chamando o evento, o "Noelrock". As imagens da banda chegando ao local do evento são marcantes. Noel evitava pensar naquilo tudo. Em sua cabeça, eram apenas mais dois shows com lotação máxima. Ele também disse que tinha outra preocupação: se a cerveja estaria gelada no camarim. A fisionomia dos irmãos ao sobrevoar o parque de helicóptero, porém, denuncia exatamente o contrário. Eles sabiam que nem em seus melhores sonhos poderiam imaginar algo semelhante àquilo.

Após uma contagem regressiva ao som de "The Swamp Song" explodindo nos alto-falantes, a banda entrou no palco chutando imensas bolas infláveis de futebol para a plateia. Aquele momento tão especial não poderia começar com outra música que não fosse "Columbia", o primeiro single lançado pela banda em uma era não tão distante assim. As músicas se sucederam, e o público, muito comportado — foram apenas dez prisões nos dois dias —, cantava todas. Podia ser um lado B, como "Acquiesce" ou "The Masterplan", ou hits como "Supersonic" ou "Some Might Say", mas não importava: todos sabiam qualquer música do Oasis de cor. Liam, com o nariz empinado e o microfone levemente inclinado para baixo em cima do pedestal, e sempre com as mãos atrás da cintura, comandava a massa. A banda ainda apresentou duas inéditas, "My Big Mouth" e "It's Gettin' Better (Man!!)", que fariam parte de *Be Here Now*, álbum lançado no ano seguinte. John Squire, que tinha acabado de deixar os Stone Roses, participou de "Champagne Supernova", a primeira do bis, antes do encerramento com "I Am the Walrus", dos Beatles, seguida por uma queima de fogos.

Durante a apresentação, Noel, em um rasgo de espanto, berrou: "Isso é história! Isso é história! Aqui e agora... Isso é história!", ao que Liam respondeu: "Isso é Knebworth. O que você está falando?". De fato, era a glória. Noel sabia disso. "Parecia como o fim de algo, e não o início. Eu sabia que aquilo nunca mais aconteceria de novo. E tudo aconteceu em um espaço muito curto de tempo. Dois anos e meio entre assinar o contrato e pisar naquele palco. Foi mágico. A gente veio do nada e queria tudo", comentou. Liam não poderia concordar mais: "Foi bíblico. Foi um milagre a gente ter chegado lá. Era tudo o que eu sempre pedi e ainda mais. Nós nos sentimos intocáveis. Supersônicos, até". Tudo tinha sido tão grandioso que, alguns anos depois do show, quando lhe perguntaram se o Oasis era maior que Deus, Noel respondeu: "Eu espero que a gente signifique mais para as pessoas do que colocar dinheiro em uma cesta de igreja e rezar dez Ave-Marias em um domingo. Deus tocou em Knebworth recentemente?".

Porém, a melhor reflexão pós-show foi a do guitarrista Paul "Bonehead". Ele sintetizou tudo: "Foi o auge para mim. Para onde iríamos depois disso?". Sim, a carreira da banda continuaria por mais alguns anos, até shows no estádio de Wembley aconteceriam, mas nada seria igual a Knebworth. Depois do auge, o Oasis insultou a América durante a premiação do Video Music Awards, da MTV, em setembro de 1996, e, no ano seguinte, lançou o bom — porém incompreendido — disco *Be Here Now*. Ao mesmo tempo, as brigas entre os irmãos e o consumo de drogas aumentavam em proporções geométricas. O Oasis trocou diversos integrantes, rodou o mundo fazendo shows, lançou discos interessantes, como *Standing on the Shoulder of Giants* (2000) e *Don't Believe the Truth* (2005), mas... os irmãos não se suportavam mais. Antes de um show na França, no dia 28 de agosto de 2009, Noel pegou o avião direto para Manchester. Mais uma briga. Só que, dessa vez, definitiva. Liam chegou a quebrar a guitarra de Noel no camarim. Conforme disse o vocalista, anos depois: "O Oasis era definitivamente como uma Ferrari. Boa de olhar, boa de dirigir, mas pode sair de controle sempre que você dirige muito rápido".

Daquela vez, a Ferrari tinha dado perda total. O Oasis jamais voltaria a subir em um palco. Um final tão dramático quanto a gloriosa história da banda. Cheia de amor e fúria. Em doses similares.

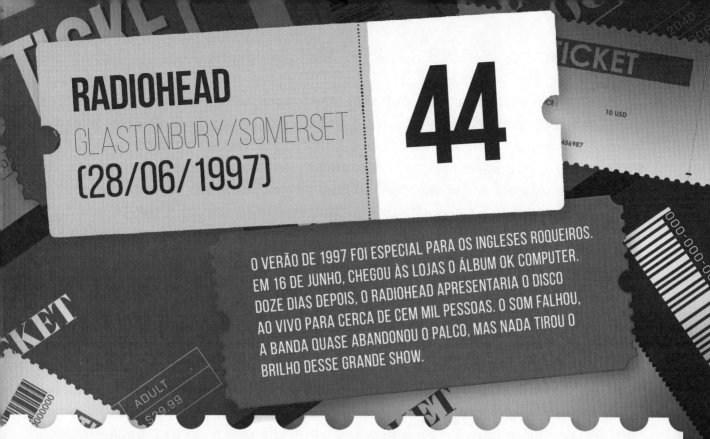

RADIOHEAD
GLASTONBURY/SOMERSET
(28/06/1997)

44

O VERÃO DE 1997 FOI ESPECIAL PARA OS INGLESES ROQUEIROS. EM 16 DE JUNHO, CHEGOU ÀS LOJAS O ÁLBUM OK COMPUTER. DOZE DIAS DEPOIS, O RADIOHEAD APRESENTARIA O DISCO AO VIVO PARA CERCA DE CEM MIL PESSOAS. O SOM FALHOU, A BANDA QUASE ABANDONOU O PALCO, MAS NADA TIROU O BRILHO DESSE GRANDE SHOW.

"Um grupo britânico de cinco músicos que tem a reputação de ser a banda de rock mais artisticamente formidável desde os Beatles." A afirmação é de Alex Ross, crítico da revista *New Yorker* e autor de diversos livros sobre música, do clássico ao pop. Concorde-se ou não, o fato é que o Radiohead é uma das bandas mais inovadoras do rock. A maneira como ela vendeu o álbum *In Rainbows* (2007) foi tão original quanto a sua música. A banda deu uma banana para a indústria do disco, e o fã poderia pagar o quanto achasse que o álbum valia. Resultado: primeiro lugar na parada britânica e na estadunidense.

Thom Yorke (vocais e guitarra), Ed O'Brien (guitarra) e Colin Greenwood (baixo) se conheceram em uma escola na cidadezinha de Abingdon-on-Thames, na periferia de Oxfordshire, Inglaterra. A paixão por bandas como Joy Division e The Smiths estreitou os laços entre os três, que, mais tarde, se juntaram a Phil Selway (bateria) e ao irmão de Colin, o guitarrista fanático por jazz Jonny Greenwood. A banda On a Friday estava formada. Emulando o Talking Heads, o novo grupo se apresentava pelos arredores de Oxford entre 1985 e 1986. Acontece que os pais dos músicos queriam que os filhos fizessem faculdade, e a banda acabou se separando. Não por muito tempo. Em 1991, os amigos voltaram a se reunir, até mesmo porque, nesse intervalo, nunca deixaram a música totalmente de lado. Thom Yorke, por exemplo, fez parte de uma banda punk, ao passo que Phil Selway compunha para produções teatrais.

No fim daquele ano de 1991, Colin Greenwood trabalhava em uma loja de discos, onde teve a oportunidade de mostrar o trabalho ao produtor da EMI Records, que gostou do som da banda, mas odiou o nome On a Friday. A banda se rebatizou Radiohead (inspirada na música "Radio Head", do Talking Heads, que por sua vez teve o título roubado de um verso de "O Último Blues", de Chico Buarque: "Ao som do último blues/ Na Rádio Cabeça") e gravou duas faixas demo para a EMI. Um contrato para a gravação de seis discos estava assinado, e, ao mesmo tempo, a rádio BBC começou a veicular as músicas do grupo. Mais tarde, essas canções fariam parte do EP *Drill*, o primeiro lançamento comercial do grupo, em 1992. Em setembro do mesmo ano, a banda colocava nas lojas o seu primeiro single, "Creep".

Mas as coisas demoraram um pouco para acontecer para o Radiohead. Ao que parece, o público não estava muito preparado para as guitarras distorcidas que pareciam ter saído de um laboratório químico, além de uma letra estranha, que dizia mais ou menos assim: "Mas eu sou uma aberração, sou um esquisitão/ Que diabos estou fazendo aqui?/ Eu não pertenço a este lugar". A mesma canção seria relançada em 1993 no álbum *Pablo Honey*, e, dessa vez, entraria no top 10 da parada britânica. Apesar de um pouco irregular, *Pablo Honey* já mostrava que o Radiohead não era uma banda qualquer. Em 1995, quando *The Bends* chegou às lojas, o amadurecimento artístico do grupo era notável — as letras estavam melhores e a sonoridade parecia mais encorpada e roqueira. As gravações, contudo, não foram nada fáceis. Após dois meses sem conseguir tirar uma nota no estúdio, o produtor John Leckie puxou as orelhas de Yorke e disse: "Apenas toque". A dica foi eficaz, e o álbum foi finalizado em três semanas, nos estúdios de Abbey Road. *The Bends* contém grandes canções, como a faixa-título (cheia de camadas de guitarras) e a balada "Fake Plastic Trees", com a sua sonoridade épica. Não foi surpresa o Radiohead ter faturado o Brit Awards de melhor banda daquele ano. Melhor do que o prêmio, só a dica que Brian Eno deu a Thom Yorke no evento: "Nunca faça nada repetido, mesmo que tenha sido um sucesso". Certamente o melhor conselho que o líder do Radiohead já escutou.

Tanto que, em 1996, quando iniciou as gravações do terceiro disco, o Radiohead, além de não querer fazer nada repetido, estava bem atento à era da informação. A internet se popularizava quando a banda lançou seu terceiro álbum, *OK Computer*, no dia 16 de junho de 1997. Para a crítica, um dos melhores discos de rock da década de 1990. Além da nova temática, a sonoridade do Radiohead estava diferente, mais experimental, influenciada pelo disco *Bitches Brew* (de Miles Davis), em detrimento das guitarras de *The Bends*. Os melhores exemplos são "Paranoid Android" e "Karma Police", em que as texturas sonoras surpreendentes embalando a voz nebulosa de Thom Yorke deram liga. E deu tudo tão certo que a banda nunca mais deixou de flertar com esse estilo. Nem de contar com o mesmo produtor, Nigel Godrich, conhecido por trabalhar com densas camadas de som, e com um currículo que conta com trabalhos em parceria com Paul McCartney, Beck, R.E.M. e U2. Graças a *OK Computer*, a banda faturou o Grammy de melhor performance de rock alternativo. Mais importante, com esse álbum, que se distanciava de qualquer tipo de modismo, o rock entrava no século 21 e fazia o britpop de bandas como Oasis e Blur parecer tão antiquado quanto a piorra e o bilboquê. No Reino Unido, poucas bandas eram tão populares quanto o Radiohead no verão de 1997. Michael Eavis sabia disso, e convidou Thom Yorke e companhia para serem *headliners* da edição daquele ano do festival de Glastonbury.

O célebre festival de Glastonbury é uma verdadeira instituição britânica. No início, tudo era apenas uma ideia de um casal visionário e apaixonado por música. Michael e Jean Eavis assistiram ao Bath Festival of Blues & Progressive Music de 1969, que teve o Led Zeppelin como atração principal, e visualizaram algo parecido. Nascia o Pilton Pop, Blues & Folk Festival, em uma fazenda na pequena cidade de Glastonbury, localizada em Somerset, no sul da Inglaterra. Para a primeira edição, que aconteceu em 19 de setembro de 1970, o casal contratou o The Kinks como *headliner*, por um cachê de quinhentas libras. A banda acabou desistindo e abriu espaço para Marc Bolan e o seu Tyrannosaurus Rex (mais tarde, conhecido como T. Rex). Apesar da tristeza pela morte de Jimi Hendrix, que ocorrera na véspera, o evento foi um sucesso. O festival contou com um público então inimaginável de 1.500 pessoas, que pagaram uma libra pelo ingresso. No ano seguinte, David Bowie estreou no festival que, àquela altura, já se chamava Glastonbury. Curiosidade: Gilberto Gil, exilado em Londres à época, foi um dos curadores dessa edição, que viu pela primeira vez o Pyramid Stage, inspirado na grande Pirâmide de Gizé, e cujo formato é mantido até hoje no festival.

Hoje em dia, Glastonbury é, certamente, o festival de música pop mais importante da Europa, quiçá do mundo. Uma série de momentos memoráveis o fez ganhar essa fama merecida. Em 1981, após o suicídio de Ian Curtis, o New Order estreou ao vivo lá. Três anos depois, fãs alucinados invadiram o palco durante uma apresentação do The Smiths para abraçar Morrissey. Em 1994, um renascido Johnny Cash encarou cinquenta mil pessoas para cantar os seus clássicos. No ano seguinte, auge do britpop, Glastonbury contou com shows monumentais do Pulp e do Oasis. Enquanto os irmãos Gallagher apresentavam "Shakermaker", um cambaleante Robbie Williams invadiu o palco. Uma semana depois, o cantor seria demitido do Take That. Outro momento digno desse patamar é a apresentação do Radiohead no Pyramid Stage em 28 de junho de 1997, doze dias após o lançamento de *OK Computer*.

O Radiohead já estava ficando muito grande por conta do álbum, e cinco shows imensos foram agendados para promovê-lo no mês de junho, incluindo uma apresentação no festival de Roskilde, na Dinamarca. O quinto seria em Glastonbury, o primeiro show do Radiohead no Reino Unido em 1997. Entretanto, Thom Yorke não estava lá muito animado. Na época, ele disse em uma entrevista: "Eu não sei por qual motivo estamos fazendo todos esses shows grandiosos. É um estado mental totalmente diferente, e você gasta um bom tempo para entrar nele. Eu não posso simplesmente ligar e desligar o botão. Não é algo que eu seja emocionalmente capaz de fazer ainda". Mas ele foi capaz. Até mais do que imaginava, tendo em vista a quantidade de problemas técnicos que aconteceram durante o show.

Depois das apresentações de Ray Davies e do Ocean Colour Scene, o Radiohead pisou no palco e iniciou os trabalhos com "Lucky", faixa do então novo álbum *OK Computer*. A letra da canção fala de um homem que sobrevive a um acidente de avião, o que poderia funcionar muito bem como uma metáfora à fase vivida pelo Radiohead, uma banda que apostava na sua intuição, e não apenas sobrevivia, mas chegava ao seu auge, sem se render a modismos. Uma curiosidade: enquanto cantava um trecho da canção, o guitarrista Ed O'Brien desafinou tanto que Thom Yorke caiu na gargalhada. O show continuou com o grupo revezando músicas do novo disco e também de *The Bends*, como se quisesse fazer a transição de "Planet Telex" para o *OK Computer*. E a oitava música do *setlist*, logo após "Karma Police", foi o ápice da noite. "Essa é uma música sobre o caos", o vocalista anunciou antes de executar "Paranoid Android". Quando Yorke cantou os versos "Por um minuto ali/ Eu me perdi", tudo fez sentido. E fez sentido porque o Radiohead emendou com "Creep", seu primeiro sucesso. Parecia que Yorke estava querendo dizer que foi bom a banda ter se "perdido". Se continuasse no estilo de "Creep", em pouco tempo, poderia desaparecer completamente, como tantas outras bandas de sua geração. Mas o Radiohead fez diferente. Seguindo o conselho do produtor Brian Eno, nunca se repetiu, sempre evitando certas coisas do passado. Tanto que, até hoje, a banda evita tocar "Creep" em suas apresentações ao vivo.

Tudo estava indo bem em Glastonbury até que, durante o lado B "Talk Show Host", a décima terceira do repertório, os monitores do palco apagaram. Não havia retorno, ou seja, a banda não se escutava no palco. A execução da música (que já não é das mais fáceis) foi um desencontro só. A banda ficou confusa e quase abandonou o show. Em uma entrevista recente à BBC, Yorke revelou: "Em determinado momento, fui até o Ed O'Brien, bati no ombro dele e disse: 'Estou fora, cara, te vejo mais tarde'. Aí ele se virou para mim e respondeu: 'Se você fizer isso, provavelmente vai se arrepender pelo resto da vida'. E eu pensei: 'Você tem um ponto'". A iluminação do palco também já havia irritado o cantor, que não conseguia enxergar um palmo à sua frente. "Toquei seis músicas para uma tela escura, sem ver absolutamente nada", disse. No meio do show, quando reclamou, as luzes, que antes estavam apontadas diretamente para o seu rosto, foram direcionadas para a plateia. Tudo começou a melhorar. O público, enlameado — Glastonbury sem chuva é algo praticamente impossível, é bom ressaltar —, cantava as músicas, e até fogos de artifício foram detonados por pessoas que estavam em um acampamento próximo ao festival. O Radiohead encerrou a sua apresentação com "Fake Plastic Trees", antes de um bis com mais quatro músicas: "You" (faixa de abertura do disco de estreia, *Pablo Honey*), "The Tourist", a linda "High & Dry" e, finalmente, "Street Spirit (Fade Out)".

Depois de Glastonbury, o Radiohead continuou a sua caminhada e virou o milênio com o álbum *Kid A* (2000), uma nuvem sonora de ruídos em um dos discos mais esquisitos e maravilhosos de que se tem notícia. Praticamente sem guitarras e flertando com o rock progressivo do Pink Floyd e com o krautrock do Kraftwerk, pouca gente entendeu a proposta. *Amnesiac*, uma espécie de "Kid A, parte II", talvez mais esquisito e maravilhoso, veio ao mundo oito meses depois. Em 2003, foi a vez de *Hail to the Thief*. E, assim como aconteceu em 1997, duas semanas após o lançamento do disco, o Radiohead foi a principal atração do festival de Glastonbury. Mais um show emblemático. Depois, foram necessários quatro anos para o Radiohead se reinventar. *In Rainbows* pegou os fãs de surpresa. A banda anunciou em seu site que tinha terminado de gravar um novo trabalho, e que ele estaria disponível dentro de dez dias. O álbum representou um novo horizonte para o grupo. Tanto no seu original sistema de vendas — os fãs pagavam o quanto quisessem — quanto na sonoridade refrescante e inovadora. Mais quatro anos se passaram até o lançamento de *The King of Limbs* (2011), e mais cinco para *A Moon Shaped Pool*.

O Radiohead está aí até hoje, sempre (e de alguma forma) surpreendendo os seus fãs. Uma consagração igual àquela de Glastonbury em 1997, porém, nunca mais aconteceu. E nunca mais acontecerá. Como Thom Yorke revelou ao comentar sobre aquele show, "não foi um sentimento humano, foi algo completamente diferente". O jornalista Paul Trynka, da revista *Mojo*, acrescentou: "Não foi um simples show. Foi algo muito mais profundo". Michael Eavis, o idealizador do festival, por sua vez, considera essa apresentação a melhor de toda a história de Glastonbury. Anos depois, leitores da revista britânica Q elegeram esse show o melhor de todos os tempos.

Se foi mesmo o melhor de todos os tempos, há de se questionar. Mas certamente foi um show que deixou claro que o Radiohead estava se despedindo do seu passado. A partir de então, ela seria uma outra banda. A porta para o futuro estava aberta. E não apenas para o seu próprio futuro, mas para o futuro do rock. Para o bem e para o mal.

RUSH
ESTÁDIO DO MARACANÃ / RIO DE JANEIRO
(23/11/2002)

45

DEPOIS DE QUASE TRINTA ANOS DE ESPERA, OS BRASILEIROS TIVERAM A CHANCE DE VER O RUSH AO VIVO. OS SHOWS EM PORTO ALEGRE E EM SÃO PAULO ACONTECERAM DEBAIXO DE MUITA CHUVA. PARA A APRESENTAÇÃO NO RIO, A BANDA NEM PÔDE PASSAR O SOM. RESULTADO: UM SHOW NÃO MENOS DO QUE PERFEITO. QUANDO SE TRATA DE RUSH, NÃO PODERIA SER DIFERENTE.

Você pode nunca ter ouvido falar do Rush, mas se você era vivo nos anos 1980, certamente vai se lembrar de "Tom Sawyer", a música que tocava todas as tardes de domingo na abertura do seriado *MacGyver*, também conhecido como *Profissão: Perigo*. Exclusivamente aqui no Brasil, a série (ainda bem!) ganhou uma vinheta criada pela Rede Globo, contando com um trecho da música do Rush.

Mas a adoração brasileira pelo grupo canadense vai muito além de "Tom Sawyer". Aliás, não é exagero dizer que o Rush é uma das bandas mais amadas no país. Quando o conjunto se deu conta disso, correu para gravar um DVD por aqui. Resultado: o show mais emblemático da história de um dos maiores *power trios* de todos os tempos. O Rush é a prova viva de que uma banda pode muito bem viver sendo maltratada pela crítica e mesmo assim fazer sucesso. Muito sucesso. Graças a seus fãs, é claro. Poucas bandas conseguem capitalizar uma legião de admiradores tão fervorosos — daquele tipo que canta as linhas de baixo de cor nos shows. O Rush consegue.

As raízes da banda estão fincadas em Toronto, no Canadá. O baixista e vocalista Geddy Lee, filho de sobreviventes do Holocausto, estudava na mesma escola do guitarrista Alex Lifeson, filho de imigrantes iugoslavos. A paixão pela música os uniu como unha e carne. O baterista John Rutsey fechou a formação original do trio, cuja principal inspiração era o Cream, banda que os três tentavam imitar durante as primeiras apresentações. Logo o Rush se estabeleceu como um importante grupo local. As suas apresentações em pequenos clubes eram sempre disputadas, e, em 1973, veio o primeiro single, uma versão de "Not Fade Away", de Buddy Holly. Como nenhuma gravadora estava interessada no trabalho do conjunto, eles mesmos fundaram um selo, o Moon Records. O single, entretanto, não aconteceu, e como o Rush não tinha nada a perder, entrou em estúdio para gravar um álbum, que levaria o mesmo nome da banda. *Rush* (1974) fracassou nas paradas. Em contrapartida, o nome começou a circular, e logo a banda aceitou um convite para abrir shows dos New York Dolls no Canadá e, mais tarde, do ZZ Top, nos Estados Unidos. Rutsey, por sua vez, nem chegou a conhecer o país. Devido ao diabetes e a divergências artísticas com os outros integrantes, teve que deixar a banda, sendo substituído por Neil Peart. A turnê pelos Estados Unidos abriu os olhos da Mercury Records, que topou relançar o trabalho de estreia. Ao mesmo tempo, as estações de rádio descobriram "Working Man".

Com a entrada de Peart, a voz esganiçada de Lee e o muro poderoso de guitarra de Lifeson ganhavam a batida perfeita, além de uma mente literária brilhante, de onde sairiam as melhores letras do Rush. Em 1976, foi lançado 2112, álbum conceitual inspirado na obra da filósofa e escritora russo-americana Ayn Rand. Os críticos disseram que era pretensioso, mas os fãs acharam genial. Na virada para a década de 1980, influenciado pela new wave em voga, o grupo optou por um som mais pop e recheado de teclados e sintetizadores no disco *Permanent Waves* (1980). O single "The Spirit of Radio" virou hit e ingressou no top 15 da parada britânica. Mas o grande álbum da banda viria no ano seguinte. *Moving Pictures* é a mistura certeira do virtuosismo de seus músicos com o avanço dos aparatos tecnológicos. Se tivesse só "Tom Sawyer", já seria um clássico, mas o álbum ainda contava com "YYZ" e "Limelight". Os anos 1980 tiveram poucos discos tão bons quanto *Moving Pictures*. Talvez, por conta disso, o restante da década não tenha sido tão benevolente com o Rush, que só voltou a ser a banda de outrora quando reencontrou uma sonoridade mais orgânica no LP *Presto* (1989).

Nos anos 1990, o *power trio* lançou discos elogiados (pelos fãs, que fique claro) como *Roll the Bones* (1991) e *Test for Echo* (1996). E foi exatamente nessa época que teve início o inferno astral de Neil Peart. Poucos meses após o lançamento de *Test for Echo*, o baterista perdeu a filha em um acidente automobilístico e, menos de um ano depois, viu a esposa sucumbir a um câncer. No funeral dela, Peart comunicou aos colegas que estava se aposentando. O baterista, enfim, precisava colocar a cabeça no lugar, e usou a estrada como alento. Nos quatorze meses seguintes, percorreu noventa mil quilômetros, de Quebec ao Alasca, passando pela costa oeste americana, México e Belize, em cima de uma moto BMW. A experiência inspirou o livro *Ghost Rider: a estrada da cura*, além de várias letras de música. Então, por que não gravar um novo disco com os bons e velhos companheiros? Assim foi feito e, depois de seis anos sem lançar um disco de inéditas, a banda retornou com *Vapor Trails* (2002), um dos álbuns em que o Rush foi mais Rush em toda a sua carreira. Os fãs não tinham do que reclamar. Em entrevista ao jornal *O Estado de S. Paulo*, em novembro de 2002, Alex Lifeson disse: "Esses acontecimentos [envolvendo Neil Peart] com certeza influenciaram o som do disco. Há muita paixão nesse álbum, é mais emocional do que todos os que já fizemos e é possível que seja também um pouco triste, já que aquela experiência teve reflexos em todos nós. Tudo foi marcante e mudou muito a forma como apreciamos a vida e fazemos música". Geddy Lee, em entrevista à *Folha de S.Paulo*, foi mais sucinto: "É um disco sobre voltar à vida".

E para voltar à vida de vez, nada melhor do que a estrada, o *habitat* natural do Rush. Para tanto, Neil Peart começou ensaiando sozinho em Toronto. Enquanto isso, Geddy Lee e Alex Lifeson escutavam juntos a discografia completa da banda, algo que talvez nunca tivessem feito antes. Semanas depois, os três se reuniram para tocar juntos, primeiro em Toronto, depois em Nova York. Antes do pontapé inicial da turnê, algumas medidas tinham que ser tomadas. A princípio, ficou decidido que a turnê seria curta (três meses no máximo) e que Peart não participaria dos encontros com a imprensa. "Já era mais do que suficiente ele voltar a tocar tão bem no disco, dar tamanha contribuição para a banda novamente, até mesmo se dispor a passar tanto tempo na estrada", declarou Lee. A estreia aconteceu no dia 28 de junho de 2002, em Hartford, nos Estados Unidos; a primeira vez que a banda subia em um palco em cinco anos. "Algumas vezes durante o show, nós nos olhamos e trocamos um sorriso rápido, uma expressão eloquente que parou o tempo por um instante e transmitiu tanta compreensão, tanto alívio, e até um pouco de alegria. Nossos corações estavam em nossos sorrisos", escreveu o baterista, sobre a estreia, no encarte do DVD *Rush in Rio*.

A turnê acabou durando mais do que o previsto. Propostas de shows surgiam diariamente. Afinal de contas, depois de tantos anos, todos queriam ver o Rush. A banda, então, teve que aumentar o número de apresentações nos Estados Unidos, mas rebarbou a Europa, que não via um show do Rush havia dez anos. Quando a banda enfim teria um descanso de dez dias, veio mais um convite, dessa vez para tocar no México. O Rush, que nunca havia tocado lá, acabou topando. Valeu a pena. Os músicos beberam tequila, escutaram música mariachi e se apresentaram para vinte mil pessoas. Na mesma época, surgiu uma proposta para o conjunto se apresentar no Brasil pela primeira vez. A banda, exausta, não sabia nem o que pensar. No ano anterior, ela já havia sido convidada para a terceira edição do Rock in Rio.

Naquela época, porém, tinha sido impossível. Será que agora seria o momento? Será que os brasileiros sabiam quem era o Rush? "Fui buscar informações sobre o Brasil e descobri que temos muito mais fãs aí do que imaginávamos. Foi uma surpresa e um choque. Não vendemos milhões de discos, não há razões para isso", confessou Geddy Lee ao *Jornal do Brasil*.

Quando a turnê brasileira foi anunciada, em setembro, nem beliscões faziam com que os fãs do Rush acreditassem que aquilo era mesmo verdade. Foram quase trinta anos de espera, e parecia que eles já estavam conformados de que a banda jamais pisaria no país. Não à toa, quando os músicos aterrissaram em Porto Alegre — Peart nunca tinha ouvido falar da capital gaúcha antes do convite para a apresentação — para o primeiro show da turnê, havia muitos fãs no aeroporto. "Não somos o Justin Timberlake", surpreendeu-se Alex Lifeson. A banda estava animada e prometeu até algo diferente no show, como a música "Closer to the Heart", uma das preferidas dos fãs brasileiros. O show na capital gaúcha aconteceu na raça, debaixo de chuva. Em São Paulo, as coisas ficariam ainda mais tensas. O Rush teve que lutar contra uma tempestade em frente ao maior público de sua carreira como *headliner*: sessenta mil pessoas. "A chuva entrava pelo palco direto nos nossos rostos. Se não fossem os microfones sem fio, correríamos o risco de morrer eletrocutados", escreveu Peart. O público não se importou e cantou todos os versos e notas, mas a aparelhagem da banda ficou encharcada.

O show no Maracanã já seria no dia seguinte, e a banda teve que passar por mais uma provação. Por conta da chuva, os caminhões atrasaram, e os equipamentos só chegaram no estádio às duas da tarde. A apresentação estava marcada para as nove e meia da noite e apenas um milagre seria capaz de fazer com que ela começasse antes da meia-noite. Além disso, nem sabiam ao certo se a aparelhagem eletrônica de Neil Peart funcionaria, já que tinha tomado um banho de chuva na noite anterior no Morumbi. Ah, sim, havia mais um detalhe... Aquele show seria filmado para a posteridade, o primeiro registro audiovisual ao vivo do Rush em quatorze anos. Passagem de som? Nem pensar. Teste de posicionamento de câmeras para o registro do DVD? Pode esquecer. Em vez disso, os músicos sentaram-se nas arquibancadas do estádio para roer as unhas e torcer para que o show acontecesse. Com quarenta mil fãs urrando do lado de fora, o jeito foi abrir os portões e rezar para que tudo desse certo.

"Olê, Olê, Olê, Olê, Rushêêê, Rushêêê!", berravam os fãs no estádio, enquanto Peart se aquecia com uma bateria simples de oito peças no *backstage*. Alex Lifeson, em seu camarim com garrafas de champanhe Veuve Clicquot e um cardápio de frutas tropicais e legumes orgânicos, quindins e queijadinhas, segurava o queixo e exclamava: "Uau, parece jogo de futebol". Pelo menos, não haveria chuva, e todos os equipamentos estavam funcionando perfeitamente. Então, 55 minutos após o horário previsto, o Rush estava pronto para o 66º show da Vapor Trails Tour.

A banda entrou no palco literalmente um minuto depois de ele ter enfim ficado pronto, ao som do tema de *Os Três Patetas*. E quando soaram os acordes iniciais de "Tom Sawyer", o mundo parou para quarenta mil pessoas. Elas não acreditavam no que estava acontecendo. Alguns choravam, outros gritavam, e havia aqueles que levantavam as mãos para o céu — não é exagero, está tudo no DVD. A banda emendou com "Distant Early Warning", "New World Man" e "Roll the Bones". São os maiores sucessos do Rush? Claro que não. Mas quem se importa? O público cantava tudo. A nova "Earthshine" abriu caminho para "YYZ", quando o mundo parou de novo. Música instrumental? Sim, mas quem se importa? Afinal de contas, os fãs do Rush não precisam de letra, eles cantam as notas que saem dos instrumentos do trio. Como escreveu Silvio Essinger, no *Jornal do Brasil*, "marmanjos babavam, tocando guitarras imaginárias, nessa espécie de *showcase* das habilidades individuais dos músicos".

O primeiro *set* da apresentação foi incendiário. "The Pass", "Bravado", "Freewill", "Closer to the Heart", entre outras. Após um intervalo de vinte minutos — eles tinham todo o direito —, o Rush iniciou a segunda parte com algumas canções de *Vapor Trails*, o trabalho mais recente. Durante a pesadona "One Little Victory", enormes labaredas espocaram no fundo do palco. "Ghost Rider" e "Secret Touch" mais pareciam sucessos dos anos 1970. Um dos momentos mais emocionantes do show aconteceu durante o solo de bateria de Neil Peart, que misturou percussão rudimentar e africana às batidas do jazz e do rock, ao mesmo tempo que, do telão no fundo do palco, jorravam imagens de *big bands* e do lendário Buddy Rich. "Há histórias paralelas sendo contadas, é onde eu desejo chegar. Não é só uma apresentação, eu quero, do ponto de vista do ouvinte, que exista uma estrutura e que ele entenda as linhas narrativas presentes", dissertou Neil Peart sobre o solo, que ganhou o sugestivo título de "O Baterista". Em português mesmo. Ao público só coube fazer aquele típico gesto de adoração com os braços.

A partir daí, foi uma festa. "Resist" ganhou uma adorável versão acústica. Quando o Rush lançou 2112, em 1976, Geddy Lee disse que "o problema é que ninguém realmente entendeu que diabos estávamos fazendo". Mas, quando a banda mandou a introdução de "2112" no Maracanã, todos entenderam. "Limelight" abriu alas para "La Villa Strangiato", com direito a uma citação de "Garota de Ipanema". O telão intercalava imagens de videoclipes, cenas do show, desenhos animados e imagens criadas por artistas gráficos. As três máquinas de lavar do cenário funcionavam insistentemente — segundo Lifeson, as tais máquinas de lavar são "um segredo de Estado mantido a sete chaves" — quando o Rush emendou com "The Spirit of Radio". Nem precisava de mais nada, mas ainda teve "By-Tor and the Snow Dog", que a banda não executava havia mais de vinte anos, "Cygnus X-1" e o *grand finale* com "Working Man", faixa de encerramento do álbum de estreia lançado 28 anos antes.

Foram cerca de três horas de som. Para os fãs brasileiros do Rush, foi uma vida inteira. Geddy Lee, Neil Peart e Alex Lifeson terminaram a noite entornando dezenas de caipirinhas e comemorando o momento histórico. "Fica claro que o público tinha uma sinergia própria, uma energia unificada, intensa, pulsante, uma força da natureza, animando aquele estádio de futebol com eletricidade e vitalidade. Aquele show teve quarenta mil estrelas. (...) Basta ouvi-las cantando nota por nota de 'YYZ', um instrumental, e você percebe que este não é um público comum. Extraordinários eles eram, e nós dedicamos esta performance, então e agora, para eles", escreveu Neil Peart no encarte do DVD que seria lançado um ano após o show. Quando o DVD chegou às lojas, Alex Lifeson resumiu a relação dos brasileiros com o Rush: "Nós somos uma banda estranha. Às vezes, entramos e saímos de um país como fantasmas. As pessoas vão aos shows, mas não nos tratam como mitos ou estrelas. Têm respeito pelo que fazemos, mas no Brasil tudo foi diferente".

Naquela noite de 23 de novembro de 2002, tudo também foi bem diferente para nós.

LIVE 8
HYDE PARK / LONDRES
(02/07/2005)

46

NOVE SHOWS, MIL ARTISTAS, DOIS MILHÕES DE ESPECTADORES, TRÊS BILHÕES DE TELESPECTADORES E UMA MENSAGEM: "MAKE POVERTY HISTORY". ESSE FOI O LIVE 8, O MEGAEVENTO IDEALIZADO PARA AJUDAR A ÁFRICA. E, SIM, O EVENTO AINDA CONSEGUIU REUNIR A FORMAÇÃO CLÁSSICA DO PINK FLOYD.

Se você chegou a este ponto do livro, certamente já passou pelo Live Aid, o megaevento que aconteceu em julho de 1985, entre Londres e Filadélfia. O desafio para montar algo daquela magnitude, com cerca de sessenta astros do rock divididos em dois palcos em dois continentes diferentes, em uma era pré-internet, foi imenso. Exatos vinte anos depois, as coisas seriam bem diferentes. A internet já era uma realidade, e a televisão já parecia algo velho, incapaz de transmitir tudo o que acontecia em nove palcos distintos ao redor do planeta. Em 2005, já era possível assistir ao show que quisesse, fosse pela televisão ou pelo computador. Na Europa e nos Estados Unidos, foi até mesmo criado um canal exclusivo de TV para transmitir o evento, e o telespectador podia escolher o que desejava assistir, às vezes, dois, três shows ao mesmo tempo, se ele fosse capaz. O portal American Online fez o mesmo na internet, com qualidade perfeita de áudio e de vídeo. Pois é. Tempos modernos.

E tudo isso porque, em 2005, Bob Geldof e Midge Ure já sabiam o efeito que um grande — um enorme — evento musical poderia causar nas pessoas. Eles foram os organizadores do Live Aid, em 1985, e muita gente pedia mais uma dose. Só que Geldof e Ure não queriam. Sempre que era entrevistado acerca do assunto, Geldof dizia que era impossível repetir aquele momento. Segundo ele, o Live Aid deveria apenas descansar em paz na memória de quem tinha presenciado aquilo tudo. Só que vinte anos se passaram, e ele sacou que, sim, era possível recriar aquele momento mágico do Live Aid. Ainda havia um excelente motivo para levar tamanha empreitada adiante.

A história é a seguinte... No início de 2004, um ano antes do Live 8, Bob Geldof agendou uma reunião com o primeiro-ministro britânico Tony Blair para convencê-lo de que somente uma comissão internacional poderia resolver os problemas do continente africano, onde cerca de trinta mil pessoas morriam por dia, vítimas de doenças que poderiam ser prevenidas ou erradicadas. Em março do ano seguinte, Blair montou a tal comissão, formada por dezessete pessoas, dentre políticos, empresários, intelectuais, além de Geldof, claro. A comissão chegou à conclusão de que as nações mais ricas do mundo poderiam fazer três coisas: 1) dobrar a sua ajuda financeira ao continente africano para cinquenta bilhões de dólares por ano; 2) perdoar todas as dívidas dos países africanos mais pobres e; 3) mudar a dinâmica do comércio mundial, de forma que esses países mais pobres não sofressem tantas restrições comerciais, e que regras mais justas fossem estabelecidas. Ou seja, tentar fazer da pobreza algo do passado ou, como dizia o slogan do Live 8: "*Make poverty history*".

Para convencer os líderes das nações mais ricas do mundo, Geldof pediu ajuda a alguns dos astros mais importantes da música pop. A ideia, dessa vez, não era apenas um show (ou dois, como no Live Aid), mas nove: oito em cada um dos países que fazem parte do G8 (o grupo dos países mais poderosos do mundo), além da África do Sul, que representaria o continente africano. A data seria 2 de julho de 2005, quatro dias antes do início da trigésima primeira cúpula do G8, a ser realizada em Gleneagles, na Escócia, com a presença dos líderes daquelas oito nações, quais sejam, Paul Martin (Canadá), Jacques Chirac (França), Gerhard Schröder (Alemanha), Silvio Berlusconi (Itália), Junichiro Koizumi (Japão), Vladimir Putin (Rússia), Tony Blair (Reino Unido) e George W. Bush (Estados Unidos). Dentre os assuntos em pauta, o aumento de ajuda financeira para os países em desenvolvimento, em especial os africanos.

Ao contrário do Live Aid, a ideia não era arrecadar dinheiro, mas sensibilizar os líderes políticos a ajudar os países africanos. "Nós não queremos caridade, queremos justiça", clamava Geldof em entrevistas. A questão, dessa vez, não era levantar dinheiro, mas levantar ideias, consciências. Por sua vez, o público, imenso, faria o *lobby* para que os líderes do G8 prestassem atenção ao que estava acontecendo. Os três bilhões de pessoas que o evento estimava alcançar representariam os oito governantes que, poucos dias depois, se encontrariam em um campo de golfe em Gleneagles. Assim, o mais importante era colher o maior número possível de "assinaturas" — as "assinaturas" dos telespectadores do Live 8, cujos nomes apareceriam nos telões dos palcos do festival e seriam enviadas à cúpula do G8.

Os preparativos continuavam. Além de Joanesburgo, na África do Sul, as apresentações aconteceriam na Filadélfia (Estados Unidos), Berlim (Alemanha), Roma (Itália),

Paris (França), Barrie (Canadá), Tóquio (Japão), Moscou (Rússia) e Londres (Inglaterra). Alguns dias depois, em 6 de julho, ou seja, durante a reunião do G8, haveria mais uma apresentação em Edimburgo, na Escócia, onde ocorreria a cúpula. No cardápio musical, mais de mil artistas se apresentariam no evento, que seria transmitido por cerca de 180 emissoras de televisão e duas mil estações de rádio ao redor do globo, sem contar com a internet. E com o *know-how* adquirido no Live Aid, Geldof e Ure não teriam problemas em convencer os maiores artistas da música pop a subir em um daqueles nove palcos.

O U2, por exemplo, topou logo de cara. Bono, inclusive, disse a Geldof que se ele, porventura, desistisse da ideia, ele próprio levaria o projeto adiante. Paul McCartney, Elton John, The Who e Madonna, que tinham participado do Live Aid, também se prontificaram na hora. Afinal de contas, além de a ideia política ser boa, seria uma grande oportunidade para celebrar os vinte anos do Live Aid. Segundo os organizadores, a ideia era convidar os artistas, tanto do passado quanto do presente, que mais vendessem discos. Paul McCartney, Madonna, George Michael, Stevie Wonder, Brian Wilson, Pet Shop Boys, Robbie Williams, R.E.M., Coldplay, U2, Elton John, Sting, Annie Lennox, Bon Jovi, Dave Matthews Band, entre outros, certamente, já bastariam para chamar a atenção do G8. No entanto, Geldof sonhava com mais uma atração, mais uma banda. O problema é que, nas poucas vezes que alguns dos integrantes dessa tal banda tinham se falado nos últimos vinte anos, fora para discutir questões judiciais. Assim, seria possível o Pink Floyd se reunir, ainda que para apenas uma noite? Os organizadores tinham esperanças. Geldof se lembrava de ter lido uma entrevista concedida pelo baterista Nick Mason, declarando que poderia voltar a tocar com a banda no caso de um evento beneficente que justificasse tal reunião.

Sem nada a perder, pouco mais de um mês antes do evento, Geldof pegou o telefone e explicou sua ideia para o baterista. Ao final, perguntou: "Você poderia falar com o Roger Waters?". Mason respondeu com outra pergunta: "Por que você não fala com ele?". Geldof sabia que a missão era difícil. Ele já tinha sondado David Gilmour, e o guitarrista garantiu que não faria aquele show de jeito nenhum. Conforme o próprio Nick Mason escreveu em sua autobiografia, *Inside Out*, "o que estava claro para mim era que David tinha razões perfeitamente aceitáveis para não querer juntar o grupo para o Live 8. A banda não estava trabalhando, e ele havia passado os últimos anos se dedicando a seus projetos solo. Ele sabia que, se decidíssemos tocar, o mundo todo, incluindo a gravadora, a imprensa e os fãs, estariam clamando para lançarmos algum material novo e anunciarmos uma turnê. Do ponto de vista de David, não era um momento apropriado".

Bob Geldof chegou até mesmo a se dirigir à fazenda de Gilmour para tentar convencê-lo. Em vão. "Inútil tentar", declarou Gilmour. A saída de Geldof, então, era mesmo falar com Waters, tido como o membro mais "difícil" do Pink Floyd. O organizador pediu que Mason enviasse um e-mail ao baixista dizendo que gostaria de propor algo para "salvar o planeta". Curioso, Waters ligou para Geldof, que lhe explicou que gostaria que o Pink Floyd se apresentasse no Live 8, que, àquela altura, já estava sendo noticiado pela imprensa. Ao contrário do que Geldof poderia imaginar, Roger Waters aceitou a ideia no mesmo segundo, até mesmo porque tinha — tem — imensa simpatia pelo discurso humanitário do colega. Estava indo tudo bem até Waters fazer a pergunta fatal: "E David?", ao que Geldof respondeu que, àquela altura, talvez a única pessoa capaz de convencê-lo seria o próprio Roger Waters. Seria estranho. Os ex-parceiros praticamente não se falavam, e a última vez que haviam tentado travar algum tipo de conversa, tinham discutido aos berros, no telefone, por conta de um programa de televisão sobre o disco *The Dark Side of the Moon*.

Mas Waters ligou e, simplesmente, disse: "Acho que nós deveríamos participar do evento". Gilmour vacilou. Tinha medo. Sentia que sua voz e seus dedos estavam enferrujados, e não queria passar vergonha na frente de três bilhões de pessoas. Pediu um tempo para pensar. Vinte e quatro horas se passaram, e ele ligou para Roger Waters, confirmando que, sim, o Pink Floyd estava de volta. Ao menos por uma noite. O detalhe é que o tecladista Richard Wright ainda nem havia sido contatado. Mais tarde, Gilmour diria: "Achei que acabaria por me arrepender se não fizesse esse show por uma causa tão boa, dando a oportunidade aos meus filhos de verem o que eu fazia. E, obviamente o mais importante, talvez isto ajude o mundo". Geldof, exultante, falou para Gilmour: "Você deixou este velho muito feliz. Não que eu consiga suportar as suas bichices". Explica-se: o organizador do evento nunca foi um grande fã da música do Pink Floyd.

De fato, a ocasião era especial. Havia mais de vinte anos que os membros do Pink Floyd se estranhavam. Nem a queda do Muro de Berlim tinha sido suficiente para uni-los em 1989. E então, vinte anos após Waters ter deixado a banda, o Pink Floyd voltava com a sua formação clássica. Nada, absolutamente nada, poderia atrair mais a atenção da mídia para o evento. A imprensa noticiou a boa-nova com estardalhaço, e Gilmour declarou, através de comunicado: "Quaisquer disputas que Roger e a banda tiveram no passado são muito pequenas nesse contexto. Se reunir o Pink Floyd para este concerto ajudará a chamar a atenção necessária, então valerá a pena". Waters, por sua vez, teceu o seguinte comentário: "Os cínicos vão zombar. Fodam-se eles". O escritor e roteirista Richard Curtis brincou: "Se a banda puder concordar sobre quais músicas serão tocadas, então, com certeza, a reunião de cúpula do G8 poderá chegar a um acordo prático para resolver os problemas da África". Já o jornal *The Times* publicou uma charge da banda sentada no estúdio de ensaios, enquanto uma fila de advogados verificava se um fá sustenido poderia ou não ser incluído na apresentação.

Os três dias de ensaio tiveram os seus momentos de tensão. O clima era estranho. Gilmour disse: "As canções que Roger queria não eram as mesmas que eu acreditava que deveríamos fazer. Roger queria 'Another Brick in the Wall', mas eu não achava apropriado. Seria uma coisa para a África, e eu não achava que criancinhas na África deveriam estar cantando 'we don't need no education'. Não houve discussão sobre isso. Eu estava certo". O baixista concordou nesse ponto: "Realmente, parecia hipocrisia ficar expondo aquela ideia sobre comunicação e resolução de problemas mundiais, enquanto eu não falava com Gilmour". Segundo o relato de Tim Renwick, músico de apoio da banda, no livro *Nos bastidores do Pink Floyd*, escrito pelo jornalista Mark Blake, Waters sempre chegava ao menos uma hora atrasado durante os ensaios, com uma expressão de "OK, agora que estou aqui, podemos começar". Ele escreveu, ainda, que Waters queria mudar o andamento das canções e fazer novos arranjos, até que Gilmour se impôs e disse: "Olha, nós vamos fazer apenas quatro músicas e, no fim das contas, as pessoas estão esperando escutar exatamente o que escutavam nos velhos tempos". De acordo com Renwick, "não havia uma única pessoa naquela sala que Roger não tivesse aborrecido em algum ponto de sua carreira. Era um monte de gente em volta, olhando com os lábios crispados e sendo inacreditavelmente profissionais ao manter a cabeça baixa".

Em outro momento, o tecladista Rick Wright comentou sobre uma determinada linha de baixo usada pelo músico Guy Pratt nas duas últimas turnês do Pink Floyd. Pratt, casado com a filha de Rick, substituíra Waters no baixo do Pink Floyd após a saída dele. Incomodado com o comentário, Waters mandou, na lata: "Rick, o que você e o seu genro fazem em particular não me interessa". Desce o pano. De toda forma, entre uma patada daqui, outra patada dali, o Pink Floyd chegou a um consenso com relação ao *setlist*, e ainda incluiu nele "Money", um pedido especial de Geldof.

Ah, sim, precisamos falar do show... Às duas da tarde do dia 2 de julho de 2005, teve início a maratona Live 8, com a chamada: "Nove shows, mil artistas, dois milhões de espectadores, três bilhões de telespectadores, uma mensagem: *'make poverty history'*". No palco principal do Hyde Park, U2 e Paul McCartney deram o pontapé inicial executando "Sgt. Pepper's Lonely Hearts Club Band". Era a primeira vez que Paul cantava aquela música desde a sua gravação, em 1967. Um ótimo começo, afinal de contas, "*it was twenty years ago today*". Sim, vinte anos separavam o Live 8 do Live Aid. Ao fim da canção, Paul deixou o palco e o U2 mandou "Beautiful Day", "Vertigo" e "One", antes de seguir para a cidade de Viena, na Áustria, onde se apresentaria naquele mesmo dia. O Coldplay, a segunda banda a se apresentar no palco montado no parque de Londres, convidou Richard Ashcroft para cantarem juntos a bela "Bitter Sweet Symphony", do The Verve, que, segundo Chris Martin, é "a melhor música já escrita".

Também houve encontro durante a apresentação de Elton John, que dividiu os microfones com Pete Doherty, do The Libertines, para homenagear Marc Bolan, ao som de "Children of the Revolution". Doherty estava cambaleante no palco, e Davey Johnstone, guitarrista da banda de Elton John, disse que ficou doidão só de chegar perto do cantor. Que fique claro, aliás, que Elton John não gostou nem um pouco do evento, musicalmente falando. Ele disse ao *Daily Telegraph*: "Para ser sincero, achei que foi meio que um anticlímax. A intenção por trás do evento era fantástica, mas o Hyde Park é uma área que não tem nenhum carisma. Não havia senso de ocasião e, de um ponto de vista musical, não houve grandes momentos". Após as apresentações do R.E.M. (que tocaria na Suíça naquela noite e novamente no Hyde Park dentro de uma semana), do Keane e do Travis, Bob Geldof relembrou o Live Aid, cantando o sucesso "I Don't Like Mondays", de sua antiga banda, The Boomtown Rats. Àquela altura, cerca de três bilhões de pessoas acompanhavam o Live 8 de alguma forma. Metade da população do planeta.

Difícil citar todos os destaques de um evento tão nababesco, mas Sting cantando "Every Breath You Take" enquanto imagens dos líderes do G8 passavam no telão foi especialmente emocionante. Madonna também fez um dos melhores shows do Live 8. Antes de cantar um *set* explosivo com "Like a Prayer", "Ray of Light" e "Music", a cantora norte-americana chamou ao palco Birhan Woldu, que, em 1985, era uma menina faminta na Etiópia. A sua imagem chocara Bob Geldof, despertando-lhe a ideia do Live Aid. Aquela menina era um símbolo vivo dos resultados concretos do evento de vinte anos antes. Geldof, como retribuição, perguntou a ela com qual artista gostaria de aparecer no palco. Woldu escolheu Madonna, a única artista que conhecia.

E não acabou por aí. Robbie Williams homenageou Freddie Mercury (a maior estrela do Live Aid, lembremos), cantando "We Will Rock You", antes de interpretar a emocionante balada "Angels", provavelmente a canção mais berrada pela plateia, e o The Who abriu caminho para o show mais esperado da noite. Às 23h23min, com mais de uma hora de atraso acumulado no decorrer do dia, Roger Waters, David Gilmour, Rick Wright e Nick Mason subiram ao palco montado no Hyde Park. O *set*, que durou cerca de trinta minutos, contou com "Speak to Me" (muita gente deve ter chorado quando os batimentos cardíacos introdutórios desta música começaram a ressoar nos alto-falantes), "Breathe", "Money", "Wish You Were Here" e "Comfortably Numb". O show serviu como uma homenagem a Syd Barrett, em especial, "Wish You Were Here". Durante a apresentação, Waters disse: "Estamos fazendo isso para todos que não estão aqui. Particularmente, claro, para Syd". Barrett, um dos fundadores do Pink Floyd, morreria um ano depois. Na autobiografia *Inside Out*, Nick Mason relembrou o show: "Foi fantástico tocar com os outros novamente — Rick tocando suas texturas únicas, David seguro como sempre, perfeitamente afinado e lírico, e Roger tocando aquelas familiares linhas de baixo, e as letras de sua composição com a linguagem corporal que me mostrou que ele estava realmente feliz. A performance foi boa e sóbria, e conseguimos manter distante tamanha empolgação, apesar da importância do evento". Foi um belo show, de fato. Parece que durante aqueles trinta minutos em que o mundo parou para ver o reencontro do Pink Floyd, as brigas, as *egotrips*, os processos judiciais e as hostilidades haviam sido suspensos. Para o bem da música, para o bem da África e para o bem do planeta.

Sucedendo ao Pink Floyd, Paul McCartney encerrou os trabalhos ao executar "Get Back", "Drive My Car" (em dueto com George Michael), "Helter Skelter" e "The Long and Winding Road". Ao final, todos se uniram no palco para cantar "Hey Jude". O show em Londres tinha acabado, mas o trabalho de Bob Geldof continuava. Dias depois, ele, Midge Ure e Bono foram a Gleneagles conversar com os líderes do G8. Por conta de todo o esforço, na cúpula, os políticos dobraram a ajuda à África para cinquenta bilhões de dólares anuais, além de terem cancelado as dívidas dos países africanos mais pobres, em um valor total de cerca de quarenta bilhões de dólares. E, mais importante de tudo: treze mil pessoas, em média, deixaram de morrer por dia na África, vítimas de doenças como aids, malária e poliomielite — essa última, inclusive, foi erradicada do continente africano.

Mais uma prova de que a música pode ajudar os necessitados, de que a música pode salvar vidas. Que as novas gerações possam proporcionar shows beneficentes tão fantásticos quanto o Live Aid e o Live 8. Porque, por meio deles, nós aprendemos que a música pode, sim, salvar o mundo.

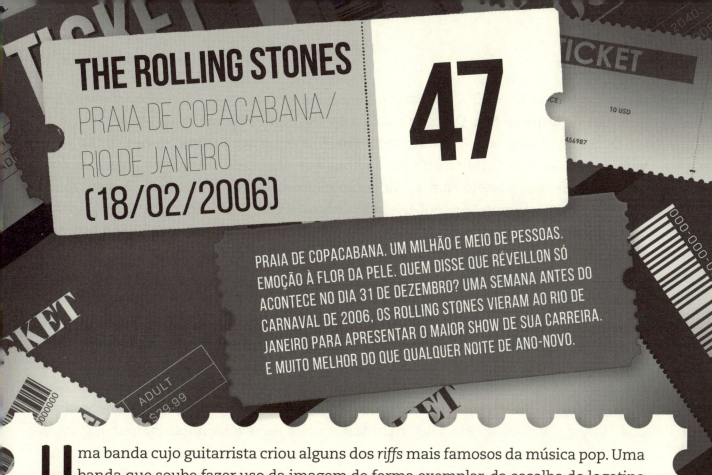

THE ROLLING STONES
PRAIA DE COPACABANA/ RIO DE JANEIRO
(18/02/2006)

47

PRAIA DE COPACABANA. UM MILHÃO E MEIO DE PESSOAS. EMOÇÃO À FLOR DA PELE. QUEM DISSE QUE RÉVEILLON SÓ ACONTECE NO DIA 31 DE DEZEMBRO? UMA SEMANA ANTES DO CARNAVAL DE 2006, OS ROLLING STONES VIERAM AO RIO DE JANEIRO PARA APRESENTAR O MAIOR SHOW DE SUA CARREIRA. E MUITO MELHOR DO QUE QUALQUER NOITE DE ANO-NOVO.

Uma banda cujo guitarrista criou alguns dos *riffs* mais famosos da música pop. Uma banda que soube fazer uso da imagem de forma exemplar, da escolha do logotipo aos figurinos extravagantes. Uma banda cujo vocalista, além de representar perfeitamente o símbolo do rock, é um dos maiores *frontmen* de todos os tempos. Uma banda que perdeu um guitarrista para as drogas e jamais abaixou a cabeça. Uma banda que, há sessenta anos, sobrevive às *egotrips* de seus integrantes, e que conta com a segunda dupla de compositores mais famosa da história do rock. Uma banda que gravou álbuns que estão em qualquer lista dos melhores do rock, e que nunca teve pudor de incorporar outros elementos musicais à sua sonoridade clássica, ainda que debaixo de críticas. Uma banda que manteve um estilo de vida que firmou os parâmetros dos futuros grupos de rock — muito sexo, muitas drogas e muito, mas muito rock and roll. E, como se não bastasse, uma banda que iniciou a era dos grandes espetáculos de rock tal qual conhecemos hoje, e que continua vendendo álbuns a torto e a direito e lotando shows por todo o planeta. "Ladies and gentlemen: The Rolling Stones!". A banda que, não bastasse todo esse currículo, ainda fez um dos shows de maior audiência de todos os tempos. Aqui no Brasil.

No dia 21 de agosto de 2005, no Fenway Park, em Boston, os Rolling Stones iniciaram a Bigger Bang Tour. A turnê varreu o planeta durante mais de dois anos, em 146 shows. A mais inesquecível de todas as apresentações dessa temporada — talvez de toda a carreira dos Stones — aconteceu no dia 18 de fevereiro de 2006. De acordo com as estimativas, o 55º concerto da Bigger Bang Tour levou 1,5 milhão de pessoas às areias de Copacabana. O maior público da carreira da banda britânica.

Os Stones mereciam. E o Brasil também. A relação dos Rolling Stones com o país vem de priscas eras. Trinta e oito anos antes, em janeiro de 1968, Mick Jagger visitou o Rio de Janeiro a passeio com a sua então esposa Marianne Faithfull. O casal mais festejado da "Swinging London" passou incógnito pela capital carioca e, hospedado no Copacabana Palace, curtiu a praia durante alguns dias na companhia do escritor Fernando Sabino. Quando foram descobertos na cidade, arrumaram as malas e voaram para a Bahia, a fim de conhecer os batuques e os cânticos do candomblé, certamente uma influência para a gravação de "Sympathy For The Devil", que aconteceu em dezembro daquele ano, quando Jagger voltou ao Brasil, dessa vez na companhia de Keith Richards. Os dois passaram o réveillon no Rio e conheceram a praia da Barra da Tijuca, onde o táxi que os levava atolou na areia. Alguns dias depois, os músicos e as respectivas namoradas passaram uma temporada em Matão, no interior de São Paulo, onde se divertiram em banhos de piscina. Em dezembro de 1975, o vocalista dos Stones retornou ao Rio. Jagger passou a noite de réveillon em Ipanema, gravou com músicos brasileiros no recém-inaugurado estúdio da Polygram, se esbaldou na Galeria Alaska, famoso ponto gay de Copacabana, e terminou a viagem em Búzios.

No ano seguinte, foi a vez do recatado Charlie Watts trazer a família ao Rio de Janeiro para assistir a um ensaio da bateria da escola de samba Portela e a um Fla-Flu no estádio do Maracanã. Foi apenas em 1984 que Mick Jagger voltou ao Rio, para gravar um filme que conta a história de um astro do rock decadente perdido no Brasil. O filme serviria para divulgar o seu primeiro disco solo, *She's The Boss* (1985). Mas o primeiro show mesmo de um Stone no Brasil aconteceu em maio de 1992, quando o baterista Charlie Watts tocou por aqui com o seu quinteto de jazz. Os brasileiros ainda teriam que esperar mais três anos para ver a banda completa em cima do palco.

Entre o fim de janeiro e o início de fevereiro de 1995, a Voodoo Lounge Tour aportou no país para três shows no estádio do Pacaembu e mais dois no Maracanã. Foram cinco shows inesquecíveis (e molhados, por conta das chuvas de verão), dos primeiros acordes de "Not Fade Away", enquanto a imensa cobra cenográfica de aço cuspia fogo, até os últimos acordes de "Jumpin' Jack Flash". A partir daí, os Stones não se esqueceriam mais do país. Em abril de 1998, a banda retornou, dessa vez com a Bridges To Babylon Tour. Na bagagem, trouxe ninguém menos do que Bob Dylan. O cantor norte-americano apresentou os shows de abertura e ainda deu uma canja nas aparições dos Stones cantando "Like a Rolling Stone". Quem estava lá não se esquece.

Mas o melhor estava por vir. O repórter Larry Rohter, do *New York Times*, registrou: "É preciso audácia para ir à cidade do carnaval mais famoso do mundo e, uma semana antes dele, tocar algo que não seja samba". Pois é, audácia nunca faltou aos Rolling Stones. E eles nunca viram algo tão grandioso. Vinte dias antes do show de 2006, 150 homens já trabalhavam na estrutura do palco exclusivo para o show carioca — o original da turnê era pesado demais e afundaria na areia da praia. A decoração do palco em Copacabana seria diferente, com 22 metros de altura (correspondente a um prédio de sete andares) e sessenta de largura. O telão ao fundo teria doze por treze metros. Uma passarela de cem metros de extensão seria construída sobre a Avenida Atlântica para que a banda pudesse atravessar dos camarins (no caso, o hotel Copacabana Palace) até o palco. No total, eram cem toneladas de equipamento de som e iluminação com capacidade para fornecer energia para uma cidade de vinte mil habitantes. Na areia, seriam construídas dezesseis torres de som e mais sete telões. E ainda tinha o palco B a sessenta metros do principal. Pouca coisa, não?

Na madrugada do dia 17 de fevereiro, um comboio com trinta batedores e quinze carros da Polícia Militar atravessou as ruas do Rio de Janeiro escoltando os Rolling Stones, do aeroporto internacional Tom Jobim até o Copacabana Palace, onde cerca de duzentos fãs aguardavam a banda. Os músicos, no entanto, ficaram reclusos no hotel. A cidade do Rio de Janeiro vivia momentos tensos. Poucos dias antes da apresentação, seis pessoas tinham morrido durante um confronto entre traficantes na favela da Rocinha. Por conta disso, a segurança no dia do show contava com nada menos do que dezesseis mil policiais civis e militares. O máximo que os Stones fizeram foi saudar os fãs, lá do alto das suítes que ocupavam no último andar do Copacabana Palace. O guitarrista Ronnie Wood, em seu livro de memórias, relembrou o momento: "Das varandas do Copacabana Palace, vimos milhares de fãs assistirem à passagem de som, o palco sendo construído e um monte de travestis desfilando para cima e para baixo. Quando nos viam na sacada, os fãs rugiam tão alto que pareciam querer nos engolir, causando um frenesi realmente indescritível".

Fora do quarto, para a tristeza dos jornalistas brasileiros — e dos mais de cinquenta estrangeiros que vieram ao país —, a banda se limitou ao restaurante Cipriani, em frente à piscina do próprio hotel. Mick Jagger bem que pensou em ir a um ensaio da Imperatriz Leopoldinense. Como o vocalista desistiu, Luciana Gimenez (rainha de bateria da escola e mãe de Lucas Jagger) convocou os sambistas para tocar na piscina do hotel, mas o Copacabana Palace não autorizou a festa. O mestre de bateria deve ter ficado decepcionado por não ter podido mostrar a sua versão de "(I Can't Get No) Satisfaction" em ritmo de samba que fora tão ensaiada.

Alguns fãs acamparam na praia e viraram a noite para conseguir os melhores lugares. O dia do show amanheceu nublado, mas não demorou para o sol aparecer. Por volta de onze da manhã, já havia cerca de cinco mil pessoas guardando lugar na areia. A cidade respirava Rolling Stones. Vendedores ambulantes faziam a festa e faturavam alto comercializando cerveja, cachaça, churrasquinho e camisetas da banda. Restaurantes serviam pratos no formato da língua dos Stones. Próximo ao palco, havia uma escultura de areia de Mick Jagger. Porém, perto do horário da apresentação, o vocalista estava preocupado, achando o público muito pequeno. A partir das seis da tarde, como em um passe de mágica, a praia ficou lotada, e os trabalhos foram abertos pelo DJ Janot e pelas bandas AfroReggae e Titãs, que tocou treze músicas em quarenta minutos, incluindo sucessos como "Flores", "Homem Primata" e "Lugar Nenhum".

O cenário era de cair o queixo. Mais de um milhão de pessoas ocupando cerca de dois quilômetros de extensão da praia, além de cerca de quatrocentas embarcações ancoradas no mar, a maioria sem respeitar a regulamentação de duzentos metros de distância mínima para a faixa de areia. De pequenos barcos de pesca a lanchas para quinhentas pessoas com direito a bufê e DJs, havia opções para todos os bolsos. As janelas dos apartamentos em frente à praia se transformaram em camarotes que nem os da Marquês de Sapucaí. Na frente do hotel, alguns gaiatos faziam troça exibindo uma faixa onde se lia *Mick, make a son in me* ("Mick, faça um filho em mim"). Para fugir da muvuca que circulava pelo hotel, os integrantes da banda tiveram que passar pela cozinha do Copacabana Palace. Antes de finalmente alcançarem a passarela que os levaria ao palco, a banda e os músicos de apoio filaram camarões de dentro das panelas e ainda surrupiaram dezessete latinhas de Red Bull, aquele energético que "te dá asas".

Os Rolling Stones realmente precisariam de asas — se já não as tivessem. A apresentação, que seria exibida em cinemas dos Estados Unidos dez dias depois, estava sendo chamada lá fora de "o maior show do mundo". A expectativa era imensa. Fãs se aglomeravam em cima de árvores para ter uma melhor visão do palco, enquanto dunas humanas ondulavam na areia emoldurando o deslumbrante cenário natural. Era tudo nababesco. Até para uma banda do tamanho dos Rolling Stones.

Às dez para as dez, uma explosão no telão – o "big bang" – anunciou a entrada do grupo ao som de "Jumpin' Jack Flash". O som estava embolado, e a banda, talvez um pouco nervosa. Mas, já na segunda música do roteiro, "It's Only Rock 'n' Roll", o grupo encontrou o seu rumo. Na plateia VIP, Quincy Jones assistia a tudo ao lado de Gilberto Gil, então Ministro da Cultura. O vocalista dos Stones, em uma das maiores performances de sua carreira, levantava a camiseta, dava pulos e rebolava. E ainda decorou algumas frases de efeito em português, como "Copacabana é a melhor festa do mundo" e "Vocês são fantásticos". Quando fez as perguntas: "Tem gente de São Paulo aqui? E da Bahia? E de Porto Alegre? E do Rio?", recebeu um brado de aprovação. Sim, se bobeasse, tinha gente até de Plutão em Copacabana naquele dia. Conforme o próprio cantor afirmou, "você precisa se dar uns beliscões. Não dava para ver a plateia no Rio, era muito grande. Mas o som deles era como o de centenas de milhares de abelhas, um barulho realmente muito alto".

Keith Richards, por sua vez, estava mais compenetrado, e explicou o motivo em seu livro de memórias. "Quando eu vi o vídeo daquele show, percebi que eu estava muito concentrado, concentrado pra caralho! Eu estava emburrado mesmo! Isso porque o som é que tinha que ficar bom. O resto não interessava. Eu dei uma de babá, tentando me certificar de que tudo estivesse saindo como deveria, o que era compreensível, já que estávamos tocando para um milhão de pessoas e metade delas estava em outra baía, e eu fiquei me perguntando se o som estava sendo projetado até lá, ou se ele acabava ficando todo embolado no meio do caminho. Nós podíamos ver apenas um quarto da audiência." Ronnie Wood também registrou o momento em sua autobiografia: "A multidão era tão grande que só percebemos a extensão total do público ao chegar ao palco B. O barulho tornou-se ensurdecedor quando o palco B nos aproximou da plateia do Rio. Nunca tínhamos ouvido nada assim".

Mas antes de chegar ao palco B, os Stones atacaram com clássicos — "Tumbling Dice", "Midnight Rambler", entre outros —, músicas novas, como "Rain Fall Down" e "Oh No, Not You Again" (que gente na imprensa dizia ter sido inspirada em Luciana Gimenez), além de um cover de "Night Time Is the Right Time" (sucesso na voz de Ray Charles, que havia morrido dois anos antes e recebeu uma homenagem nos telões), com os vocais de apoio de Lisa Fischer. Em seguida, rolou o tradicional *set* no qual Keith Richards canta duas músicas. Espirituoso, ele disse: "É bom estar de volta. É bom estar em qualquer lugar", ao que a plateia devolveu com berros de "Olê, olê, olê, olê, Richards, Richards!". Nesse momento, o palco B começou a se mover com a ajuda de um sistema hidráulico, avançando sessenta metros para além da ala VIP. "Aqui está muito bom", disse Jagger, antes de cantar quatro músicas perto dos pobres mortais que tinham virado a noite à espera daquele momento. "Miss You" (música de 1978, quando os Stones se encontraram com a disco music) e a sempre indispensável "Honky Tonk Women" fizeram a alegria da galera, que jogou todas as camisetas possíveis em cima da banda quando o pequeno palco deu marcha à ré.

Nem precisava, mas os Rolling Stones ainda mandaram "Sympathy For the Devil" (aquela, inspirada no carnaval de 38 anos antes), "Start Me Up" e "Brown Sugar". No bis, com Jagger vestindo uma camiseta branca com a bandeira do Brasil e o nome da cidade do Rio de Janeiro, vieram "You Can't Always Get What You Want" (o que não era verdade, já que aquela plateia teve tudo o que queria naquela noite) e "(I Can't Get No) Satisfaction". Duas horas para deixar um milhão e meio de almas lavadas.

A imprensa reverberou o momento histórico. "Um espetáculo para ficar na história", declarou o jornal *O Globo* na manchete. "Nunca houve uma noite assim também porque jamais haverá cenário igual. Difícil haver outra noite assim com um cenário tão bonito por natureza", escreveu o repórter do *Jornal do Brasil*. A imprensa internacional também se derreteu. O *New York Times* publicou em letras garrafais: "Stones sacodem 1,5 milhão no Rio dias antes do carnaval". Já o britânico *The Guardian* inflacionou a plateia em uma reportagem que dizia que "o espírito do carnaval chegou uma semana mais cedo com a presença de dois milhões de pessoas em um show gratuito dos Rolling Stones no Rio". A revista *New Musical Express* contou que "a banda tocou clássicos em um dos maiores shows do mundo, à sombra do famoso Pão de Açúcar".

Apesar do tamanho da plateia, os problemas não chegaram aos pés dos de Altamont. Houve 33 detenções por furto, uma por assalto e mais uma por lesão corporal. Alguns integrantes da banda celebraram em uma festa no Copacabana Palace depois do show, com a presença de pouco mais de mil convidados, incluindo figuras como Monique Evans, Aécio Neves, Luciano Huck, Calvin Klein e Alexia Deschamps. O assunto era apenas um: a euforia da banda com relação ao tamanho do público. Pena que não deu tempo de os músicos aproveitarem a cidade. Já no dia seguinte, às três da tarde, Watts, Richards e Wood partiram para Buenos Aires. Mick Jagger ficou mais um dia no Rio para fazer companhia ao filho Lucas, que, com seis anos de idade, não conseguiu ver o show. Antes de viajar para Buenos Aires, o cantor, responsável que é, foi a uma reunião de pais na escola do filho em São Paulo, causando alvoroço entre alunos e professores. Segundo Christopher Andersen, autor do livro *Mick*, o vocalista e a banda ficaram dezessete milhões de dólares mais ricos apenas com o show no Rio, muito por conta da venda de *merchandising* e dos direitos de transmissão do evento.

Quinze anos depois, no dia 9 de julho de 2021, foi lançado *A Bigger Bang: Live on Copacabana Beach*, registro do show em áudio e vídeo. O baterista Charlie Watts, que morreu um mês depois do lançamento, deu o seguinte depoimento no encarte que acompanha o DVD: "Para ser honesto, não importa se há dois milhões [de pessoas] ou qualquer outra coisa, porque você só vê uma determinada área. (...) Mas eu podia ver os barcos no mar. Era um cenário maravilhoso, e o dia todo foi fantástico. Foi como a final da Copa, mas durou o dia todo".

Para os fãs dos Rolling Stones, especialmente os brasileiros, dura até hoje.

THE POLICE
ESTÁDIO MONUMENTAL DE NUÑEZ/BUENOS AIRES
(01-02/12/2007)

48

UMA REUNIÃO DO THE POLICE ERA ALGO IMPROVÁVEL NO MUNDO DA MÚSICA. TANTO QUE, QUANDO A TURNÊ FOI ANUNCIADA, EM 12 DE FEVEREIRO DE 2007, AINDA ERA DIFÍCIL DE ACREDITAR. OS INTEGRANTES DEIXARAM O EGO DE LADO, ENSAIARAM MESES A FIO E APRESENTARAM UMA DAS TURNÊS MAIS IMPORTANTES DA HISTÓRIA DO ROCK.

Na efervescente cena britânica do fim dos anos 1970, eis que surge uma banda de três rapazes que queriam brincar de ser punks. O detalhe é que os três rapazes eram louros, bonitos e, principalmente, tocavam bem os seus instrumentos. Um detalhe a mais: o seu vocalista era capaz de criar canções pop como poucos. Lógico que o The Police jamais seria uma banda punk.

Antes da criação do grupo, Sting tocava em uma banda de jazz rock chamada Last Exit, e Stewart Copeland era o baterista do Curved Air, um conjunto de rock progressivo. Ambos andavam descontentes com o trabalho. Na ebulição do Sex Pistols, eles queriam tentar algo diferente, menos conceitual e mais roqueiro, por assim dizer. As coisas começaram a tomar forma quando Copeland, por acaso, assistiu a uma apresentação do Last Exit. Não gostou do som, mas adorou aquele baixista de voz meio rouca. Antes de começarem a tocar juntos, Copeland já tinha o nome da banda na cabeça: The Police. Para completar o trio, chamaram o guitarrista Henry Padovani. Após alguns showzinhos em *pubs* de Londres, o grupo teve a chance de lançar "Fall Out", o seu primeiro single. Foram apenas duas mil cópias, que os integrantes vendiam pessoalmente para as lojas de disco. Logo em seguida, Sting e Copeland conheceram o guitarrista Andy Summers, que tocava na banda Strontium 90, para a qual o Police tinha o costume de abrir algumas apresentações. "Vocês têm uma ótima banda. O único problema é o guitarrista. Vocês precisam demiti-lo e contratar outro: eu", disse Summers a Copeland. O baterista gostou de tamanha sinceridade, mandou Padovani embora e o novo trio estava formado.

Só que, à medida que os shows corriam, nada acontecia. Os punks não davam bola para o The Police. Sem grana, Sting foi convidado para participar de um comercial de chicletes, e ainda convenceu o diretor a chamar Summers e Copeland. OK, mas com um detalhe: todos deveriam tingir o cabelo de louro. Após a gravação do tal comercial, sem muitas perspectivas, a banda decidiu apostar em um álbum por conta própria. Com o punk já em declínio e a new wave surgindo, Sting imaginou algo diferente: unir o rock ao reggae. Dessa forma, nasceu o single "Roxanne". Mais uma vez, não deu em nada, assim como o outro single, "Can't Stand Losing You".

No limbo entre o punk e a new wave, o Police não encontrava o seu lugar. Ao mesmo tempo que se apresentavam, Copeland se dedicava a projetos paralelos, e Sting chegou até a fazer uma ponta no filme *Quadrophenia*, baseado na ópera-rock do The Who. Eles ainda teriam que esperar um pouco para conhecer o sucesso, que veio com o lançamento do disco de estreia, *Outlandos d'Amour* (1978), que alcançou a sexta posição na parada britânica, muito por conta do sucesso "So Lonely". A partir daí, as coisas começaram a acontecer rapidamente. A mistura de reggae com rock foi levada ao extremo no segundo LP, *Reggatta de Blanc* (1979). O público gostou, e "Message In a Bottle" chegou ao topo das paradas de diversos países. Mais importante: o Police finalmente tinha um álbum número 1 na parada britânica.

O sucesso, enfim. As gravações de *Zenyatta Mondatta* (1980) terminaram menos de 24 horas antes de o The Police iniciar uma turnê mundial. Não havia tempo a perder. Neste álbum, o grupo alterou a sua sonoridade típica. O "reggae de branco" abria espaço para músicas mais trabalhadas, contando com elementos do jazz e da *world music*. O disco seguinte, *Ghost in the Machine* (1981), manteve o mesmo estilo, sinalizando o amadurecimento do grupo, com letras mais complexas de Sting em belas faixas como "Spirits In The Material World" e "Invisible Sun". Ah, o disco ainda conta com uma das canções pop mais lindas já escritas neste planeta: "Every Little Thing She Does Is Magic".

Depois de mais de cinco anos entre palcos e estúdios, sem saber o que eram férias, Sting, Copeland e Summers tiraram um ano sabático. Parece que deu certo. Ou não. *Synchronicity* (1983) foi um arrebatador sucesso comercial, liderando a parada da Billboard por nada menos do que dezessete semanas. Mais pop que os anteriores (vide "Every Breath You Take", cujo single chegou ao topo das paradas dos Estados Unidos e da Grã-Bretanha), mas não pior. A banda se mostrava ainda mais crescida, através de canções como "Tea In The Sahara" e "Wrapped Around Your Finger". O Police era a maior banda de rock do mundo. E foi nesse momento que a banda resolveu se separar.

Reza a lenda que, durante a Synchronicity Tour, Stewart Copeland desenhava imagens de Sting nas peles de sua bateria. Só para bater com mais força. Já o guitarrista Andy Summers classificou a gravação do álbum como uma "provação suprema". Os dois já andavam irritados com a mania de Sting de trazer as canções praticamente prontas ao estúdio, esperando que os dois colegas as tocassem exatamente do jeito que ele esperava. O clima não era bom, e a separação era incontornável. Sting disse na época que a "sincronicidade" do título do disco e da turnê dizia respeito às brigas das bandas. Elas não eram apenas coincidências, mas algo muito mais revelador.

Para os fãs que nunca imaginavam que o grupo se separaria no auge do sucesso comercial, uma volta era algo tão improvável quanto uma reunião do Led Zeppelin ou dos Beatles sobreviventes. Sting sabia muito bem disso. Ele tinha noção do alvoroço que uma reunião do The Police causaria. Seria a notícia do ano no mundo da música. Da década, talvez. Por algum motivo só conhecido por Sting, em novembro de 2006, ele decidiu que era a hora de voltar, e mandou um e-mail propondo a reunião aos dois antigos colegas. Ele sabia muito bem que Copeland e Summers jamais recusariam. Dois meses antes, o baterista tinha lançado *Everyone Stares*, um filme sobre a história da banda, e imaginava que o ciclo com o Police estava encerrado. Quando estava pronto para retomar o processo de composição de trilhas sonoras, Sting mandou a mensagem. Ela era curta: "Agora é a hora. Vamos fazer!". Quando abriu o e-mail em seu laptop, o baterista riu, berrou e dançou de alegria. "O Police era algo tão distante da minha vida atual que, para mim, foi quase a mesma coisa que o Led Zeppelin ter me convidado para tocar bateria." Depois, completou: "O Police era eu de novo, em vez de um prêmio na prateleira".

Copeland ainda achou que se tratava de uma brincadeira. "Só acreditei depois que o Sting mandou a lista de músicas por e-mail", contou. Os três, então, combinaram que ficariam de boca fechada até fevereiro de 2007, quando o anúncio oficial da volta seria feito. Até lá, a reaproximação aconteceu aos poucos. Sting convidou os colegas para o seu show de alaúde no Disney Center, em Los Angeles. Eles também se encontraram na festa de aniversário de Trudie Styler, esposa do baixista. Em meados de janeiro, o trio viajou para Vancouver, no Canadá, para fazer os primeiros ensaios. Copeland escutava todos os discos do grupo 24 horas por dia em seu iPod. Até os técnicos de som eram os mesmos da última turnê da banda. "Tudo era diferente e nada tinha mudado", escreveu o baterista em suas memórias. Sobre o primeiro encontro, ele relembrou: "Profundamente afetuoso, mas muito cauteloso. Apesar de nossa intensa adoração, somos capazes de ferir uns aos outros, o que fazemos quase com a mesma frequência com que nos aconchegamos". Ele também sabia que os ensaios iniciais não seriam fáceis. "Durante toda a tarde, nós nos enfrentamos com máscaras amáveis, procurando alcançar a unidade musical apesar de filosofias musicais drasticamente divergentes."

"Os fãs do Police em breve poderão estar caminhando na lua" ("Walking On the Moon", um dos maiores sucessos do trio), manchetou o famoso e conservador jornal britânico *Mail On Sunday*. Foi apenas o primeiro boato. E não demorou muito para as revistas *Rolling Stone* e *Billboard* correrem atrás da notícia. Enquanto isso, a banda praticamente reaprendia a tocar o seu repertório. Sting sabia que a sua postura teria que ser diferente naquele momento. "Agora estou em uma banda em que não posso demitir ninguém, então o melhor é negociar", confessou, no documentário *Better Than Therapy*. Mas o clima, de um modo geral, era ótimo, bem diferente da era *Synchronicity*. "Estamos mais civilizados do que antes", brincou Sting.

Após duas semanas de ensaio em Vancouver, a banda apareceu meio que de surpresa na 49ª edição do Grammy Awards, no Staples Center, em Los Angeles. "Senhoras e senhores, nós somos o The Police e estamos de volta", foi o anúncio simples antes de a banda tocar "Roxanne", faixa do disco de estreia de 1978. As desconfianças de que aquilo não passava de uma brincadeira foram dissipadas dois dias depois, quando aconteceu uma coletiva de imprensa no clube Whisky a Go Go, em Los Angeles — um dos primeiros locais onde a banda se apresentou nos Estados Unidos. Alguns fãs e a mídia do mundo todo estavam lá para finalmente escutar a boa-nova. A banda tocou "Message In a Bottle" e "Roxanne" antes de Sting acabar com o suspense: "Vamos ser sinceros, faremos uma turnê". A coletiva que se seguiu, entre soluços dos fãs, foi bem descontraída. "Vocês só vão tocar músicas do The Police?", perguntou um repórter. "Vamos tocar algumas do U2 também", respondeu Andy Summers, entre risadas. Era oficial. A banda retornou aos ensaios no estúdio de Sting, na Toscana, Itália, por mais seis semanas antes da estreia da turnê. "Um desenvolvimento da alma do grupo", nas palavras de Summers.

Quando a banda retornou a Vancouver para o primeiro show, no dia 27 de maio, mais de um milhão de ingressos já haviam sido vendidos. A The Police Reunion Tour seria a maior turnê daquele ano. E dos anos seguintes também. A banda sabia o tamanho da responsabilidade. Ao todo, ensaiou por mais de quatro meses. A preocupação era imensa. Eles sabiam que uma banda daquele tamanho não poderia fazer feio e destruir o legado. Em sua autobiografia, Copeland escreveu que, no momento de estreia da turnê, mais do que uma reunião de velhos amigos, eles se sentiam como uma banda. "Os fios já existiam havia vinte anos, mas agora havia eletricidade passando por eles", relatou.

E foi isso que os fãs de Vancouver viram quando o baterista surgiu no palco enquanto "Get Up, Stand Up", de Bob Marley, explodia nos alto-falantes. Alçado em uma plataforma com a sua imensa percussão, ele deu uma pancada com toda a força no gongo logo atrás, apontou para a sua esquerda e Andy Summers surgiu tocando os acordes mágicos de "Message In a Bottle". Quando Sting se juntou aos dois para cantar "*Just a castaway, an island lost at sea...*", veio a certeza de que tudo tinha valido a pena.

A turnê foi imensa. Gerou cerca de 390 milhões de dólares em 151 shows espalhados em cinco continentes, com direito a apresentações no Rock in Rio Madrid e no Live Earth, gigantesco evento criado pelo ambientalista e ex-vice-presidente dos Estados Unidos Al Gore, a fim de combater as mudanças climáticas. Mas o momento mais especial para a banda talvez tenha sido quando a Reunion Tour chegou à América do Sul, em dezembro de 2007. Ela tanto sabia que aquela ocasião seria importante que resolveu gravar o DVD oficial da turnê em Buenos Aires, onde aterrissou em 30 de novembro, logo após apresentações no México. Seriam dois shows, nos dias 1 e 2 de dezembro, no estádio Monumental de Nuñez, propriedade do time de futebol River Plate.

Os músicos chegaram à capital da Argentina sob festa. A última vez do Police em Buenos Aires tinha sido em 1980. Um deputado até declarou os músicos "convidados de honra" em reconhecimento ao seu "compromisso social" e trabalho "em defesa do meio ambiente". Antes de cada um dos shows, a banda almoçou no restaurante do hotel em que estava hospedada e se encontrou com mulheres representantes de um movimento pelos direitos humanos. No Monumental, o palco era relativamente simples, uma espécie de platô oval com escadas. Como se a banda quisesse dizer "basta a gente no palco". De grandioso mesmo, apenas o telão dividido em três partes, ao fundo do cenário, mais do que necessário para a plateia observar os músicos em perfeita sintonia. Cada uma das duas apresentações contou com cerca de 45 mil pessoas. O show de abertura ficou a cargo da banda local Cuentos Borgeanos, que só convenceu quando o vocalista foi cantar no meio do público. Em seguida, foi a vez do cantor Beck, que apresentou a turnê do álbum *The Information* (2006). No total, foram dezesseis músicas, incluindo sucessos como "Devil's Haircut" (a primeira do *set*), "Loser" e "Where It's At".

O The Police iniciou o seu show cinco minutos antes do horário previsto, com "Message In a Bottle", música de abertura oficial da turnê. Após o salto clássico de Sting, com as pernas juntas e dobradas, veio "Synchronicity II", e os telões se acenderam para destacar as mãos de Andy Summers executando o seu *riff* matador, bem como o baixo descascado de Sting. A trinca inicial, encerrada com "Walking On the Moon", não poderia ser mais perfeita. O público já estava ganho. Todos os sucessos da banda foram relembrados — tudo bem, "Spirits In The Material World", que saiu do *setlist* logo no início da turnê, fez falta. Em seguida, vieram "Don't Stand So Close To Me", "Truth Hits Everybody", "Every Little Thing She Does Is Magic" e "Wrapped Around Your Finger" – essa última, com um arranjo meio oriental bastante inferior ao da gravação de estúdio. Estava tudo lá. Até mesmo "Invisible Sun", momento menor do show, com imagens de crianças feridas sendo transmitidas no telão. "Can't Stand Losing You", com excertos de *Reggatta de Blanc*, foi o grande momento da apresentação antes do bis, com a plateia cantando os "Eeyo-eeyo-eeyoyo" como se não houvesse amanhã.

"Roxanne" fechou a apresentação antes do primeiro bis, que começou com Stewart Copeland revezando entre a percussão e a bateria em "King of Pain". Em seguida, "So Lonely" foi outro grande momento, talvez o de maior animação do público. O hit supremo da banda, "Every Breath You Take", encerrou o primeiro bis, antes da dose final com a pesadíssima "Next To You". Ao encerrar o show com a primeira faixa do primeiro álbum da banda, parecia que o The Police estava querendo dar um recado. O ciclo se encerrava. A turnê ainda continuaria por mais oito meses. Na semana seguinte, haveria uma apresentação colossal no estádio do Maracanã, no Rio de Janeiro, para oitenta mil pessoas.

Mas a síntese da volta do The Police está nesses dois shows em Buenos Aires. Basta ver o DVD. A prova de que cada pequena — ou melhor, grande — coisa que o The Police fez foi — ou melhor, é — mágica.

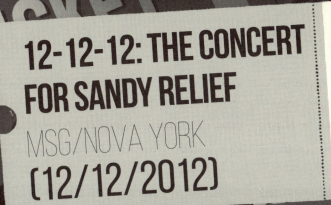

12-12-12: THE CONCERT FOR SANDY RELIEF
MSG/NOVA YORK
(12/12/2012)

49

BRUCE SPRINGSTEEN, ROGER WATERS, THE WHO, BON JOVI, MICHAEL STIPE, ROLLING STONES, KANYE WEST, PAUL MCCARTNEY... ESSES FORAM ALGUNS DOS ARTISTAS QUE SE APRESENTARAM PARA AJUDAR AS VÍTIMAS DO FURACÃO SANDY, QUE DEVASTOU PARTE DE NOVA YORK E DE NOVA JERSEY.

12-12-12. The Concert for Sandy Relief. Mais um megashow beneficente. Mais uma vez em Nova York. Mais uma vez no Madison Square Garden. O palco apropriado para receber artistas do quilate de Roger Waters, The Who, Bon Jovi, Bruce Springsteen, Rolling Stones, Eric Clapton, Paul McCartney, entre outros. Não à toa, horas antes do show, o canal de notícias CNN noticiou que o 12-12-12 seria o "maior evento musical da história do Madison Square Garden". E olha que o Garden sediou alguns dos shows mais importantes da história. Sobre alguns, inclusive, você já leu neste livro, como a apresentação do Led Zeppelin em 1973 e o Concert for Bangladesh. A arena tem uma tradição forte em eventos beneficentes. Além do Concert for Bangladesh, aconteceram o One to One Concert (1972), A Night of the Hurricane (1975), No Nukes (1979), Concert for New York City (2001), entre outros.

No dia 12 de dezembro de 2012, o Madison Square Garden voltou a ser o palco de mais um grande evento beneficente. A causa, como sempre, era nobre. No dia 28 de outubro daquele mesmo ano, o ciclone tropical Sandy tinha afetado países como Jamaica, Cuba e Haiti, além dos Estados Unidos, mais especificamente alguns estados da costa leste, como Nova Jersey e Nova York. O ciclone tropical ganhou, inclusive, o apelido de "Frankestorm", porque a sua previsão de chegada no leste do Canadá era exatamente no Dia das Bruxas. Rapidamente, o tal ciclone tropical foi elevado à categoria de furacão. Em Nova York, houve alagamentos, falta de energia para mais de meio milhão de pessoas e ventos de até 150 km/h. Áreas foram evacuadas, escolas, lojas e teatros foram fechados, shows e musicais, cancelados, serviços de transporte foram suspensos, quase mil voos tiveram que ser cancelados, 110 pessoas morreram no país, milhares perderam suas casas, e o prejuízos causados chegaram perto dos sessenta bilhões de dólares. O Sandy é considerado um dos maiores desastres naturais da história do país.

Como costuma acontecer em casos trágicos dessa envergadura nos Estados Unidos, a população colocou a mão na massa para ajudar os mais afetados. E a turma do rock, mais uma vez, fez a sua parte. James Dolan (presidente do Madison Square Garden), John Sykes (presidente da Clear Channel Entertainment Enterprises) e Harvey Weinstein (presidente da Weinstein Company) se juntaram para organizar um show que reunisse grandes astros da música pop, cuja renda seria revertida para a Robin Hood Foundation, organização de caridade fundada em 1988 que administra um fundo de assistência para desastres ocorridos na região de Nova York. A ideia era fazer algo parecido com o The Concert for New York City, que aconteceu em 20 de outubro de 2001 para ajudar as famílias das vítimas dos Atentados de 11 de Setembro. Os produtores, inclusive, eram os mesmos, e não seria muito difícil levar o projeto adiante.

Bruce Springsteen e Paul McCartney foram os primeiros a topar. E partiu deles a escalação dos demais artistas que se apresentariam no concerto. Breve comentário: para o show acontecer, o Madison Square Garden teve que mexer na sua intocável agenda, adiando um jogo de hóquei no gelo do New York Rangers. Em meados de novembro, sem o *line-up* completo, o evento foi divulgado pela imprensa. Quando os ingressos foram postos à venda, no dia 3 de dezembro, a escalação dos artistas ainda estava pela metade. Esse detalhe não impediu que, em menos de um minuto, os dezoito mil ingressos disponíveis (cujos preços variavam entre 150 e 2.500 dólares) fossem vendidos. Infelizmente, como costuma acontecer nesse tipo de evento, no dia seguinte, centenas de ingressos estavam sendo vendidos em sites de cambistas por valores que chegavam a 99 mil dólares. Os cambistas causaram revolta. Muita gente não conseguiu comprar ingresso, e até mesmo um senador dos Estados Unidos enviou uma carta ao StubHub — o principal site de vendas de ingressos no mercado negro no mundo — afirmando que "cada dólar gasto nesse concerto deveria ser encaminhado para ajudar as vítimas do furacão Sandy, e não para os bolsos de cambistas inescrupulosos". O StubHub se sensibilizou e fez o que pôde, ou seja, doou para a Robin Hood Foundation mais de quinhentos mil dólares advindos da comissão do site pela revenda dos tais ingressos.

Além da renda obtida através da venda dos ingressos, a Robin Hood também arrecadaria mais dinheiro por meio de doações feitas pelo telefone durante o show.

Assim, os organizadores fecharam a transmissão ao vivo do evento para 39 emissoras de televisão dos Estados Unidos e mais vinte ao redor do planeta, além de 25 sites na internet, perfazendo um total de dois bilhões de telespectadores. Quem ligasse para doar, poderia falar ao telefone com artistas como James Gandolfini (o finado e saudoso Tony Soprano, do seriado Os Sopranos), Susan Sarandon, Whoopi Goldberg, Quentin Tarantino, Jimmy Fallon, Steve Buscemi e Jamie Foxx.

Às sete e meia da noite em ponto, após uma contagem regressiva para juntar todas as redes de comunicação que transmitiam o evento, um vídeo com cenas fortes mostrando os estragos do furacão passou no telão ao fundo do palco. A plateia permaneceu em silêncio absoluto. É bom lembrar: aquela plateia do Madison Square Garden, em sua grande maioria, tinha sofrido os efeitos do furacão na pele. Algumas pessoas lá talvez tivessem perdido a sua casa (o próprio Mick Jagger teve o seu apartamento inundado, assim como a mãe de Richie Sambora, guitarrista de Bon Jovi, que teve sua residência destruída). Talvez muitas pessoas lá tivessem perdido um parente ou um amigo por conta do furacão. O clima era de emoção à flor da pele. (Uma cena me tocou muito nesse show. Logo após Bon Jovi se apresentar, ainda no início da noite, uma senhora que estava sentada ao meu lado se levantou, se despediu de mim e falou: "Estou velha demais para este tipo de show, mas eu tinha que fazer a minha parte". Uma frase que vale por um curso inteiro sobre diferenças entre Estado e Nação.)

Logo depois do vídeo, Bruce Springsteen iniciou os trabalhos. Uma escolha mais do que acertada. Em 2012 (e até hoje), nenhum artista poderia representar tão bem Nova York e Nova Jersey. Ele começou a sua apresentação com "Land of Hope and Dreams", cuja letra diz "Deixe para trás a tristeza/ Deixe que este dia seja o último/ Amanhã haverá sol/ E toda essa escuridão passará". Nada poderia fazer mais sentido àquela altura. Springsteen seguiu cantando músicas que tinham a ver com o momento, como "Wrecking Ball" (que cita Nova Jersey, o time New York Giants e a arena esportiva de Meadowlands) e "My City of Ruins" — uma canção que ele havia apresentado no teleton *A Tribute to Heroes*, dias após os Atentados de 11 de Setembro, com o seu refrão "*Come on, rise up*" ("Vamos, levante-se!"). Mais uma vez, um refrão como esse era necessário para Nova York. Para dar uma amenizada no clima, Springsteen convocou Jon Bon Jovi ao palco para, juntos, cantarem "Born to Run". Roger Waters entrou logo depois. À época, como estava no meio da sua turnê The Wall, ele apresentou músicas como "In the Flesh" e "Another Brick in the Wall", mas também canções que ele não cantava ao vivo havia anos, como "Money" e "Us and Them". O seu *set* foi finalizado com uma versão arrebatadora de "Comfortably Numb", ao lado de Eddie Vedder, líder do Pearl Jam.

A próxima atração foi Bon Jovi, que colocou a plateia para cantar em "It's My Life" e "Livin' On a Prayer", além de uma versão de "Who Says You Can't Go Home", com a participação de Springsteen. Eric Clapton também estava afiadíssimo, tocando guitarra com uma vontade poucas vezes vista nos anos anteriores. O seu *set*, que contou com o baterista Steve Jordan e o baixista Willie Weeks, começou acústico com "Nobody Knows You When You're Down and Out" e terminou lá em cima com "Got to Get Better in a Little While" e "Crossroads", de Robert Johnson — se lembram do primeiro capítulo deste livro? Os Rolling Stones fizeram uma apresentação curta, com apenas duas canções. Teve gente que reclamou, mas vale uma explicação: a banda de Mick Jagger e de Keith Richards, há anos, não faz shows em dias consecutivos. Eles não aguentam mais o ritmo e, na véspera, haviam se apresentado no Prudential Center, em Nova Jersey. Como não queriam ficar de fora do evento, toparam tocar duas músicas, "You Got me Rocking" e "Jumpin' Jack Flash". Durante a apresentação, o vocalista brincou com a plateia: "Essa é a maior coleção de músicos ingleses velhos já reunida no Madison Square Garden. Se chover em Londres, vocês vão ter que nos ajudar". O bom e velho humor britânico…

Alicia Keys se apresentou apenas com um piano, antes da entrada triunfal do The Who, que tocou sete músicas, a maior parte delas da ópera-rock *Quadrophenia* (1973), já que a banda estava fazendo uma turnê apresentando o disco na íntegra. Mas também teve espaço para "Pinball Wizard" e "Baba O'Riley". Essa última, provavelmente, foi a responsável pelo maior coro da noite por parte da plateia. E nem só de rock viveu o 12-12-12. A atração seguinte foi Kanye West, que, talvez inspirado no show do Queen no Live Aid, apresentou um *set* de pouco mais de vinte minutos de duração com trechos de seus maiores sucessos, como "Diamonds From Sierra Leone" e "Jesus Walks". Parte das cadeiras ficou vazia, e os bares do Garden se encheram (talvez o hip-hop não fosse a preferência daquele público, que era formado, em média, por pessoas entre quarenta e setenta anos de idade). O trem voltou aos trilhos com Billy Joel, outro símbolo de Nova York, recordista de apresentações no Madison Square Garden, com mais de cem contabilizadas até hoje. Ele apresentou um repertório com sete hits de sua carreira, como "New York State of Mind" e "Only the Good Die Young", e levantou o público. Chris Martin, do Coldplay, veio em seguida, com um show solo, apenas voz e violão, mas surpreendeu o público ao chamar Michael Stipe para uma versão de "Losing My Religion". O ex-vocalista do R.E.M. ainda não tinha se apresentado em público desde o encerramento das atividades de sua antiga banda. A sua aparição foi guardada em segredo até o momento em que pisou no palco, e, por isso, muita gente considera esse o grande destaque da noite.

Outro grande momento aconteceu durante o último *set* do evento, o de Paul McCartney — quem mais? Após cantar "Helter Skelter", "Let Me Roll It", "My Valentine" (com participação de Diana Krall no piano), o Beatle convocou ao palco Dave Grohl, que ainda trouxe, a tiracolo, Krist Novoselic e Pat Smear. Sim, o Nirvana estava reunido, e Paul McCartney "substituía" Kurt Cobain, morto em abril de 1994. Juntos, em uma reunião que foi chamada de "Sirvana" (uma brincadeira misturando o "Sir" de Paul McCartney com "Nirvana"), eles tocaram "Cut me Some Slack", música que gravaram para a trilha sonora do documentário *Sound City*, sobre o famoso estúdio de gravação em Los Angeles. Para finalizar, Paul cantou "Live and Let Die" (repleta de fogos de artifício e dedicada aos bombeiros de Nova York), e convidou Alicia Keys ao palco para encerrar os trabalhos com "Empire State of Mind", uma das odes mais lindas à cidade de Nova York: "Selva de concreto onde os sonhos são feitos/ Não há nada que você não possa fazer/ Agora você está em Nova York/ Essas ruas vão fazer você se sentir renovado/ As grandes luzes vão inspirar você/ Vamos aplaudir Nova York".

À uma hora e vinte minutos já do dia 13 de dezembro de 2012, após cinco horas e cinquenta minutos, o 12-12-12 estava encerrado. Uma overdose de boa música, de boas vibrações, de bons sentimentos, e uma receita de 75 milhões de dólares para ajudar a reconstruir Nova York. Mais uma vez, astros da música pop se juntaram por uma boa causa. O rock, mais uma vez, ajudando as pessoas, trazendo esperanças e salvando vidas.

DAVID BYRNE
HUDSON THEATRE / NOVA YORK
(20/10/2019)

50

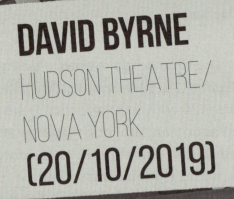

QUANDO DAVID BYRNE LANÇOU AMERICAN UTOPIA, ELE SABIA QUE AQUILO ERA MAIS DO QUE UM SIMPLES ÁLBUM. A IMENSA TURNÊ QUE SE SEGUIU GANHOU UMA TEMPORADA NA BROADWAY. ASSIM COMO FIZERA EM STOP MAKING SENSE, BYRNE REVOLUCIONOU O MUNDO DO ESPETÁCULO EM UM DOS MELHORES SHOWS DA HISTÓRIA DA MÚSICA POP.

Um desavisado que não esteja muito por dentro dos episódios mais recentes da música pop talvez não saiba da importância de *American Utopia*, show de David Byrne que estreou em 2019. Tudo bem. As resenhas da *New Musical Express* e da *Billboard* resumem a importância e o impacto cultural do acontecimento. "Pode ser apenas o melhor show de todos os tempos", cravou a revista britânica. A estadunidense foi mais comedida, mas não menos categórica: "Uma experiência diferente de tudo".

Impossível falar de David Byrne sem citar os Talking Heads, banda da qual fez parte. O grupo de Nova York soube como nenhum outro unir a melodia básica do pop com a *world music* de forma experimental e intelectual, sem deixar de lado a veia punk. É sintomático o fato de a banda ter se formado em uma escola de design. O guitarrista e vocalista David Byrne juntou-se ao baterista Chris Frantz e à baixista Tina Weymouth em 1975. No mesmo ano, ganharam um concurso para abrir uma apresentação dos Ramones no clube punk CBGB. Não demorou muito tempo para os Talking Heads se tornarem uma das atrações mais constantes da importante casa de shows. Dois anos depois veio o disco de estreia, *Talking Heads: 77* (1977), com um rock cru adornado por letras intelectualizadas e desconexas cantadas de uma maneira excêntrica. Era new wave, mas não igual às outras bandas do gênero. Logo na primeira faixa, "Uh-Oh, Love Comes To Town", o grupo juntava o pop dos anos 1960 ao som da Motown e a ritmos caribenhos. Não era para qualquer um. Nove faixas depois, aparecia simplesmente "Psycho Killer". Mais uma vez: não era para qualquer um.

Até 1988, os Talking Heads lançaram mais sete álbuns sem deixar a peteca cair. Em *Fear of Music* (1979), a banda convidou o produtor Brian Eno, que ajudou na proposta de uma sonoridade que adentrava outros territórios, como a música africana na faixa "I Zimbra". A parceria continuou em *Remain in Light* (1980), agora com direito a naipe de metais e a um clássico inesquecível, "Once In A Lifetime". *Speaking in Tongues* (1983), um pouco mais pop, gerou outro single arrebatador, "Burning Down the House", o primeiro do conjunto a ingressar no top 10 da Billboard — como se eles estivessem preocupados em relação às paradas de sucesso. Os Talking Heads estavam muito mais preocupados em ser eternos. A banda ainda gravaria mais três álbuns, com destaque para *Little Creatures* (1985), cujo single "Road To Nowhere" fez algum barulho.

Mesmo como membro dos Talking Heads, Byrne gravou diversos trabalhos solo, incluindo trilhas sonoras para filmes e peças de teatro. Mas podemos dizer que sua carreira solo começou de verdade com o álbum *Uh-Oh* (1992), lançado pelo seu selo Luaka Bop. Byrne continuou explorando todas as sonoridades possíveis e impossíveis em seus discos. *Feelings* (1997), por exemplo, foi gravado com a banda eletrônica britânica Morcheeba. Já em *Here Lies Love*, Byrne se juntou a Fatboy Slim para um disco conceitual sobre a vida de Imelda Marcos, ex-primeira-dama das Filipinas. Mas foi em 2018 que ele lançou o seu álbum mais interessante.

Segundo David Byrne, *American Utopia* é a primeira parte de um projeto multimídia intitulado "Reasons to be Cheerful" ("Razões para ser alegre"), e os temas das letras seguem essa vibração, apresentando modos alternativos de se enxergar o mundo e plantando otimismo nos ouvintes, apesar dos conflitos políticos e dos problemas ambientais do planeta, tudo se passando em um mundo paralelo, uma versão alternativa dos Estados Unidos. Não por acaso, a "utopia americana" de Byrne foi gestada durante o início do governo Donald Trump. A primeira faixa do álbum, "I Dance Like This", fala sobre o poder da dança para se libertar. Em "Everyday Is a Miracle", a esperança reina em versos que misturam o cérebro de uma galinha e o pênis de um jumento a elefantes que não leem jornais. Já em "Everybody's Coming To My House", o músico atualiza a sonoridade dos Talking Heads em uma levada eletrônica deliciosa.

Um disco tão especial tinha que contar com uma turnê especial. Igual à que os Talking Heads fizeram 35 anos antes. Em 1983, quando a banda convocou o diretor Jonathan Demme para registrar a sua turnê no filme *Stop Making Sense* (1984), ela queria revolucionar o modo de se filmar um show de rock. As tomadas de Demme (diretor de filmes como *O silêncio dos inocentes*, de 1991, e *Filadélfia*, de 1993) são simples, demoradas e sem closes. O público mal aparece, o volume dos aplausos é bem abaixo da média, para que o telespectador possa julgar o trabalho da banda em cima do palco sem ser influenciado pela plateia. Para a turnê de *American Utopia*, David Byrne queria revolucionar mais uma vez.

Ele próprio explicou o conceito: "Eu imaginei um show ao vivo... eu imaginei um monte de bateristas, uma espécie de linha de bateria/escola de samba/segunda linha — que criaria os ritmos. Tive a visão de como isso seria emocionante — tanto para mim quanto para o público. Também percebi que são os artistas que criam o maior impacto no público. Com isso, quero dizer que podemos fazer 'ooh' e 'ahh' com pirotecnia e projeções de vídeo selvagens, mas são as pessoas no palco que nos interessam e nos emocionam mais. A conexão humana, percebi, carrega mais peso e emoção do que todos os aparelhos do mundo. Se eu pudesse colocar os artistas em primeiro plano, poderia me conectar de uma forma visceral e emocionante. (...) Percebi que, com todos desamarrados, eu poderia agora ter um palco completamente vazio. Sem fios, sem microfones (...) Por fim, notei que estávamos fazendo algo que ninguém nunca havia feito antes, ou, se fizeram, eu não estava ciente. Quando começamos a colocar o show diante do público, percebi que havia uma espécie de narrativa ali. Amigos, e até estranhos, começaram a apontar isso, e todos nós captamos isso também. Como disse um amigo de Londres: 'A utopia americana do título está lá no palco'".

A narrativa de Byrne teve início no dia 3 de março de 2018, em um palco de Nova Jersey. Logo em seu início, a turnê passou pelo Brasil (quem viu, não se esquece nunca mais), depois continuou rodando os Estados Unidos, foi para a Europa, estrelando, inclusive, grandes festivais, como os de Roskilde (Dinamarca) e Werchter (Bélgica). Após mais de nove meses e 150 apresentações que passaram por 27 países, David Byrne decidiu aportar *American Utopia* na Broadway, em Nova York. Temporadas de artistas da música pop nos teatros da rua mais famosa de Nova York estavam virando moda. Bruce Springsteen e Morrissey já haviam testado o formato com sucesso. E nada poderia ter mais a cara da Broadway do que *American Utopia*. Com a palavra, mais uma vez, o dono do show: "Como o show é extremamente teatral, começaram a me dizer: 'Isso precisa ir para a Broadway'. Por que não? (...) Estacionados em um belo teatro da Broadway, podemos aperfeiçoar o som, as luzes, o movimento — não temos que nos adaptar a um novo lugar todas as noites! Foi um desafio empolgante — eu percebi que um espetáculo na Broadway provavelmente teria um público diferente das multidões de shows com as quais eu estava acostumado. (...) Pensei comigo mesmo que este novo contexto poderia ser bom — poderia realmente ajudar a trazer à tona o arco narrativo, para torná-lo mais explícito".

Assim, no dia 4 de outubro de 2019, após dezoito ensaios abertos em um teatro de Boston, o show fez a sua pré-estreia no Hudson Theatre. A estreia oficial da temporada de dezesseis semanas aconteceu no dia 20 de outubro, momento em que *American Utopia* encontrava a perfeição. Quem entrava no teatro não acreditava que, em poucos minutos, aconteceria um show. Naquele palco não havia nada. Nem instrumentos, nem caixas de retorno, nem microfones, nem aquele mar de fios ligando os equipamentos. Nada, nada. Para dizer a verdade, havia apenas uma leve cortina ao fundo, formada por correntes finas, através da qual os artistas circulariam pelo palco. A ideia era exatamente esta: enfatizar o vazio. Os artistas se resumiam a treze músicos: David Byrne, os percussionistas Gustavo Di Dalva, Jacquelene Acevedo, Daniel Freedman, Tim Keiper, Mauro Refosco, Stéphane San Juan e Davi Vieira, o tecladista Karl Mansfield, a guitarrista Angie Swan, o baixista Bobby Wooten III, além dos vocalistas Chris Giarmo e Tendayi Kuumba. Mais um diferencial: todos eles, com os seus instrumentos amarrados no corpo, descalços e vestindo o mesmo figurino (um terno cinza), cantavam e dançavam coreografias exaustivamente ensaiadas com o auxílio de Annie-B Parson, diretora artística do Big Dance Theater e colaboradora frequente de Byrne. Artistas brasileiros, franceses, canadenses, americanos... Afinal de contas, como disse o escocês David Byrne durante a apresentação: "Somos todos imigrantes, e não poderíamos montar esse show sem eles". Ou seja, o show da inclusão. Para um país — um mundo? — dividido.

A apresentação tem início com o cantor sozinho no palco interpretando "Here", ao mesmo tempo que, no melhor estilo "Hamlet do século 21", segura um cérebro na palma da mão. Ele canta: "Isso é uma área que precisa de atenção". De fato. Logo após essa primeira canção, Byrne agradece ao público: "Obrigado por saírem de casa". No decorrer do show, diversas canções dos Talking Heads são relembradas. Logo de cara já rola "Don't Worry About the Government". Estratégia de quem sabe montar um *setlist*. "This Must Be the Place (Naïve Melody)" ganha gestos singelos de Byrne, que parece querer empurrar o ar. Durante "I Zimbra", a temperatura do espetáculo já está lá em cima, e a coisa pega fogo de verdade com "Once In a Lifetime", quando David Byrne cai exausto no palco depois de parecer ter sido assolado por todos os males da humanidade. A canção foi escrita na era Ronald Reagan, mas a letra ainda faz todo o sentido: "E você pode se perguntar/ Bem... Como eu cheguei aqui?". O show é repleto de mensagens. Em diversos momentos, Byrne conversa com a plateia em breves monólogos. Pede por empatia e por inclusão, critica a brutalidade policial, as leis de imigração, a destruição do meio ambiente. E, sim, pede que os americanos votem nas próximas eleições.

Um dos momentos mais emocionantes do espetáculo acontece durante "Hell You Talmbout", canção composta por Janelle Monáe. Todos os artistas, em um arranjo vocal alucinante por cima de uma turbinada percussão africana, citam nomes de afro-americanos assassinados pela polícia, antes de nos perguntar: "Você não vai dizer o nome deles?". Antes da canção, Byrne enfatiza: "Todos nós precisamos mudar. Eu também preciso mudar". Com essa mensagem, a temporada de *American Utopia* no Hudson Theatre foi encerrada no dia 16 de fevereiro de 2020.

Ninguém imaginava que *American Utopia* demoraria tanto tempo a voltar ao palco da Broadway.

✲ ✲ ✲

Aliás, ninguém imaginava que o mundo demoraria tanto tempo para voltar à sua normalidade.

No dia 31 de dezembro de 2019, a Organização Mundial da Saúde foi informada de ocorrências de pneumonia de causa desconhecida na cidade de Wuhan, na China. Em 7 de janeiro, autoridades chinesas identificaram um novo coronavírus como a razão da doença. A covid-19 entrava em nossas vidas. O mundo não seria mais como antes. A máscara passou a fazer parte do nosso vestuário. E o medo passou a fazer parte de nossas vidas. O chamado "novo normal". Enquanto vidas eram ceifadas, negacionistas diziam que tudo não passava de uma "gripezinha". Famílias eram destroçadas e nem podiam enterrar os seus parentes e amigos, ao mesmo tempo que alguns políticos faziam piada com a desgraça alheia.

Com o mundo fechado para balanço, os artistas foram os primeiros a parar de trabalhar. Mesmo assim, ainda encontraram força e disposição para nos alegrar um pouco com *lives* na internet. A mais famosa de todas, One World: Together at Home, organizada pela cantora Lady Gaga, arrecadou cerca de 130 milhões de dólares para ajudar a combater a pandemia. Aqui no Brasil, quase todos os artistas entraram na onda. Caetano Veloso, Paulinho da Viola e Maria Bethânia apresentaram *lives* tão comoventes quanto inesquecíveis.

Em junho de 2020, auge da pandemia, foi anunciado que o filme de *American Utopia* estrearia três meses depois no Festival Internacional de Cinema de Toronto. Jonathan Demme não estava mais entre nós para fazer o registro do show, então David Byrne convidou o diretor Spike Lee. Afinal, como já provara em *Stop Making Sense*, quem mais poderia reinventar a filmagem de um show que não fosse David Byrne?

Juntamente com o filme, saiu o álbum com a respectiva trilha sonora. Um dos mais poderosos shows da história, finalmente, estava à disposição de um clique nos serviços de *streaming*. E tudo ganhava um novo significado. Em maio de 2020, o afro-americano George Floyd tinha sido assassinado pela polícia, e o movimento *Black Lives Matter* ressurgia mais forte do que nunca. "Hell You Talmbout". Seis meses depois, Joe Biden era eleito presidente dos Estados Unidos, após uma disputa apertada contra Donald Trump, que pouco se importava com a vacinação em seu país.

E graças à vacina, o mundo começou a se abrir e a sorrir novamente. Aos poucos, a vida foi voltando ao normal e os artistas, finalmente, voltaram aos palcos. Foram os primeiros a parar e os últimos a voltar, registre-se. David Byrne foi um deles. *American Utopia* reestreou no St. James Theatre, também na Broadway, no dia 17 de setembro de 2021. Nove dias depois, o show ganhou o prêmio Especial do Tony Awards. Com a palavra, David Byrne: "Quando voltamos para a Broadway, estávamos em êxtase. Durante os dias sombrios, muitos dos assuntos que o show tocava vieram à tona. Eu sabia que teria que reconhecer o que passamos, mas também senti que nosso show permaneceu relevante. Talvez ainda mais relevante do que antes".

O mundo volta ao normal. "Obrigado por saírem de casa." Hoje, a frase dita por Byrne logo após a primeira música do show ganha nova dimensão. Uma frase tão simples e que carrega um significado completamente diferente quase dois anos depois. Cinco palavras que resumem tudo aquilo que atravessamos em um passado não muito distante. "Agora digo ao público como o significado dessa frase mudou. Era uma coisa meio estranha de se dizer... É claro que o público deixou suas casas! Mas agora faz todo o sentido", disse Byrne em entrevista para este livro.

Impossível não lembrar dos nossos amigos e parentes que se foram nessa pandemia. Sair de casa, definitivamente, não tem mais a mesma graça.

Muito obrigado por terem lido este livro até o fim.

"*Every day is a miracle*".

BIBLIOGRAFIA

ABRAMS, Al. *Hype & soul*: behind the scenes at Motown. 1ª ed. Londres: TempleStreet, 2011.
ADLER, Steven. *Meu apetite por destruição*: sexo, drogas e Guns n' Roses. 1ª ed. São Bernardo do Campo: Edições Ideal, 2015.
ALLEYNE, Mike. *The encyclopedia of reggae*: the golden age of roots reggae. 1ª ed. Nova York: Sterling, 2012.
ASSANTE, Ernesto. *The milestones of rock & roll*: the events that changed the history of music. 1ª ed. Milão: White Star Publishers, 2016.
AUBREY, Crispin; SHEARLAW, John. *Glastonbury*: an oral history of the music, mud & magic. 1ª ed. Londres: Ebury Press, 2005.
AZERRAD, Michael. *Come as you are:* the story of Nirvana. 2ª ed. Nova York: Broadway Book, 2001.
BAKER, Ginger. *Hellraiser*: the autobiography of the world's greatest drummer. 1ª ed. Londres: John Blake, 2010.
BARCINSKI, André. *Barulho*: uma viagem pelo underground do rock americano. 1ª ed. São Paulo: Editora Pauliceia, 1992.
BLAKE, Mark. *A verdadeira história do Queen*: os bastidores e os segredos de uma das maiores bandas de todos os tempos. 1ª ed. São Paulo: Seoman, 2015.
BLAKE, Mark. *Nos bastidores do Pink Floyd*. 1ª ed. São Paulo: Évora, 2012.
BOCKRIS, Victor. *Lou Reed*: transformer. 1ª ed. São Paulo: Editora Aleph, 2016.
BRANNIGAN, Paul. *This is a call*: A vida e a música de Dave Grohl. 1ª ed. São Paulo: Leya, 2012.
BRANNIGAN, Paul; SLASH. *Slash*. 1ª ed. Nova York: HarperCollins, 2007.
BROWN, Craig. *One two three four*: the Beatles in time. 1ª ed. Londres: 4th Estate, 2020.
BROWN, Geoff. *A vida de James Brown*. 1ª ed. São Paulo: Madras, 2011.
BRYAN, Guilherme. *Quem tem um sonho não dança*: cultura jovem brasileira nos anos 80. 1ª ed. Rio de Janeiro: Record, 2004.
BUCKLEY, David. *Elton John*: a biografia. 1ª ed. São Paulo: Companhia Editora Nacional, 2011.
CANTER, Marc; PORATH, Jason. *Reckless road*: Guns n' Roses e o making of do álbum Appetite For Destruction. 1ª ed. São Paulo: Madras, 2011.
CARLIN, Peter Ames. *Paul McCartney*: uma vida. 1ª ed. Rio de Janeiro: Nova Fronteira, 2011.
CARLIN, Peter Ames. *Bruce*. 1ª ed. Curitiba: Nossa Cultura, 2013.
CARLIN, Peter Ames. *Homeward bound*: the life of Paul Simon. 1ª ed. Nova York: Henry Holt, 2016.
CARNEIRO, Luiz Felipe. *Rock in Rio*: a história do maior festival de música do mundo. 1ª ed. São Paulo: Globo, 2011.
CASH, Johnny. *Cash*: the autobiography of Johnny Cash. 2ª ed. Nova York: HarperCollins, 2006.
CASTRO, Ruy. *Saudades do século XX*. 2ª ed. São Paulo: Companhia das Letras, 2018.
CLAPTON, Eric. *Eric Clapton*: a autobiografia. 1ª ed. São Paulo: Planeta, 2007.
CLAYTON, Marie. *Madonna*: biografia ilustrada. 1ª ed. São Paulo: Larousse do Brasil, 2012.
COPELAND, Stewart. *Strange things happen*: a life with The Police, polo, and pygmies. 1ª ed. Nova York: itbooks, 2010.
CROSS, Charles R. *Mais pesado que o céu*: uma biografia de Kurt Cobain. 1ª ed. São Paulo: Globo, 2002.
DALTREY, Roger. *Valeu, professor Kibblewhite*: a biografia do vocalista do The Who. 1ª ed. Rio de Janeiro: BestSeller, 2021.
DANCHIN, Sebastian. *Elvis Presley e a revolução do rock*. 1ª ed. Rio de Janeiro: Agir, 2010.
DAVIES, Hunter. *The Beatles*: the only ever authorised biography. 4ª ed. Londres: Ebury Press, 2009.
DENSMORE, John. *Riders on the storm*: my life with Jim Morrison and The Doors. 1ª ed. Nova York: Dell Publishing, 1991.
DOGGET, Peter. *David Bowie e os anos 70*: o homem que vendeu o mundo. 1ª ed. Curitiba: Nossa Cultura, 2014.
DOGGET, Peter. *A batalha pela alma dos Beatles*. 1ª ed. Curitiba: Nossa Cultura, 2012.
DOYLE, Tom. *Captain fantastic*: a espetacular trajetória de Elton John nos anos 70. 1ª ed. São Paulo: Benvirá, 2018.
DYLAN, Bob. *Chronicles*: volume one. 1ª ed. Nova York: Simon & Schuster, 2004.

ENGLEHEART, Murray; DURIEUX, Arnaud. *AC/DC:* maximum rock & roll. 1ª ed. Nova York: Harper USA, 2008.

EPSTEIN, Daniel Mark. *A balada de Bob Dylan:* um retrato musical. 1ª ed. Rio de Janeiro: Zahar, 2012.

ESCOTT, Colin; HAWKINS, Martin. *Good rockin' tonight:* Sun Records and the birth of rock and roll. 1ª ed. Nova York: St. Martin's Griffin, 1992.

EVANS, Mike. *Neil Young:* the definitive history. 1ª ed. Nova York: Sterling, 2012.

EVANS, Mike; KINGSBURY, Paul, ed. lit. *Woodstock:* three days that rocked the world. 1ª ed. Nova York: Sterling, 2009.

FLETCHER, Tony. *Remarks remade:* the story of R.E.M. 1ª ed. Londres: Omnibus Press, 2002.

FLETCHER, Tony. *The Smiths:* a light that never goes out. 1ª ed. Rio de Janeiro: BestSeller, 2014.

FLETCHER, Tony. *Moon:* the life and death of a rock legend. 2ª ed. Nova York: itbooks, 2014.

FORNATALE, Pete. *Woodstock:* quarenta anos depois, o festival dia a dia, show a show, contado por quem esteve lá. 1ª ed. Rio de Janeiro: Agir, 2009.

FRIENDLANDER, Paul. *Rock and roll:* uma história social. 1ª ed. São Paulo: Record, 2002.

GEORGE-WARREN, Holly. *Janis Joplin, sua vida, sua música:* a biografia definitiva da mulher mais influente da história do rock. 1ª ed. São Paulo: Seoman, 2020.

GILMORE, Mikail. *Ponto final:* crônicas sobre os anos 1960 e suas desilusões. 1ª ed. São Paulo: Companhia das Letras, 2010.

GODDARD, Simon. *Mozipedia:* the encyclopedia of Morrissey and The Smiths. 1ª ed. Londres: Ebury Press, 2009.

GODDARD, Simon. *Ziggyology:* a brief history of Ziggy Stardust. 1ª ed. Londres: Ebury Press, 2013.

GOULD, Jonathan. *Can't buy me love:* os Beatles, a Grã-Bretanha e os Estados Unidos. 1ª ed. São Paulo: Larousse do Brasil, 2009.

GRIBBIN, John. *Not fade away:* the life and music of Buddy Holly. 2ª ed. Londres: Icon Books, 2012.

HARRISON, Olivia. *George Harrison:* living in the material world. 1ª ed. Nova York: Abrams, 2011.

HARVARD, Joe. *The Velvet Underground and Nico.* 1ª ed. Nova York: Bloomsbury, 2004.

HELM, Levon; DAVIS, Stephen. *This wheel's on fire:* Levon Helm and the story of The Band. 3ª ed. Illinois: A Capella Books, 2013.

HEWITT, Paolo. *Getting high:* the adventures of Oasis. 1ª ed. Nova York: Hyperion, 1997.

HEWITT, Paolo. *50 fatos que mudaram a história do rock.* 1ª ed. Rio de Janeiro/Campinas: Verus Editora, 2013.

HEYLIN, Clinton. *A life in stolen moments:* Bob Dylan day by day 1941-1995. 1ª ed. Londres: Music Sales PTY, 1996.

HILBURN, Robert. *Paul Simon:* the life. 1ª ed. Nova York: Simon & Schuster, 2018.

HOPKINS, Jerry; SUGERMAN, Danny. *Jim Morrison:* ninguém sai vivo daqui. 1ª ed. Barueri: Novo Século Editora, 2013.

JACKSON, Andrew Grant. *1965:* o ano mais revolucionário da música. 1ª ed. São Paulo: Leya, 2016.

JACKSON, Laura. *Freddie Mercury:* a biografia. 1ª ed. Rio de Janeiro: Record, 2015.

JACKSON, Michael. *Moonwalk.* 2ª ed. Nova York: Harmony Books, 2009.

JOBLING, John. *U2:* the definitive biography. 1ª ed. Nova York: St. Martin's Press, 2014.

JOHN, Elton. *Me:* Elton John. 1ª ed. Nova York: Henry Holt, 2019.

JONES, Lesley-Ann. *Freddie Mercury:* a biografia definitiva. 1ª ed. Rio de Janeiro: BestSeller, 2013.

KALINSKY, George. *Garden of dreams:* Madison Square Garden 125 years. 1ª ed. Nova York: Stewart, Tabori & Chang, 2004.

KIEDIS, Anthony. *Scar tissue.* 1ª ed. Nova York: Hyperion, 2006.

KIRSCHBAUM, Erik. *Rocking the wall:* the Berlin concert that changed the world. 1ª ed. Nova York: Berlinica Publishing, 2013.

KUBERNIK, Harvey; KUBERNIK, Kenneth. *A perfect haze:* the illustrated history of the Monterey International Pop Festival. 1ª ed. Santa Monica: Santa Monica Press, 2011.

KUGELBERG, Johan. *The Velvet Underground:* New York art. 1ª ed. Nova York: Rizzoli, 2009.

LANG, Michael; GEORGE-WARREN, Holly. *The road to Woodstock:* from the man behind the legendary festival. 1ª ed. Nova York: Ecco, 2009.

LARKIN, Colin. *The encyclopedia of popular music.* 5ª ed. Londres: Omnibus Press, 2007.

LAWRENCE, Sharon. *Jimi Hendrix:* a história dramática de uma lenda do rock. 1ª ed. Rio de Janeiro: Zahar, 2007.

LEHMER, Larry. *The day that music died*: the last tour of Buddy Holly, the "Big Bopper", and Ritchie Valens. 1ª ed. Nova York: Schirmer Trade Books, 1997.
LENNON, John. *In his own write*. 1ª ed. Nova York: Simon & Schuster, 2000.
LEWISOHN, Mark. *The complete Beatles chronicle*: the definitive day-by-day guide to The Beatles' entire career. 1ª ed. Chicago: Chicago Review Press, 2010.
LEWISOHN, Mark. *The Beatles*: tune in. 1ª ed. Londres: Little Brown, 2013.
MALINS, Steve. *Depeche Mode*: the biography. 4ª ed. Liverpool: Andre Deutsch, 2013.
MARCUS, Greil. *Like a rolling stone*: Bob Dylan na encruzilhada. 1ª ed. São Paulo: Companhia das Letras, 2010.
MARKS, Craig; TANNENBAUM, Rob. *I want my MTV*: the uncensored story of the music video revolution. 1ª ed. Londres: Dutton, 2011.
MARR, Johnny. *Set the boy free*: the autobiography. 1ª ed. Nova York: Dey St., 2016.
MARSH, Dave. *Before I get old*: the story of The Who. 2ª ed. Londres: Plexus, 2015.
MASINO, Susan. *Let there be rock*: a história da banda AC/DC. 1ª ed. São Paulo: Companhia Editora Nacional, 2009.
MASON, Nick. *Inside out*: a verdadeira história do Pink Floyd. 1ª ed. São Paulo: Escrituras, 2012.
MAZZOLENI, Florent. *As raízes do rock*. 1ª ed. São Paulo: Companhia Editora Nacional, 2012.
MCCARROL, Tony. *Oasis*: the truth - my life as Oasis's drummer. 1ª ed. Londres: John Blake Publishing, 2011.
MCDONOUGH, Jimmy. *Shakey*: Neil Young's biography. 1ª ed. Nova York: Anchor Books, 2003.
MCKAGAN, Duff. *É tão fácil*: e outras mentiras. 1ª ed. Rio de Janeiro: Rocco, 2012.
MCNEIL, Legs; MCCAIN, Gillian. *Mate-me por favor*: a história sem censura do punk. 6ª ed. Porto Alegre: L&PM, 2013.
MERCURY, Freddie. *His life in his own words*. 2ª ed. Londres: Omnibus Press, 2008.
MILES, Barry. *O diário dos Beatles*: o retrato completo do cotidiano da maior banda de todos os tempos. 1ª ed. São Paulo: Madras, 2010.
MONK, Noele; GUTERMAN, Jimmy. *12 days on the road*: the Sex Pistols and America. 1ª ed. Nova York: Quill, 1990.
NEILL, Andy; KENT, Matt. *Anyway anyhow anywhere*: the complete chronicle of The Who 1958-1978. 1ª ed. Nova York: Sterling, 2005.
NORMAN, Philip. *John Lennon*: a vida. 1ª ed. São Paulo: Companhia das Letras, 2009.
NORMAN, Philip. *Mick Jagger*. 1ª ed. São Paulo: Companhia das Letras, 2012.
O' BRIEN, Lucy. *Madonna 60 anos*: A biografia do maior ídolo da música pop. 2ª ed. Rio de Janeiro: Agir, 2018.
O' NEILL, Terry. *Two days that rocked the world*: Elton John live at Dodger stadium. 1ª ed. Suffolk: ACC Editions, 2015.
OSBOURNE, Ozzy. *Eu sou Ozzy*. São Paulo: Benvirá, 2010.
PAYTRESS, Mark. *History of rock*: the definitive guide to rock, punk, metal and beyond. 1ª ed. Bath: Parragon, 2011.
PAYTRESS, Mark. *I was there*: gigs that changed the world. 1ª ed. Londres: Cassell Illustrated, 2005.
RAMONE, Johnny. *Commando*: the autobiography of Johnny Ramone. 1ª ed. Nova York: Abrams, 2012.
RAMONE, Marky; HERSCHLAG, Rich. *Punk rock blitzkrieg*: my life as a Ramone. 1ª ed. Nova York: Touchstone, 2015.
RAUER, Selim. *Freddie Mercury*. 1ª ed. São Paulo: Esfera, 2010.
REES, Paul. *Robert Plant*: uma vida. 1ª ed. São Paulo: Leya, 2014.
RICHARDS, Matt; LANGTHORNE, Mark. *Somebody to love*. 1ª ed. Caxias do Sul: Belas Letras, 2021.
RICHARDS, Keith. *Vida*. 1ª ed. São Paulo: Globo, 2010.
ROBERTSON, Robbie. *Testimony*. 1ª ed. Nova York: Crown Archetype, 2016.
ROGAN, Johnny. *Morrissey & Marr*: the severed alliance. 2ª ed. Londres: Omnibus Press, 1993.
RONDEAU, José Emilio; RODRIGUES, Nelio. *Sexo, drogas e Rolling Stones*: histórias da banda que se recusa a morrer. 1ª ed. Rio de Janeiro: Ediouro, 2008.
ROSS, Alex. *Escuta só*: do clássico ao pop. 1ª ed. São Paulo: Companhia das Letras, 2011.
ROSS, Alex. *O resto é ruído*: escutando o século XX. 1ª ed. São Paulo: Companhia das Letras, 2009.
SANTANA, Carlos [et al]. *O tom universal*: revelando minha história. 1ª ed. Rio de Janeiro: BestSeller, 2015.
SAVAGE, Jon. *England's dreaming*: Sex Pistols and punk rock. 3ª ed. Londres: Faber And Faber, 2005.

SAVAGE, Jon. *1966*: the year the decade exploded. 1ª ed. Londres: Faber And Faber, 2015.
SCHERMAN, Tony; DALTON, David. *Andy Warhol*: o gênio do pop. 1ª ed. São Paulo: Globo, 2010.
SELVIN, Joel. *Altamont*: the Rolling Stones, the Hells Angels, and the inside story of rock's darkets day. 2ª ed. Nova York: Dey St., 2016.
SMITH, R J. *James Brown*: sua vida, sua música. 1ª ed. São Paulo: Leya, 2012.
SOUNES, Howard. *Dylan*: a biografia. 1ª ed. São Paulo: Conrad Editora do Brasil, 2002.
SOUNES, Howard. *FAB*: a intimidade de Paul McCartney. 1ª ed. Rio de Janeiro: BestSeller, 2011.
SPITZ, Bob. *The Beatles*: a biografia. 1ª ed. São Paulo: Larousse do Brasil, 2007.
SPITZ, Marc. *Bowie*: a biografia. 1ª ed. São Paulo: Saraiva, 2010.
SPRINGSTEEN, Bruce. *Born to run*. 1ª ed. Nova York: Simon & Schuster, 2016.
STANLEY, Bob. *Yeah yeah yeah*: the story of modern pop. 1ª ed. Londres: Faber and Faber, 2013.
STEWART, Rod. *The autobiography*. 1ª ed. Londres: Century, 2012.
STREISSGUTH, Michael. *Johnny Cash*: the biography. 1ª ed. Boston: Da Capo Press, 2006.
SULLIVAN, James. *O dia em que James Brown salvou a pátria*: o show que garantiu a paz depois do assassinato de Martin Luther King. 1ª ed. Rio de Janeiro: Jorge Zahar Ed., 2010.
TARABORRELLI, J. Randy. *Michael Jackson*: a magia e a loucura. 1ª ed. São Paulo: Globo, 2005.
THE BEATLES. *Anthology*: by The Beatles. 1ª ed. San Francisco: Chronicle Books, 2000.
THE DOORS; FONG-TORRES, Ben. *The Doors por The Doors*. 1ª ed. Rio de Janeiro: Agir, 2009.
TOLINSKI, Brad. *Luz & sombra*: conversas com Jimmy Page. 1ª ed. São Paulo: Globo, 2012.
TOWNSHEND, Pete. *Who I am*. 1ª ed. Nova York: HarperCollins, 2012.
TRUE, Everett. *Hey ho let's go*: a história dos Ramones. 1ª ed. São Paulo: Madras, 2011.
TRUE, Everett. *Nirvana*: the biography. 1ª ed. Londres: Omnibus Press, 2007.
WALD, Elijah. *Escaping the Delta*: Robert Johnson and the invention of the blues. 1ª ed. Nova York: Amistad, 2004.
WALD, Elijah. *Dylan goes electric!*: Newport, Seeger, Dylan and the night that split the sixties. 1ª ed. Nova York: Dey St., 2015.
WALL, Mick. *Led Zeppelin*: quando os gigantes caminhavam sobre a Terra. 1ª ed. São Paulo: Larousse do Brasil, 2009.
WALL, Mick. *Metallica*: a biografia. 1ª ed. São Paulo: Globo, 2011.
WALL, Mick. *AC/DC*: a biografia. 1ª ed. São Paulo: Globo, 2014.
WALL, Mick. *Guns n' Roses*: o último dos gigantes. 1ª ed. São Paulo: Globo, 2017.
WALL, Mick. *Run to the hills*: a biografia autorizada. 1ª ed. São Paulo: Évora, 2014.
WENNER, Jan; LEVY, Joe. *Rolling Stone*: as melhores entrevistas da Revista Rolling Stone. 1ª ed. São Paulo: Larousse do Brasil, 2008.
WHITE, Timothy. *Queimando tudo*: a biografia definitiva de Bob Marley. 1ª ed. Rio de Janeiro: Record, 1999.
WOOD, Ron. *A autobiografia de um Rolling Stone*. 1ª ed. São Paulo: Évora, 2013.
WOODMANSEY, Woody. *Spider from Mars*: my life with Bowie. 1ª ed. Nova York: St. Martin's Press, 2017.
YARM, Mark. *Everybody loves our town*: an oral history of grunge. 1ª ed. Nova York: Crown Archetype, 2011.

Também foram consultadas centenas de reportagens e entrevistas das revistas *Uncut, Mojo, New Musical Express, Classic Rock, Rolling Stone, Creem, Billboard, Q, Melody Maker, Kerrang!* e *Spin*.